21世纪高职高专规划教材

高等职业教育规划教材编委会专家审定

物流工程实务

主　编　傅莉萍

副主编　廖　瑜

北京邮电大学出版社

www.buptpress.com

内容提要

本书立足于高职高专学生的特点及未来从业的实际需要，依据教育部高职高专物流管理专业新教学大纲，密切结合我国物流工程的实际情况，本着科学性、理论性和实用性相结合，现实性和前瞻性相结合的原则编写而成。

全书共9章，具有新颖的体系结构、求实的教学内容和丰富的案例资源，既可以作为工业工程专业、物流管理专业及相关专业的高职高专教材，也可以作为工程技术人员、各级物流管理人员以及企业工程技术和管理人员的参考书。

图书在版编目(CIP)数据

物流工程实务 / 傅莉萍主编. -- 北京：北京邮电大学出版社，2013.8

ISBN 978-7-5635-3617-7

Ⅰ. ①物… Ⅱ. ①傅… Ⅲ. ①物流—物资管理—高等职业教育—教材 Ⅳ. ①F252

中国版本图书馆 CIP 数据核字(2013)第 179371 号

书　　名：物流工程实务
主　　编：傅莉萍
责任编辑：彭　楠　马晓仟
出版发行：北京邮电大学出版社
社　　址：北京市海淀区西土城路 10 号(邮编：100876)
发 行 部：电话：010-62282185　传真：010-62283578
E-mail：publish@bupt.edu.cn
经　　销：各地新华书店
印　　刷：北京鑫丰华彩印有限公司
开　　本：787 mm×1 092 mm　1/16
印　　张：17
字　　数：422 千字
版　　次：2013 年 8 月第 1 版　2013 年 8 月第 1 次印刷

ISBN 978-7-5635-3617-7　　定　价：34.00 元

·如有印装质量问题，请与北京邮电大学出版社发行部联系·

前 言

近年来，随着物流业在全国范围内的蓬勃发展，我国对物流人才产生了巨大需求。由于我国物流业起步较晚，物流教育相对滞后，迫切需要在借鉴国外物流教育经验的基础上，建立符合我国现实需求的合理的知识架构，培养出适合我国物流业发展需要的合格人才。

本书吸收了物流工程领域近年来的新成果，强调了物流系统规划与设计能力的培养，既注重介绍物流工程基本理论，又介绍了物流工程基本理论在实际运作中的应用。依据高职高专教育的培养目标和人才培养模式的基本特征，围绕适合社会需要和职业岗位群的要求，坚持以提高学生整体素质为基础，以培养学生的应用能力特别是创新能力和实践能力为主线，依据物流工程的基本知识体系衍生规律，遵循物流职业资格认证培训的相关标准及现代社会对它们的要求，设计了本书的框架。整部教材有较为完整的内容及体系，有自己鲜明的特色。理论够用、内容新颖，每章都安排练习和实训，突出实用性。

全书由佛山职业技术学院傅莉萍主编。第 1、2、3、7 章由傅莉萍编写，第 8、9 章由廖瑜编写，第 4 章由廖敏编写，第 5 章由华南师范大学南海学院罗春华编写，第 6 章由南海东软信息技术学院李维国、企业专家李毅共同编写。此外，本书编写过程中，参考了国内外有关物流工程方面的众多教材，运用和引用了相关资料和数据，在此，对相关企业和相关资料的撰写者表示衷心的感谢！同时对所有支持、关心我们编写工作的人员表示真诚的谢意！

本书在编写过程中力图反映物流工程的最新知识，但限于教材的结构，编者的时间、学识水平和经验，错误和缺点在所难免，恳请业内专家学者、广大读者批评指正，以便再版时改正。欢迎与我们联系交流：hzne999888@163.com。

编 者

目　录

第 1 章　物流工程概述 ······ 1

1.1　物流产生及发展 ······ 2

1.1.1　物流概念 ······ 2

1.1.2　物流增值 ······ 6

1.1.3　物流的作用及对宏观经济的影响 ······ 8

1.1.4　21 世纪国外物流新趋势 ······ 10

1.2　物流系统 ······ 12

1.2.1　物流系统概述 ······ 12

1.2.2　物流系统的范围和外部环境 ······ 13

1.2.3　物流系统的目标任务及评价 ······ 13

1.2.4　物流系统规划选择的方案 ······ 14

1.3　物流工程概述 ······ 16

1.3.1　物流工程概念、特点及研究意义 ······ 16

1.3.2　物流工程构成 ······ 17

1.3.3　物流工程研究的内容 ······ 19

1.4　物流工程发展趋势及模式 ······ 21

1.4.1　物流工程发展趋势 ······ 21

1.4.2　物流工程发展模式 ······ 22

本章小结 ······ 27

第 2 章　物流设施规划 ······ 31

2.1　设施选址 ······ 32

2.1.1　设施选址概述 ······ 32

2.1.2　设施选址需要考虑的因素 ······ 34

2.2　设施选址的方法 ······ 36

2.2.1　定性分析方法 ······ 36

2.2.2　定量分析方法 ······ 37

2.3　物流设施布局 ······ 44

2.3.1　设施布局规划概述 ······ 44

2.3.2　设施布局规划模型的算法 ······ 46

2.3.3 设施布局要点…………………………………………………………………… 47
2.4 物流设施布局案例…………………………………………………………………… 51
2.4.1 沃尔玛选址…………………………………………………………………… 51
2.4.2 沃尔玛佛山桂城店选址分析…………………………………………………… 53
2.4.3 案例总结与启示……………………………………………………………… 54
本章小结 ……………………………………………………………………………… 55

第3章 物流调运规划 ………………………………………………………………… 60

3.1 物流调运规划概述…………………………………………………………………… 61
3.1.1 调运规划……………………………………………………………………… 62
3.1.2 调运方法……………………………………………………………………… 62
3.2 运输路线选择………………………………………………………………………… 68
3.2.1 物流调运流量分析…………………………………………………………… 68
3.2.2 消除物流调运不合理现象…………………………………………………… 69
3.2.3 物流调运优化………………………………………………………………… 70
3.2.4 网络规划……………………………………………………………………… 72
3.3 物流资源分配………………………………………………………………………… 75
3.3.1 匈牙利分配模型……………………………………………………………… 75
3.3.2 匈牙利分配模型应用………………………………………………………… 76
3.4 物流服务系统配置…………………………………………………………………… 80
3.4.1 服务系统……………………………………………………………………… 80
3.4.2 合理选择工具………………………………………………………………… 81
本章小结 ……………………………………………………………………………… 83

第4章 物料搬运系统 ………………………………………………………………… 89

4.1 物料搬运系统概述…………………………………………………………………… 90
4.1.1 物料搬运……………………………………………………………………… 90
4.1.2 物料搬运系统概念及要素…………………………………………………… 91
4.1.3 物料搬运活性理论…………………………………………………………… 92
4.1.4 物料搬运单元化与标准化…………………………………………………… 92
4.2 物料搬运系统分析…………………………………………………………………… 93
4.2.1 搬运系统分析概述…………………………………………………………… 93
4.2.2 搬运系统分析程序…………………………………………………………… 94
4.3 物料搬运系统设计…………………………………………………………………… 96
4.3.1 物料搬运系统设计要素和原则……………………………………………… 96
4.3.2 物料搬运系统设计方法……………………………………………………… 98
4.4 物料搬运设备 ……………………………………………………………………… 106
4.4.1 物料搬运设备概述 ………………………………………………………… 106
4.4.2 装卸搬运机具的选择 ……………………………………………………… 112

本章小结……………………………………………………………………………………… 113

第 5 章　物流存储系统 ………………………………………………………………… 118

5.1　储存系统概述 ………………………………………………………………………… 119
5.1.1　储存的概念 ……………………………………………………………………… 119
5.1.2　储存的分类 ……………………………………………………………………… 120
5.1.3　仓库的功能 ……………………………………………………………………… 121
5.1.4　几个容易混淆的概念 …………………………………………………………… 122
5.1.5　物资存储系统的构成 …………………………………………………………… 123
5.2　存储系统分析 ………………………………………………………………………… 124
5.2.1　存储系统费用分析 ……………………………………………………………… 124
5.2.2　存储策略 ………………………………………………………………………… 125
5.2.3　存储模型类型 …………………………………………………………………… 126
5.3　仓储系统规划 ………………………………………………………………………… 127
5.3.1　仓储及其作用 …………………………………………………………………… 127
5.3.2　仓储系统的规划 ………………………………………………………………… 128
5.3.3　仓储合理化设计 ………………………………………………………………… 129
5.3.4　仓库布局 ………………………………………………………………………… 131
5.3.5　货区布置方法 …………………………………………………………………… 132
5.3.6　货位编号 ………………………………………………………………………… 135
5.3.7　仓储成本的分析 ………………………………………………………………… 136
5.3.8　仓储成本控制方法 ……………………………………………………………… 137
5.3.9　仓储成本控制的重要性和原则 ………………………………………………… 139
5.4　库存控制 ……………………………………………………………………………… 140
5.4.1　库存控制概述 …………………………………………………………………… 140
5.4.2　影响库存的因素 ………………………………………………………………… 141
5.4.3　库存控制方法 …………………………………………………………………… 142
5.4.4　库存管理分类方法——ABC 分类管理 ………………………………………… 143
5.4.5　JIT 库存控制法 ………………………………………………………………… 145
5.4.6　MRP 管理法 ……………………………………………………………………… 145
本章小结……………………………………………………………………………………… 146

第 6 章　配送运输技术 ………………………………………………………………… 150

6.1　配送运输认知 ………………………………………………………………………… 151
6.1.1　配送概述 ………………………………………………………………………… 151
6.1.2　配送的类型 ……………………………………………………………………… 152
6.1.3　配送的业务组织 ………………………………………………………………… 154
6.1.4　配送的结构模式 ………………………………………………………………… 155
6.1.5　配送作业流程 …………………………………………………………………… 156

6.1.6 配送策略 …… 159
6.2 配送运输车辆调度 …… 159
6.2.1 配送运输概述 …… 159
6.2.2 配送运输的基本作业程序 …… 160
6.2.3 车辆运行调度 …… 162
6.2.4 影响配送运输合理化的因素 …… 165
6.2.5 配送运输合理化 …… 166
6.3 配送车辆积载技术 …… 169
6.3.1 影响配送车辆积载因素 …… 169
6.3.2 车辆积载的原则 …… 169
6.3.3 提高车辆装载效率的具体办法 …… 170
6.3.4 配送车辆装载与卸载 …… 171
6.4 配送车辆优化技术 …… 173
本章小结 …… 183

第 7 章 物流信息系统 …… 187

7.1 物流信息概述 …… 188
7.1.1 物流信息 …… 188
7.1.2 物流信息的内容 …… 190
7.1.3 物流信息的分类 …… 191
7.1.4 物流信息管理 …… 192
7.2 物流系统结构模型 …… 193
7.2.1 信息系统定义和特征 …… 193
7.2.2 信息系统的组成与功能 …… 194
7.2.3 物流信息系统结构 …… 195
7.2.4 物流信息系统模型 …… 197
7.2.5 物流业务信息系统的内容 …… 198
7.3 物流信息平台 …… 201
7.3.1 物流信息平台的含义 …… 201
7.3.2 物流信息平台的功能 …… 201
7.4 物流信息技术 …… 203
7.4.1 信息技术概述 …… 203
7.4.2 常用的物流信息技术 …… 205
本章小结 …… 209

第 8 章 配送中心规划与设计 …… 213

8.1 配送中心规划与设计原则 …… 214
8.1.1 配送中心规划与设计需要遵循的原则 …… 214
8.1.2 配送中心建设的项目立项 …… 214

8.2 配送中心的选址 …… 216
8.2.1 配送中心选址的基本条件 …… 216
8.2.2 配送中心选址的数据处理 …… 217
8.3 配送中心功能与设施规划 …… 218
8.3.1 配送中心作业流程的规划 …… 218
8.3.2 作业区的能力规划 …… 219
8.3.3 配送中心的设施设备规划 …… 220
8.4 配送中心的内部布局 …… 223
8.4.1 配送中心内部布局涉及因素的分析 …… 223
8.4.2 配送中心内部车流的布置 …… 224
8.4.3 配送中心内部的设施构造 …… 225
本章小结 …… 227

第9章 物流系统精益管理 …… 229

9.1 认知精益化物流系统 …… 231
9.1.1 精益物流系统 …… 231
9.1.2 精益物流的设计原则 …… 232
9.1.3 精益物流系统的基本框架 …… 233
9.2 逆向物流 …… 234
9.2.1 逆向物流概述 …… 234
9.2.2 逆向物流的物资及处理方法 …… 238
9.2.3 逆向物流渠道 …… 239
9.3 电子商务物流模式 …… 243
9.3.1 电子商务物流概述 …… 243
9.3.2 电子商务与物流的关系 …… 244
9.3.3 传统物流模式所面临的问题 …… 246
9.3.4 建立电子商务物流模式 …… 248
9.3.5 电子商务物流系统 …… 250
9.3.6 电子商务物流系统合理化 …… 251
9.4 供应链管理模式 …… 253
9.4.1 供应链物流概述 …… 253
9.4.2 供应链物流管理 …… 254
9.4.3 供应链物流管理的方法 …… 255
9.4.4 零售业供应链物流管理的策略 …… 256
本章小结 …… 258

参考文献 …… 262

第1章 物流工程概述

【学习目标】

通过本章的学习，熟悉物流的基本概念、特征；了解物流系统、物流工程的基本理论；了解物流工程的发展趋势及模式、了解物流作为第三利润源的新兴产业将对我国国民经济发展所带来的巨大影响；熟悉物流工程标准化的概念及常用的技术标准。对物流及物流工程有一个宏观的认识。

【能力目标】掌握物流工程基本内容，具有解决物流过程中简单问题的能力。

【知识框架】

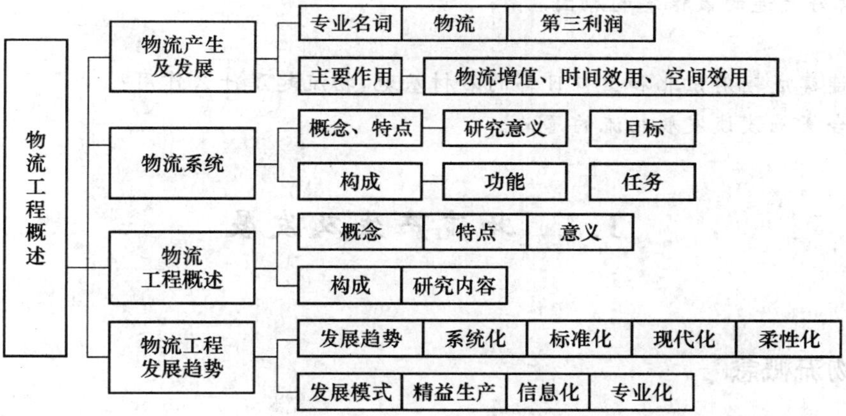

引导案例

物流业为大连"点石成金"

原本并非石材主要产地的大连，石材市场交易额却突飞猛进，2001年超过了10个亿。这一方面是因为大连市对石材的需求巨大，另一方面要归功于大连高速发展的物流业为石材市场提供了高速发展的大舞台。大连物流的发展，吸引了山东、福建两个石材大省的石材巨头亲临大连考察石材市场，决意将大连建成辐射东北和出口日韩的石材基地。

不过是一块石头，却引起世人如此关注。这一切都是因为大连物流业对这块石头"施了法术"，真正做到了"点石成金"。大连石材市场"翻天覆地"的变化是随着物流业的兴起而产生的，大连成立石材批发市场的时间不长，在此之前，大连人用石材需到山东等地去购买，同样的石材要多花20%的费用。大连成立石材批发市场后，由于城市建设的需要以及大连市民对家庭装修档次的不断提升，大连对石材需求量迅速攀升，大连石材批发市场依托大连良好的海、陆、空物流系统，仅用了3年时间便成为全国8大石材市场之一。2001年仅在大连石材批发市场进行的直接交易额便接近1个亿，而从大连港直接进入用户和工地的石材量更大，大连石材年交易额可达十几个亿，石头在大连真的成了金子。据统计，2001 年我国石材年交易额已达到 1 000 多亿，出口量居世界第一，出口额居世界第三，成为典型的石材大国，而且由于石材市场属劳动密集型市场，还为我国提供了大量的就业岗位。而山东、福建是我国石材生产大省，全国 8 大石材市场之一的大连石材市场上的石材 50% 为山东和福建生产的石材，30% 为进口石材，鲁闽两地的石材巨头能同时光顾一个城市考察，足以说明大连市场所蕴藏的巨大潜力。这些石材巨头更加看中的是大连的港口和新兴的物流业，因为大连直接对应日韩市场，据悉，日韩石材需求量高达七八亿美元，其实这也是大连石材批发市场的目标。

大连市石材市场地处甘井子区，而大连市甘井子区这口"老井"要"涌动"现代物流了。大连市甘井子区是大连的商品流通集散地，甘井子区共有石材批发市场、金三角粮油批发市场、木材批发市场、装饰材料批发市场、花卉市场、陶瓷批发市场 6 个大市场，组成了一个庞大的市场群，再加上甘井子区所处的特殊地理位置，最适合发展现代物流业。而现代物流业对批发市场来说，最为有利，尤其是最为依赖运输的石材和木材批发市场，如果运用现代物流管理方法，合理调配运输、仓储、流通加工等环节，利用现代化的管理手段和电子商务交易平台，减少不必要的中间周转环节，石材和木材市场将至少降低 10% 的成本，这也许是全国石材巨头看好大连的最根本的原因。

思考

1. 大连建成辐射东北和出口日韩的石材基地，物流起了什么作用？
2. 结合案例谈谈发展物流的意义。

1.1 物流产生及发展

1.1.1 物流概念

1. 物流概念的产生

自从人类进入文明社会，就产生物流活动。物流活动和人类历史一样久远，当社会出现了商品交换，便有了原始的物流。

自古以来，人们所需产品的生产地和消费地就经常不同，或者在人们需要消费商品的时候却得不到。食品和其他产品分布虽然很广，但只在每年的某些时期供给丰富。早期人们面临的选择是，要么就地消费，要么将产品转移到更需要的地点储存起来待以后使用。然而，由于没有良好的运输、存储系统，产品的移动限制在人力所及的范围内，易腐产品只能储存很短的时间。运输—存储系统的局限性迫使人们居住在产品的产地附近，消费极其有限的几种产品。人们希望有发达的物流系统，推动这些地区与国内其他地区间（甚至与其他国家之间）的商品交换。

在 20 世纪初，西方一些国家已出现生产大量过剩、需求严重不足的经济危机，企业因此提出了销售和物流的问题，此时的物流指的是销售过程中的物流。

1935 年，美国销售协会阐述了实物分配（PD，Physical Distribution）的概念："实物分配是包含于销售之中的物质资料和服务，在从生产场所到消费场所的流动过程中所伴随的种种经济活动。”而现代的物流概念在西方国家出现也只有短短的几十年，我国是在 20 世纪 80 年代引进物流概念的，在很长一段时间没有引起足够重视，近几年才引起理论界和社会各方面对物流的关注。

2. 国内外物流的发展

(1) 国外物流的发展

国外物流的发展，大体可分为 4 个阶段，如图 1-1 所示。

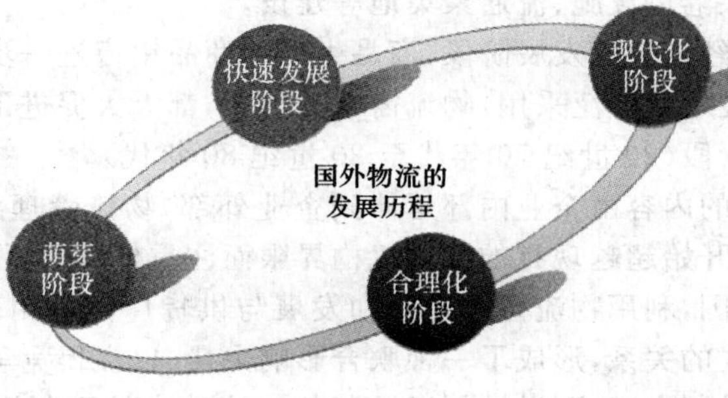

图 1-1　国外物流的发展历程

“物流”一词的来源

“物的流通”这个词最初是由英语“Physical Distribution”翻译而来的，开始时只在政府的有关部门中使用，后来逐步流传到了民间。

而将“物的流通”简称为“物流”并在企业界广泛使用，则已经是 20 世纪六七十年代的事了。

国外物流发展历程各阶段的特点如下。

第一阶段：萌芽阶段(20 世纪初至 20 世纪 50 年代)。

早在 1915 年美国提出物流，简称 PD(Physical Distribution)，此时的物流仅仅是企业将生产产品销售出去。1941—1945 年第二次世界大战期间，美国军事部门所发展的“后勤管理”(Logistics Management)方法对军需物资的采购、运输、仓储、分发进行统筹安排和全面管理，取得显著效果。战后引入经济部门，应用于流通领域和生产经营管理全过程中所有的与物品获取、运送、存储、分配有关的活动。近 20 年来，Logistics 逐渐取代 PD，成为物流科学的代名词。

1946 年美国正式成立了全美输送物流协会，这是美国第一个关于对专业输送者进行考察和认证的组织。

日本自 1956 年从美国引入物流概念以来，在对国内物流进行调研的基础上，将物流称之为“物的流通”。与此同时，欧洲各国为降低产品成本，开始重视工厂范围内的物流过程中的信息传递，对传统物料搬运进行变革，寻求物流合理化途径。这一时期可以说是物流的萌芽阶段。

第二阶段：快速发展阶段(20 世纪 60 年代至 20 世纪 70 年代)。

20 世纪 60 年代以后，世界经济环境发生了深刻变化。科学技术的发展，生产方式、组织规模化生产的改变，大大促进了物流的发展。物流逐渐为管理学界所重视，企业界也开始注意到物流在经济发展中的作用，将改进物流管理作为激发企业活力的重要手段。这一阶段是物流快速发展的重要时期。

1960 年，美国的 Raytheon 公司建立了最早的配送中心，1963 年美国成立了国家实物配送管理委员会。

20 世纪 60 年代中期至 20 世纪 70 年代初是日本经济高速增长、商品大量生产和大量销售的年代。随着这一时期生产技术向机械化、自动化方向发展以及销售体制的不断改善，物流已成为企业发展的制约因素。于是日本政府加强了对物流基础设施的建设，如在全国范围内进行高速公路网、港口设施、流通聚集地等建设。

这一时期也是欧洲经济快速发展阶段，商品生产和商品销售进一步扩大，企业集团和大公司的出现，成组运输技术的广泛采用，物流需求的增多，都大大促进了物流的快速发展。

第三阶段：合理化阶段（20 世纪 70 年代至 20 世纪 80 年代）。

这一阶段物流管理的内容由企业内部延伸到企业外部，物流管理的重点已经转移到物流战略的研究上。企业开始超越现有的组织机构界限而注重外部关系，将供货商、分销商以及用户等纳入管理的范围，利用物流管理建立和发展与供货厂商及用户的稳定的、良好的、双赢的、互助合作伙伴式的关系，形成了一种联合影响力量，以赢得竞争的优势。

电子数据交换、准时制生产、配送计划以及其他物流技术的不断涌现以及应用与发展，为物流管理提供了强有力的技术支持和保障。

1988 年，美国物流管理协会将物流定义为：物流是以满足客户需求为目的，为提高原料、在制品、制成品以及相关信息从供应到消费的流动和存储的效率和效益，对其进行的计划、执行（实现）和控制的过程。

这一阶段，日本经济发展迅速，并进入了以消费为主导的时代。虽然物流量大大增加，但由于成本的增加使企业利润并没有得到期望的提高，因此，降低经营成本，特别是降低物流成本成为经营战略中的重要特征。

随着经济和流通的发展，欧洲各国许多不同类型的企业（厂商、批发业者、零售业者）也在进行物流革新，建立相应的物流系统。欧洲的制造业已采用准时生产模式（JIT），客户的物流服务需求已发展到一天供货或服务。

第四阶段：现代物流阶段（20 世纪 90 年代至今）。

20 世纪 90 年代以来，随着新经济和现代信息技术的迅速发展，现代物流的内容仍在不断地丰富和发展。信息技术的进步，使人们更加认识到物流体系的重要，现代物流的发展被提到重要日程上来。信息技术特别是网络技术的发展，也为物流发展提供了强有力的支撑，使物流向信息化、网络化、智能化方向发展。这不仅使物流企业和工商企业建立了更为密切的关系，同时物流企业也为各客户提供了更高质量的物流服务。

资料

中国物流业快速增长

从《中国物流年鉴》首发式上获悉，目前中国从事物流服务业的企业已突破一万家，物流市场正以每年 30% 的速度递增。自 1979 年引进物流概念以来，中国经过 20 多年的发展，终于进入了现代物流业的快速发展阶段。

在中国“十五”规划中，“物流”被列为大力发展的新型服务业之一。中国物流与采购联合会权威人士在首发式上说：按照世界银行的估算，2000 年中国国民经济的物流成本为 1.6 万亿元人民币，中国物流业的产业基础已初步形成。

据统计，2001 年中国商品零售总额为 3.76 万亿元人民币，生产资料销售总额为 5.5 万亿元人民币，进出口总额为 5 000 亿美元。较大的海内外物流需求为物流业提供了广阔的市场空间。有关人士表示，虽然中国物流产业已达到一定规模，并存在巨大的增长空间，但产业整体尚处在起步阶段。中国应加强从物流大国向物流强国的转变。

(2) 我国物流的发展

1) 我国物流的发展状况

我国自 20 世纪 70 年代末从国外引进“物流”概念，80 年代开始启蒙及宣传普及，90 年代物流起步，21 世纪初物流“热”开始升温。从我国物流现状及目前蓬勃发展的趋势来看，可以说，我国的物流已经步入了一个崭新的发展阶段。

中国开始引入物流，大致从 20 世纪 80 年代开始，现代物流在中国从引入到全面发展大致经历了以下几个阶段，如图 1-2 所示。

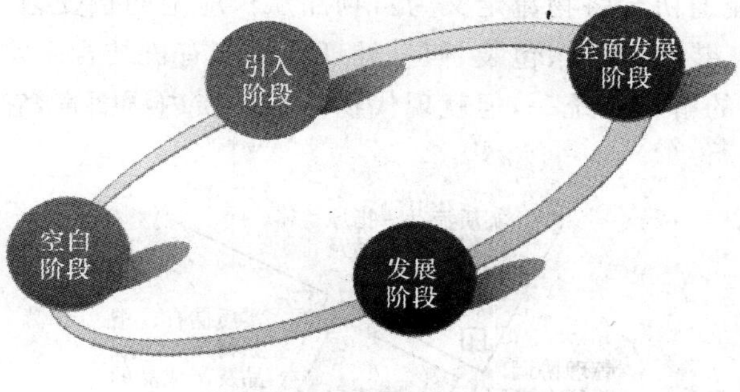

图 1-2　我国物流发展历程

2) 我国物流发展各阶段特点

我国物流发展各阶段特点，如表 1-1 所示。

表 1-1　我国物流的发展历程及各阶段特点

阶段	时间	特点
空白阶段	20 世纪 80 年代以前	在这个时期，中国尚未引入物流概念，没有现代物流的概念，只有流通业、仓储业、运输业和邮政业等与物流密切相关的行业。
引入阶段	20 世纪 80 年代初期至 20 世纪 90 年代初期	在这个时期，引入了“物流”概念。在物流概念传入我国之前，中国虽然没有“物流”的概念，但是，类似“物流”的行业是客观存在的。事实上，中国的“储运”与国外的“物流”就十分相似。 在这个时期，中国经济实现了从计划经济向市场经济的转移，产品和服务产业化和市场化，市场竞争日益加剧，各类企业都意识到现代物流的重要作用，但是还没有物流运作和现代物流企业。
发展阶段	20 世纪 90 年代中期至 20 世纪 90 年代末期	发达国家的跨国公司开始全面进入中国市场，制造业开始本地化，跨国公司传播了物流理念，与此同时，物流市场开始开放，一批“三资”物流企业产生，传统的储运企业开始向综合物流企业发展，也产生了一批新的民族物流企业。从某种意义上说，跨国公司带动了物流需求和促进了物流市场的产生。
全面发展阶段	20 世纪末 21 世纪初	由于政治、经济、技术和管理因素的综合影响，极大地促进了跨国物流事业的全面发展，物流真正进入全面发展时期。

小知识

物流

物流是由"物"和"流"两个基本要素组成。物流中的"物"通常是指一切可以进行物理性位置移动的物质资料,如物品、物资、物料、货物等。不能发生物理性位移的物质资料不是物流的研究对象。物流中的"流",泛指物质的一切运动形态,有移动、运动、流动的含义,既包括空间位移又包括时间的延续。

3. 物流的定义

物流,简言之就是"物品的流动"。其确切的含义因不同的时期和不同的国家而有所不同。

在我国,1979 年才首次引用和使用"物流"这一术语。2001 年,中国国家教科委、国家技术监督局、中国物资流通协会将物流定义为:"物品从供应地向接受地的实体流动中,根据实际需要,将运输、储存、装卸、搬运、包装、信息处理等功能有机结合来实现用户要求的过程。"

尽管现在对物流的解释不统一,但就现代物流的实质内涵而言,它应包括以下 4 个主要方面,如图 1-2 所示.

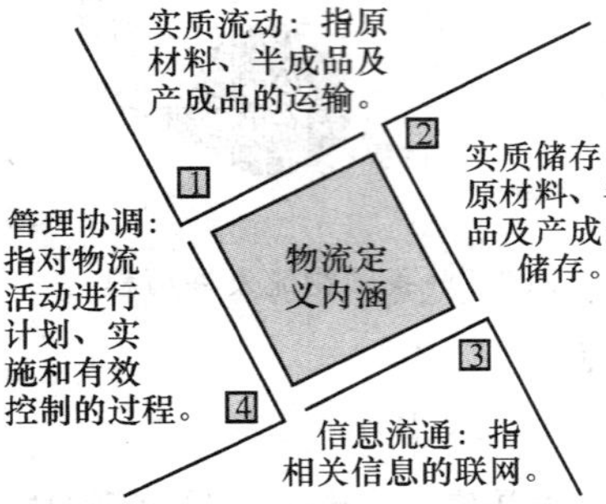

图 1-3　物流定义内涵

物流被看成是企业在降低物质消耗、提高劳动生产率以外的"第三利润源",是"降低成本的最后处女地",物流正成为全球经济发展的一个重要热点和新的经济增长点。因此,研究物流、进行物流管理对于实现经济高效运行,提升企业生产效率,降低商品流通成本,提高商品流通效率,改善对消费者的服务,进而增强工商企业乃至国家经济核心竞争力,调整国家和地区投资环境以及产业结构,实现可持续发展战略,推进经济发展具有重要的经济意义和社会意义。

1.1.2　物流增值

1. 物流对产品价值的贡献

西方经济管理学者认为,一件产品或服务的价值如果得到了市场的认可,它会给消费者提供 4 种效用:形态效用、空间效用、时间效用以及占有效用(如图 1-4 所示)。

(1) 形态效用

形态效用是指通过生产、制造或组装过程对商品的增值。例如,不同的原料按照技术要求组合成为产品,这就产生了形态效用。计算机制造商将硬盘、主板、光驱、显示器、键盘等零部件组装在一起制成计算机。这种组装过程使产品形态发生了变化，并且这种变化对产品增加了价值，也就产生了产品的形态效用。

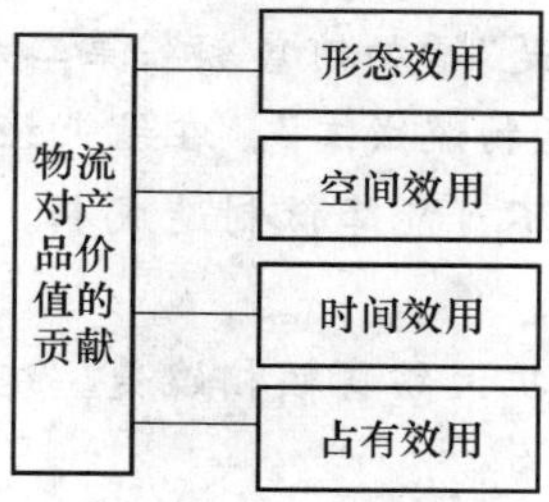

图 1-4　物流对产品价值的贡献

(2) 空间效用

物流的作用之一就是将产品从供给地输送到需求点，物流使市场区域界限有了延伸，这种对产品和服务的增值作用就是空间效用。空间效用主要通过运输来产生，如图 1-5 所示。

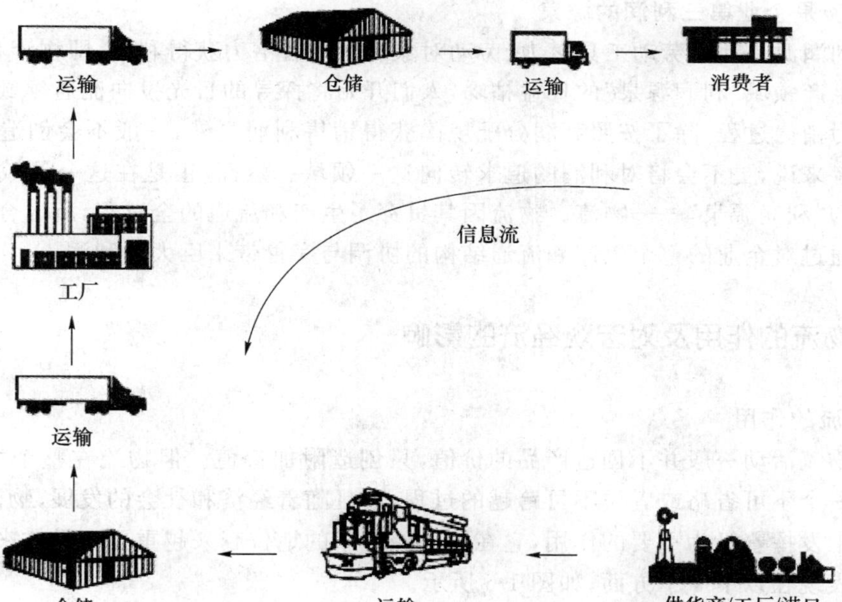

图 1-5　物流过程

(3) 时间效用

产品和服务不仅要在客户需要的地点得到，而且还必须在他们需要的时间得到，这就称为时间效用。时间效用通过物流的库存管理、选址策略和服务活动来产生。例如，客户在合同规定的时间内得到所需的原材料，或者消费者在厂商承诺的时间买到所需的商品，这都产生了时间效用。在某种程度上，交通运输通过将商品更快地运到需求地点也产生时间效用。

小贴士

第三利润源

企业追求利润，其第一种来源是“增加销售额”；第二种来源是“降低制造（采购）成本”；第三利润源，就是引人注目的“降低物流成本”。在结束经济高速增长的20世纪70年代，出现了销售额上不去的情况，因而也不可能降低制造成本。这时，被称为“黑暗大陆（未开拓的领域）”的物流，开始为人们所关注。

降低物流成本的效果，可以与扩大销售额相媲美。这种第三利润源的理论，具有较充分的说服力，为经营层所认可。

（4）占有效用

这种形式的效用主要是通过市场营销活动来创造的。所谓市场营销就是通过市场促进交换，以满足人类需要和欲望的活动，它通过设计、定价、促销和分销的规划与实施过程，提高客户占有商品或享受服务的欲望，最终达到实现交换的目的。在商品经济中，物流依赖占有效用而存在，因为只有当客户对产品或服务有需求时，提供时间和空间效用才有意义。

2. 物流是企业第三利润的源泉

第三利润源是利用劳动工具潜力、劳动对象和劳动者潜力获得利润，即物流利润。

随着生产领域“利润源泉”的日益枯竭，人们开始将探寻的目光投向流通领域。商流，或简单地称为销售过程，除了按照利润分配规律获得销售利润之外，一般不会创造新的价值；对于生产者来说，更不会将对利润的追求转向这一领域。然而，正是在这一领域内，深藏着一个巨大的“利润源泉”——物流。物流因其贯穿了生产和流通的全过程，所以合理、高效的物流能够通过对企业的整个生产和流通结构的协调与完善带来巨大的利润。

1.1.3 物流的作用及对宏观经济的影响

1. 物流的作用

尽管物流活动一般并不创造产品的价值，只创造附加价值。但物流在整个社会再生产过程中是一个不可省略或者说不可跨越的过程，而且随着经济和社会的发展，物流在当今的国民经济中发挥着极为重要的作用，它在国民经济中的地位越来越重要。具体来说，物流的作用主要表现在以下5个方面，如图1-6所示。

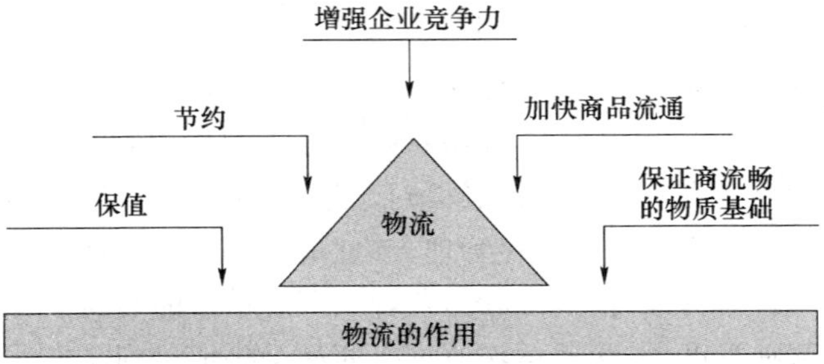

图1-6 物流的作用

（1）保值

物流具有保值作用。也就是说，任何产品从生产出来到最终消费，都必须经过一段时间、一段距离，在这段时间和距离中，都要经过运输、保管、包装、装卸、搬运等多环节、多次数的物流活动。在这个过程中，产品可能会淋雨受潮、水浸、生锈、破损、丢失等。物流的使命就是防止上述现象的发生，保证产品从生产者向消费者移动过程中的质量和数量，起到产品的保值作用，即保护产品的存在价值，使该产品在到达消费者时使用价值不变。

(2) 节约

搞好物流，能够节约自然资源、人力资源和能源，同时也能够节约费用。

例如，集装箱化运输，可以简化商品包装，节省大量包装用纸和木材，实现机械化装卸作业，仓库保管自动化，能节省大量作业人员，大幅度降低人员开支。重视物流可节约费用的事例比比皆是。被称为“中国物流管理觉醒第一企业”的海尔企业集团，加强物流管理，建设起现代化的国际自动化物流中心，在短短一年的时间里就将库存占压资金和采购资金，从15 亿元降低到 7 亿元，节省了 8 亿元开支。

小贴士

物流节约成本

消费者从零售商的店里购买了一台烤箱，回家后发现烤箱有缺陷，消费者将烤箱退给零售商，零售商立即退还了货款，这样，就出现了逆向物流。现在，零售商的店内存货多了一台有缺陷的烤箱。零售商将烤箱送到中央退货中心。接货后，工作人员会将烤箱的通用产品代码(UPC，Universal Product Code)扫描进退货中心的数据库对产品进行识别，由数据库决定是否要将烤箱退还供货商。数据库会将这台烤箱记到存货科目的贷方，同时，创建应收退款科目，记录应向制造商收回的烤箱成本。然后，烤箱被运回给制造商。零售商得到了该项有缺陷产品的成本补偿。制造商的退货中心收到烤箱后，制造商再将烤箱的信息扫描进数据库，并决定是否进行修复处理。修理后的烤箱被运到旧货市场再销售。这样，制造商就实现了这一有缺陷产品的资产价值。

(3) 增强企业竞争力，提高服务水平

在新经济时代，企业之间的竞争越来越激烈。在同样的经济环境下，制造企业如家电生产企业，相互之间的竞争主要表现在价格、质量、功能、款式、售后服务的竞争上，可以说，像彩电、空调、冰箱等这类家电产品在工业科技如此进步的今天，质量、功能、款式及售后服务水平，目前各企业已经没有太大的差别，唯一可比的地方就是价格。

小贴士

物流服务创造了价值

某折扣店通过互联网商品目录和杂志广告销售计算机软件，他们希望能与本地零售商竞争。由于他们可以实现规模经济，所以有价格优势。他们的运作集中在一个地点，使用的是低成本的仓库型空间，而不是高成本的零售型空间。员工主要是电话订货的接线员和履行订单、运输货物的仓库管理人员。通过集中管理，库存与销售量的比率也保持在最低水平，同时还提供众多的花色品种，保持很高的产品可得率。

零售商也有优势，大多数产品都可以即时供货，对性急的客户而言，这就抵消了折扣店的价格优势。为了抵消本地零售商在交货中的优势，折扣店承诺客户可以通过对方付费的电话订货，并在当天履行订单，连夜利用航空快递运送货物，在第二天早晨送到客户家中或工作地点。

许多消费者觉得这与在本地零售商店购买基本上一样快，而且很多情况下还更方便。这样，企业通过物流服务为繁忙的消费者创造了价值。

国外的制造企业很早就认识到了物流是企业竞争力的法宝，搞好物流可以实现零库存、零距离和零流动资金占用，是提高为用户服务，构筑企业供应链＋增加企业核心竞争力的重要途径。在经济全球化、信息全球化和资本全球化的21世纪，企业只有建立现代物流结构，才能在激烈的竞争中求得生存和发展。

(4) 加快商品流通，促进经济发展

配送中心的设立为连锁商业提供了广阔的发展空间。利用计算机网络，将超市、配送中心和供货商、生产企业连接，能够以配送中心为枢纽形成一个商业、物流业和生产企业的有效组合。有了计算机迅速及时的信息传递和分析，通过配送中心的高效率作业、及时配送，并将信息反馈给供货商和生产企业，可以形成一个高效率、高能量的商品流通网络，为企业管理决策提供重要依据。同时，还能够大大加快商品流通的速度，降低商品的零售价格，提高消费者的购买欲望，从而促进国民经济的发展。

(5) 物流是保证商流畅的物质基础

在商品流通过程中，一方面要发生商品所有权的转移，即实现商品的价值(商流)；另一方面，还要完成商品从供应地到接收地的空间位置转移，即发生商品的实体流动(物流)，以实现商品的使用价值。商流决定物流，物流是商流的保证。没有物流过程，商流就不能完成，商品的价值和使用价值就不能真正实现。

小贴士

“守诺者大会”要依赖良好的物流管理来保证宗教活动准时开展。“守诺者大会”是一个基督教组织，在全美主持23项重要活动——参加者从50人到8万人不等。其中许多活动的运作规模很大，需要大型卡车公司来承担这些活动的物流工作。承运人利用定时送货的概念来协调捐献物品的供应，如将《圣经》从芝加哥运出或者将帽子从堪萨斯城运出，同时另用拖车来运输讲坛设备。设备必须先进行组装，然后分秒不差地送到活动场所。由于活动一般在体育场、赛车场或类似场所举行，同一周末这些场所还安排有其他活动(球赛、赛车等)。整个过程中，大约有30车物料的运输活动需要协调，货物要准点送到，准时离开，以免妨碍其他活动的物流工作。此外，运作中还运用了计算机技术跟踪卡车，以保证各个环节配合得天衣无缝。

2. 物流对宏观经济产生的影响

(1) 促进经济发展；

(2) 有利于交换功能的发挥；

(3) 降低社会商品的价格水平。

1.1.4 21世纪国外物流新趋势

欧洲和美国是世界上商业比较发达的地区，在物流业发展方面走在了世界的最前沿。得益于一套完善的物流市场管理及法制管理体系，其物流市场错综复杂，又十分活跃。日本物流业的发展已有较长的历史，处于世界领先水平。特别是日本政府近年来为了大力扶持物流产业的发展所采取的一些宏观政策导向，给日本物流产业带来快速增长的实践经验，对我国具有极为有益的启示。

1. 专业物流与共同配送形成规模

国外专业物流企业是伴随制造商经营取向的变革而产生的。由于制造厂商为迎合消费者日益精致化、个性化的产品需求，而采取多样、少量的生产方式，因而高频度、小批量的配送需求也随之产生。目前，在美国、日本和欧洲等经济发达国家和地区，专业物流服务已形成规模。

共同配送是经长期的发展和探索而优化出的一种追求合理化配送的配送形式，也是美国、日本等一些发达国家采用较广泛、影响面较大的一种先进的物流方式，它对提高物流效率、降低物流成本具有重要意义。

2. 装备技术与管理水平高速发展

目前发达国家已经形成以信息技术为核心，以信息技术、运输技术、配送技术、装卸搬运技术、自动化仓储技术、库存控制技术、包装技术等专业技术为支撑的现代化物流装备技术格局。其发展趋势表现为信息化、自动化、智能化和集成化。其中，高新技术在物流运输业的应用与发展表现尤为突出。

3. 电子物流与快递业务发展强劲

基于互联网络的电子商务的迅速发展，促使了电子物流的兴起。企业通过互联网加强了企业内部、企业与供应商、企业与消费者、企业与政府部门的联系沟通、相互协调、相互合作。消费者可以直接在网上获取有关产品或服务信息，实现网上购物。这种网上的“直通方式”使企业能迅速、准确、全面地了解需求信息，实现基于客户订货的生产模式和物流服务。“非典”疫情的发生，进一步突出了电子商务的快速和低成本优势。

国外物流企业向集约化、协同化方向发展，主要表现在两个方面：一是大力建设物流园区；二是物流企业兼并与合作。国际物流市场专家们认为，世界上各行业企业间的国际联合与并购，必然带动国际物流业加速向全球化方向发展；而物流业全球化的发展走势，又必然推动和促进各国物流企业的联合和并购活动。除并购之外，另一种集约化方式是物流企业之间的合作并建立战略联盟。

新组成的物流联合企业、跨国公司将充分发挥互联网的优势，及时准确地掌握全球物流动态信息，调动自己在世界各地的物流网点，构筑起本公司全球一体化的物流网络，将空载率压缩到最低限度，节省时间和费用，为货主提供优质服务，从而形成更加强大的竞争力。

此外，电子物流可以在线跟踪发出的货物，联机实现投递路线的规划、物流调度以及货品检查等。可以说电子物流已成为21世纪国外物流发展的大趋势。

4. 保护环境与绿色物流将成为亮点

物流虽然促进了经济的发展，但是物流的发展同时也会给城市环境带来负面的影响。为此，21世纪对物流提出了新的要求，绿色物流应运而生。

绿色物流主要包含两个方面：一是对物流系统污染进行控制，即在物流系统和物流活动的规划与决策中尽量采用对环境污染小的方案，如采用排污量小的货车车型，近距离配送，夜间运货（以减少交通阻塞、节省燃料和降低排放）等。二是建立工业和生活废料处理物流系统。

发达国家政府还在污染发生源、交通量、交通流3个方面制定了相关政策，形成倡导绿色物流的对策系统。

1.2 物流系统

物流作为一个复杂的社会经济系统，做好它的规划和设计，是其良好运行的前提。规划设计一个物流系统通常要运用运筹学和系统工程的方法。

1.2.1 物流系统概述

1. 物流系统概念

物流系统是指在一定的时间和空间里，由所需位移的物资、包装设备、装卸搬运机械、运输工具、仓储设施、人员和通信联系等若干相互制约的动态要素所构成的具有特定功能的有机整体。物流系统的目的是实现物资的空间效益和时间效益，在保证社会再生产顺利进行的前提条件下，实现各种物流环节的合理衔接，并取得最佳的经济效益。物流系统是社会经济大系统的一个子系统或组成部分。

2. 物流系统特征

物流系统特征如表 1-2 所示。

表 1-2 物流系统的特征

特征	说明
具有一定的整体目的性	要将商品按用户的要求，以最快的方式、最低的成本送到用户手中。
是一个大跨度系统	不仅包括企业间的物流，还涉及不同地域和国际间的物流。
具有较强的动态性	衔接多个供方和需方，系统会随着需求、供应、渠道、价格等的变化而变化。
是一个中间系统	物流系统由若干个子系统组成，同时又从属于社会流通系统，受到整个社会经济系统的制约。
具有复杂性	物流系统由各个不同要素构成，不同要素之间既相互依赖，又相互排斥，造成了系统的复杂性。
构成要素的"效益悖反现象"	是指在系统中降低一个部分的成本时，同时会引起另外一个部分的成本增加，从而产生相互抵消的作用关系。

3. 物流系统组成

物流系统由作业系统和信息系统组成，如图 1-7 所示。

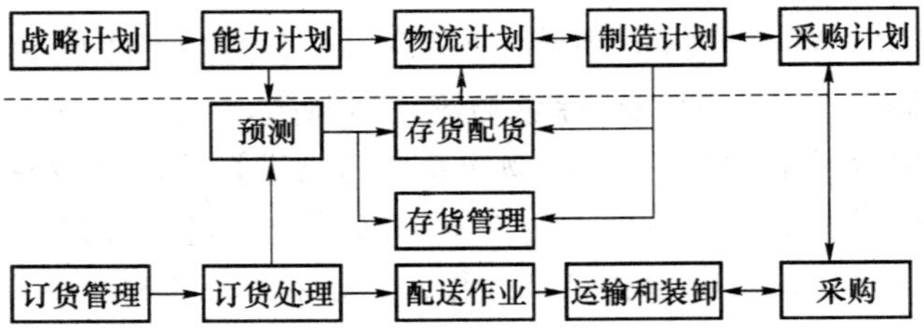

图 1-7 物流系统

4. 物流系统的 3 大要素

(1) 物流系统的功能要素

物流系统的功能要素指的是物流系统所具有的基本能力，这些基本能力有效地组合、联结在一起，构成了物流的总功能，便能合理、有效地实现物流系统的总目的。物流系统的功能要素，一般认为有运输、储存保管、包装、装卸搬运、流通加工、配送和物流信息等，如果从物流活动的实际工作环节来考察，物流由上述各项具体工作构成。换句话说，物流能实现以上 7 项功能。上述功能要素中，运输及保管分别解决了供给者及需要者之间场所和时间的分离，分别是物流创造“场所效用”及“时间效用”的主要功能要素，因而在物流系统中处于主要功能要素的地位。

(2) 物流系统的支撑要素

物流系统的建立需要有许多支撑手段，物流系统的地位，要协调与其他系统的关系，主要包括：体制、制度、法律、规章、行政、命令和标准化系统。尤其是处于复杂的社会经济系统中，要确定物流系统这些要素必不可少。

(3) 物流系统的物资基础要素

物流系统的建立和运行，需要有大量技术装备手段，这些手段的有机联系对物流系统的运行有决定意义。这些要素对实现物流和某一方面的功能也是必不可少的。物资基础要素主要有：①物流设施；②物流装备；③物流工具；④信息技术及网络；⑤组织及管理。

1.2.2　物流系统的范围和外部环境

1. 物流系统的范围

物流系统的范围和外部环境也就是物流系统的输入条件。物流是一个完整的系统，孤立地研究改善某一个环节(或子系统)不一定能提高整个系统的效率，关键是物流系统的各个环节要匹配协调，而且要具有同等可靠性。在规划设计时必须首先根据所要解决的问题确定所设计的物流系统的范围和它的外部环境及两者的接口。

2. 物流系统的外部环境

物流系统受外界环境的制约，物流系统规划设计也能起到改善外部环境的作用。例如，规划设计一个仓库必须考虑入库的货物的来源，是集中入库还是分散入库，是整托盘出库，还是零星出库，是准备送到附近的装配车间，还是供应远方客户等。如果是自动化仓库，还需要对出入库的设备(如输送机和自动导向车等)提出精度要求。工厂的均衡生产要求配套件能及时供应，配套件供应对厂内物流有很大影响。如果配套件按每月或每季供应一次，那么厂内就要设置一个仓库，储存一月或一季的生产需要量，这不仅是建设仓库的初始投资问题，而且涉及流动资金占用、生产成本提高的问题。因此从 20 世纪 80 年代开始，工业化国家的很多企业，根据内部物流系统的要求提出了准时供应制(JIT)，改善配套件供应的外部环境。

1.2.3　物流系统的目标任务及评价

1. 物流系统的目标任务

物流系统的目标任务可以看做是物流系统的输出结果。众所周知，对于任何工程问题，都可以有多种解决途径，但是它的前提条件（输入）和所需要达到的目的（输出）必须是明确的。通常物流系统的目标任务包括以下几方面。

(1) 提高物流系统的吞吐能力以适应产量增长的要求；

(2) 建设一个柔性的物流系统，以适应产品经常变化的情况；

(3) 对生产过程中可能出现的各种意外情况或随机变化作出及时的响应，保持均衡生产；

(4) 改善劳动条件，减轻工人的劳动强度；

(5) 对物流系统中的货物进行实时跟踪；

(6) 对物流系统的货物进行分类或选配，为随后的处理（加工或包装）提供方便条件。

物流系统的各种具体的目标和任务，还要视物流系统在生产系统中的地位和作用而确定。

2. 评价物流系统优劣

物流系统规划本身就存在择优而用的问题，对物流系统的评价是不可缺少的一步。为了对各种可行的方案作出客观公正的评价，应该在提出任何方案之前就制定出评价标准，通常评价标准包括以下几方面。

(1) 经济性。包括初始投资、每年的运营费用、直接或间接的经济效益、投资回收期、全员劳动生产率等；

(2) 可靠性。包括单个环节的可靠性和整个系统的可靠性技术的成熟程度、设备故障率和排除故障所需的时间；

(3) 可维护性。维护保养所要求的技术水平、备件的供应情况、所需储备的备件数量；

(4) 灵活性或柔性。适应产品设计更改和产量变化的能力，物流系统各界与生产节奏相匹配的能力，调整物流路线的可能性；

(5) 可扩展性。在物流系统的服务范围和吞吐能力方面进一步扩大的可能性；

(6) 安全性。包括产品的安全和人员的安全以及正常运行和事故状态下的安全保障；

(7) 劳动强度。需要劳动力的数量及作业姿态可能引起的劳动者的疲劳程度；

(8) 易操作性。操作简单，不易出错，只需少量指令即可使设备和整个系统投入运行；

(9) 服务水平。在服务性物流系统中对顾客的要求作出快速响应的能力；

(10) 环境保护。符合环境保护条理的要求，对周围环境的污染程度低；

(11) 敏感性。对外界条件变动的敏感程度。

具体评价一个方案时，可以根据所确定的每一项评价标准的重要程度分别赋予加权值，用加权平均的方法对各个方案进行综合评价。

1.2.4 物流系统规划选择的方案

物流系统规划必须集思广益，尽可能多地提出可供选择的方案。设计具体方案要做好以下事项。

1. 收集物流系统的原始数据

这是规划设计物流系统的依据，也是物流系统今后能否满足实际需要的关键。收集数据有多种方法，如果平时的统计工作做得比较好，分析历史资料就可得到不少有价值的数据。如果没有历史资料可供参考，那么唯一的办法就是到现场作调查，到类似的物流系统中去参观考察，向操作、维修和管理人员了解情况，进行必要的实际测试和统计。

需要收集的数据主要有以下几类。

(1) 物料特性

包括物料的尺寸、形状、重量、是否耐压、是否耐冲击、对环境温度和湿度有什么要求，储存期的长短对它的质量有什么影响，物料本身对环境有什么影响，是否需要在搬运过程中予以密封，是否需要在搬运过程中消除可能产生的静电，如果在物流系统中有多种物料，还应了解这些物料之间有什么影响，能否放在一起。

(2) 物料流量

首先从整体角度掌握进入和流出物流系统的总物料量，包括最大值、最小值、平均值及其概率分布。其次调查流程中各环节的输入输出量及其频率，包括分流和合流的数据。随后还要了解今后的发展规则，估计可能达到的最大的物料流量。

(3) 环境条件

主要指物流系统的输入输出接口条件，包括接口的设备、场地以及与生产加工设备的衔接条件。例如，物流系统输入端和输出端的运输工具是汽车、火车、轮船还是其他运输设备，物流系统为之服务的生产加工设备有没有取料机构，周围有没有储存场地等。

(4) 经济数据

如劳务费用、维护费用、设备费用、建筑费用、土地费用、贷款利率、投资限额、最小收益等。

(5) 物料搬运设备的数据

包括现有的可供选择的各种物料搬运设备的能力、技术性能、使用寿命和售价等数据。

在收集数据时要注意其变动范围，特别是因为物料流量受很多随机因素的影响，需要进行多次随机测试或对较大量的数据进行数理统计，才能得到可信的数据。

这是一个根据收集到的数据进行系统分析，提出办法以求满足规定目标任务的过程。在这个过程中，要充分应用物流系统的分析技术，包括路线分析、位置分析、等待线分析等。力求实现最佳的搬运路线，最优的设备位置并有足够的缓冲储备以保证物流的平稳畅通。虽然经验是很重要的，习惯的做法往往也是有道理的，但是更重要的是开阔思路，绝不满足于一个方案，任何时候都应提出多种方案进行分析比较，反复探讨应该把何种物品由何人用何种设备搬运到何地。

2. 明确方案中的可控变量和不可控因素

物流系统的任何方案都要满足一定的条件以达到规定的目标。方案中必然有设计人员无法左右的种种前提条件，即不可控因素。例如，对于加工系统中的物流，毛坯件和外协件的供应基本上是不可控的。对仓库的物流，出入库频率和出入库数量是必须满足的一个要求，基本上是规划设计人员不能更改的。但是方案中也必然有一些可以由规划设计人员在一定范围内选取的变量。如仓库收发货站台的位置和数量，搬运设备的载重量和作用速度，以及物流系统的运行政策（先入先出或先入后出，就近入库或就近出库等）都是可控变量。明确了所有的可控变量和不可控因素，就能知道如何去影响系统的性能，达到所追求的目标。

物流系统的规划设计通过调整可控变量观察系统性能的变化趋势，从而选择可控变量的最佳匹配，达到系统的最佳效果。例如，在规划设计一个仓库时，堆垛机的数量，它的水平运行和垂直升降的速度都可以在一定的范围内选择;货架的高度,巷道的长度也可以作一定的变动,达到最佳匹配使土建费用、设备投资、运营费用等达到最小,而设备利用率达到最高值。

1.3 物流工程概述

1.3.1 物流工程概念、特点及研究意义

1. 概念

物流工程(Logistics Engineering)是以物流系统为研究对象,运用系统工程管理学和信息技术科学的理论与方法,进行物流系统的规划、设计、管理和控制,选择最优方案,以低成本、高效率、高质量为社会经济系统和企业提供最有力的支援和服务的活动过程。

物流工程是支撑物流活动的总体工程系统,包含总体的物流网络工程系统和具体的技术工程系统两大类。

2. 特点

(1) 全局性(系统性、整体性)。物流系统是由很多部分组成的,同时,系统的目的性或特定功能往往也由若干目标或指标形成,所以不能单从一个部分或某一个指标来思考和解决问题,而是要从系统的整体出发,将各组成部分按预期目标有机地组合,并互相配合,探索出一个最好或较好的整体方案。

(2) 关联性。系统各组成部分本身及它们相互之间都有着联系和制约的关系,如系统的输出与输入的关系,系统所有组成部分中的参数变量与系统特定功能之间的关系,都表示着系统相互作用和相互依赖。在研究物流系统时,必须设法描述这种相互关系,而且要用明确的方式(如定量、图、表等方式)来表示。

(3) 最优性。规划、设计和使用物流系统的最后目的是要它完成特定的功能,并且希望完成功能的效果最好。也就是说,以最少的人力、物力和财力消耗,在最短的时间里,获得最大效益。这种统筹安排,选择最优的过程,就是物流工程的最优性的思想。

(4) 综合性。物流系统涉及面广,不但有技术因素,还有经济因素、社会因素。所以只靠一两门科学知识是不够的,需要诸如数学、运筹学、经济学、机械设计、计算机技术、控制论及心理学等各方面的学科知识,把这些学科横向交叉和综合在一起来规划、设计和研究物流工程。

(5) 实践性。物流工程是非常注重实用的,如果离开具体的项目和工程,也就谈不上物流工程。

3. 研究的意义

(1) 可大幅度减少工作量,减少劳动力占用,减轻工人的劳动强度。在大量生产的机械制造企业,加工1吨产品平均搬运量为60吨次以上,一般工厂从事搬运储存的工作人员占全部工人的15%～20%。所以合理布置、设计物流系统,对企业关系重大。

(2) 可大幅度缩短生产周期,加速资金周转。过去,设计人员在进行生产系统设计时,

往往只注意到先进的制造工艺，对提高生产率、降低成本所起到的作用重视不够，缺乏对整个物流系统的分析。统计和分析表明，在工厂的生产活动中，从原材料进厂到成品出厂，物流真正处于加工等纯工艺的时间只占生产周期的 5%～10%，而 90%～95%的时间都处于停滞或搬运状态。所以减少物流时间，可缩短生产周期和交货期，提高资金周转能力，增强企业竞争能力。

(3) 降低物流费用，可降低生产成本，减少流动资金占用，增加企业利润，提高企业经济效益。国外统计资料表明，在制造业中，总营业费用的 20%～30%是搬运费用，而优良的物流系统设计，可使这一费用至少减少 10%～30%。在工业发达国家，除了营销、降低原材料和能源消耗外，已把改造物流搬运、改善工厂中的物料组织，看做减少和节省开支以获取利润的“第三源泉”。

(4) 提高产品质量。产品在搬运、储存过程中，因搬运手段不善，造成磕碰伤，从而影响产品质量的现象非常严重，而企业的管理者往往忽视这个问题。

(5) 促进技术改造，为企业发展提出新的要求。新工艺、新设备的采用，往往导致物流过程的缩短；反之，物流过程的改造更要求采用新工艺、新设备。

(6) 文明生产，安全生产。上海某拖拉机制造厂统计，直接与搬运有关的工伤事故占总工伤事故的 30%以上。所以物流系统合理化，有利于改善环境和生产组织管理，提高安全生产水平。

综上所述，物流工程的研究可提高我国制造企业管理水平，促进生产系统发挥全部生产能力，增加企业经济效益，提高企业在国际市场上的竞争力。

1.3.2　物流工程构成

物流工程是支撑物流活动的总体工程系统，包含总体的网络工程系统和具体的技术工程系统两大类。

1. 总体的物流网络工程系统

总体的物流网络工程系统，实际上是支撑各种物流活动，支撑各种物流经营方式进行运作的平台系统。这个平台系统由两部分构成。

(1) 物流信息网络工程

物流信息网络工程系统是通过大范围的信息生成、收集、处理和传递，以支持物流系统的管理和经营，支持所有的物流活动。物流系统的主要特点是跨地区、大范围、多结点，因此，只有在信息技术和网络技术的支持下，才会解决物流系统的构筑问题。因此物流信息网络工程是维持庞大、复杂的系统正常运转必不可少的手段。

除了基本的管理信息系统，决策支持系统、库存管理系统、条形码系统之外，全球卫星定位系统、远程数据交换系统、分销配送系统等信息工程技术，近年特别受到人们关注。

(2) 实物流网络工程

资源配置最终的、具体的实现，必须要通过实物流网络。实物流网络是实现物流的重要生产力要素，它集中了物流系统的主要设备、设施以及技术、管理、劳动人员。这些生产力要素配置在由物流结点和物流线路所构筑成的实物流网络上面，并以此覆盖生产企业、供应商、用户。实物流网络的构筑和运行是物流系统建设和运行的主要资本投入领域，也是对人力、物力、能源消耗最大的领域，因此，这是成本集中的领域。

实物流网络工程是个复杂的系统工程，它的水平体现了综合物流的水平。

2. 具体的物流技术工程系统

具体的物流技术工程系统可以细分为以下几个主要的工程领域。

(1) 包装工程

包装工程系统是运用各种材料、装备、设施，以形成各种形态的包装，进一步支撑物流。包装工程主要分成一般物流包装工程和集装工程两大领域。支撑物流的包装工程，主要是对被包装物具有防护性和便于物流操作两个功能。虽然也要结合考虑商品的促销性和装潢性，但这并不是物流包装工程的主要内容。集装工程是包装工程向现代化发展的产物。很多研究者认为，集装二程已经不再属于包装工程的一项内容，而是可以完全独立形成体系。集装工程包括托盘工程、集装箱工程、集装袋工程以及其他集装工程等。

(2) 储存工程

储存工程系统是运用仓库和其他存储设备、设施以使储存这一项物流环节按物流的总体要求进行运作。储存工程系统是物流领域向现代化发展最强劲的系统之一，也是自动化的重点领域。高层立体货架系统、自动化存取系统、无人搬运系统、计算机库存管理系统等是储存工程系统的重要内容。

(3) 输送工程

输送工程包含了整个传统交通运输领域，并从现代物流角度，运用系统的物流技术，对传统的交通运输工程进行了大幅度的提升。除了一般的公路运输工程、铁路运输工程、水运工程、航空运输工程之外，现代物流系统的输送工程，特别重视不同的传统运输方式到综合的、最优的组合，出现了“门到门”、“库到库”甚至“线到线”的高水平输送方式。在一体化的物流系统范围内，出现了跨越不同传统运输方式的“驼背运输”、“滚装运输”、“多式联运”等输送方式和工程系统。

(4) 装卸搬运工程

搬运工程系统是运用各种装卸搬运机具及设备，以实现物的运动方式转变和场所间移动。装卸搬运工程经常是物流其他工程的分支或附属，对于大量物流的系统，对装卸搬运二程有相当强的独立性和很高的技术要求。例如，港口的集装箱装卸工程、石装卸工程，大型仓库、火车站的装卸二程等。

(5) 配送工程

配送工程系统是通过配送中心、配送装备，实现物最终送到用户的。配送工程系统曾经是输送工程的一个组成部分，是末端输送工程。由于这个工程系统在管理方式、科学技术、装备设施方面有别于干线输送工程，同时，现代社会对服务水平的强调，又需要特别构筑直接面向用户的这个工程系统，配送工程是最近特别引起物流界重视的工程系统。配送工程的重要性还在于，它是直接和电子商务连成一体的物流工程系统，所以与新经济的联系更为密切。配送工程也是保障新经济体系的“零库存生产方式”的一个系统，配送工程所依赖的科学技术，主要有配送装备、网络技术和系统规划技术。

(6) 流通加工工程

流通加工工程系统是通过流通过程的加工活动，提高物的附加价值和物流操作的便利程度。流通加工工程所依托的科学技术、机械装备，源于各种产品的生产和应用领域，由于流通物涉及面广，流通加工工程系统非常复杂。比较重要的流通加工工程有冷链工程、混凝土工程、钢板剪板工程等。

(7) 供应链工程

供应链工程系统是通过供应链的构筑，建立新型的流通秩序。供应链工程是当前发达国家特别致力于建设的工程系统，也受到了我国经济界的重视。供应链工程主要依托 4 项支持活动：完善的网络信息技术、柔性管理、合适的物流系统、供应链管理和买方市场的经济体制。不同的供应链可能全部或部分包含上述各项物流工程系统，可见供应链工程的复杂性及其实现难度。

1.3.3　物流工程研究的内容

1. 物流系统

物流工程是以物流系统为研究对象，研究物流系统的资源配置、物流运作过程的控制、经营和管理的工程领域。物流系统是由物流设施、物料、物流设备、物料装载器具及物流信息等所组成的具有特定功能的有机整体。物流系统的目的是实现物资的空间和时间效益，在保证社会再生产顺利进行的前提下，实现各种物流环节的合理衔接，并取得最佳的经济效益。

物流系统由产品的包装、仓储、运输与搬运、检验、装卸、流通加工和其前后的整理、再包装、配送所组成的运作系统与物流信息等子系统组成。运输和仓储是物流系统的主要组成部分，物流信息系统是物流系统的基础，物流通过产品的仓储和运输，尽量消除时间和空间上的差异，满足商业活动和企业经营的要求。物流系统的构成如图 1-8 所示。

- 物流系统
  - 物流运作系统
    - 包装
    - 仓储
    - 运输与搬运
    - 装卸
    - 流通加工
    - 配送
  - 物流信息系统

图 1-8　物流系统

其中，物流运作子系统，就是在包装、仓储、运输与搬运、装卸、流通加工等操作中运用各种先进技术将生产商与需求者连接起来的整体，使整个物流活动网络化、效率提高。物流信息子系统是运用各种先进沟通技术保障与物流运作相关信息的流畅，提高整个物流系统的效率。将物流运作与物流信息组成一个物流系统的目的就是要以最有效的途径提供最满意的服务。物流系统本身是一个非常复杂的系统，一般涉及企业内部物流和企业外部物流。

(1) 企业内部物流系统

每一个工厂都担负着一种产品或几种产品的生产。从原材料入厂，按一定的工艺流程，对原材料进行加工、检验、存储、装配等步骤，最后形成产品出厂。各车间、各工序之间是独立的，同时又是密切相关的。生产是按照一定的顺序、一定的节奏进行的，因此企业生产是一个系统。生产管理者要以系统的观点去组织生产、管理生产，使各部门之间、各工序之间有计划地、按比例地、有节奏地进行工作。使各部门各工序间能均衡协调地生产，使得产品的零件能配套齐全地同步生产，这样才能避免某些零件过剩造成积压浪费，而另一些零件短缺，使产品不能及时装配出厂。

从物流的观点来看，企业生产系统是一个物流系统。工厂内的各车间、各工位在空间上是互相独立的，生产过程一般是原材料及外购件入厂，存储在原料库中，各车间根据需要到材料库领取原材料，然后按工艺要求进行加工。一道工序完成后，把工件转到下一道工序。一个零件加工完成后，或者转到下个车间去进行再加工，或者转到半成品库暂时存储起来等待总装；各个加工好的零部件送到总装车间，装配成产品，检验合格后，或为正式产品出厂或进入成品仓库。在整个生产过程中，都包含着物件的运输、存储，所以说工厂的生产系统也是一个物流系统。这个物流系统的特点如下。

1）物料是按照加工的工艺过程在流动，其路线是由加工的工艺流程决定的，不能任意变动。

2）零件的生产是连续地、有节奏地、按比例地进行，所以其物流系统也必须是连续地、有节奏地、按比例地进行，否则生产就不能正常进行。实践证明，物流系统的混乱，必然使生产混乱，造成损失。

3）物流搬运装卸过程要求安全可靠，已加工好的成品或半成品在运输过程中不能随意碰撞堆压，要按照一定的要求搬运，一定的方式存储，否则将损坏零件的精度，降低产品的质量，因此，必须选择合适的搬运设备和容器。

每一吨原材料在厂内要经过很多次的装卸、搬运、存储才能成为产品出厂。厂内搬运存储费用是很可观的，所以物流技术的研究在世界先进的工业国家是很受重视的，在竞争激烈的商品经济社会里，降低成本是企业生存的关键，人们把减少物流费用看做降低成本提高利润的第三源泉。我国在物流技术的研究上，起步较晚，虽然在进行工厂设计时也分析这个问题，但系统地科学地进行规划还是近几年的事。我国大大小小的工厂，可以说在物流系统方面都或多或少地存在着不合理现象，有的甚至存在着严重的问题，如物流系统混乱，储运费用较高。所以，新建厂物流系统的合理设计、老厂物流系统的改造，是一个很值得重视的问题。

（2）企业外部物流系统

企业外部物流是指企业与交易企业、用户和其他关系者发生的物流。企业外部物流系统是企业供应物流、销售物流、回收物流等对应的系统。例如，对于制造企业，物料、协作件从供应商所在地到本制造企业仓库为止的物流过程，从成品库到各级经销商，最后送达最终用户的物流过程，都属于企业的外部物流系统。

2. 物流管理

所谓物流管理就是在社会再生产过程中，根据物质资料实体流动的规律，应用管理的基本原理和科学方法，对物流活动进行计划、组织、指挥、协调、控制和监督，使各项物流活动实现最佳的协调与配合，以降低物流成本，提高物流效率和经济效益。

物流管理的内容十分丰富。从系统的观点来说，可理解成对物流系统各要素及其相互关系的管理，涉及运输、保管、包装、搬运、流通加工、信息处理等方面。物流管理不仅涉及系统中不断流转的物品管理，也涉及使物品发生流转的手段以及所使用的设施、设备、技术、人员的管理。其核心领域有库存管理、物流成本管理、物流服务管理、物流标准化管理、物流信息管理、物流管理机构的组织管理。概括起来，物流管理包含“硬件”管理和“软件”管理。

(1) 物流“硬件”管理

物流硬件是指组织物资实物运输所涉及的各种机械设备、运输与搬运工具、仓库建筑、站场设施以及服务于物流的计算机、通信网络设备等，对它们的设计和管理就是物流“硬件”管理。

通过改进搬运设备，改进流动器具来提高物流效益、产品质量等。如社会物流中的集装箱、罐、散料包装，工厂企业中的工位器具、料箱、料架以及搬运设备的选择与管理等。主要包括如下内容。

1) 仓库及仓库搬运设备的研究；

2) 各种搬运车辆和设备的研究；

3) 流动和搬运器具的研究。

(2) 物流“软件”管理

物流软件是指为组成高效率的物流系统而使用的应用技术。物流“软件”管理是指对各种物流设备的最合理的调配和使用。

其研究包括如下内容。

1) 物流系统的规划与设计。对于物流系统，其规划设计是指在一定区域范围内(国际或国内)物资流通设施的布点网络问题，如石油输送的中间油库、炼油厂、管线布点等的最优方案，远距离大规模生产协作网的各工厂厂址选择等。而对于企业物流系统，其规划设计的核心内容是工厂、车间内部的设计与平面布置、设备的布局，以求物流路线系统的合理化，通过改变和调整平面布置调整物流，达到提高整个生产系统经济效益的目的。

2) 运输(或搬运)与储存的控制和管理。在给定的物流布点设备布置条件下，根据物流运输、搬运和储存的要求(往往是工艺要求)，使用管理手段来控制物流，使生产系统以最低的成本、最快捷的速度、完好无缺的流动过程，达到规划设计中提出的效益目标，主要内容如下。

① 生产批量最佳化的研究；

② 工位储备与仓库储存的研究；

③ 在制品的管理；

④ 搬运车辆的计划与组织方法；

⑤ 信息流的组织方法，信息流对物流的作用问题等。

物流管理的常用技术主要有预测技术、建模与仿真技术、系统最优化技术、网络技术及分解协调技术等。

1.4　物流工程发展趋势及模式

1.4.1　物流工程发展趋势

1. 物流的系统化

从原材料到最终商品流动的庞大系统中，物流工程必须以物流过程整体为对象，对供应、制造、销售过程中的产品、服务及相关信息的流动与储存进行规划、执行和控制。随着全球竞争的加剧和全球制造的日益发展，越来越多的制造企业意识到，要想获得长期发展，不仅要降低生产成本，还要为顾客提供及时、准确、具有个性化的产品和服务。很多研究和实践证明，通过合理的设计和管理物流系统，可以达到提高企业竞争优势的目的。

2. 物流的信息化

随着全球经济的一体化，当前的物流业正向全球化、信息化、一体化发展，使商品与生产要素在全球范围内以空前速度自由流动与配置。电子商务技术与互联网的应用，使物流效率的提高更多地取决于信息管理技术。物流的信息化包括商品代码和数据库的建立、运输网络合理化、销售网络系统化、物流中心管理电子化及其管理信息系统等。

3. 物流的社会化和专业化

为实现少库存或零库存，物流中心、批发中心或配送中心及代理中心应运而生，而且在国外已经相当普遍。目前国外实行配送的产品十分广泛，有生产资料、日用工业品、图书、光盘等。众多制造企业的销售与供应很大程度上由物流代理公司来实现，因而它们已不设销售和供应部门。通过这些形式可以进行集约化管理，在一定半径内实现物流合理化，从而大量节约流通费用和流动资金，并实现资金流的合理化。日本的流通产业就是一个成功的例子。

4. 仓储、物流装备的现代化

物流离不开物流装备与仓储。仓储现代化要求高度机械化、自动化、标准化，组织起高效的人、机、物系统。运输的现代化要求建立铁路、公路、水路、空运与管道的综合运输体系，这是物流现代化的必备条件。所以发达国家都致力于港口、码头、机场、铁路、高速公路、仓库等的建设，目的是减少运输费用，大量改进运输方式与包装方式，如发展集装箱、托盘技术，提高粮食、水泥等物资的集装率，研制新的装卸机械等。物流装备向大型化、自动化和智能化方向发展。

5. 物流与商流、信息流一体化

按照流通规律，商流、物流、信息流是三流分离的。但在现代社会，不同的产品形成不同的流通方式与营销业态，例如生产资料不仅有直达供货与经销制，还有代理制、配送制，与居民生活有关的产品还有连锁经营，这就要求物流随之而变化。许多国家的物流中心、配送中心实现了商流、物流、信息流的统一。代理制的推行也使物流更科学、更合理，许多代理行业实现了三流合一。

6. 物流系统柔性化

随着市场经济的发展，计划经济时期的固定物流运作模式转变为多样化。市场的多边性，产品的小批量、多品种，要求物流系统具有对这种物流运作方式的适应性以满足生产企业和用户对产品的需求。

7. 物流系统仿真技术的广泛应用

物流系统是一个庞大的系统，其实施需要巨大的资金和人力投入，为保障其实施的科学性和可靠性，需要在实施之前进行仿真研究。

1.4.2 物流工程发展模式

当前，经济全球化、市场一体化日益形成，信息技术迅猛发展、其应用领域日益扩大，环境保护日益成为社会关注的焦点，在此背景下，现代物流工程呈现以下几种发展模式。

1. 精益生产(Lean Production)

（1）概念

精益生产又称简化生产、精细生产或精良生产。它是美国在全面研究以JIT生产方式为代表的日本式生产方式在西方发达国家及发展中国家应用情况的基础上，于1990年提出的一种比较完整的生产经营管理理论。进入20世纪80年代，日本汽车工业的高速发展使美国在世界汽车市场的领先地位受到挑战，为揭开日本汽车成功之谜，从1985年起美国麻省理工学院对JIT生产方式进行了提炼、升华和理论总结，提出了"精益生产"理论，通俗地称为"大JIT"。其内容不仅是生产系统内部的运营管理，而且包括市场预测、产品开发、生产制造管理、零部件供应系统、直至营销与售后服务等企业的一系列活动，形成了生产与经营一体化、制造与管理一体化的生产经营管理理论，是对人类社会和人们的生活方式影响最大的一种生产方式，是新时代工业化的象征。

（2）原理

精益生产的基本原理是不断改进，消除对资源的浪费，协力工作，柔性生产。精益生产的主要支柱是准时制生产(JIT，Just in Time)、成组技术(GT，Group Technology)、全面质量管理(TQM，Total Quality Management)和并行工程(CE，Concurrent Engineering)。

（3）内容

主要包括了3点内容。①重新设计每一个生产步骤，使每一个步骤都成为一个持续流程中的一部分；②在企业中设立兼有多项职能的工作团队；③持续不断地对生产流程进行改进，改进的内容既包括提高产品质量，又包括降低产品成本。

（4）精益物流

精益物流(Lean Logistics)是以精益思想为指导，能够全方位实现精益运作的物流活动。精益思想是指运用多种现代管理方法和手段，以社会需求为依据，以充分发挥人的作用为根本，有效配置和合理使用企业资源，最大限度地为企业谋求经济效益的一种新型的经营管理理念。

2. 闭环供应链管理(CLSCM)

20世纪90年代以来，随着从传统经济发展模式向循环经济发展模式的转变，人们环保意识增强，并开始关注环保法制的建设，形成了对产品全生命周期管理的要求，全球制造商面临着巨大的挑战，即有效应对日益普及的"制造商责任延伸制"。在这样的背景下就促进了正向供应链与逆向供应链的整合，也就催生了一种新的管理概念——闭环供应链管理(CLSCM，Closed Loop Supply Chains Management)。

Harold和Krikke等学者认为，闭环供应链包括正向的供应链和逆向的供应链，可以通过若干种方式来封闭，如产品的重新利用、零部件的重新利用和原料的再利用。大多数闭环供应链都包括若干种再利用的方式，各种回收的产品通过最有价值的方式进行再处理。Moritz Fleischmann等认为，正向的产品流动和逆向的产品流动的分离，使得研究人员可以用一种全面的方法来从整体上研究相互关联的企业的内向物流和全生命周期管理的外向物流，这被称为"闭环供应链"。赵晓敏等认为，闭环供应链管理是一种实现产品流通哲理，该理念同样强调通过链上各实体的协同运作来实现整个系统的最大效益。

3. 电子商务物流系统模式(ECL)

电子商务物流系统(ECL，Electronic Commerce Logistics)是指在实现电子商务特定过程的时间和空间范围内，由所需位移的商品(或物资)、包装设备、装卸搬运机械、运输工具、仓储设施、人员和通信联系设施等若干相互制约的动态要素所构成的具有特定功能的有机整体。电子商务物流系统的目的是实现电子商务过程中商品(或物资)的空间效益和时间效益。在保证商品满足供给需求的前提下，实现各种物流环节的合理衔接，并取得最佳经济效益，电子商务物流系统既是电子商务系统中的一个子系统，又是社会经济大系统中的一个子系统。

电子商务物流系统可以使商品流通较传统的物流和配送方式更容易实现信息化、自动化、现代化、社会化、智能化、合理化和简单化。既减少生产企业库存，加速资金周转，提高物流效率，降低物流成本，又刺激了社会需求，有利于整个社会的宏观调控，也提高了整个社会的经济效益，促进市场经济的健康发展。

4. 计算机集成制造系统(CIMS)

1973 年，美国的 J. Harrington 提出了计算机集成制造(CIM，Computer Integrated Manufacturing)的理念，基于 CIM 的计算机集成制造系统(CIMS，Computer Integrated Manufacturing System)在 20 世纪 80 年代中期开始得到重视并大规模实施。目前，CIMS 主题结合国际上先进制造技术的发展，提出了“现代集成制造”(Contemporary Integrated Manufacturing)的理念，在广度上和深度上拓宽了传统 CIM 的内涵。

小知识

CIM 是一种组织、管理和运行企业的理念。它将传统的制造技术与现代信息技术、管理技术、自动化技术、系统工程技术等有机结合，借助计算机(包括质量、销售、采购、发送、服务)及产品最后报废、环境处理等各阶段活动中有关的人/组织、经营管理和技术 3 要素及其信息流、物流和价值流(以产品 T、Q、C、S、E 等价值指标所体现的企业业务过程流，如成本流等)有机集成并优化运行，以达到产品上市快、高质、低耗、服务好、环境清洁的目标，进而提高企业的柔性、健壮性、敏捷性，使企业赢得市场竞争。CIMS 是一种基于 CIM 理念构成的计算机化、信息化、智能化、绿色化、集成优化的制造系统。

5. 绿色物流

人口膨胀、资源短缺、环境资源恶化程度的加深，导致了能源危机、资源枯竭、臭氧层空洞扩大、环境污染、生态系统失衡等一系列问题，因而对环境的利用和环境的保护越来越受到重视。作为经济活动的一部分，物流活动同样面临环境问题，需要从环境角度对物流体系进行改进，即需要形成一个与环境发展共行的物流管理系统。这种物流管理系统建立在维护全球环境和可持续发展基础上，改变原来企业发展与物流、消费生活与物流的单向作用之间的关系，在抑制物流对环境造成危害的同时，形成一种能促进经济与消费健康发展的物流系统，即向绿色物流转变。

绿色物流其实是物流管理与环境科学交叉的一门分支。绿色物流(Green Logistics 或 Environmental Logistics)是指在物流过程中抑制物流对环境造成危害的同时，实现对物流环境的净化，减少资源的消耗，使物流资源得到最充分利用。它是以降低对环境的污染、减少资源消耗为目标，利用先进物流技术规划和实施运输、仓储、装卸搬运、流通加工、配送、包装等物流活动。现代绿色物流管理从环境角度强调了全局和长远的利益，强调全方位对环境的关注，体现了企业的绿色形象，是一种全新的物流形态。

6. 物流工程标准化

(1) 标准化概念

标准化是对产品、工作、工程或服务等普遍的活动规定统一的标准，并且对这个标准进行贯彻实施的整个过程。

标准化是国民经济管理和企业管理的重要内容，也是现代科学体系的重要组成部分，是由于社会大分化、生产大分工之后，为合理组织生产，促进技术进步，协调社会生活所出现的事物。标准化管理是有权威的有法律效力的管理。

标准化的内容，实际上就是经过优选之后的共同规则，为了推行这种共同规则，世界上大多数国家都有标准化组织，例如英国的标准化协会(BSI)，我国的国家技术监督局等。国际标准化组织(ISO)负责协调世界范围的标准化问题。

(2) 物流工程标准化

物流工程标准化是指以物流为一个大系统，制定系统内部设施、机械装备，包括专用工具等的技术标准，包装、仓储、装卸、运输等各类作业标准，以及作为现代物流突出特征的物流信息标准，并形成全国以及和国际接轨的标准化体系。

物流工程标准化可以包括 3 个层次方面的内容：①制定物流系统内各分系统的设施、装备和工具的技术标准，以及作业和管理标准；②研究各分系统技术标准、作业和管理标准的配合性，统一整个物流系统的标准；③研究物流系统与其他相关系统的配合性，实现物流大系统的和谐一致。

(3) 物流工程标准化的主要特点

1) 广泛性。和一般标准化系统不同，物流系统的标准化涉及面更为广泛，其对象也不像一般标准化系统那样单一，而是包括了机电、建筑、工具、工作方法等许多种类。虽然处于一个大系统中，但缺乏共性，从而造成标准种类繁多，标准内容复杂，也给标准的统一性及配合性带来很大困难。

2) 科学性、民主性和经济性。科学性、民主性和经济性，是标准的“三性”。科学性是体现现代科技成果，以科学试验为基础，要求与物流的现代化(包括现代技术及管理)相适应，将现代科技成果联结成物流大系统。民主性指标准的制定，采用协商一致的办法，广泛考虑各种现实条件，广泛听取意见，而不能过分偏重某一个国家，使标准更具权威、减少阻力，易于贯彻执行。经济性是标准化生命力决定因素，由于物流过程必须大量投入消耗，如不注重标准的经济性，片面强调反映现代科学水平，片面顺从物流习惯及现状，引起物流成本的增加，自然会使标准失去生命力。

3) 国际性。由于经济全球化的趋势所带来的国际交往大幅度增加，而所有的国际贸易又最终靠国际物流来完成。各个国家都很重视本国物流与国际物流的衔接，否则，会加大国际交往的技术难度，增加了因标准化系统不统一所造成的效益损失，使外贸成本增加。

4) 安全与可靠性。物流提供高效、快速、方便的服务同时，也带来不少安全隐患，如交通事故的伤害，物品对人的碰、撞伤害，危险品的爆炸、腐蚀、毒害的伤害等。所以，在物流活动中制定对物流安全性、可靠性的物流标准很重要，以保证物流安全和质量。

(4) 物流工程技术标准种类

物流工程技术标准，指对标准化领域中需要协调统一的技术所制定的标准，包括大系统统一标准和分系统技术标准。

1）物流大系统标准

① 物流专业计量单位标准。它是指对物流系统中独特的专业计量单位所制定的标准，它是对国家发布的统一计量标准的补充，更具专业性。它的制定要在国家的统一计量标准的基础上，考虑到许多专业的计量问题和与国际计量标准的接轨问题。物流专业计量单位的标准化，是物流作业定量化的基础。

② 物流基础模数尺寸标准。模数是指某系统的设计、计算和布局中普遍重复地应用的一种基准尺寸。物流基础模数尺寸是指物流标准化的共同单位尺寸，或物流系统各标准尺寸的最小公约数尺寸。在基础模数尺寸确定之后，各个具体的尺寸标准都要以基础模数为依据，选取其整数倍数为规定的尺寸标准。物流基础模数尺寸标准是物流系统中各种设施建设和设备制造的尺寸依据，在此基础上可以确定出集装基础模数尺寸，进而确定物流的模数体系。

③ 集装基础模数尺寸标准。集装基础模数尺寸是最小的集装尺寸，它是在物流基础模数尺寸的基础上，按倍数推导出来的各种集装设备的基础尺寸。在物流系统中，由于集装尺寸必须与各环节物流设施、设备、机具相配合，因此，整个物流系统设计时往往以集装尺寸为核心，然后，在满足其他要求前提下决定各设计尺寸。所以，集装基础模数决定和影响着其他物流环节的标准化。

④ 物流建筑模数尺寸标准。物流建筑模数尺寸是指物流系统中各种建筑物所使用的基础模数尺寸。该尺寸是设计建筑物长、宽、高等尺寸以及门窗尺寸、建筑物柱间距、跨度、深度等尺寸的依据。

⑤ 物流专业名词术语标准。它是指对物流专业名词的统一化、专业名词定义的统一解释所作的规定。它是实现信息快速准确传递、避免物流工作混乱的基础条件，如GB/T 18354—2001《物流术语》等。

⑥ 物流标志、图示与识别基础标准。它是指为便于识别和区分物流中的物品、工具、机具而作的统一规定。如识别标记、储运标记、危险货物标记等。

⑦ 物流基础编码标准。它是指对物流对象物进行编码，并按物流过程的要求，转化成条形码，实现物流大系统有效衔接、配合的最基本的标准。它是采用信息技术对物流进行组织、控制的基础标准，主要是物流实体的编码（即标识代码）技术标准以及这些编码的数据库结构标准。如物品分类编码标准、储运单元条码标准、物流单元条码标准、托盘编码技术标准、集装箱编码技术标准及其数据库结构标准等。

⑧ 物流单据、票据标准。它是指对物流活动中的所有单据、票据所作的规定。它是应用计算机和通信网络进行数据交换和传递的基础标准，如EDI单证标准等。

2）物流分系统技术标准

物流分系统技术标准是针对物流分系统的各环节所制定的技术标准，对物流分系统的规范发展具有很强的指导意义。物流分系统技术标准主要有以下几方面。

① 运输车船标准。它主要是对火车、卡车、货船、拖挂车等运输设备制定的车厢尺寸、船舱尺寸、载重能力、运输环境条件等标准。

② 仓库技术标准。它主要是指对仓库形式、规格、尺寸、性能、建筑面积、设计通用规则、建设设计要求、防震防火以及安全等事项所制定的技术标准。

③ 包装标准。它主要是指对包装尺寸、包装材料、质量要求、包装标志以及包装的技术

要求所制定的技术标准。如托盘、集装系列尺寸标准，包装物标准，货架储罐标准等。

1）传输机具标准。包括水平、垂直输送的各种机械式与气动式起重机、传送机、提升机的尺寸和传输能力等技术标准。

2）货架、储罐标准。包括货架净空间、载重能力、储罐的容积尺寸标准等。

3）信息标准。包括条码、射频、EDI 标准、GPS 标准等。

（5）物流工程管理标准

物流工程管理标准是指对物流工程标准化领域中需要协调统一的物流工程管理事项所制定的标准。制定物流工程管理标准的目的是为合理组织物流工作，科学地行使计划、监督、指挥、调整、控制等物流管理职能。

物流工程管理标准的一般内容主要有物流工程管理工作应达到的质量要求；物流管理程序与方法；物流统计和核算方法；物流管理有关资料、报表和原始记录的要求；物流工作任务完成情况的凭证编制要求等。

为便于制定、贯彻、实施物流管理标准，常按管理对象把物流管理标准划分为物流技术管理标准、物流组织管理标准、物流经济管理标准、物流质量管理标准、物流设备管理标准、物流劳动组织管理标准、物流行政管理标准 7 大类。

（6）物流工作标准

物流工作标准是对工作的内容、方法、程序、质量所制定的标准。包括各岗位职责与权限、完成任务的程序、相关岗位的协调、信息传递的方式、职工的奖惩办法、设备运行、作业程序、车辆运行时刻表和异常情况的处理等。

本章小结

本章对物流、物流系统和物流工程作了相关介绍。给出了物流、物流系统的定义，并对物流要素和分类方法进行了描述；介绍了物流作用和发展阶段。物流工程方面主要阐述了物流工程的发展趋势，讨论了物流工程的研究内容，介绍了现代物流工程的发展模式以及物流工程管理标准化。

思考与练习

1. 填空题

（1）物流，简言之就是“__________”。其确切的含义因不同的时期和不同的国家而有所不同。

（2）现代物流的构成要素不同于传统物流，不仅有实现物品实体空间位移的运输要素和实现时间变化的储存要素，而且更有保证物流顺利进行以及实现物流高效率的________、________、________、________、________、________等要素，它们相互联系、相互制约。

（3）物流工程具有________________、________________、________________、________________、________________的特征。

（4）物流工程标准化的主要特点为______________、______________、______________、______________。

2. 选择题

1. 下列活动不属于物流范畴的是(　　)。

A) 属于物品物质实体的流动

B) 运输、储存、装卸、搬运、包装、流通加工配送、信息处理等基本功能的有机结合

C) 商流所有权转移和物流的实体位置转移

D) 不属于经济活动的物质实体流动

(2) 下列说法正确的是(　　)。

A) 物流所要"流"的对象是一切物品,包括有形物品和无形物品

B) 只有物品物理位置发生变化的活动,如运输、搬运、装卸等才属于物流活动

C) 物流不仅研究物的流通与储存,还研究伴随着物的流通与储存而产生的信息处理

D) 物流是从某个企业原材料的供应、储存、搬运、加工、生产直至产成品的销售整个过程

(3) 物流的概念源于(　　)

A) 日本　　B) 德国　　C) 美国　　D) 中国

3. 简答题

(1) 什么是物流?如何理解物流概念的内涵?

(2) 什么是物流工程?实施物流工程有何意义?

(3) 什么是精益生产?

(4) 什么是绿色物流?

(5) 什么是标准化?

4. 论述题

(1) 结合物流的特征,阐述物流在国民经济中的地位和作用。

(2) 试述物流工程研究的内容。

(3) 试述物流工程标准化的意义。

5. 案例分析

案例:中国香港成为世界市场物流枢纽的8大优势[①]

中国香港是一个国际大都会,是国际金融中心、贸易中心、服务中心。自从香港回归祖国以来,这一地位得到进一步强化。

中国香港之所以被誉为"东方之珠",其中一个重要原因是物流业的发展。而香港物流的平稳发展完全得益于以下8个方面。

1. 拥有世界级的基建设施和懂两文三语的IT专才

中国香港拥有世界级的基建设施,又与制造业发达的珠江三角洲联系紧密,所以中国香港物流业的发展潜力无限。香港的IT专才,除了懂两文三语(两文:中文、英文;三语:普通话、粤语、英语)外,还熟悉内地的经营环境,有良好的法制意识。

2. 地理优势和税率低

地理优势方面,香港在北上和南下上所花的时间较其他地区短,且大部分工厂北移,所空置出来的商厦增加,其租金成本与新加坡相似。其次,中国香港主管的住宅租金与我国上

① 黄中鼎. 现代物流管理. 1版. 北京:人民交通出版社,2007.

海及新加坡相比也不会过于昂贵。另外，香港不征收消费税，加上税率低，大部分设备成本比邻区低 10%～25%。

3. 通信网运作成本相当低

无论是长途电话，还是专用电信网络，香港的通信网运作成本相当低。香港为亚太区重要的商贸中心，拥有强健的金融构架及完善的司法制度，资金可以自由进出，有逾 900 个国际企业在香港设立总部。因此，香港有优势成为亚太区的供应链管理枢纽。

4. 政府的强有力支持是自由港发展的前提

在竞争日益激烈的经济环境中，政府有必要制定统一的物流政策，使物流朝高科技、系统完善及效率高的方向发展，以控制成本及提高竞争力。特区政府成立了促进物流发展的"物流发展局"，并根据物流发展局的意见，已经把发展《数码贸易运输网络》这个电子资讯平台的建设纳入研究课题。特区政府为提高香港作为亚洲运输及物流枢纽的地位，还在北大屿山选址发展现代化物流园，同时加大香港的资讯和基础设施建设。

5. 拥有完善的海、陆、空运输设施和配套设备及全世界最繁忙的集装箱码头

香港拥有全世界最繁忙的集装箱码头。在海运方面，约 80 家国际集装航运公司每星期提供 400 条航线，开往全球 500 多个目的地。

在空运方面，66 家国际航空公司每星期提供约 3 800 班定期航机，由香港飞往全球 130 多个目的地。现在，香港国际机场采用最先进的设备和双跑道设计，以应付日益繁重的运输量。

在港口方面，9 号码头第一期将投入服务，工程完工后，该码头将拥有 4 个深水及 2 个驳船泊位，容量将不少于 260 万个标准箱，而且 10 号码头的可行性研究也开始进行。

陆路建设方面，特区政府正加紧建设公路，连接机场及各港口到港内各区。

此外，特区政府还积极兴建后海湾通往深圳及蛇口的跨海大桥，连接青衣岛至长沙湾工业区的 9 号干线等。

6. 完善的软件体系

香港在软件配套方面，拥有相对完善、为外国商家信任的法律体制，具备优质的国际性金融和保险服务；而港务、运输等行业也具有富于专业精神的 24 小时制的各式客户服务。

香港的各类配套设施、物流服务、货柜码头的服务效率及素质，均属国际水准。在软环境方面，与物流有关的资讯科技、网站，甚至软件物流供应链管理设计公司，都有不同程度的参与。

7. 对物流人才的重视

为适应物流业的快速发展，提高物流人才素质，香港物流专业协会正积极引进国际认可的物流从业人员专业资格评审机制，还为进修物流课程的在职人士提供资助，以便提升香港物流业的整体技术水平，适应物流业日新月异的需要。

8. 区位优势是香港成为内地最大贸易伙伴的必然条件

包括港澳在内的珠江三角洲地区，目前已成为举世瞩目的强大制造中心，并正向服务业、高增值行业转型，务求成为区内的物流枢纽，为内地及整个东南亚地区提供服务。

香港是内地最大的贸易伙伴，内地也是香港转口货物的最大市场兼主要来源地，香港约有 90%的转口货物是来自内地或以内地为目的地。

目前，部分物流企业已经在内地以合资的形式成立公司，还有超过 10 万家香港公司在内

地采购。凭着香港拥有的一流运输设施和交通网络、全球首屈一指的航空货运中心地位，加上珠江三角洲的强大生产能力，两地结伴合作可以发展成为连接内地与世界市场的物流枢纽。

思考与讨论

(1) 香港为什么能成为亚太地区乃至世界的物流中心？

(2) 在香港物流业的发展中，哪些方面值得内地借鉴？

6. 实训

评价物流运输方案

实训内容

甲公司要从位于S市的工厂直接装运500台电视机送往位于T市的一个批发中心。这批货物价值为150万元。T市的批发中心确定这批货物的标准运输时间为2.5天，如果超出标准时间，每台电视机每天的机会成本是30元。甲公司的物流经理设计了下述3个物流方案，请从成本角度评价这些运输方案的优劣。

(1) A公司是一家长途货物运输企业，可以按照优惠费率每千米0.05元/台来运送这批电视机，装卸费为每台0.10元。已知S市到T市的公路运输里程为1 100千米，估计需要3天的时间才可以运到(因为货物装卸也需要时间)。

(2) B公司是一家水运企业，可以提供水陆联运服务，即先用汽车从甲公司的仓库将货物运至S市的码头(20千米)，再用船运至T市的码头(1 200千米)，然后再用汽车从码头运至批发中心(17千米)。由于中转的过程中需要多次装卸，因此整个运输时间大约为5天。询价后得知，陆运运费为每千米0.06元/台，装卸费为每台0.10元，水运运费为每千米每台0.66元。

(3) C公司是一家物流企业，可以提供全方位的物流服务，报价为22 800元。它承诺在标准时间内运到，但是准点的百分率为80%。

实训要求

5人一小组，评价物流运输方案。

实训课时

2课时。

实训步骤

(1) 熟悉运输要求。

(2) 用定性与定量相结合方法分析成本并对以上方案进行评价。

检查标准

考核内容	考核标准	分值	实际得分
评价物流运输方案	1. 小组合作参与程度	10	
	2. 分工合作程度	10	
	3. 沟通协调能力	10	
	4. 方案的可行性与合理性	50	
	5. 专业知识的掌握程度、实际动手能力	20	
合　计		100	

第 2 章　物流设施规划

【学习目标】

通过本章的学习，熟悉物流规划的基本概念及重要性；了解物流设施选址理论；了解设施选址的经济因素和非经济因素；掌握物流设施规划方法。熟悉设施选址的内容；掌握设施布局规划模型的算法和布局要点。

【能力目标】

1. 理解并能解释说明物流规划的基本概念。
2. 分析与解决物流规划的实际问题。
3. 具备制定物流规划的初步能力。

【知识框架】

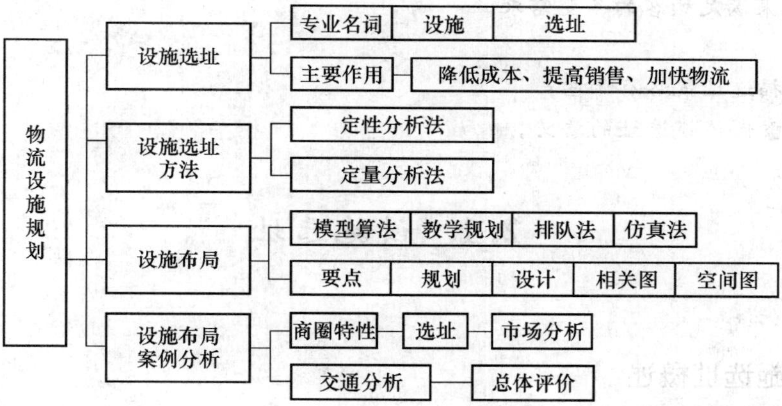

引导案例

家乐福的选址

家乐福(Carrefour)经过 45 年的不断发展、整合与创新，现已成为全球第二大零售商，是目前世界上仅次于美国沃尔玛的著名连锁超市集团。

家乐福进入中国市场前，进行了大量的第一手资料调查。它的调查报告显示，中国是具有全球最大消费潜力的、令人向往的市场。

1995 年进入中国市场后，5 年时间里，它在中国 14 个城市开了 26 家分店，甚至坐上了全国零售企业第三把交椅。短时间内，家乐福便在相距甚远的北京、上海和深圳三地开设了超市。除了已有的上海、广东、浙江、福建及胶东半岛等各地的采购网络，家乐福还在 2004 年年底分别在北京、天津、大连、青岛、武汉、宁波、厦门、广州及深圳开设了区域化采购网络。从 1995 年落户北京国际展览中心至今，家乐福犹如一位不知疲倦的巨人，一直在不停地忙着开设新店。

家乐福超市的选址一般是在城市边缘的城乡结合部，为了靠近中心城区和大型居住区，其超市通常都开在十字路口。

家乐福每开一家分店，首先会对当地商圈进行详细而严格的调查与论证，历时都在一年以上，涉及的调查范围包括文化、气候、居民素质、生活习惯及购买力水平、竞争状况等诸多方面。它会根据小区的远近程度和居民可支配收入，再划定重要销售区域和普通销售区域。2～5 km 商圈半径是家乐福在西方选址的标准。

如果一个未来的店址周围有许多的公交车，或是道路宽敞、交通方便，那么销售辐射的半径就可以大为放大。

未来潜在销售区域会受到很多竞争对手的挤压，所以家乐福也会将未来所有的竞争对手计算进去。传统的商圈分析中，需要计算所有竞争对手的销售情况、产品线组成和单位面积销售额等情况，然后将这些估计的数字从总的区域潜力中减去，这样未来的销售潜力就产生了。但是这样做并没有考虑到不同对手的竞争实力，所以有些商店在开业前索性把其他商店的短板摸个透彻，以打分的方法发现他们的不足之处，如环境是否清洁，哪类产品的价格比较高，生鲜产品的新鲜程度如何等，然后依据精确的调研结果进行具有杀伤力的打击。

在管理方面，家乐福最有影响力的就是它的以门店为中心的管理体系。家乐福的使命是："我们所有的努力是为了让顾客满意。我们的零售活动是通过对商品及品质的选择和提供最佳价格，来满足顾客的多变需求。"

思考

1. 家乐福选址策略有哪些？
2. 结合案例谈谈选址的意义。

2.1 设施选址

2.1.1 设施选址概述

1. 概念

设施选址是物流规划中的一个重要环节，它决定了整个物流系统的模式、结构和形状。选址在整个物流系统中占有非常重要的地位，选址决策就是确定所要分配的设施的数量、位置以及分配方案。这些设施主要指物流系统中的节点，如制造商、仓库、配送中心、物流中心、分销中心、零售商店、超市、配货中心、零售商网点等。选址决策是其战略经营规划的关键环节。

正确合理的选址会使企业达到事半功倍的效果，但是不合理的选址将会给企业带来严重的负面影响。因此，企业的设施选址合理与否将决定着企业经营的成败。

2. 设施选址的重要性

（1）设施选址是降低成本的关键

设施选址是一个新建企业建立和管理的第一步，也是企业扩大的第一步。成本最小化、收益最大化始终是企业竞争的焦点。而设施选址的恰当与否与成本紧密相连，与其他一些因素也密切相关，如当地工资水平、税率和汇率、运输的成本、原材料价格、劳动生产率等。因此，选址不当很容易增加企业的成本。例如，如果一家企业被当地的低工资率所吸引而不顾员工生产效率低、职工道德水平低的话，即使企业有良好的管理水平，但它在竞争开始就处于劣势了。

(2) 设施选址直接影响企业经营成功关键

设施选址对设施建成后的设施布置以及投产后的生产经营费用、产品和服务质量及成本等都有极大而长久的影响。企业设施一旦建设竣工就无法轻易改动了。因此，企业设施选址时一定要科学分析，不能凭主观意愿，需进行充分的调查研究；要考虑自身特点及优劣条件，用长远的观点来考虑问题。如果选址不当将给企业带来意想不到的损失。

(3) 设施选址影响物流系统输出输入

物流系统确定了所接触的外界环境，设施选址影响着物流系统的各种输入和输出。合理的选址有利于充分利用人力、物力和自然资源；有利于促进物流发展；有利于保护环境和生态平衡。因此，厂址选择的合理与否，直接影响企业的基建投资、产品成本、发展前景，企业经济效益和国民经济效果。

3. 设施选址的原则

设施选址应遵循以下基本原则。

(1) 成本费用原则。企业生产经营的目的就是为了获得经济收益最大化。追求经济利益最大化是企业生存的动力，建设期的投入费用及以后运营过程中的费用高低都与选址的恰当与否息息相关。

(2) 吸纳人才原则。人才是企业得以长期生存发展的宝贵资源，企业的位置通常也是人才考虑的重要因素。员工会因为企业位置不优而放弃该企业，而合适的企业位置将会吸收和长期留住优秀的人才。

(3) 接近客户原则。对于服务业，几乎无一例外地都要遵循这条准则，源源不断的客流往往是服务业最期望的，通常接近用户原则也是服务业遵循的原则，如邮局、银行、电影院、学校、零售业商店、医院等。另外，许多配送中心也都把仓库建到离客户较近的位置，以降低运费。

(4) 合理布局原则。物流设施布局，是物流系统在全国各地区的地理分布。因此物流设施选址应符合国家生产力布局规划。

4. 设施选址的内容

设施选址主要包括两个层次和两个方面的内容。

(1) 两个层次

设施选址的两个层次是指选位和定址。

1) 选位是指选择在什么地方设置设施，是在沿海还是内陆、北方还是南方。一体化的趋势下还要考虑在国内还是国外。

2) 定址是指在已选定的地区内选定一块土地作为设施的具体位置。

(2) 两个方面

设施选址的两个方面是指单一设施的厂址选择和复合设施的厂址选择。

1) 单一设施的选址。根据已经确定的产品或服务、新产品规模等目标为一个独立的设施选择最佳位置。

2）复合设施的选址。为一个企业的若干个下属工厂、仓库、销售点、分销服务中心等选择合适的位置，并使设施的数目、规模和位置达到最佳化，问题较复杂。

决策者在选址时通常也会考虑一些选择方案。当一个地方有着其他地方所不具备的优势时，这个地方就有着足够的吸引力来吸引企业扩建原有设施。原地扩建的益处有利于集中管理，避免生产运作的分离，充分利用规模效益。但也可能有利有弊，企业可能会失去原有生产运作方式的特色，生产控制会变得复杂，某些情况下还会失去原有的最佳经济规模。

服务企业为了最大地占有市场份额，通常会在多个地方建立分厂，以更好地为顾客服务。例如，大型连锁超市、品牌连锁店等，它们的特点就是保留原设施，增设新设施。有些企业还会另选新址，这样企业可以不依赖于唯一的厂址，新址便于引进、实施新技术。这样的企业生产组织方式会有很鲜明的特色，企业还可以选择一些更有利的因素发展企业。因为企业的设施选址问题存在着很大的风险，稍有不慎可能会满盘皆输，所以企业选址前要进行系统全面的考虑，要用科学的方法进行决策。

2.1.2 设施选址需要考虑的因素

1. 地区选址考虑因素

地区选择主要考虑宏观因素，一般而言，地区选择主要考虑以下因素。

(1) 市场情况。设施的地理位置一定要与客户接近，越近越好。要考虑该地区的市场条件，对企业的产品和服务的需求情况、消费水平及与同类企业的竞争能力。要分析在相当长的时期内，企业是否有稳定的市场需求及未来市场的变化情况。

(2) 社会环境。要考虑当地的法律规定、金融、税收政策、环保等情况是否有利于投资。

(3) 资源条件。要充分考虑该地区是否可使企业得到足够的资源，如原商品、材料、水电、燃料、动力等。除物料资源要求外，还应充分考虑人力资源。

(4) 基础设施。交通道路、邮电通信、动力、燃料管线等基础设施对建立工厂投资影响很大，还有土地征用、拆迁、平整等费用。对我国来说，尽量选用不适合耕作的土地作为场址，而不去占用农业生产用地。

(5) 配套供应。通常，配送中心尤其是大型配送中心需要有充足的货源与之配套供应，因此，地区内是否有本企业所需要的各种商品供应商，对及时供应各种商品，支持精益生产，降低总成本都有重要意义。

2. 地点选择要求

在完成了地区选址后，就要在选定的地区内确定具体的建厂地点。地点选择应考虑的主要微观因素有如下几方面。

(1) 地形地貌条件。场址要有适宜建厂的地形和必要的场地面积，要充分合理地利用地形。地形力求平坦略有坡度，可以减少土石方工程，便于地面排水。

(2) 地质条件。选择场址时，应对场址及其周围区域的地质情况进行调查和勘探，分析获得资料，查明场址区域的不良地质条件，对拟选场址的区域稳定性和工程地质条件作出评价。使地质条件满足建筑设计要求，如避开强烈地震区、滑坡地区和泥石流地区。

(3) 运输连接条件。场址应便于原材料、燃料、产品、废料的运输。铁路运输时考虑靠近铁路和车站，水路运输时考虑靠近码头等。

（4）风向。场址应位于住宅区下风向，以免厂内排出废气烟尘及噪声影响住宅区居民。同时场址又不宜建在现有或拟建工厂的下风向，以免受其吹来烟尘影响。窝风的盆地会使烟尘不易消散，从而影响本厂卫生。

（5）供排水条件。供水水源要满足工厂既定规模用水量的要求，并满足水温、水质要求。在选择场址时，要考虑工业废水和场地雨水的排除方案。

（6）特殊要求。具有特殊要求的设施，应根据其特性选择合适的地点。如机场应选择在平坦开阔，周围没有高层建筑和山丘的地方；船舶制造必须在沿海和沿江的地方。

以上列出的是场址选择时需要考虑的一些重要因素，设施规划人员应根据设施的具体特点，具体问题具体分析，因地制宜，不能生搬硬套。

3. 影响设施选址的经济因素和非经济因素

影响设施选址的因素很多，有些因素可以进行定量分析，并用货币的形式加以反映，称为经济因素，也称为成本因素。有些因素只能是定性的非经济因素，也称为非成本因素，非成本因素与成本无直接关系，但能间接影响产品的成本和企业的未来发展。这些因素分类如表 2-1 所示，可作为场址选择的评价指标。

表 2-1　设施选址的成本因素和非成本因素

成本因素	非成本因素
①原料供应及成本	①地区政府政策
②动力、能源的供应及成本	②政治环境
③水资源及其供应	③环境保护要求
④劳动力成本	④气候和地理环境
⑤产品运输成本	⑤文化习俗
⑥零配件运输成本	⑥城市规划和社区情况
⑦建筑和土地成本	⑦发展机会
⑧税率、利率和保险	⑧同一地区竞争对手
⑨资本市场和流动资金	⑨地区的教育服务
⑩各类服务及维修成本	⑩供应合作环境

4. 设施选址影响因素的权衡

在作比较时，由于影响方案的因素很多，就要根据设施的要求，针对几个主要因素进行分析。有时经济因素的比较是决定方案的关键，但也可能非经济因素起决定作用，成为方案取舍的关键。在考虑这些因素时要注意以下几点。

（1）必须仔细权衡所列出的这些因素，决定哪些是与设施选址紧密相关的，哪些虽然与企业经营或经营结果有关，但是与设施位置的关系并不大，以便在决策时分清主次，抓住关键。否则，有时候所列出的影响因素太多，在具体决策时容易主次不清，不能作出最佳决策。

（2）在不同情况下，同一影响因素会有不同的影响作用，因此，绝不可生搬硬套任何原则条文，也不可完全模仿照搬已有的经验。

（3）对于制造业和非制造业的企业来说，要考虑影响因素以及同一因素的重要程度可能有很大不同。

配送中心选址

配送中心的任务是向用户提供配送服务，它的选址既要考虑到配送范围的距离、集货渠道的距离、实际交通情况，又要考虑时间、费用和经济效益等因素。在所取定的选址点进行建设时，必须研究并判断选址的障碍条件，分析该址是否适合配送中心的作业要求，并调查预测将来业务量增大后能否满足扩建的需要，该选址是否适用并作好解决障碍条件的准备工作。如果配送范围广，则配送中心数量少，离顾客的距离就远。配送中心的选址可参考以下几个原则：

(1) 在主要交通网的枢纽处建厂，配送中心和供求地之间交通便利距离较近；

(2) 以配送圈的重复程度作为确定与邻近配送中心距离的依据；

(3) 配送中心所在地，要选择地价比较优惠，没有明确建设限制规定的宽敞的区域；

(4) 选址不能影响周围居民生活环境。

2.2 设施选址的方法

在我国场址选择长期以来一直采用定性的经验分析方法，这些方法很大程度上依赖于设计者个人的经验与直觉，使得在决策时，有些重要因素被忽视，给企业带来难以弥补的损失。在实际选址中主要是以定性分析方法为主，定量分析方法为辅。

2.2.1 定性分析方法

1. 德尔菲法

德尔菲法是在20世纪40年代由赫尔姆和达尔克首创，经过戈尔登和兰德公司进一步形成的。1946年，兰德公司首次用这种方法来进行预测，后来该方法被迅速广泛采用。该法根据系统的程序，采用匿名发表意见的方式，即专家之间不得互相讨论，不产生联系，只能与调查人员产生联系，通过多轮次调查专家对问卷所提问题的看法，经过统计、归纳、修改，最后汇总成专家基本一致的看法，作为预测的结果。这种方法具有广泛的代表性，较为可靠。

德尔菲法的步骤如下。

(1) 组成专家小组。按照设施选址所需要的知识范围确定专家，人数一般不超过20人。专家人数的多少根据预测课题的大小和涉及面的宽窄而定。

(2) 向所有专家提出设施选址的相关问题及有关要求，并附上各选址方案的所有背景材料，同时请专家提出需要什么材料，然后由专家作书面回答。

(3) 各个专家根据他们所收到的材料，提出自己的意见，并说明自己是怎样利用这些材料并提出预测值的。

(4) 将各位专家的判断意见汇总，列成图表，进行对比，再分发给各位专家，让专家比较自己同他人的不同意见，修改自己的意见和判断。逐轮收集意见并为专家反馈信息是德尔非法的主要环节。收集意见和信息反馈一般要经过三四轮。这一过程重复进行，直到每一位专家不再改变自己的意见为止。

(5) 对专家的意见进行综合处理。

2. 优缺点比较法

优缺点比较法是一种最简单的设施选址方法，尤其适用于非经济因素的比较。

优缺点比较法的比较要素可从以下一些要素考虑：区域位置；面积地形；地势与坡度风向日照；地质条件；土石方工程；场址现在所有者情况，如拆迁赔偿情况等；交通情况与城市的距离；供电、给排水；地震；防洪措施；经营条件；协作条件；建设速度等。

2.2.2 定量分析方法

1. 加权因素评分法

加权因素评分法(因素评分法)是选址方法中使用最广泛的一种，因为它以简单易懂的模式将各种不同因素综合起来。因素评分法的具体步骤如下。

(1) 决定一组相关的选址决策因素。

(2) 对每一因素赋予一个权重以反映这个因素在所有权重中的重要性。每一因素的分值根据权重来确定，权重则是根据成本的标准差来确定，而不是根据成本值来确定。

(3) 对所有因素的打分设定一个共同的取值范围，一般是 1～10 或 1～100。

(4) 对每一个备选地址，对所有因素设定范围打分。

(5) 用各个因素的评分与相应的权重相乘，并把所有因素的加权值相加，得到每一个备选地址的最终得分。

(6) 选择具有最高总得分的地址作为最佳的选址。

[**难点例释 1**]某厂有两个候选厂址 A 和 B，其中影响因素有 10 个，如表 2-2 所示，求解最优方案。通过因素评分法求解可得出 B 为最优方案。

表 2-2 因素评分表

影响因素	权 重	方案 A		方案 B	
		评 分	得 分	评 分	得 分
劳动条件	7	2	14	4	28
地理条件	5	4	20	2	10
气候条件	6	3	18	3	18
资源供应	4	4	16	2	8
基础设施	3	1	3	3	9
产品销售	2	4	8	3	6
生活条件	6	1	6	2	12
环境保护	5	2	10	4	20
政治文化	3	3	9	3	9
扩展条件	1	4	4	2	2
总计		108		122	

2. 重心法

重心法是一种布置单个设施的方法，这种方法要考虑现有设施之间的距离和要运输的货物量。它经常用于中间仓库的选择。在最简单的情况下，这种方法假设运入和运出成本是相等的，它并未考虑在不满载的情况下增加的特殊运输费用。重心法也称网格法或精确重心法，它能利用物理学中对于一个二维封闭图形求解重心的原理来解决物流设施的选址问题。

重心法首先要在坐标系中标出各个地点的位置，目的在于确定各点的相对距离，坐标系可以随便建立。在国际选址中，经常采用经度和纬度建立坐标。然后，根据各点在坐标系中的横纵坐标值求出成本运输最低的位置坐标(C_x,C_y)。重心法使用的公式为

$$C_x=\sum D_iQ_i/\sum Q_i$$

$$C_y=\sum D_jQ_i/\sum Q_i$$

C_x 为中心的 x 坐标；C_y 为中心的 y 坐标；D_i 为第 i 个地点的 x 坐标；D_j 为第 j 个地点的 y 坐标；Q_i 为运到第 i 个地点或从第 i 个地点运出的货物量。运用此公式即可求出最佳厂址。

[难点例释 2]某公司拟在某城市建一配送中心，该配送中心每年共要往 A、B、C、D 4 个销售点配送产品。各地与城市中心的距离和年运量如表 2-3 所示。假定各种材料运输费率相同，试用重心法确定该厂的合理位置。

表 2-3　各设施位置和需要产品数量

销售点	位置坐标/km	需要产品数量/件
A	(40,50)	1 800
B	(70,70)	1 400
C	(15,18)	1 500
D	(68,32)	700

解：根据已知条件

C_x＝40×1 800＋70×1 400＋15×1 500＋68×700/1 800＋1 400＋1 500＋700＝44.5 km

C_y＝50×1 800＋70×1 400＋18×1 500＋32×700/1 800＋1 400＋1 500＋700＝44.0 km

根据以上计算，确定合理位置坐标为(44.5,44.0) km。

3. 成本—利润—产量定址分析

成本—利润—产量定址分析也称量本利分析，它有利于对可供选择的地点在经济上进行对比，一般常用图表法求解。它的分析过程包括以下步骤。

(1) 确定每一备选地址的固定成本和可变成本。

(2) 在同一张图表上绘出各地点的总成本线。

(3) 确定在某一预定的产量水平上，哪一地点的成本最少。一般情况，采用成本分析法需要以下几点假设。

1) 可变成本与一定范围内的产出成正比。

2) 所需的产出水平能近似估计。

3) 只包括一种产品。

4) 产出在一定范围时，固定成本不变。地点的利润最高。

在成本分析中，要计算每一地点的总成本 T_C，利用以下公式

$$T_C=C_F+C_vQ$$

其中：C_F 为固定成本；C_v 为单位的可变成本；Q 为产出产品的数量或体积。

[难点例释 3]某企业拟在国内新建一条生产线，确定了 3 个备选场址。由于各场址征地费用、建设费用、原材料成本、工资等不尽相同，从而生产成本也不相同。3 个场址的生产成本如表 2-4 所示，试确定不同生产规模下最佳场址。

解：先求 A、B 两场址方案的交点产量，再求 B、C 两场址方案的交点产量，就可以决定不同生产规模下的最优选址。设 C_F 表示固定费用，C_v 表示单件可变费用，Q 为产量，则总费用为 C_F+C_vQ。

表 2-4　备选场址费用表　　元

备选场址 / 费用项目	A	B	C
固定费用	600 000	1 200 000	2 400 000
单件可变费用	50	24	11

在 M 点 A、B 两方案生产成本相同，该点产量为 Q_M，则

$$Q_M=\frac{C_{F_B}-C_{F_A}}{C_{V_A}-C_{V_B}}=\frac{(1\,200\,000-600\,000)}{(50-24)}=2.31\text{ 万件}$$

在 N 点 B、C 两方案生产成本相同，该点产量为 Q_N，则

$$Q_N=\frac{C_{F_C}-C_{F_B}}{C_{V_B}-C_{V_C}}=\frac{(2\,400\,000-1\,200\,000)}{(24-11)}=9.23\text{ 万件}$$

以生产成本最低为标准，当产量 Q 低于 2.31 万件时选 A 场址为佳，产量 Q 介于 2.31～9.23万件之间时选 B 方案成本最低，当 Q 大于 9.23 万件时，选择 C 场址。

4. 线性规划—运输法

线性规划—运输法是一种使用广泛的物流战略计划工具。线性规划在考虑特定约束条件下，从可选范围中找出最佳方案。对于物流问题，最为广泛使用的线性规划形式是网络优化。运输法作为网络最优化方法，其目标是在给定的供给、需求和能力的约束条件下，使生产、输入、输出运输的可变成本最小化。对于复合设施的选址问题，如对于一个公司设有多个工厂、多个分销中心的选址问题，可以用线性规划—运输法求解，使得所有设施的总费用最小。

线性规划—运输法的数学模型如下。

目标函数

$$\min Z=\sum_{i=1}^{m}\sum_{j=1}^{n}C_{ij}x_{ij}$$

约束条件

$$\left.\begin{aligned}\sum_{i=1}^{n} x_{ij} &= a_i(i = 1,2,3,\cdots,m)\\ \sum_{j=1}^{m} x_{ij} &= b_j(j = 1,2,3,\cdots,n)\\ x_{ij} \geqslant 0(i = 1,2,3,\cdots,m,&j = 1,2,3,\cdots,n)\end{aligned}\right\}$$

其中：Z 为总成本，m 为工厂数量，n 为销售点数量，C_{ij} 为产品单位运输费用，x_{ij} 为从工厂 i 运到销售点 j 的数量，b_j 为销售点 j 需求量，a_i 为工厂 i 供应量。

对于运输问题可以用线性规划法进行求解，因为运输问题具有结构上的特殊性，应用表上作业法进行求解更方便。

5. 启发式方法

启发式方法指人在解决问题时所采取的一种根据经验规则进行发现的方法。其特点是在解决问题时，利用过去的经验，选择已经行之有效的方法，而不是系统地、以确定的步骤去寻求答案。

启发式方法就是尽量减少现有状态与起始状态之间的差异。服务系统经常面临在一个地区建多少服务点的问题，该问题比较复杂，可以通过启发式方法处理，启发式方法往往只用于寻找可行解而不是最优解。下面通过例题加以说明。

[**难点例释 4**]某公司拟在某市建立两家连锁超市，该市共有 4 个区，记为甲、乙、丙、丁。假定各区人口均匀分布，各区可能光临各个超市的人数相对权重及距离如表 2-5 所示，请问两家超市设立在哪两个区使得各区居民到超市购物最方便即总距离成本最低。

表 2-5　4 个区人口、距离和相对权重

各区名称	距离				各区人口数/万人	人口比重（相对权重）
	甲	乙	丙	丁		
甲	0	21	15	22	15	1.4
乙	21	0	18	12	13	1.3
丙	15	18	0	20	28	1.0
丁	22	12	20	0	22	1.2

解：按以下步骤进行。

① 由表 2-5 将每个区人口数与人口比重相乘，再乘以与其他各区之间的距离，如从甲区到乙区为 21×15×1.4=441。得到总距离成本，并将各列相加，结果如表 2-6 所示。

表 2-6　距离成本表

各区名称	甲	乙	丙	丁
甲	0	441	315	462
乙	355	0	304	203
丙	420	504	0	560
丁	581	317	528	0
总计	1 356	1 262	**1 147**	1 255

② 在表 2-6 中，挑选出最低成本所在列为超市第一候选地址，从表中看出，丙区所在的列总成本最低，为 1 147，所以一处超市建于丙内。

③ 对每一行比较除 0 以外至已确定地址的成本，若成本高于已确定地址成本则修改为已确定地址成本；若成本低于已确定地址成本则保留，删除已确定地址。甲、乙、丁各列数字与丙列对应数字比较，若小于丙列同行数字，则将其保留；倘若大于丙列数字，则取丙列数字。例如 0＜315，取 0；355＞304，则取 304；420＞0，则取 0；581＞528，则取 528，得到新表 2-7。然后将同列数字相加，找出总成本最低的列。则为另一超市地点。

表 2-7　距离成本新表

各区名称	甲	乙	丙	丁
甲	0	315	315	315
乙	304	0	304	203
丙	0	0	0	0
丁	528	317	528	0
总计	832	632	1 147	**518**

从表 2-7 中看出，丁区所在列的总成本最低，所以选丁为另一超市地点。

④ 若要建 3 个超市，还需要再选一地点，将丙列数字去掉，将甲乙列所在的数字与丁所在列数字相比较，重复②、③步，可选出最后一个超市地址，如表 2-8 所示。

表 2-8　距离成本表

各区名称	甲	乙	丁
甲	0	315	315
乙	203	0	203
丙	0	0	0
丁	0	0	0
总计	**203**	315	518

甲列所对应的总成本最低，为 203，则甲区成为第 3 个候选地点。

6. 综合因素法

设施选址受到诸多因素的影响，如经济因素和非经济因素。经济因素可以用货币的量来表示，而非经济因素要通过一定的方法进行量化，称为综合因素评价法。常用的综合因素评价法有加权因素法和因次分析法。

(1) 加权因素法。对非经济因素进行量化，一般采用加权因素法，按以下步骤进行。

① 列出场址选择考虑的各种因素。

② 确定因素权重。

③ 对各因素就每个备选场址进行评级，共分为 5 级，用 5 个元音字母 A、E、I、O、U 表示。各个级别分别对应不同的分数，A 为 4、E 为 3、I 为 2、O 为 1、U 为 0。

④ 计算各因素权重与备选场址对各因素评级分数乘积之和，分数最高者为最佳场址方案。

[**难点例释 5**] 某一设施选址共有 K、L、M、N 4 种方案，影响选址的主要因素有位置、面积、运输条件等 8 项，并设每个因素在方案中的排队等级为 A、E、I、O、U 5 个等级。现设定 A 为 4 分，E 为 3 分，I 为 2 分，O 为 1 分，U 为 0 分，各原始数据及权重及评定结果如表 2-9 所示。确定场址方案。

表 2-9 影响因素权重表

序号	考虑因素	权重数	各方案的等级及分数			
			K	L	M	N
1	位置	8	A/32	A/32	I/16	I/16
2	面积	6	A/34	A/24	U/0	A/24
3	地形	3	E/9	A/12	I/6	E/9
4	地质条件	10	A/40	E/30	I/20	U/0
5	运输条件	5	E/15	I/10	I/10	A/20
6	原材料供应	2	I/4	E/6	A/8	O/2
7	公用设施条件	7	E/21	E/21	E/21	E/21
8	扩建可能性	9	I/18	A/36	I/18	E/27
合计			163	171	99	119

从表中可以看出，应该选择得分最高的 L 作为场址，应用此方法的关键是因素的确定和权重的确定。

(2) 因次分析法

因次分析法是将经济因素(成本因素)和非经济因素(非成本因素)按照相对重要度统一起来。设经济因素和非经济因素相对重要程度之比为 $m:n$，且有 $m+n=1$。计算过程如下。

1) 确定经济因素重要性因子 O_i，其大小受各项成本影响，其计算式表示为

$$O_i = \frac{\frac{1}{C_i}}{\sum_{i=1}^{N} \frac{1}{C_i}}$$

其中：C_i 为第 i 选址方案总成本；N 为备选场址方案数目。

此处取成本的倒数进行比较，是为了和非经济因素相统一。因为非经济因素越重要其指标越大，而经济因素成本越高，经济性越差。所以取倒数进行比较，计算结果大者经济性好。

2) 确定非经济因素重要性因子。

① 确定各个非经济因素相对权重 W_k。

② 确定单一非经济因素对于不同候选场址的重要性 S_{ik}，即 i 选址方案对 k 因素的主观评比值。就单一因素将被选场址两两比较，令较好的比重值为 1，较差的比重值为 0。将各方案的比重除以所有方案所得比重之和，得到单一因素相对于不同场址的重要性因子 S_{ik}，用公式表示为

$$S_{ik} = \frac{M_k}{\sum_{i=1}^{N} M_{ik}}$$

其中：S_{ik} 为第 i 选址方案总成本；M_{ik} 为备选场址方案数目。

③ 确定非经济因素重要性因子 Y_i.

$$Y_i = \sum_{k=1}^{M} W_k S_{ik}$$

其中：Y_i 为非经济因素重要性因子；W_k 为非经济因素相对权重。

3）将经济因素的重要性因子和非经济因素的重要性因子按重要程度叠加，得到该场址的重要性指标 X_i，场址重要性指标最大的为最佳选择方案。计算公式为

$$X_i = m - Y_i + nO_i$$

[**难点例释 6**]某公司拟建一配送中心，有 3 处待选场址 A、B、C，主要经济因素成本如表 2-10 所示，非经济因素主要考虑竞争能力、运输条件和环境。就竞争能力而言，C 地最强，B、A 地相平；就运输条件而言，C 优于 A，A 优于 B；就环境而言，B 地最好，A 地最差。据专家评估，3 种非经济因素相对权重为 0.6，0.3 和 0.1，要求用因次分析法确定最佳场址。设经济因素和非经济因素相对重要程度之比为 $m : n = 0.5 : 0.5$。

表 2-10　备选场址各项生产成本费用

因素＼方案	成本/千元		
	A	B	C
工资	250	230	248
运输费用	181	203	190
租金	75	83	91
其他费用	17	9	22
总费用	523	525	551

解：计算经济因素重要性因子 O_i。

①根据前面介绍的方法计算得到

$$O_A = 0.339\,5$$

$$O_B = 0.338\,2$$

$$O_C = 0.322\,3$$

② 主观评比值 S_{ik} 的计算。根据 3 个不同的主观因素，A、B、C 3 处的主观评比值 S_{ik} 如表 2-11 所示。

表 2-11　A、B、C 3 处主观评比值 S_{ik}

(a) 竞争能力比较

竞争能力	A	B	C	得分	S_{ik}
A	0	0		0	0
B	0		0	0	0
C		1	1	2	1

(b) 运输条件比较

运输条件	A	B	C	得分	S_{ik}
A	0	1		1	0.33
B	0		0	0	0
C		1	1	2	0.67

(c) 环境比较

环境	A	B	C	得分	S_{ik}
A	0	0		0	0
B	1		1	2	0.67
C		0	1	1	0.33

③ 计算非经济因素重要性因子 SM_i，如表 2-12 所示。

表 2-12　计算非经济因素重要性因子

竞争能力	A	B	C	得分	S_{ik}
A	0	1	0	1	0.25
B	1	0	0	1	0.25
C	1	1	0	2	0.5

④ 按式 $X_i = m-Y_i + nO_i$ 计算场址的重要性指标

$X_A = 0.5\times0.099 + 0.5\times0.3395 = 0.21925$

$X_B = 0.5\times0.067 + 0.5\times0.3382 = 0.2026$

$X_C = 0.5\times0.834 + 0.5\times0.3223 = 0.57815$

C 场址的重要性指标最大，故选择 C 地作为配送中心。

2.3　物流设施布局

2.3.1　设施布局规划概述

1. 设施布局概念

所谓设施布局，是指在选定的设施区域内，合理安排组织内部各生产作业单元和辅助设施的相对位置和面积、设备的布置，使之构成一个符合企业生产经营要求的有机整体。

设施布局是否合理，对于企业的生产经营活动有着重要的影响，它影响着企业的生产经营成本、职工的工作环境、物料的运输流程以及企业的应变能力等。

企业进行设施布局，必须根据选定地址的地形地貌，对组成企业的各个部分确定其平面或者空间的位置，并根据物料的流程确定内部的运输方式和运输路线。根据这个步骤可知，要进行设施布局，必须首先确定企业内部生产单位的组成情况，以及生产单位内部采用的专业化形式。

2. 设施布局规划的目标

物流系统布局设计，应该达到以下目标。

(1) 产品单位成本最低

这是制造或服务系统具有高竞争力的主要指标，需要在设施规划设计的每一阶段高度注意。

(2) 优化质量使顾客满意

质量成本也是竞争中的关键，需要将质量和成本进行平衡，也需在设施规划设计的每一步中高度关注。

(3) 有效利用人力、设备、空间和能源

这是一条有效降低成本的途径，设施布置中有关服务设施的位置如休息室、衣帽间、餐厅、工具室等均会影响雇员的工作效率，良好的工作地布置能充分利用空间，也易于节省能源。

(4) 为职工提供方便、安全、舒适的环境

如果设施布置对职工服务不方便，等于管理层不关心职工群众，饮水处、停车场、职工入厂处、小卖部以及厕所必须对所有职工都方便。保证职工的安全是设施布置人员应有的道义和法律责任。工具和产品的质量、过道和走廊的宽窄、工作地设计等都可能影响职工的安全。工业设施布置中的每项决策和物料搬运设计必须考虑安全因素。但是物料搬运设备也可能是危险的，工业安全统计表明，80%的工伤发生在搬运物料时的发运和收货站，所以必须在每项搬运工作中为减少工伤而努力。

(5) 提高物流效率，满足市场需求

项目是否成功取决于是否能将产品及时送到市场，及时提供服务，特别是对季节性的产品和服务。圣诞节和春节都是每年才有一次的大好机会，错过这一季节等于错过整年。

(6) 其他目标

其他目标取决于管理层提出的要求，如要求零库存，要求实施准时制(JIT)生产等。

3. 设施布置类型

设施布置问题不仅是针对新建的制造系统或服务系统，还有对现有系统的扩建、联合、修改的问题。根据统计资料，即使是建成的制造工厂，每 2～3 年就需要改变设施布置一次。设施布置问题通常可分为服务系统布置问题；制造系统布置问题；仓库布置问题和非传统布置问题 4 类。

(1) 服务系统布置

服务系统布置主要有餐厅的桌、椅、厨具的布置；飞机场的人行通道，旅馆的应急设施，政府办公室和公共图书馆的布置等。就物流节点中的物流园区而言，它是综合性的基础服务设施，面向全社会，具有综合运输、多式联运、干线终端等大规模处理货物和提供服务的功能，因此其设施布局中必不可少的就是如厂商信息发布、交易大厅之类的服务系统。

(2) 制造系统布置

制造系统的布置和服务系统的布置完全不同。例如，办公室的布置要强调联系方便和

减少人员来往的拥挤，以及有私人会晤的场所。而在制造系统布置中，将技术检查以及物料搬运成本降至最低、为职工提供安全的工作场所以及便于管理人员的监管则是主要的考虑因素。制造系统的布置问题包括确定机器设备的位置、设置工作地等。目标是使原材料、零件、工具、在制品及最终成品的运输成本最低，人员来往交通流动方便轻松，增加职工士气和纪律性，将个人工伤、事故和损失降至最低。

(3) 仓库布置

随着物流量的日益增加，仓库布置越来越重要。一个良好的仓库布置应在有效利用现有存储空间的同时，将存储和物料搬运的成本降至最低。仓库设计中应当考虑的主要因素是仓库的高度，过道或走廊的形状和大小，装卸区位置和方位，货架的类型，物品存储和检索的自动化程度等。

2.3.2 设施布局规划模型的算法

有3种建模工具：数学规划、排队和排队网络及仿真模型。

1. 数学规划方法

数学规划方法是在不违背一组规定的约束条件下，优化一个可量化的目标函数。典型的目标函数通常是最低成本或最高利润，而约束条件规定了一个问题可行解的区域。所以通常数学规划问题就成为在约束区内为达到优化目标函数而选择一个可行解。一个数学规划模型中包含了决策变量及参数，通过搜索决定一个决策变量值，在给定参数条件下此决策变量值优化了目标函数。如某些约束或目标函数相对于决策变量而言是非线性的，则此模型称为非线性模型；相反，如约束条件和目标函数都是变量的线性函数，则此模型就称为线性模型。

2. 排队和排队网络方法

排队或等候行在各种制造或服务系统中是普遍存在的，减少一个零件在制造系统中的排队时间和排队长度就能节约库存费用。相似的情况是在服务系统中减少顾客在等候行中的长度和时间，就意味着提供快速服务。用一种或数种方法可以达到较少库存和较快的服务速度，例如买更多设备，增加更多的服务人员，重新设计生产或服务流程或重新设计设施等。但每一种所选方法都要以付出时间、金钱、能源或资源作为代价。要明确在这些变量中哪些能以最低的成本产生最大的改进。排队论能在等候队列系统中通过分析对下述情况提供估算值。

(1) 等待在队列中的零件(顾客)数量；

(2) 一个零件(顾客)花费在排队中的等待时间；

(3) 机器设备(服务人员)空闲的概率；

(4) 充分发挥生产能力(服务能力)的队列长度的概率。

利用这些估算值来决定选择哪些变量可以改善这些系统。在一个排队系统中顾客由不同途径到达，排在队列中按顺序等候服务。在物流节点中顾客可能是零件，服务员可能是机器、物料搬运设备或上下料机器人。

3. 仿真方法

仿真方法能解决数学规划或排队论所不能解决的那些对复杂随机系统分析和建模的问

题。仿真可达到较高的精度,只受计算机硬件和软件的限制。仿真模型模仿系统的运作能使我们压缩时间。例如,可以对银行在一年的时间周期内的顾客到来和服务模式进行仿真,在计算机上运行一个仿真模型,数分钟内就能完成。可以得到一个顾客平均等待时间(或其他性能),从而找到一个好设想以便在现实世界中减少等待时间。

仿真方法产生性能量度的代表性样本,用这些样本点估算出性能量度的平均值,而不是提供性能量度的优化值。仿真方法也有它的缺点,统计理论告诉我们,只有从较大的样本中才能得到较好的估算值。样本数越大则需要在计算机上运行的时间越长。此外开发一个仿真模型往往需要花费较多的时间。然而仿真仍是广泛使用的建模工具,因为它可以使系统的运作可视化,作出分析,免除对实际系统做试验的必要。随着面向对象的仿真语言的实用性增强,计算机速度和存储量的迅速增长,仿真将更多用于设施设计布置和选址中。

2.3.3 设施布局要点

1. 物流设施布局规划

物流设施布局规划是指在物流设施计划任务的指导下,将物流设施所涉及的所有对象,即物流节点自身、物流计划任务执行人员、所需机器设备和相关的物料管理作业设施,在信息的辅助下达成物流节点系统设施的最佳效果。

设施的平面布局模型也称二维选址模型,主要研究在一个给定区域内确定具有一定面积要求的各个设施的最佳位置问题。一个物流节点(物流园区或物流中心等)一般由若干个物流设施组成,如停车场、验货场、仓库等,当不同类别的货物运到节点后,根据物流作业的流程要求,需在其中不同的设施中进行处理。不同性质及不同功能的节点,货物在其设施中处理的时间(或数量)和处理的次序是不相同的,因此,布置各种设施在节点内的相对位置是否合理,将直接影响物流节点的工作效率,从而影响物流成本。

对一个物流节点(物流园区或物流中心、配送中心等)内的各个作业单位(或设施),需根据其作业流程定量地确定这些设施间的联系程度,并在一个给定的区域内系统地布置各设施的相对位置(设施布局)以及对一个设施布局方案的质量定量地进行评估。

由于影响物流设施平面布局的因素很多,设计目标不十分明确,长期以来,设计人员凭经验和主观判断进行平面布置。直到近年来,才逐步形成了一些先进的设计方法,其中具有代表性的是理查德·缪瑟提出的系统布置设计(SLP,Systematic Layout Planning)方法。

该方法提出了作业单位相互关系的等级表示法,使设施布置由定性阶段发展到定量阶段。

2. SLP布局设计原理

(1) 对各作业单位(设施)之间的相互关系作出分析,包括物流和非物流的相互关系建立作业单位相互关系表。

(2) 根据相互关系表中作业单位之间相互关系的密切程度,决定各作业单位之间距离的远近,安排各作业单位的位置,绘制作业单位位置相关图,将各作业单位实际占地面积与作业单位位置相关图结合起来,形成作业单位面积相关图(或称为空间关系图)。

(3) 通过作业单位面积相关图的修正和调整,得到若干个可行的布局方案。

(4) 量化各因素,用加权系数法建立方案质量评估的数量指标,并用该指标对各方案进行打分，得分最多的布置方案就是最佳布置方案。

在 SLP 方法中，可将研究设施布置问题的依据和切入点归纳为 5 个基本要素，即货物类别 P、货物数量 Q、货物处理次序 R、辅助设施(包括服务设施 S 和时间安排 T)。其中类别 P 和数量 Q 两个基本要素是一切其他特征或条件的基础。只有在上述各要素充分调查研究并取得全面、准确的各项原始数据的基础上，通过绘制各种表格、数学和图形模型，有条理地细致分析和计算，才能最终求得工程布置的最佳方案。SLP 的设计流程如图 2-1 所示。

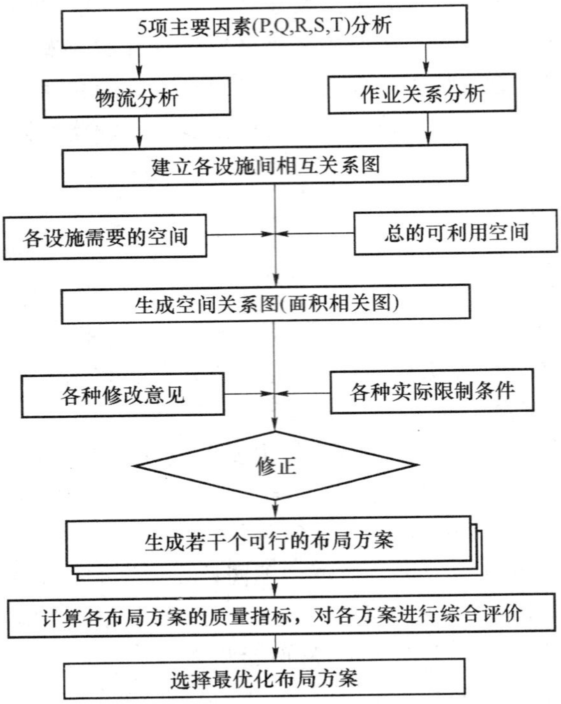

图 2-1　SLP 的设计流程

3. 相互关系图

从图 2-1 可以发现，信息采集分析、物流分析及作业关系分析是物流系统设施布局的基础，而关系图是分析作业设施间相互关系的一种有效工具。

关系图方法中，可将设施间所有的关系分为 6 个等级，分别用 A—F 6 个字母表示它们各自所占的比例，一般按表 2-13 所给的范围来取。

表 2-13　关系等级代码及所占比例表

相互关系	绝对重要	特别重要	重要	一般	不重要	禁止
等级代码	A 级	B 级	C 级	D 级	E 级	F 级
所占比例/%	2～5	3～10	5～15	10～25	25～60	不定

一般来说，一个区域的设施布局，A、B、C 级的关系所占比例在 10%～30%之间，其余为 D、E 级关系，而 F 级关系需根据具体情况而定。

相互关系等级的确定不仅要研究货物的流程，还要研究传票的流程、作业人员的管理范围以及车辆的出入和货物装卸系统等。

[**难点例释 7**]某设配送中心的作业场所主要由 8 处设施组成，即收货场所、验收场所、分类场所、流通加工场所、保管场所、特殊产品存放场所、配送场所和事务场所。各场所间的物流作业流程和作业量比例如图 2-2 所示。事务场所主要与收货场所、验收场所和发送场所的票证管理产生关系。试建立物流配送中心各主要作业场所的相互关系图。

解：配送中心的设计，首先要求具有与装卸、搬运、保管等与产品活动完全适应的作业性质和功能；还必须满足易于管理、提高经济效益、对作业量的变化和商品形状变化能灵活适应等要求。通过对不同品种商品数量的分析、物流分析和传票流程分析，可确定各场所相互关系等级，如图 2-3 所示。

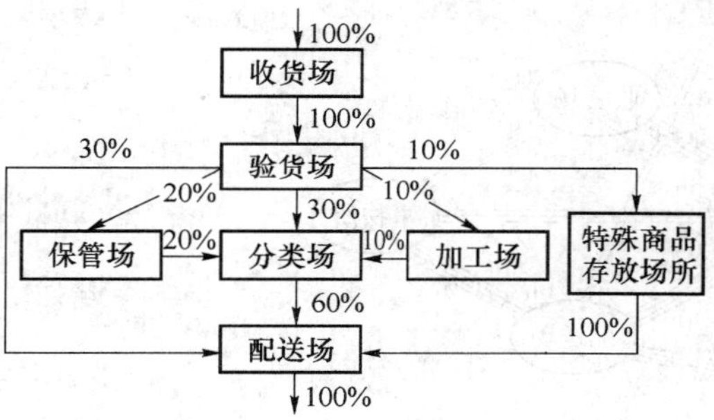

图 2-2　配送中心内货物作业流程及比例

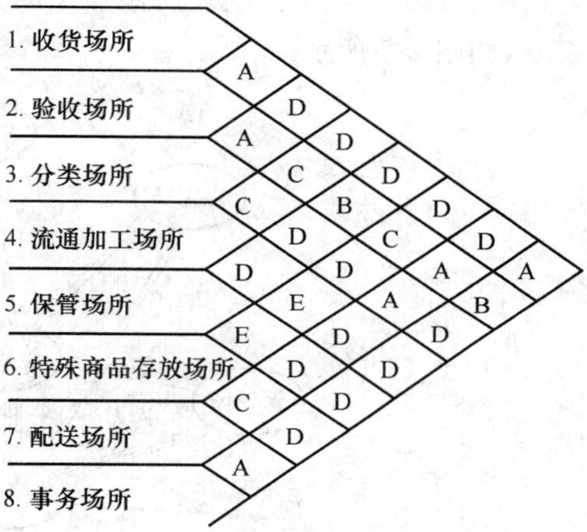

图 2-3　配送中心各场所间相互关系等级图

4. 空间关系图

根据相互关系图和各设施的面积比例生成空间关系图。所谓空间关系图，是将各设施按相互之间关系的亲疏程度和所需面积比例布置它们的相对位置，并用不同的线形和距离表示它们之间的关系。其中，用 4 条平行线段表示两设施间的 A 级关系，3 条平行线表示 B 级关系，2 条平行线表示 C 级关系，1 条线段表示 D 级关系，E 级关系不连线，F 级关系采用折线表示。可用试错法来产生空间关系图。

首先将 A、B 级关系的设施放进布置图中，同级别的关系用相同长度的线段表示。通过调整，使 B 级关系的线段长度约为 A 级关系的 2 倍。随后，按同样的规则布置 C 级关系。若设施较多，线段混乱，可以不必画出 D 级关系，但 F 级关系必须表示出。调整各设施的位置，以满足关系的亲疏程度。最后，将各个设施的面积表示进布置图中，生成了空间关系图。经过评价、修改，获得最终布置。

其中各设施的面积需求可根据其作业量及单位面积可处理的货物量来确定。

[**难点例释 8**]试画出上例配送中心各场所的空间关系图。

解：

第①步：由图 2-3 可知，首先将 A、B 级关系的设施放进布置图中，即将收货场、验收场、分类场、保管场、事务所和配送场放入图中，如图 2-4 所示。

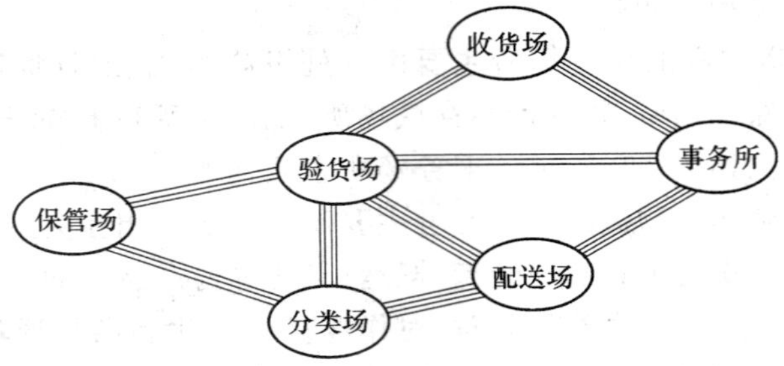

图 2-4　A、B 级空间关系图

第②步：将 C 级关系的场所添加至图 2-4 中，即添加加工场和特殊商品存放场，用 D 级来表示，如图 2-5 所示。

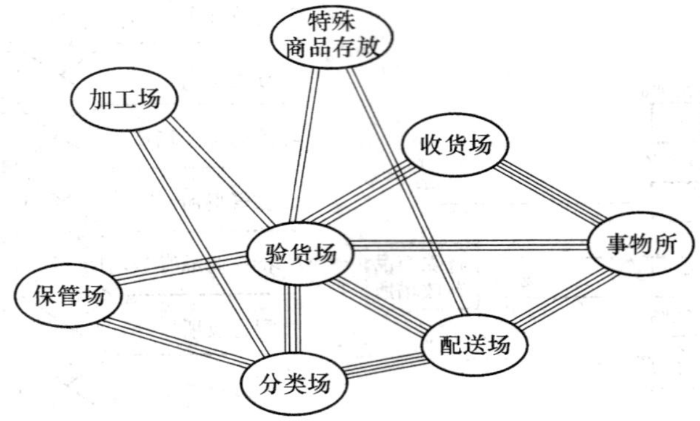

图 2-5　添加 C、D 级关系图

适当调整位置，得空间关系图，如图 2-6 所示。计算各场所需要的面积。可根据各设施货物作业量以及该设施处理单位质量货物所需的面积来确定。设已知配送中心日货物处理流量为 100 t，除保管设施每平方米可存放 1 t 货物外，其他设施的单位面积物流处理量为 0.2 t/m^2，事物所占地 110 m^2，保管场所需存放 7 天的需求量。则各设施面积可以确定，如表 2-14 所示。

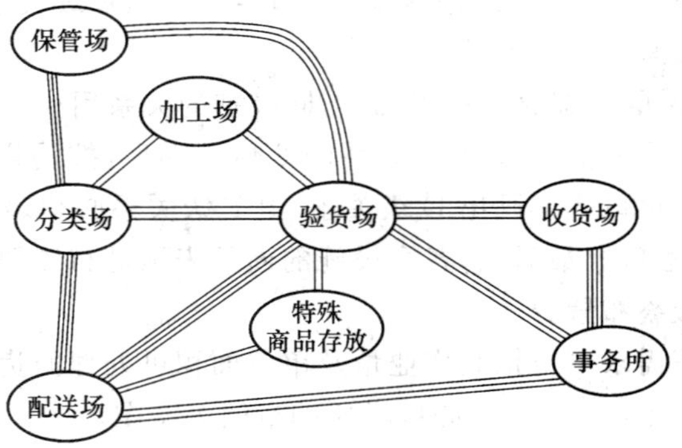

图 2-6　配送中心场所空间关系图

表 2-14　设施需要面积计算表

设施名称	收货场	验货场	分类场	保管场	加工场	特殊商品	配送场	事务所	合计
作业量	100	100	30	20	10	10	100		
单位面积作业量/(t・m^{-2})	0.2	0.2	0.2	1	0.2	0.2	0.2		
设施面积	500	500	150	140	50	50	500	110	2 000

将表 2-14 中各设施面积加到空间关系图中,设计出布局方案图,如图 2-7 所示。

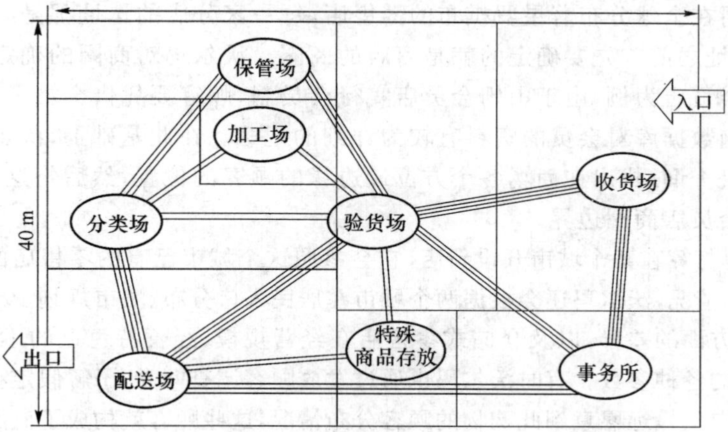

图 2-7　配送中心场所空间关系图

事实上,由相互关系图可生成多个空间关系图,因此,一般可得到多个布局方案。最后需对每个布局方案计算其质量指标,通过比较质量指标,最终决定选择结果。

2.4　物流设施布局案例

2.4.1　沃尔玛选址

1. 背景资料

沃尔玛超市由美国零售业的传奇人物山姆・沃尔顿先生于 1962 年在阿肯色州成立。经过 40 多年的发展,沃尔玛百货有限公司已经成为美国最大的私人雇主和世界上最大的连锁零售商。目前,沃尔玛在全球 16 个国家共开设了 6 600 多家商场,员工总数 180 多万人。每周光临沃尔玛的顾客有 1.76 亿人次。

沃尔玛于 1996 年进入中国,在深圳开设了第一家沃尔玛购物广场和山姆会员商店,经过 10 年的发展,目前已经在包括北京、哈尔滨、长春、沈阳、大连、天津、济南、青岛、南京、南昌、长沙、武汉、福州、厦门、昆明、深圳、佛山、东莞、汕头、南宁、贵阳、太原、重庆、上海、晋江、玉溪、芜湖、潍坊、岳阳、烟台、金华在内的 30 多个城市开设了 60 家商场,包括沃尔玛购物广场、山姆会员商店、沃尔玛社区店 3 种业态。其中沃尔玛购物广场 55 家，山姆会员商店 3 家，社区店 2 家。沃尔玛至今在华的总投资额达 20 亿元人民币，创造了超过 3 万个就业机会，累计纳税逾 15 亿元人民币。

沃尔玛在短短的 40 多年时间里，从一家默默无闻的小杂货店发展壮大成为世界最大的零售企业，可以称得上是世界零售业的一大奇迹。沃尔玛的成功取决于其经营管理的许多独到之处，其中之一就是它独特的选址方法。

2. 选址布局分析

(1) 商圈特性分析

沃尔玛公司在全球分布着星罗棋布的零售店，每一家分店的选址都是经过严密分析最终确定的，在选址之前首先要确定的就是商店的商圈。沃尔玛对商圈的确定有自己的一套方法。以山姆会员店为例，由于山姆会员店实行会员制，顾客要凭借会员卡购物，每一个会员店的商场电脑数据库对会员的资料有较为详细的记载。在此基础上，沃尔玛就很有创造性地通过计算机查询，找出在商场各个方位最边缘的顾客的位置，然后将这些点连接起来，便组成了山姆会员店商圈边界。

如果沃尔玛打算在某个城市开设新店，它会参照这个城市已有的零售店的商圈大小。为了尽量接近实际情况，沃尔玛还会根据两个城市在居民人口分布、城市规划、交通状况、商业布局、流动人口等方面的差异，以及仓储式零售店在经营规模、经营特色上的不同，进行合理修正，以取得商圈的各种参数。有时沃尔玛也通过发放顾客调查问卷，了解假定在某地建一个零售店，在各个方向上最远愿意到此购物的顾客分布情况，这些顾客就构成了商圈的边缘线。

一般来说，沃尔玛商圈的主要特点有以下几方面。

1) 超大性。在各种零售形式中，山姆会员店的商圈可以算得上是最大的。美国大型百货商店(面积在 6 000～8 000 m^2 之间)的商圈较大，一般在 20～30 km；大型综合零售店卖场面积大，经营品种丰富，对远距离顾客吸引力强，商圈可达 15～20 km；标准食品零售店主要经营食品，商圈一般为 5 km；传统食品零售店经营的商品种类少，商圈约为 1～3 km；而沃尔玛山姆会员店所实行的是会员制，顾客们往往在周末开着私家车成批地购买大量商品，因此其商圈范围甚至可达 50 km。

2) 交叉性。山姆会员店商圈的超大性为它带来了第 2 个特征，即交叉性。由于山姆会员店的商圈很大，有时甚至会覆盖整个城市，而在同一个城市往往会有相当数量的大中型零售店，这些零售店会与仓储式零售店的商圈发生交叉甚至重叠，由此引发竞争。因此，沃尔玛的仓储式零售店在选址上都要做大量调查研究工作，至少在其核心商圈内不能存在着大型百货商店或大型综合零售店等可能与其产生直接竞争的零售商店。

3) 复合性。山姆会员店的目标顾客有两种类型：一是商品用于直接消费的日常消费者、社会团体；二是商品用于二次贩卖的中小零售店、宾馆、医院等。对后者，山姆会员店履行的则是批发职能。因此山姆会员店存在着批发、零售两种商圈，因此它的商圈分布出现很大的复合性和不确定性。这就要求山姆会员店除了要按销售比重划分为核心商圈、次级商圈和边缘商圈外，还要按顾客到达所采用的交通工具作出以下划分。

徒步圈，指步行可忍受的商圈半径，单程以 15 min 为限。

自行车圈，指自行车方便可及的范围，单程不超过 10 km。

机动车圈，指开车或乘车能及的范围，距离约为 50 km，单程为 30～40 min。

仓储式零售店特有的商圈，如铁路圈、高速公路圈，指搭乘铁路、高速公路来此购物的顾客范围，属于商店的边缘商圈部分。有了这样的商圈分析，在此基础上再去选址，这就是沃尔玛开店成功的原因所在。

(2) 选址方法及选址原则

1) 选址方法

对于零售企业来说，选址是关系到企业成败的一个重要环节。沃尔玛从选址到开业，周期非常漫长。在进入中国之前，它就对中国市场进行了长达数年的深入细致的市场调查。其实早在 1992 年，沃尔玛就已经获准进入中国，但是直到 1996 年才在深圳落户。在进入中国之前，它一直在对当地商圈的交通、人口、竞争状况和市场发展格局进行考察，以便于选择一个好的店址。其选址过程复杂严谨：在确定商圈后，沃尔玛的新店址一般都选在城乡结合部、次商业区、新开辟的居民区中，在该商场周围要有 20 万～30 万人的常住人口。

其次，由一执行小组评估经济上的可行性，然后由一财团评价该地点。最后，由决策委员会评审决定。

这样复杂的决策过程使许多地点方案难以通过，但是通过这些分析决策的选址都使沃尔玛取得了很好的业绩。

2.4.2　沃尔玛佛山桂城店选址分析

沃尔玛中国公司在佛山的第一家店——桂城店，投资额为 2 亿元人民币，建筑面积超过 370 000 m^2，可辐射区内人口达 30 多万。它的商业半径达到 10 km，甚至更远。显然，沃尔玛选择桂城开首家店，并非作为一般门店运作，而是作为它未来在佛山市内打击吞并本地零售业的总部所在据点，是其关键物流配送的第一基地。

1. 区位分析

桂城店的位置如图 2-8 所示。

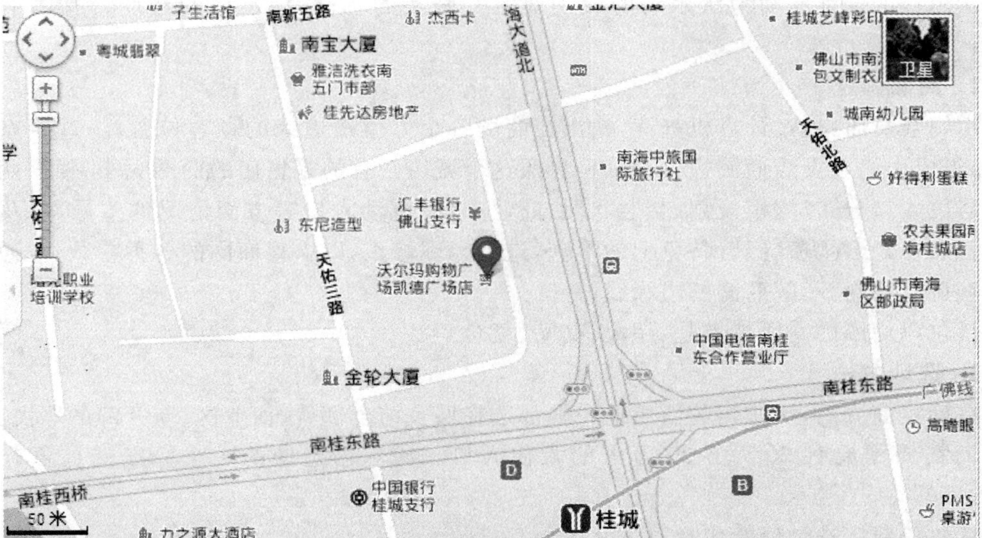

图 2-8　沃尔玛桂城店位置图

2. 商圈的确定

桂城店是沃尔玛中国公司在佛山的第一家店，距离南海广场不到 600 m。事实上，在南海区商圈，除去信和广场外，一般认为市区正在日益走向空心化。沃尔玛在桂城开了它在佛山的第一家店，可以说是巧妙之举。因为该区成交结状兴起 20 多个社区和南海区政府各部门，它位于最宽阔的两条干道南海大道和南桂路中间，交通辐射广，给沃尔玛提供大量的潜在顾客源。

3. 潜在顾客源分析

从桂城店附近的高档物业的名称就能判断出它的住户是否有车。中档收入以上的家庭的车辆将是人流汇向沃尔玛的重要因素之一。而且从沃尔玛的选址看，中档收入以上的有车族才是它未来的主流顾客。南海区的中高收入阶层，都将成为沃尔玛的潜在客源。

在沃尔玛预期启址的斜后方，坐落着规模庞大的批发市场。在几大块建筑、装修等市场的南边，有个很大的日用五金小商品批发市场，也兼零售，这里人气颇旺。这些人流将来也许会被沃尔玛夺去一部分，因为沃尔玛在批发上也针对终端零售商。沃尔玛面对的南海区的众多机关、企业集团也将是其潜在顾客。

4. 交通分析

桂城店位于最宽阔的两条干道南海大道和南桂路中间，在桂城地铁站口。那里交通顺畅，从未发生堵车现象。

5. 竞争对手分析

桂城店的商业街，那里最大的两个商家是信和商场和好又多超市。但信和商场的客流量总不理想，而好又多超市又无法停车，这说明它们的商圈辐射能力并不大，只是基于附近的几个街区。

2.4.3 案例总结与启示

沃尔玛的选址原则为沃尔玛的成功奠定了坚实的基础，沃尔玛的选址具有以下几点经验。

1. 商圈调查

山姆会员店：通过计算机查询，找出在商场各个方位最边缘的顾客位置，将这些点连接起来，组成山姆会员店商圈边界；新店：参照这个城市已有的零售店的商圈大小，根据两个城市在居民人口分布、城市规划、交通状况、商业布局、流动人口等方面情况的差异，以及仓储式零售店在经营规模、经营特色上的不同，进行合理修正，以取得商圈的各种参数；也通过发放顾客调查问卷，了解商圈的边缘线。

沃尔玛商圈的主要特点是：超大、交叉、复合。

2. 选址方法

在确定商圈后，沃尔玛的新店址一般都选在城乡结合部、次商业区、新开辟的居民区中，在该商场周围要有 20 万～30 万人的常住人口。沃尔玛选址的一个标准就是要有地利之便。

沃尔玛新店选址经验包括以下几方面。

(1) 从连锁发展计划出发；

（2）选择经济发达的城镇；

（3）独立设置门店；

（4）选择城乡结合部。

3. 市场调查分析和整体评价

市场调查分析的主要方面包括城市结构、商业结构、人口特征、交通便利性、店铺可见度、项目用地、适用性等，然后进行整体评价。

本章小结

本章介绍了设施规划与设计的基本理论，介绍了场址选择的重要性和场址选择的基本方法。设施布置设计是指依据企业的经营目标而实施的生产纲领，在已经确认的空间场所内，按照从原材料的接收，零件和产品的制造，成品的包装、发运的全过程，力争将人员、设备和物料所需要的空间作最适当的分配和最有效的组合，以获得最大的经济效益。

思考与练习

1. 填空题

（1）物流设施主要指物流系统中的__________。

（2）影响设施选址的因素很多，有些因素可以进行定量分析，并用货币的形式加以反映，称为______________，也称为成本因素。有些因素只能是定性的______________，也称为非成本因素。

（3）____________________是在 20 世纪 40 年代由赫尔姆和达尔克首创，经过戈尔登和兰德公司进一步形成的。

（4）____________________是指在选定的设施区域内，合理安排组织内部各生产作业单元和辅助设施的相对位置和面积、设备的布置，使之构成一个符合企业生产经营要求的有机整体。

2. 选择题

（1）设施规划与设计是（　　）的过程。

A）从微观到宏观　　B）从宏观到微观

C）从宏观到微观，又从微观到宏观　　D）宏观和微观

（2）（　　）的场址应选在与本身性质相适应的安静、安全、卫生环境之中。

A）军用建筑　　B）民用建筑　　C）工业建筑　　D）农业建筑

（3）由规划设计人员完成的任务是（　　）。

A）纲领设计　　B）产品设计　　C）系统布置设计　　D）工艺过程设计

（4）在场址选择的分析方法中，把备选方案的经济因素和非经济因素同时加权进行比较的方法是（　　）。

A）因次分析法　　B）加权因素法　　C）线性规划法　　D）重心法

3. 简答题

（1）什么是设施选址？

(2) 什么是经济因素?

(3) 什么是重心法?

(4) 什么是设施布局?

(5) 什么是数学规划方法?

4. 论述题

(1) 试述设施选址的重要性。

(2) 试述设施选址的内容。

(3) 试述 SLP 布局设计原理。

5. 案例分析

案例:保健品专卖店选址分析

1. 案例背景

保健品设立专卖店销售,已是一种不争的事实。一瞬间,忽如一夜春风来,千家万巷专卖店开。但在专卖店繁荣的背后,却有不少专卖店秋风扫落叶,静悄悄地关门,正如一句诗"我挥一挥衣袖,不带走一片云彩"所云。原因可能是多方面的,有经营管理的原因,有产品的原因,但根本上还是选址的原因,即选址不当。开设专卖店,特别是保健品专卖店,选址乃第一要点。

2. 保健品专卖店选址影响因素分析

(1) 产品类别

产品类别是影响专卖店选址的一个首要因素,也是最为主要的因素。不同类别的产品,针对的目标人群不同,专卖店选址要求也不一样。一般来讲,在市场上,目前有如下产品通过专卖店的方式在销售。

1) 中老年人保健用品。这类产品包括高血压、高血脂、高血糖产品,增强免疫力产品,风湿产品,性功能改善产品,营养补充产品,睡眠改善产品,气血循环类产品,按摩沙发器械等。

2) 美容养颜类产品。如减肥塑身类产品、功能性化妆品、丰胸产品、补血养颜产品、排毒养颜产品、调经养颜类产品等,此类产品主要针对的人群为女性。

3) 学生用品。如改善记忆力、缓解视觉疲劳、视力改善产品,学习机类产品等。

4) 其他类。如生发养发类产品、保健内衣类产品。

对于上述产品,因其功能不同,针对人群也不同,所以专卖店的选址要求也不一样。如减肥美容品、功能性化妆品,主要针对时尚女性,选址一般考虑商业街和商业中心。但老年人的保健用品,选址一般考虑社区。所以产品类别是影响专卖店选址的首要因素,也是根本因素。

(2) 目标人群及其活动规律

影响专卖店选址的第二个因素就是目标人群及目标人群的活动规律。产品不同,目标消费人群也不同,特别是这些人群因年龄、性格、工作、居住等各方面的原因,他们的社会活动规律是不一样的。而我们选址强调遵循一个原则,那就是要将专卖店开在消费者的眼皮底下,所以专卖店必须跟着消费者活动规律走。在上述几类产品中,针对的人群有几类:老年人、中青年女性人群、学生等其他人群。要选好址,首先必须搞清楚目标人群的社会活动规律。

1）老年人的活动规律。老年人群大多数时间待在家里。早上，超市和菜场、公园是老年人去得最多的地方。老年人缺乏亲情的关怀，和儿女见面机会大多在晚上，白天他们可能都在家里或在社区，晚上有部分人会去公园跳舞，北方的老年人则喜欢扭秧歌。所以从老年人的社会活动规律可以看出，他们经常去的场所是公园、菜场、社区，其中最多的是社区和公园。

2）中青年女性人群。这些人大多数为上班一族，社会活动场所较多，但常去的还是商场、商业街、时尚超市、写字楼。白天的大部分时间都在办公室，中午会利用一点休息的时间去办公室周围逛逛，晚上可能去超市。周末则逛街逛商场。从这些人的社会活动规律可以看出，其主要的活动场所是商场、商业街、办公室周边、社区周边，所以针对这些人群的产品专卖店必须选择相应的位置。

3）学生。这类人群的主要活动场所是学校，但学生不是直接产品支付者，他们的家长才有支付决定权，所以这类专卖店的选址主要考虑的是学生家长的活动规律和场所，但同时也要兼顾学生和家长同时出现的场所。家长白天上班，晚上回家，周末可能和孩子一起去公园。但随着独生子女的增多，越来越多的家长不放心孩子，特别是小学阶段的孩子，家长都会接送，所以学校周边也成了目标人群同时出现的重要场所。但社区可能是学生和家长一同出现较多的地方。

（3）功能定位和推广方式

专卖店的功能定位和推广方式也影响着专卖店的选址。专卖店的功能定位可以简单地分为两种：店面销售型和人员推广型。店面销售型专卖店主要靠店面创造销售，因此，这类专卖店的选址必须考虑目标人群人流量。只有大量的目标人群光顾，专卖店才能创造更多的机会。第二种是人员推广型，这种专卖店的主要销售来源于与专卖店配套的销售人员，如安利、天狮、如新等公司专卖店的会员，还有天年、中脉、夕阳美公司的会务销售人员。这种专卖店的销售主要来源于这些人员的推广，专卖店的功能只是展示产品和充当会员与消费者之间、会员与会员之间交流的场所而已。对于这类专卖店，在选址上除了考虑一定的消费者和销售人员的交通方便外，更多是要考虑专卖店的店面租金，当然有些企业为了形象的需要，也考虑在繁华的商业街选址，这就不是“烧钱”了。

3. 保健品专卖店选址原则

（1）存在原则。这是基本原则。即专卖店的整套装修、设计所表现的形象、意识，要方便存在于消费者的视觉范围内。只有企业、专卖店所要表达的意识、形态不断地在消费者的眼前出现，才会形成印象。存在也是一种潜移默化的广告。

（2）中心原则。即专卖店选址在所属的区域应该起到一个以点带面的作用，形成一个会员的管理中心、顾客的服务中心、产品的配送中心等多个“中心”作用。同时从地理位置来讲，两个专卖店或同类别的专卖店之间应该有一定的距离。所以，专卖店的选址应该充分考虑店面的带动作用。

（3）服务原则。有些专卖店除了具有售货的功能外，很大程度上还肩负有顾客服务功能。所以，一定要考虑为顾客提供服务的方便性，特别是以提供保健服务为主要销售项目的专卖店，如章光101生发养发店，除了提供产品，该店面的重要功能还有种发，所以一定要考虑顾客享受服务的方便性。

（4）风险原则。这个原则主要是考虑专卖店开设后的风险问题。有些专卖店位置很好，如卖美容养颜产品的专卖店，在某个人群定位相近的超市看中一个位置，人流量大，位置也好，但超市签合同要签一年，合同保证金要三个月的租金，这个风险就较大。应该考虑选这个址的风险程度，且应该综合考虑。当然专卖店选址应该考虑的风险太多，这里只是简单地提及一点而已。

4. 保健品专卖店选址分析

(1) 从专卖店类型看，门店销售型应该选择人流量较大的位置，而有销售人员支持的店面主要考虑形象的展示和人员交通的方便性，不用把人流量作为主要项目来考虑。

(2) 根据产品选择位置

1) 中老年人保健产品店，可以首先考虑如下位置。

老年人活动较多的场所或社区。有相当多的保健产品在社区设立产品体验中心、免费咨询中心、免费检测中心，通过这些中心将触角伸入社区，收集目标顾客信息名单，现场销售或集中销售。

公园。主要考虑大社区周边的公园，如深圳天年公司就在好多公园设立了天年的专卖店。在公园设立专卖店，能充分利用公园晨练的老年人流量进行产品的宣传、展示和传播。

2) 美容养颜类产品。这类产品主要针对的人群为女性，所以选址必须考虑目标人群人流量，可以考虑的选址有以下几种。

店中店。采用跟随办法，跟随一些和产品的目标人群定位较为接近的商场、超市，租赁位置开设店内专卖店。

商业街/步行街。这些位置的租金十分昂贵，没有一定的规模和实力不用考虑。

3) 大保健类产品。这类产品基本通过直销人员销售，选址可以稍微偏一点，但要考虑交通情况。可以考虑的选址位置有以下几种。

二类商业街道。这类位置交通都较为方便，而且也适合展示产品。

平价药店。在药店主要以专柜的方式运作。配合人员促销，必定上量。但现在终端竞争日益激烈，产品品类繁多，必须做到管理、促销等全方面到位。

其他店铺。位置较偏不要紧，但面积要大，可以是上下两层的门面房，这样的话上下层都可以利用，底层临街道可以做展示，上层可以做培训室等，这对于结合会议销售或直销的方式较为适合。

思考与讨论

(1) 专卖店选址影响因素有哪些？

(2) 专卖店选址策略有哪些？

(3) 保健品专卖店选址原则是什么？

6. 实训

物流选址规划

实训内容

假设一个物流公司要送货到 8 个城镇，各城镇的位置和需求量如下图所示，请你为一个物流中心选址，使得向这些城镇送货的平均时间最小。你应该在哪里定位？

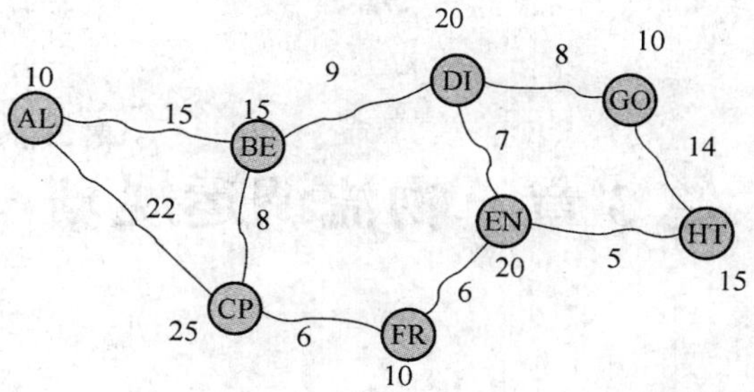

实训要求

8 人一组，用本章介绍的设施选址的方法进行分析计算，得出最佳方案。

实训课时

2 课时。

实训步骤

(1) 熟悉物流中心规划设计要求。

(2) 运用重心法和线性规划法计算。

检查标准

考核内容	考核标准	分值	实际得分
物流选址规划	1. 小组合作参与程度	10	
	2. 分工合作程度	10	
	3. 沟通协调能力	10	
	4. 方案的可行性与合理性	50	
	5. 专业知识的掌握程度、实际动手能力	20	
合　计		100	

第3章　物流调运规划

【学习目标】

通过本章的学习，熟悉物流调运规划的概念、原理及重要性；掌握物流调运方法；掌握物流调运流量分析方法；了解物流运输不合理的现象并懂得如何消除不合理运输；熟悉线路选择；掌握最短路径及匈牙利法计算技巧。

【能力目标】能正确使用最短路径及匈牙利法解决物流调运中的实际问题。

【知识框架】

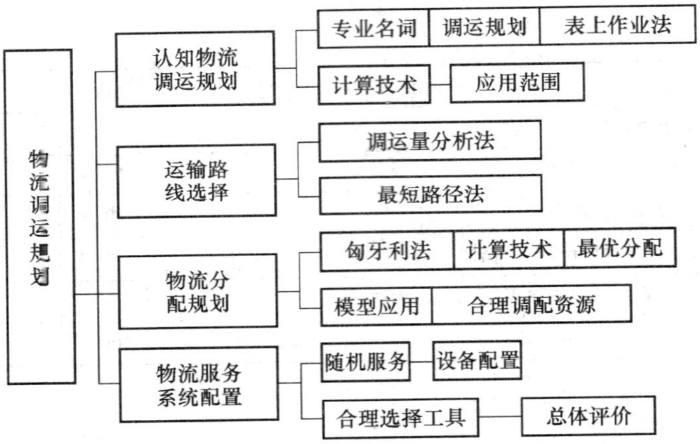

引导案例

花王公司的组合运输体系

花王公司物流体系的建立是从20世纪70年代开始的，可以说整个20世纪70年代是花王公司现代物流管理得到确立的时期，从而为其真正确立起先进的销售管理和物流管理奠定了基础，并最终推动了20世纪90年代以来供应链管理的发展。

花王公司复合运输的主要特征表现在自动仓库、特殊车辆、计划运输、组合运输等。花王公司的物流起点是工厂的自动化仓库，到20世纪70年代末，花王公司的所有工厂全部导入了自动立体化仓库，从而完全实现了自动机械化作业。商品从各工厂进入仓库时，所有商品用平托盘装载，然后自动进行库存。出货时根据在线供应系统的指令，自动备货分拣，并装载在货车上。

复合运输系统的终点是销售公司的仓库，为了提高销售公司仓库的效率化，花王公司配备了三段式的平托盘和叉车，商品托盘运输比率为100%，充分发挥了复合运输的优势。

除此之外，自动化立体仓库也在花王销售公司中得到大力推进，到20世纪80年代中期，近29万个销售公司的仓库都实现了立体自动化。

在花王公司积极推进工厂仓库和销售公司仓库自动机械化的同时，起着连接作用的运输方式也是花王物流系统变革中的重要一环。这方面的成就主要表现在特殊车辆的开发，这种特殊车辆就是能装载 14.5 吨的轻型货车，该货车可以装载 20 个 TII 型的平托盘，并用轻型铝在货车货台配置了起重装置。后来，花王公司又开发出了能装载 19 吨货物，平面 24 个平托盘的新型货车。与此同时，针对从销售公司到零售店的商品运输，花王公司开发出了"特殊架装车"，特殊架装车是由面向零售店的厢式车、对应不同托肋的托盘车以及衣架展示运输车等 8 种特种车辆组成，后来又积极开发和推动了集装箱运输车，其成为了对零售店配送的主力工具。

在花王的物流运输体系中，最有名的是其计划运输系统。所谓计划运输系统就是为了避免交通阻塞，提高物流作业效率，选择最佳的运输路线和最佳的运输时间，以最短的时间将商品运抵客户的计划系统。例如，面向日本静冈花王销售公司的货车一般在凌晨 2 点钟从东京出发，走东名高速公路，于早上 7 点钟抵达静冈花王，从而使货车能避开交通高峰，顺利通畅地实现商品配送。依此类推，花王公司针对每个销售公司的地理环境、交通道路状况和经营特点，安排了不同的运输时间和运输路线，而且所有这些计划都是用图表的形式表示，真正确保商品的及时配送，最终实现了全公司商品输送的高效率。

花王公司计划运输系统是与花王公司的另一个系统——商品组合运输系统相联系，商品组合运输系统解决的问题是防止货车往返途中的空载。显然，为真正防止货车空载，就必须搜寻运输的商品。开始时，花王公司主要是与花王的原材料供应商进行组合运输，即花王公司将商品从工厂或总公司运抵销售公司后，与当地的花王公司供应商联系，将生产所需的原材料装车运回工厂，这样就不会出现空载。后来，商品运输组合的对象逐渐扩大，已不仅仅限于与花王公司经营相关联的企业，所有其他企业都可以利用花王公司的车辆运载商品。例如，前面所列举的静冈花王每天早上 8 点钟卸完货物后，就装载清水的拉面或电机零部件运到客户位于东京的批发店。现在参与花王组合运输的企业达 100 多家，花王工厂与销售公司之间近 80％的商品运输都实行了组合运输。应当看到的是，花王公司的组合运输之所以能实现和大力发展，一个最重要的原因是其计划运输系统确保了商品运输的定时和及时；换句话说，正是因为花王的运输系统能确保及时、合理的运输，所以，越来越多的企业都愿意加入商品组合运输，如果没有前者的效率化，是不可能真正实现组合运输的。

思考

1. 花王公司计划运输系统与其商品组合运输系统有什么不同？
2. 你认为花王公司的运输系统是怎样通过组合运输来实现高效的物流作业的？

3.1　物流调运规划概述

企业在从事物流活动中，不可避免地要进行物资调运工作，如某时期内将生产基地的煤、钢铁、粮食等各类物资，分别运到需要这些物资的地区。根据各地的生产量和需求量及各地之间的运输费用，如何制定一个运输方案，使得满足需求情况下运输费用最小，这样的问题称为物资调运规划问题。

3.1.1 调运规划

1. 概念

物资调运规划(又称运输问题)一般可以表述如下。设某种要调运的物资,有一组供应点(产地或称发点)m 个,一组需求点(销地或称收点)n 个,如果每个供应点的供应量及每个需求点的销售量都已经确定,即第 i 个产地有 $a_i(t)$物资发出,第 j 个销地需要收进 $b_j(t)$物资;并且从每一个产地到每一个销地的单位运价是已知的,假定把单位物资从第 i 个产地调运到第 j 个销地去的单位运价为 C_{ij}。

物资调运规划的目的是制定一个合理的调运方案,确定 m 个产地与 n 个销地之间的供需联系和数量的最优搭配,并确定具体的运输路线,使总的运输费用最低。

2. 确定产销地之间的供需联系和收发量

产销地之间的供需联系的确定是以运输费用最低为前提的,因此,在这种情况下,物资调运问题的数学模型,一般可以这样描述。

设 m 个供应点为 A_i,它们的供应量是 a_i,其中 $i=1,2,\cdots,m$;设 n 个需求点为 B_j,它们的需求量是 b_j,其中 $j=1,2,\cdots,n$;C_{ij} 为已知的从第 i 个供应点到第 j 个需求点的单位运价;由供应点 A_i 发往 B_j 的物资调运量是 X_{ij} 单位。

假设 m 个供应点的总供应量等于 n 个需求点的总需求量,这样,调运问题满足供需平衡,称为平衡运输问题。这时不难理解,由各供应点 A 调出的物资总量应等于它的供应量 $a_i(i=1,2,\cdots,m)$;而每一个需求点 B_j 调入的物资总量应等于它的需求量 $b_j(j=1, 2,\cdots,n)$。

目标函数为

$$\min Z = \sum_{i=1}^{m}\sum_{j=1}^{n} C_{ij} X_{ij}$$

3.1.2 调运方法

1. 表上作业法

表上作业法是指用列表的方法求解线性规划问题中运输模型的计算方法,是线性规划一种求解方法。当某些线性规划问题采用图上作业法难以进行直观求解时,就可以将各元素列成相关表,作为初始方案,然后采用检验数来验证这个方案,否则就要采用闭合回路法、位势法等方法进行调整,直至得到满意的结果。这种列表求解方法就是表上作业法。

2. 步骤

(1) 找出初始基本可行解(初始调运方案,一般 $m+n-1$ 个数字格)

从左上角格开始,在格内的右下角标上允许取得的最大数。然后按行(列)标下一格的数。若某行(列)的产量(销量)已满足,则把该行(列)的其他格划去。如此进行下去,直至得到一个基本可行解。

(2) 求出各非基变量的检验数,判别是否达到最优解。如果是最优,就停止计算,否则转入下一步,用位势法计算。

(3) 改进当前的基本可行解(确定换入、换出变量),用闭合回路法调整;因为目标函数要求最小化，表格中有调运量的地方为基变量，空格处为非基变量。基变量的检验数 $\sigma_{ij}=0$。$\sigma_{ij}<0$ 表示运费减少，$\sigma_{ij}>0$ 表示运费增加。

(4) 重复(2)和(3)，直到找到最优解为止。

3. 具体做法

利用表上作业法，寻求运费最少的调运方案。首先依据问题列出调运物资的供需平衡表以及运价表；其次确定一个初始的调运方案(当然不一定就是最优方案)；然后根据一个判定法则，判定初始方案是否为最优方案。当判定初始方案不是最优方案时，再对这个方案进行调整。一般来说，每调整一次得到一个新的方案，而这个新方案的运费比前一个方案要少些，如此经过几次调整，就会得到最优方案。下面通过一个例题来具体说明这个方法。

[**难点例释 1**]某公司下属 3 个储存某种物资的料库，供应 4 个工地的需要。3 个料库的供应量和 4 个工地的需求量以及由各料库到诸工地调运单位物资的运价(元/t)如表 3-1 所示。

表 3-1　运价表

销地 产地	B_1	B_2	B_3	B_4
A_1	3	11	3	10
A_2	1	9	2	8
A_3	7	4	10	5

将需要调运数量用 X_{11}、$X_{12}\cdots X_{34}$ 表示，如表 3-2 所示。

表 3-2　调运表

销地 产地	B_1	B_2	B_3	B_4	供应量/t
A_1	X_{11}	X_{12}	X_{13}	X_{14}	70
A_2	X_{21}	X_{22}	X_{23}	X_{24}	40
A_3	X_{31}	X_{32}	X_{33}	X_{34}	90
需求量/t	30	60	50	60	200

解：

第 1 步：求初始方案。

从表 3-1 中可知，$C_{21}=1$ 为最小，因为 A_2 的供应量为 40 t，而 B_1 的需求量为 30 t，于是优先满足它们之间的调运，把 $X_{21}=30$ 作为初始基本变量填到调运表中 X_{21} 的位置(A_2 与 B_1 的交叉格)，从而得到一张新的调运表(时间关系未画出)。此时 B_1 的需求已全部得到满足。把 B_1 所在的列划去，然后在未划去的各行各列中，再选取最小运价的单元格，$C_{23}=2$，因为 B_3 需要 50 t，而 A_2 已调运给 B_1 30 t，所以只有 10 t 给 B_3。为了保证解的可行性，$X_{23}=10$ 作为初始变量，把 10 填到 A_2 与 B_3 的交叉格，而在运价表中，由于 A_2 的供应量已全部用完，故把 A_2 所在的行划去，依照这样的方法继续做下去，每进行一步操作，相应地在调运表中的某一空格填入一个数，直至最后，形成初始的调运方案。如表 3-3 所示。

表 3-3 初始调运方案

销地 产地	B_1	B_2	B_3	B_4	供应量/t
A_1			40	30	70
A_2	30		10		40
A_3		60		30	90
需求量/t	30	60	50	60	200

从表 3-3 中可以看出，供需已经实现了平衡，各产地供应量全部调出，各销地的需求也得到满足，且基变量的个数恰好是 3+4-1=6 个，符合基本可行解的要求，这就是得到的初始方案。在该调运表中，6 个无调运量的空格表示相应的变量为非基变量，取值为 0，即

$$X_{11}=X_{12}=X_{22}=X_{24}=X_{31}=X_{33}=0$$

其他 6 个有调运量的格子表示相应的变量为基变量，取值分别为

$$X_{13}=40, X_{14}=30, X_{21}=30, X_{23}=10, X_{32}=60, X_{34}=30$$

此调运方案的总成本为

$$Z=40\times3+30\times10+30\times1+10\times2+60\times4+30\times5=860 \text{ 元}$$

注意，最小元素法所讲的"最小"仅局部而言，就整体考虑总的运费不一定是最小的。如果正巧有一行与一列的供需同时被满足，将同时划去一行和一列，这样会出现基变量的个数少于 6 个的情况。为保证解的可行性，必须将若干个非基变量转为基变量，保证基变量的个数为 6。这些转为基变量的变量取值只能为 0，即在调运表的相应位置填上"0"。

第 2 步：初始调运方案的检验与改进。

闭回路法如表 3-4 所示，括号里的数字表示运价，即表 3-1 中的运价。

表 3-4 闭回路法

销地 产地	B_1	B_2	B_3	B_4	供应量/t
A_1	0(3)	0(11)	40(3)	30(10)	70
A_2	30(1)	0(9)	10(2)	0(8)	40
A_3	0(7)	60(4)	0(10)	30(5)	90
需求量/t	30	60	50	60	200

根据上表闭回路计算相应的检验数，得表 3-5。

表 3-5 空格的闭回路与检验数

空格(非基变量)	相应的闭回路	相应检验数
X_{11}	$X_{11}-X_{21}-X_{23}-X_{13}-X_{11}$	$C_{11}=C_{11}-C_{21}+C_{23}-C_{13}=3-1+2-3=1$
X_{12}	$X_{12}-X_{32}-X_{34}-X_{14}-X_{12}$	$C_{12}=C_{12}-C_{32}+C_{34}-C_{14}=11-4+5-10=2$
X_{22}	$X_{22}-X_{32}-X_{34}-X_{14}-X_{23}-X_{22}$	$C_{22}=C_{22}-C_{32}+C_{34}-C_{14}+C_{23}=9-4+5-10+3-2=1$
X_{24}	$X_{24}-X_{14}-X_{13}-X_{23}-X_{24}$	$C_{24}=C_{24}-C_{14}+C_{13}-C_{23}=8-10+3-2=-1$
X_{31}	$X_{31}-X_{34}-X_{14}-X_{23}-X_{21}-X_{31}$	$C_{31}=C_{31}-C_{34}+C_{14}-C_{13}+C_{23}-C_{21}=7-5+10-3+2-1=10$
X_{33}	$X_{33}-X_{34}-X_{14}-X_{13}-X_{33}$	$C_{33}=C_{33}-C_{34}+C_{14}-C_{13}=10-5+10-3=12$

由此看出 $C_{24}=-1$。增加一个单位后可减少总运费 1 元，所以把 X_{24} 作为调入变量，确定调入变量后，调出变量要从那些需要减少的转角点挑选。从 X_{24} 的回路中可以看出，增加 X_{24} 一个单位后，要减少 X_{14} 一个单位，增加 X_{13} 一个单位，并减少 X_{23} 一个单位，调出变量应该在 X_{14} 和 X_{23} 中挑选，挑选标准是拣最小的变量作为调出变量。否则最小的变量就要减小而变成负数，此时就不是可行解了。而现在 $X_{14}=30$，$X_{23}=10$。故把 X_{23} 作为调出变量。这样，对初始方案的调整是把 X_{24} 增加 10 单位，X_{23} 减少 10 单位，其他在回路上的有关转角点也作相应调整，得到新的调运表 3-6。

表 3-6　调整后的物资调运表

销地 / 产地	B_1	B_2	B_3	B_4	供应量/t
A_1			50	20	70
A_2	30			10	40
A_3		60		30	90
需求量/t	30	60	50	60	200

在这个新的调运方案中总运费为

$$Z=30\times1+60\times4+50\times3+20\times10+10\times8+30\times5=850\ \text{元}$$

比调整前的运费少 10 元。再计算新的调运方案中空格（非基变量）的检验数，得到 $C_{11}=0$，$C_{12}=2$，$C_{22}=2$，$C_{24}=1$，$C_{31}=9$，$C_{33}=12$，都是非负的，这说明所得解是这个运输问题的最优解。

[**难点例释 2**]某食品公司经营糖果业务，公司下设 3 个工厂 A_1、A_2、A_3，4 个销售门市部 B_1、B_2、B_3、B_4，各自供应量和需求量如表 3-7 所示，表中数字为工厂产地可供应到销售地的糖果箱数。例如，A_1 供应 B_1 15 箱。供应 B_2 18 箱，以此类推。试用左上角法求出最优运输方案。

表 3-7　供应量和需求量

销地 / 产地	B_1	B_2	B_3	B_4	供应量/t
A_1	15	18	19	13	50
A_2	20	14	15	17	30
A_3	25	12	17	22	70
需求量/t	30	60	20	40	150

解：假设新的调运量如表 3-8 所示。

表 3-8　调运表

销地 / 产地	B_1	B_2	B_3	B_4	供应量/t
A_1	X_{11}	X_{12}	X_{13}	X_{14}	50
A_2	X_{21}	X_{22}	X_{23}	X_{24}	30
A_3	X_{31}	X_{32}	X_{33}	X_{34}	70
需求量/t	30	60	20	40	150

用左上角法解题步骤如下。

第1步：以表3-9左上角的格子作为开端。

第2步：表3-9中X_{11}有50单位的供应量（见最后一列50）和30单位的需求量（见最后一行30）。对这一格子可用的供应量与需求量作比较，安排两个值中较小的一个作为运量。然后，把这个数用括号括起来，即表3-9中第1列的第1行的运量为(30)单位。这一格子可用的供应量（或需求量）减去安排的运量，就是剩余的供应量（或需求量）。

表3-9 运量安排表

产地 \ 销地	B_1	B_2	B_3	B_4	供应量/t
A_1	15/(30)	18	19	13	(50)
A_2	20	14	15	17	30
A_3	25	12	17	22	70
需求量/t	(30)	60	20	40	150

第3步：根据以下规则，移到下一格。

① 如果已安排的这一格行和列比较，供应量超过需求量，下一格移到同一行相邻的格，如表3-10所示，B_2列18/(20)。

② 如果需求量超过供应量，下一格移到同一列相邻的格子，如表3-10所示，B_2列14/(30)。

表3-10 运量安排表

产地 \ 销地	B_1	B_2	B_3	B_4	供应量/t
A_1	15/(30)	18/(20)	19	13	(50)(20)0
A_2	20	14/(30)	15	17	(30)0
A_3	25	12	17	22	70
需求量/t	(30)0	(60)(40)10	20	40	150

③ 回到第2步。重复第2、第3步。运量安排如表3-11、表3-12所示。

表3-11 运量安排表

产地 \ 销地	B_1	B_2	B_3	B_4	供应量/t
A_1	15/(30)	18/(20)	19	13	(50)(20)0
A_2	20	14/(30)	15	17	(30)0
A_3	25	12/(10)	17	22	(70)60
需求量/t	(30)0	(60)(40)(10)	20	40	150

表 3-12　运量安排表

产地＼销地	B_1	B_2	B_3	B_4	供应量/t
A_1	15/(30)	18/(20)	19	13	(50)(20)0
A_2	20	14/(30)	15	17	(30)0
A_3	25	12/(10)	17/(20)	22	(70)(60)40
需求量/t	(30)0	(60)(40)(10)	(20)	40	150

第 4 步:如果安排运量的格子中括号里面的数据加总正好等于运输表的右下角的数据(30＋20＋30＋10＋20＋40＝150),就停止安排,如表 3-13 所示。这时,初始方案已找到。如果数据不相等则重新安排,重复上述步骤。

表 3-13　运量安排表

产地＼销地	B_1	B_2	B_3	B_4	供应量/t
A_1	15/(30)	18/(20)	19	13	(50)(20)0
A_2	20	14/(30)	15	17	(30)0
A_3	25	12/(10)	17/(20)	22/(40)	(70)(60)(40)
需求量/t	(30)0	(60)(40)(10)	(20)0	(40)0	150

本例中,首先从 X_{11} 格开始,供大于求(50＞30),所以 X_{11} 格安排运量 30。销地 B_1 已满足,产地 A_1 尚余 20。然后,从 X_{11} 格移到同一行的 X_{12} 格,用需求量 60 与供应量 20 作比较,在 X_{12} 格安排运量 20。然后移到同一列的 X_{22} 格。X_{22} 格安排运量 30 后,以同样的方式移到 X_{32} 格,安排运量 10。然后,分别移到 X_{33}、X_{34} 安排运量 20 和 40。X_{34} 格安排好后,因为是表的最右下角,所以结束安排。这就是一个基本解,作为初始可行方案。

得到初始方案:$X_{11}=30, X_{12}=20, X_{22}=30, X_{32}=10, X_{33}=20, X_{34}=40$

基变量个数符合 $m+n-1=3+4-1=6$ 个

根据左上角法,求出运输初始方案后,为了进一步算出最优方案,需用霍撒克法(或闭回路法)进行优化。检验公式

$$\begin{cases} d_{ij}=V_i+U_j & (1) \\ A_{ij}=C_{ij}-(V_i+U_j) & (2) \end{cases}$$

其中:d_{ij} 为产地到销地的距离,V_i 为行位势,U_j 为列位势,A_{ij} 为检验数,C_{ij} 为运费。

所得到的合理运输方案如表 3-14 所示。

表 3-14　合理运量安排方案

产地＼销地	B_1	B_2	B_3	B_4	供应量/t
A_1	30	20			50
A_2		30			30
A_3		10	20	40	70
需求量/t	30	60	20	40	150

从表 3-14 得到可行解：$X_{11}=30$，$X_{12}=20$，$X_{22}=30$，$X_{32}=10$，$X_{33}=20$，$X_{34}=40$；基变量个数符合 $m+n-1=3+4-1=6$ 个，符合要求。

3.2　运输路线选择

3.2.1　物流调运流量分析

1. 确定运输路线

运输路线的确定会直接影响到运输效果的好坏，关系着物资能否及时运到指定地点。此外，当运输费用是以 t·km 来计算时，运输路线的长短就直接关系着运输费用的多少。因此运输路线的选择也是物资调运规划的一个重要内容。

2. 物流调运流量

某项物资从 m 个产地或仓库（统称为发点），调运到 n 个需要地（称为收点），在指定调运方案时，要先画一个示意的交通图，表明收发点的大致位置、收发量、交通路线长度（不必与实际长度成比例）。

在交通图上，发点用"○"表示，并将发货量记在里面，收点用"□"表示，并将收货量记在里面。两点间交通线的长度记在交通线旁边，然后作调运物资的流向图。物资调运的方向（流向）用"→"表示，并把"→"按调运方向画在交通线的右边，把调运物资的数量记在"→"的右边，并加上括号，以表示和交通线长度区别，这样就构成图 3-1 所示的物资调运流量图。

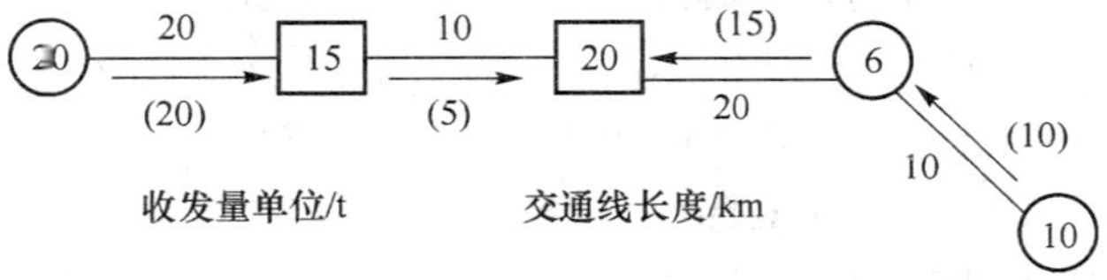

图 3-1　物资调运流量图

在物资调运中，把某项物资从各发点调到各收点，调运方案很多，现在的要求是如何找出使用运输力量最小的方案，这就要消灭物资调运中的对流和迂回两种不合理的运输。

3.2.2　消除物流调运不合理现象

1. 对流

对流即同一物资在同一线路上的往返运输，如图 3-2 所示，将某物资 10 t，从 A_1 运到 B_2，而又有同样的物资 10 t，在同一期间从 A_2 运到 B_1，于是 A_1、A_2 间就出现了对流现象。

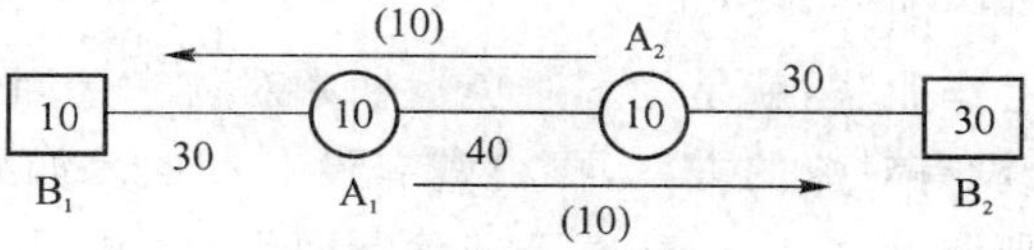

图 3-2　出现对流的调运流量

如果把调运流量图改成如图 3-3 所示，即将 A_1 的 10 t 运到 B_1，而将 A_2 的 10 t 运到 B_2，就避免了对流，可以节省运输力量 $2\times10\times40=800$ t·km。

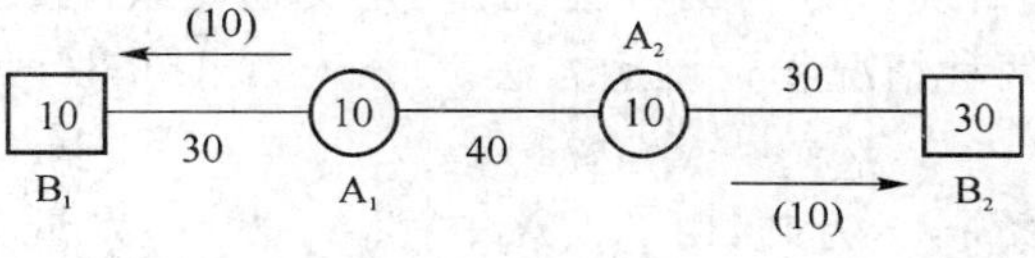

图 3-3　避免对流的调运流量图

2. 迂回

在交通图成圈的时候，由于表示调运方向的箭头，要按调运方向，画在交通线的右边，因此，流向图中，有些流向就在圈外，称为外圈流向，如图 3-4 所示；有些流向就在圈内，称为内圈流向，如图 3-5 所示。如果流向图中，内圈流向的总长(简称内流长)或外圈流向的总长(简称外流长)超过整个圈长的一半，就称为迂回运输，图 3-4 即迂回运输图。

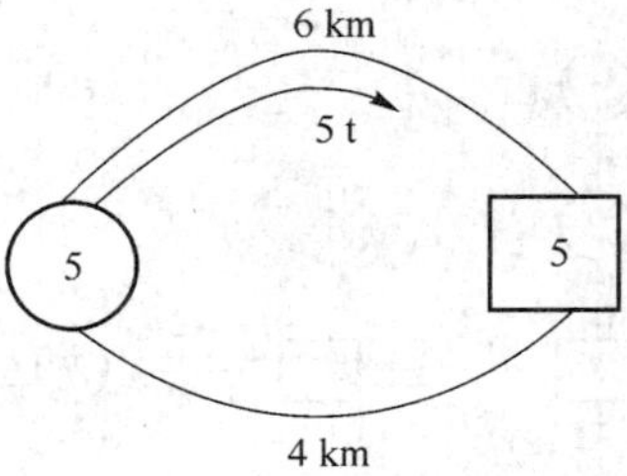

图 3-4　迂回运输图

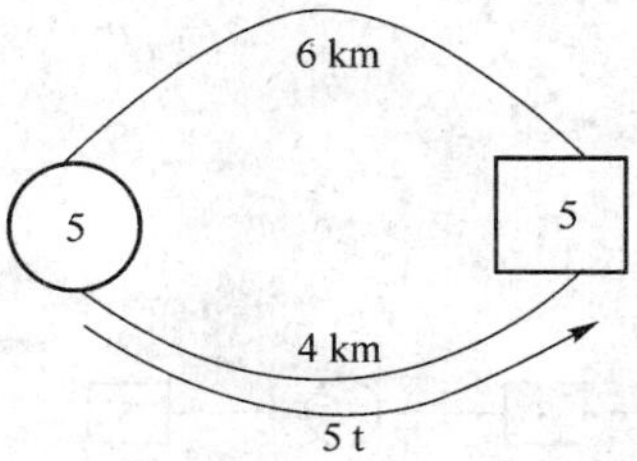

图 3-5　无迂回运输图

如果将图 3-4 改成图 3-5，就避免了迂回，可以节省运输力量 $5\times6-5\times4=10$ t·km。

图 3-6 的内流长 7 大于全圈长 13 的一半，是迂回运输。如果调整内圈长(在内圈各流量中减去内圈的最小流量 10)，在外圈各流量中增加内圈的最小流量 10，同时在没有流量的线段上新添上外圈流量 10(即内圈的最小流量)，便得出新的流向圈，如图 3-7 所示。新的流向图等于把旧的流向图中，有 10 t 运了大半圈的物资改为小半圈调运，因为内流长大于整圈长的一半，而外流长加上没有流量的限度小于整圈长的一半，从而节省了运输力量，这是一个不太直观的迂回问题。

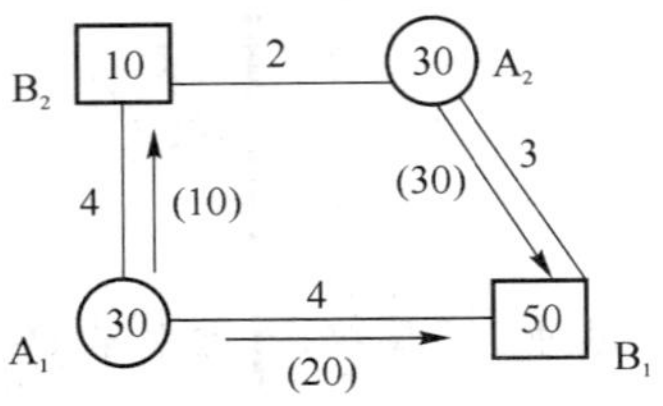

图 3-6　迂回运输

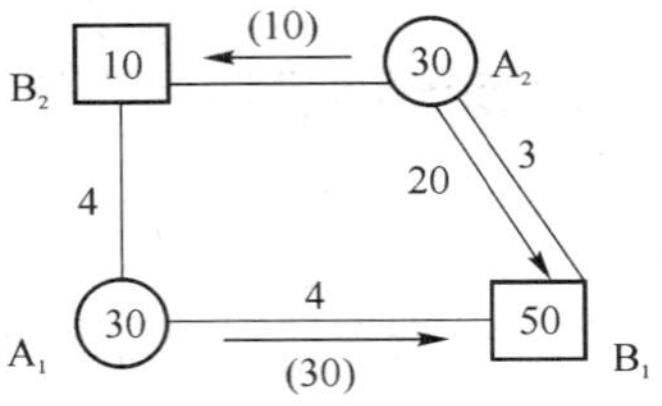

图 3-7　无迂回运输

物资调运问题的图上作业法，就是为了避免运输中对流和迂回，节省运输力量。这种方法的步骤是：先找出一个没有对流的方案，再检查有没有迂回。如果没有迂回，该方案已是最优方案；如果有迂回，则调整这一方案，直至消除迂回为止。

3.2.3　物流调运优化

在物资调运中，运输路线可分为两种情况：一是交通路线不成圈，二是交通路线成圈。下面分别用例子介绍这两种情况物资调运方法。

1. 交通路线不成圈

[**难点例释 3**]有某物资 17 万吨，由 A_1、A_2、A_3、A_4 发出，发量分别为 5 万、2 万、3 万、7 万吨；运往 B_1、B_2、B_3、B_4，收量分别为 8 万、1 万、3 万、5 万吨，收发量是平衡的，它的交通路线如图 3-8 所示，应如何调运，才使运输 t·km 最小。

解：作一个没有对流的流向图。

方法是：由各端点开始，由外向里，逐步进行各收发点之间的收发平衡。把 A_1 的 5 万吨给 A_2，A_2 成为有发量 7 万吨的发点。由 A_3 调 1 万吨给 B_2，A_3 剩 2 万吨，由 A_4 调 5 万吨给 B_4，A_4 剩 2 万吨。将 A_2 的 7 万吨全部调给 B_1，将 A_3 剩余的 2 万吨，先调 1 万吨给 B_1，余下的 1 万吨调给 B_3。A_4 剩余的 2 万吨全部调给 B_3，调运流向图如图 3-9 所示。

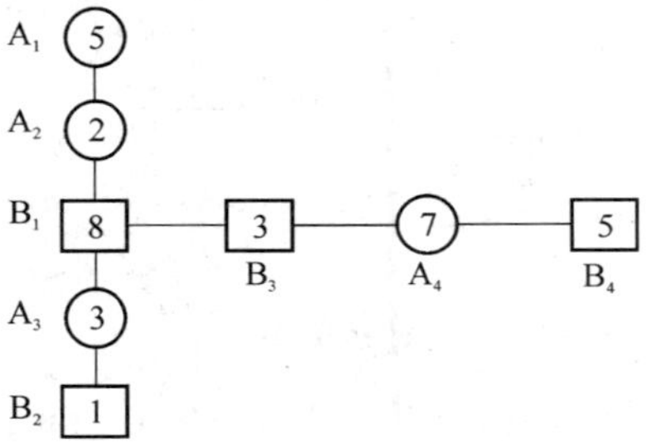

图 3-8　交通路线图

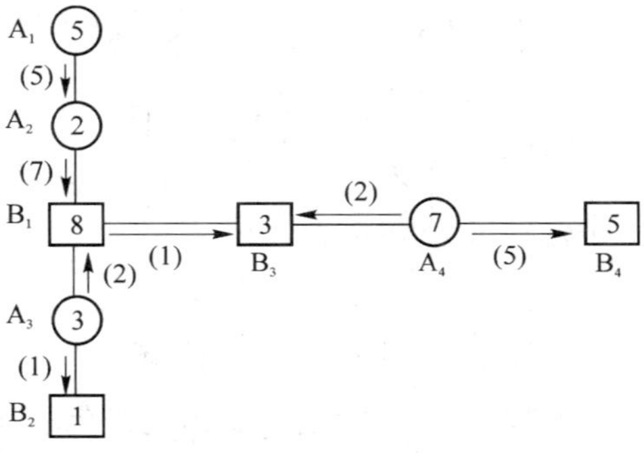

图 3-9　调运流向图

根据上面流向图的作法，很明显，所得的没有对流现象的流向图是唯一的，再根据对流现象是不合理的运输，所以这唯一没有对流的流向图就是唯一的最优方案的流向图。

有时，同一流向图可以编制各种不同的调运方案，如该例子中，B_1 需要的 3 万吨，除 A_4 供给的 2 万吨外，其余 1 万吨可以由 A_2 供给，也可以由 A_3 供给，也可以由 A_2、A_3 共同供给，这些方案所用的运输力是一样的。调运时，可以结合其他条件，选择其中的一个。

2. 交通路线成圈

[**难点例释 4**]有某物资 7 万吨，由发点 A_1、A_2、A_3 发出，发量分别为 3 万、3 万、1 万吨；运往收点 B_1、B_2、B_3、B_4，收量分别为 2 万、3 万、1 万吨，收发量平衡，交通图如图 3-10 所示，应如何调运才能使 t·km 最小。

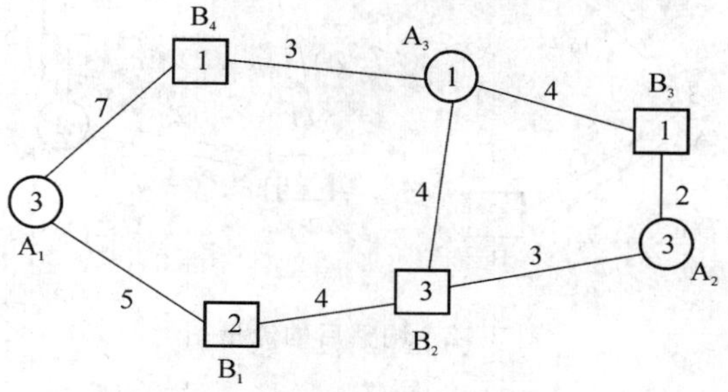

图 3-10　交通路线图

解：

第 1 步：作一个没有对流的流向图，用“去线破圈”的方法，去一线破一圈，有几个圈去掉几条线，把有圈的交通图，化为不成圈的交通图。一般是先去掉长度最长的交通线，如去掉 A_1、B_4(7 km)，破 $A_1B_1B_2A_3B_4$ 圈，再去掉 A_3 B_3 线(4 km)，破 $B_2A_2B_3A_3$ 圈。这样，原来成圈的交通图变成了不成圈的交通图，如图 3-11 所示。

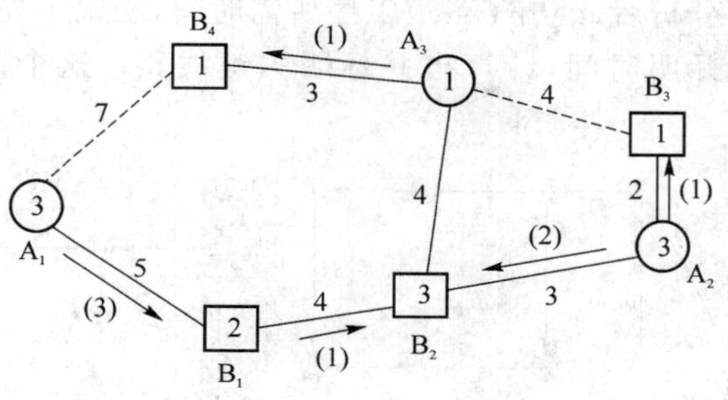

图 3-11　调运流量图

然后先从各个端点开始，在上作一个没有对流的流向图。

第 2 步：检查有无迂回。方法是对流向图中的各圈进行检查，看看有无迂回。如果没有迂回，那么这个初始方案就是最优方案；如果其中某一圈有迂回，这个方案就不是最优方案，需要改进。在图 3-11 中，圈 $A_1B_1B_2A_3B_4$ 的总长为 23 km，外流长为 5+4+3=12 km，大于圈长的一半，因而需要调整。再看圈 $B_2A_2B_3A_3$，其总长为 13 km，圈中内流长为 3 km，外流长为 2 km，都小于圈长的一半，因此此圈不必调整。

对圈 $A_1B_1B_2A_3B_4$ 的调整方法是：在外圈的各流量中，减去外圈的最小流量 1 万吨；然后在内圈的各流量中加上 1 万吨，在此圈中，因无内流量，所以无处可加；另外，再在无流量的线段上，新添上内圈流量 1 万吨，这样得出新的流量图，如图 3-12 所示。

新的流量图中，在 $A_1B_1B_2A_3B_4$ 圈内，内流长为 4+7=11 km，外流长为 5 km，都不超过全圈长(23 km)的一半；在 $B_2A_2B_3A_3$ 圈内，内流长为 3 km，外流长为 4+2=6 km，也都没有超过全圈长(13 km)的一半，因此，这个流向图没有迂回现象，是本问题的最优调运方案，总运输力为 $1\times7+2\times5+1\times4+2\times3+2\times1=29$ t·km。

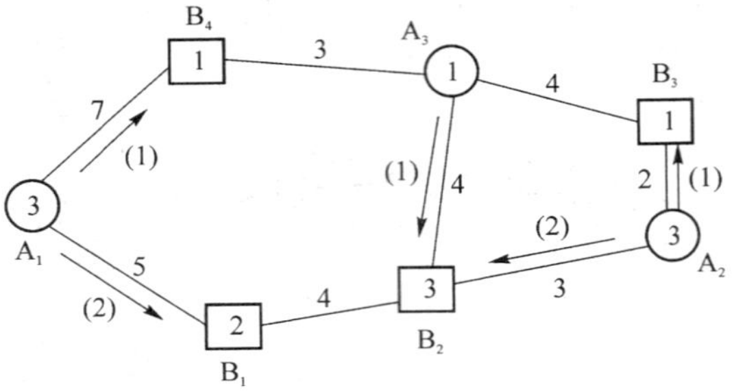

图 3-12　调整后的流量图

3.2.4　网络规划

1. 网络概述

网络分析法又称统筹法、关键路线法或计划评审法，其基本原理是将组成系统的各项任务的各个阶段和先后顺序，通过网络形式统筹规划。

一项工程或任务，是由多道工序组成的。对整个计划中各道工序的先后次序、彼此衔接关系及所需时间等进行分析后，给出了各道工序所需时间，明确了先后次序，就可依照这个计划画出一个箭头图，标明时间，计算出并标明关键线路。这个箭头图就称为网络图，如图 3-13 所示。

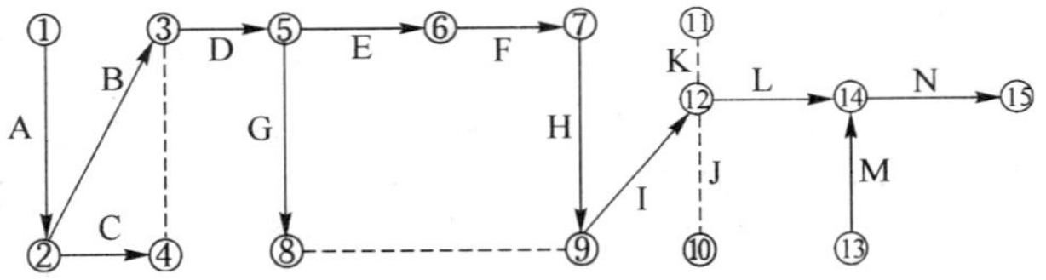

图 3-13　铁路整车货物发运网络图

[难点例释 5]一整车物资在火车站装车发运，这个系统作业程序共由 14 道工序组成。它们的名称、先后次序及相互关系如表 3-15 所示。

表 3-15　14 道工序

工序标号	工序名称	紧前工序	所需时间
A	见单组配	—	3
B	制运单	A	1
C	制交接单	B	1
D	批单	B、C	3
E	制市内托运单	C	2
F	送货	D、E	2

续表

工序标号	工序名称	紧前工序	所需时间
G	见货组配	F	3
H	站台交接	F	2
I	装车	F、K	1
J	监装	I	0
K	送货	F、H	0
L	结算	J	1
M	预报	L	0
N	归档	M	1

把这个先后顺序的相互关系，由左向右排列起来并绘成图，用来表示工序流程。然后再把这个图在相邻工序交接地方画一个圆圈“○”，在每一个圆圈中编上顺序号。箭尾表示工序的开始，箭头表示工序的完成，然后再把完成每一道工序所需的时间也标在相应的箭杆上，这就是一个网络图，如图 3-14 所示。

第 1 条线路：①$\xrightarrow{3}$②$\xrightarrow{1}$③$\xrightarrow{3}$⑤$\xrightarrow{2}$⑥$\xrightarrow{2}$⑦$\xrightarrow{1}$⑨$\xrightarrow{1}$⑫$\xrightarrow{1}$⑭$\xrightarrow{1}$⑮＝15 天

第 2 条线路：①$\xrightarrow{3}$②$\xrightarrow{1}$④$\xrightarrow{0}$③$\xrightarrow{3}$⑤$\xrightarrow{2}$⑥$\xrightarrow{2}$⑦$\xrightarrow{2}$⑨$\xrightarrow{1}$⑫$\xrightarrow{1}$⑭$\xrightarrow{1}$⑮＝16 天

第 3 条线路：②$\xrightarrow{1}$③$\xrightarrow{3}$⑤$\xrightarrow{3}$⑧$\xrightarrow{0}$⑨$\xrightarrow{1}$⑫$\xrightarrow{1}$⑭$\xrightarrow{1}$⑮＝10 天

第 4 条线路：②$\xrightarrow{1}$④$\xrightarrow{0}$③$\xrightarrow{3}$⑤$\xrightarrow{3}$⑧$\xrightarrow{0}$⑨$\xrightarrow{1}$⑫$\xrightarrow{1}$⑭$\xrightarrow{1}$⑮＝10 天

图 3-14　网络图

2. 网络图的组成

网络图由工序、事项和线路 3 部分组成。

工序。工序是指一项有具体活动的过程，是一项需要有一定的人力、物力参加，在一定时间内完成的活动过程。

事项。事项是指工序的开工和完工事项。如①→②代表工序 A，②→③代表工序 B…，②对于A 来说，是完工事项，对于工序 B 来说就是开工事项。

线路。线路是指从起点开始顺着箭头所指方向，连续不断地到达终点的一条通道。

路线花费时间计算公式如下。

$$T_s=\frac{a+4m+b}{6}$$

其中：T_s 为平均工作时间；a 为估计最快可能完成的时间；b 为估计最慢可能完成的时间；m 为估计最有可能完成的时间。

计算的结果如图 3-15 所示。

3. 找出关键线路

找关键线路，必须先分别算出各条线路的总需要时间。从上面计算的结果来看，各条线路需要的时间中，第 2 条线路需要的时间最长(16 天)，因此它是关键线路，整个物资发运时间的快慢，是由它来决定的。

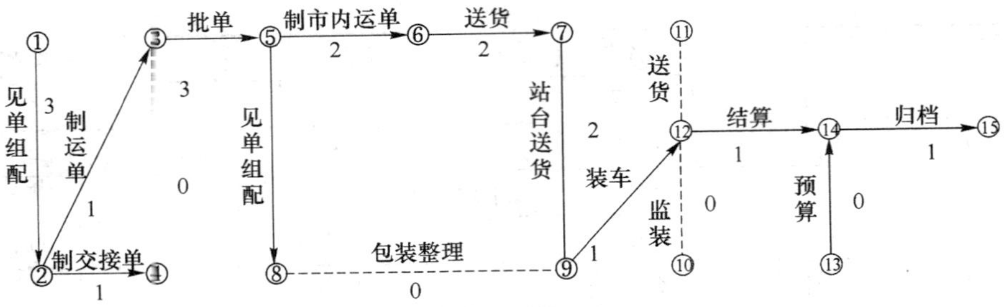

图 3-15　铁路整车货物发运网络图

为了定出这条关键线路，在网络图上要把这条线路用粗黑线或其他颜色的线来表示。图 3-14 中的第 2 条线路①→②→④→③→⑤→⑥→⑦→⑨→⑫→⑭→⑮就是关键线路。

4. 计算各道工序的时间

(1) 计算各道工序的最早开始时间

沿着箭头的方向逐个计算事项的最早日期，并记在事项的左上方"□"形符号内，从起点事项起，直到终点事项止。

从一道工序到另一道工序可能有许多条线路，用线路连接前后工序，每条线路也有一个时间和，即完成每项任务后需要的时间加总。这些时间和也有一个最大值，要用关键线路的时间和减去这个最大值，差数就是这道工序的最早开始时间。

在图 3-15 中①—②第②道工序只有一条线路，它的最早开始时间就在第 3 天，应在第②道工序左上方记上[3]。又如，图 3-15 中第③道工序有两条线路，其时间和的最大值是⓪—①—②—③=4 天，应在第③道工序的左上方记上[4]。其他各道工序的最早开始时间也依此类推，逐道计算、标明。

(2) 计算各道工序的最迟开始时间

沿着逆箭头的方向逐个计算事项的最迟日期，并记在事项的右上方"△"符号内，从终点事项起，直到起点事项止。

逆箭头从一道工序到另一道工序可能有许多条线路，每条线路也有一个时间和，这些时间和也有一个最大值，要用关键线路的时间和减去这个最大值，差就是这道工序的最迟开始时间。

图 3-15 中，在第⑭道工序右上方记上△15。又如，图 3-15 中第⑤道工序，逆箭头有两条线路，其中从终止工序到第⑤道工序的每条线路时间总和是⑤—⑥—⑦—⑨—⑫—⑭—⑮共 9 天，为这条线路的最大值。所以第⑤道工序最迟开始时间应是 16－9＝7 天，应在第⑤道工序右上方记△7。其他各道工序的最迟开始时间也依此类推，逐道计算、标明。

经过计算后的网络图如图 3-16 所示。

(3) 计算各道工序的机动时间

各道工序的机动时间，是以各道工序的最迟开始时间减去最早开始时间求得的。计算的目的是为了分析和提出改进措施。

图 3-16 中，可以看出粗黑线的关键线路上各道工序的机动时间是 0，也就是这条线路一点机动时间也没有，任何一道工序如果迟一天开始工作，整个发运工作就要延长一天，即

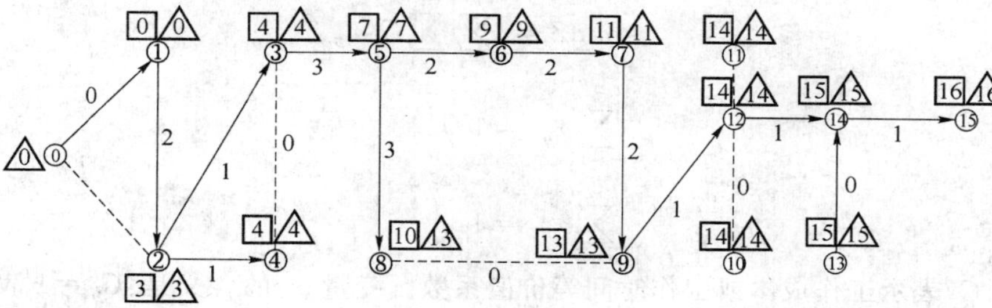

图 3-16　铁路整车货物发运网络图

不是 16 天，而是 17 天。再看一看第⑧道工序，有 3 天机动时间，即它可以在第 10 天开始工作，也可以延迟到第 13 天开始工作，只要③—⑧项作业在第 13 天能够完成，⑧—⑩项作业在第 13 天也能够开始，便不会影响整个工作进度。这样，可以了解到哪些工序能抽出多少时间做其他工作，或抽出多少人力集中到关键线路，使关键线路的时间缩短，提前完成任务。

计算出所有机动时间后，就可以把有回旋余地的工序稍缓考虑，重点放到关键线路上，进一步把关键线路进行分解，在网络图上寻求能缩短时间的合理线路。如图 3-16 中的①—②"见单组配"作业，可先把⓪—②和②—①提前作业，在人力和设备上作某些调整，分解为两组同样内容的平等作业。

$$甲组：① \underset{见单组配}{\overset{1.5}{\overline{\qquad\qquad}}} ② \underset{制运单}{\overset{0.5}{\overline{\qquad\qquad}}} ③ \underset{制交接单}{\overset{0.5}{\overline{\qquad\qquad}}} ④ = 2.5 天$$

$$乙组：① \underset{见单组配}{\overset{1.5}{\overline{\qquad\qquad}}} ② \underset{制运单}{\overset{0.5}{\overline{\qquad\qquad}}} ③ \underset{制交接单}{\overset{0.5}{\overline{\qquad\qquad}}} ④ = 2.5 天$$

这样，就可以把图 3-16 中⓪—①—②—③—④的 4 天压缩为 2.5 天，发运工作的总时间可以由 16 天减少为 14.5 天。

3.3　物流资源分配

3.3.1　匈牙利分配模型

1. 匈牙利法

在物流管理中，常会遇到这样的问题，就是如何将有限的资源（人力、物力、财力等）分配给多项任务或工作，以达到降低成本或提高效益的目的，或者根据计划将不同运输任务在车队之间分配，使完成任务总的消耗时间或费用最小，解决这类问题简便而有效的方法是匈牙利法，由匈牙利数学家 D. Koing 所提出的矩阵性质定理，模型如下。

$$\min Z = \sum_{i=1}^{m}\sum_{j=1}^{n} C_{ij} x_{ij}$$

$$\sum_{j=1}^{n} x_{ij} = 1$$

$$\sum_{i=1}^{m} x_{ij} = 1$$

其中：C_{ij} 表示二作成本或工作时间等价值系数。变量 x_{ij} 的含义是：$C_{ij}=1$ 表示第 i 个司机被分配完成第 j 项运输任务；$x_{ij}=0$ 表示第 i 个司机不被分配完成第 j 项任务。

2. 匈牙利法求解步骤

第 1 步：按表列出矩阵。

第 2 步：将矩阵作行、列约简。行约简是比较一辆车担任不同任务时所花时间，各行中减去最小值后的时间表示该车担任其他任务时，所多花费的时间，每行中的“0”表示该车担任这项任务最有利。然后将经过行约简后的矩阵中没有“0”的列再进行约简，即从该列中选出最小元素，并将其他元素减去此数，得到新的矩阵。

第 3 步，检验是否已得最优方案。

对有“0”的行、列画上一条覆盖线，能覆盖所有 0 元素的最少覆盖线数称为维数。当覆盖线的维数等于矩阵阶数时，可知已得最优分配方案，若小于阶数再作调整。

第 4 步，上述矩阵中，有 3 种元素：一是无线覆盖元素；二是单线覆盖元素；三是双线覆盖元素。无线覆盖中找出最小值 1，将无线覆盖的元素都减去 1；而双线覆盖加上 1，单线覆盖元素不变，得新的矩阵。

第 5 步，再检验——作覆盖线，与第 3 步相同。现在的最小覆盖线数 4，与矩阵阶数相等，可知已能进行最优分配。

第 6 步，确定最优方案。

3.3.2 匈牙利分配模型应用

1. 用匈牙利法求解分配问题

对于分配问题，在其 $\boldsymbol{C}_{ij}$ 矩阵中，各行或各列均减去一个常数，$\boldsymbol{C}_{ij}$ 改变以后所求的最优解，仍为原问题的最优解，下面利用这个性质求分配问题的最优解。把一些矩阵元素变为 0，在 $\boldsymbol{C}_{ij}$ 为 0 的位置上进行分配，便可得到最优解。

2. 应用例子

[难点例释 6] 假定有 5 个司机被分配完成 5 项运输任务，分配问题表述为

$$\min Z = 7x_{11}+5x_{12}+9x_{13}+8x_{14}+11x_{15}+9x_{21}+12x_{22}+7x_{23}+11x_{24}+9x_{25}+8x_{31}+5x_{32}+4x_{33}+6x_{34}+9x_{35}+7x_{41}+3x_{42}+6x_{43}+9x_{44}+6x_{45}+4x_{51}+6x_{52}+7x_{53}+5x_{54}+11x_{55}$$

$$\begin{cases} \sum_{j=1}^{n} x_{ij} = 1 \\ \sum_{i=1}^{m} x_{ij} = 1 \end{cases}$$

$$x_{ij}=\begin{cases}0 & 第\ i\ 个司机不被分配完成第\ j\ 项任务, i,j=1,2,3,4,5\\ 1 & 第\ i\ 个司机被分配完成第\ j\ 项任务\end{cases}$$

$\boldsymbol{C}_{ij}$表示第 i 个司机完成第 j 项任务所需的时间。

解：

第 1 步：将分配问题的效益矩阵经过变换，使各行各列中都出现 0 元素。

(1) 从效益矩阵的每行元素减去该行最小元素。

(2) 再从所得新矩阵的每列元素中减去该列的最小元素并称这样得到的矩阵为缩减矩阵，记为$(\boldsymbol{C}'_{ij})$。

若某行(列)已有 0 元素，就不必再减了。

$$(\boldsymbol{C}'_{ij})=\begin{pmatrix}7&5&9&8&11\\9&12&7&11&9\\8&5&4&6&9\\7&3&6&9&6\\4&6&7&5&1\end{pmatrix}\Rightarrow\begin{pmatrix}2&0&4&3&6\\2&5&0&4&2\\4&1&0&2&5\\4&0&3&6&3\\0&2&3&1&7\end{pmatrix}\Rightarrow\begin{pmatrix}2&0&4&2&4\\2&5&0&3&0\\4&1&0&1&3\\4&0&3&5&1\\0&2&3&0&5\end{pmatrix}$$

修改后的缩减矩阵$(\boldsymbol{C}'_{ij})$所对应的分配问题的目标函数值 Z' 与原问题的目标函数值仅差一个常数，把它称做缩减量，并记为 q，显然 q 等于从各行及各列中减去的最小元素之和，即

$$q=5+7+4+3+4+1+2=26$$

第 2 步：进行试分配，以寻求最多的分配元。

(1) 在系数矩阵$(\boldsymbol{C}'_{ij})$中任取一组处于不同行不同列的独立 0 元素，记为回，并称它们为分配元(个数多少不限)。

为了便于说明问题，将$(\boldsymbol{C}'_{ij})$放在一张矩形表上，并且省去非 0 元素，如表 3-16 所示。该表中已有两个分配元，即在方格(2,3)和(5,4)处。

(2) 将没有分配元的各行均标$(s,+)$。

(3) 若某行 i 已标号，而某列 j 未标号且$(\boldsymbol{C}'_{ij}=0)$。则给列 j 以标号$(i,+)$，转 4；若对所有已标号的行 i，不存在这样的列 j，则停止标号，说明已求得最多的分配元。

(4) 设列 j 已标号，若列 j 没有分配元，则转(5)；否则，设(i_1,j_1)是分配元，此时行 i_1 一定没有标号，于是给行 i_1 以标号$(j,-)$，返回(3)。

(5) 设列 j 的标号为$(i,+)$，则将(i,j)取为分配元，若行 i 的标号为$(s,+)$，返回(2)；若行 i 的标号为$(j_1,-)$，则(i,j_1)必是分配元，于是取消这个分配元，依次前推，直至到某一行 i' 标号为$(s,+)$，显然这样修改后就增加了一个分配元，返回(2)。

本例中，在表 3-16 上先将无分配元的行 1、3 和 4 标以$(s,+)$；然后，找到未标号的列 2，有 $\boldsymbol{C}'_{12}=0$。于是给列 2 以标号$(1,+)$，由于列 2 无分配元，这时可增加格(1,2)为分配元，得表 3-17。

表 3-16　缩减系数矩阵

人员 \ 任务	1	2	3	4	5
1		0			
2			⓪		0
3			0		
4		0			
5	0			⓪	

表 3-17　缩减矩阵 1

人员 \ 任务	1	2	3	4	5
1		0			
2			⓪		0
3			0		
4		0			
5	0			⓪	

重新用标号法，给没有分配元的行 3 标以(s,+)，因 $C'_{33}=0$，给列 3 标号(3,+)，由于列 3 已有分配元(2,3)，给行 2 以标号(3,−)。又因行 2 上有 $C'_{25}=0$，于是给列 5 以标号(2,+)。现在列 5 成为已有标号而无分配元的列，将(2,5)作为分配元，因行 2 的标号为(3,−)，故取消原有的分配元(2,3)，因列的标号是(3,+)，故将(3,3)作为分配元，由于行 3 的标号为(s,+)，修改到此结束，得表 3-18。

表 3-18　缩减矩阵 2

人员 \ 任务	1	2	3	4	5
1		⓪			
2			0		⓪
3			⓪		
4		0			
5	0			⓪	

再重新用标号法，依次给行 4 以标号(s,+)，列 2 以标号(4,+)，行 1 以标号(2,−)后，无法再进行下去，说明表 3-18 已给出了最多的分配元。

第 3 步：作最少的直线覆盖所有 0 元素，以确定该系数矩阵中能找到最多的分配元个数，为此，在第 2 步得到的最后一张表，如表 3-19 所示。

(1) 将所有未标号的行用水平线段覆盖。

(2) 将所有已标号的列用垂直线段覆盖，则这些线段覆盖了矩阵上的全部 0 元素，而且是最小覆盖，即覆盖线数等于矩阵维数 4。这些水平线段与垂直线段的根数之和就等于分配元的个数，记为 m。

在本例中，恢复成修改矩阵($\boldsymbol{C}'_{ij}$)。由表 3-18 可知，应用 3 根水平线段去覆盖第 2、3、5 行，用一根垂直线段去覆盖第 2 列，则最小覆盖数 $m=4$。

$$\begin{pmatrix} 2 & \textcircled{0} & 4 & 2 & 4 \\ 2 & 5 & 0 & 3 & \textcircled{0} \\ 4 & 1 & \textcircled{0} & 1 & 3 \\ 4 & 0 & 3 & 5 & 1 \\ 0 & 2 & 3 & \textcircled{0} & 5 \end{pmatrix}$$

(3) 当 $m=n$(矩阵的阶数)时，则已求得分配问题的最优解：$x_{ij}=0$ 就是最优解。当 $m<n$，则转第 4 步。

第 4 步：修改缩减矩阵，增加新的 0 元素。为此

(1) 找出缩减矩阵($\boldsymbol{C}'_{ij}$)中未被直线覆盖的最小元素。

(2) 将各标号行的元素减去此最小元素。

(3) 将各标号列的元素都加上此最小元素，再返回第 2 步。

第 4 步的变换可以概括为，缩减矩阵中所有未被直线覆盖的元素都减去最小元素；单重覆盖(只被一条直线覆盖)处的元素不变；双重覆盖(同时被两条直线覆盖)处的元素都加上最小元素。

在本例中，按第 4 步将缩减矩阵修改为表 3-19，即得新的缩减矩阵。

$$\begin{pmatrix} 1 & \textcircled{0} & 3 & 1 & 3 \\ 2 & 6 & \textcircled{0} & 3 & 0 \\ 4 & 1 & 0 & 1 & 2 \\ 3 & 0 & 2 & 4 & \textcircled{0} \\ 0 & 2 & 3 & \textcircled{0} & 5 \end{pmatrix}$$

表 3-19　新缩减矩阵

任务 / 人员	1	2	3	4	5
1	1	⓪	3	1	3
2	2	6	0	3	⓪
3	4	2	⓪	1	3
4	3	0	2	4	0
5	0	3	3	⓪	5

值得注意的是，原来的分配元现在仍是 0 元素，因此下面继续迭代时，仍可取它们为初始分配元。而且发现原来的标号(表 3-16)也可不变，只需接着再进行标号。由于在原来的已标号行、未标号列部分出现了新的 0 元素(4,5)，故标号可继续进行，得表 3-19 的标号。修改后再恢复成缩减矩阵并画线，再修改缩减矩阵。

经过调整分配元得表 3-20。

表 3-20 缩减系数矩阵

人员＼任务	1	2	3	4	5
1	0	⓪	3	0	3
2	1	6	⓪	2	0
3	3	2	0	⓪	3
4	2	0	2	3	⓪
5	⓪	4	4	0	6

再用标号法或直接观察表 3-20 上画圈的 0 元素对应于最优分配为

$$X_{11}=X_{23}=X_{34}=X_{45}=X_{51}=1$$

其余 $X_{ij}=0$。

目标函数的最优值为

$$Z=4+5+7+6+6=28$$

即第 1、2、3、4 个人分别做第 2、3、4、5 件工作，而第 5 个人分配做第 1 件工作，总的运输时间最省。

3.4 物流服务系统配置

3.4.1 服务系统

1. 随机服务系统

物资中心（或储运仓库、物资转运站等）是一个综合物流服务系统。在装卸、运输作业中，许多服务项目具有随机性质。例如，某客户送来一车货物，要求卸货入库储存。这样，装卸工人和设备与待卸货车就构成一个服务系统；又如某货主通知储运仓库要求用汽车把他所储存的物资运往其地，但因仓库的运输车辆有限，要求送货的货主只能排队等待服务。这样，车辆与待运物资就构成一个服务系统。

在上述各种服务系统中，顾客到来的时刻和进行服务的时间都是随不同时机和条件而变化的。为说明系统具有随机性质，把这种服务系统称为随机服务系统。

2. 服务系统中的设备配置

服务机构越大，顾客越方便。如果服务机构过小，便不能满足顾客需要，使服务质量降低，影响服务机构的信誉，还可能导致失去顾客或经营亏损。然而，如果机构过大，又会造成不必要的浪费。如何合理设计和控制随机服务系统，使它既能满足顾客需要，又能使机构的花费最为经济，这是我们关心的主要问题。

由于仓库每日收发货的数量有变动，不能完全按计划实行，所以每日所用的设备也不相同。如果设备数量过少，当收发货数量多时，难免出现设备不足的情况，就要从别处租用设备；相反，如果设备过多，但收发量少时，会出现设备闲置现象，造成浪费。对于服务机构来说，应该配置多少设备才为最佳？下面举例说明一种处理方法。

[难点例释 7]某企业配送中心过去一段时间必要车辆台数的实际情况如表 3-21 所示。

表 3-21　必要车辆台数的实际分布情况

必要台数/台	相对比率/%	累积比率/%
10	0.20	0.20
15	0.18	0.38
20	0.25	0.63
25	0.20	0.83
30	0.11	0.94
35	0.03	0.97
40	0.03	1.00

用于车辆的费用主要有

(1) 自备用车费用：$C_1=200$ 元/(台·日)；

(2) 自备用车闲置费用：$C_2=160$ 元/(台·日)；

(3) 营业用车(租车)费用：$C_3=300$ 元/(台·日)。

以上述条件为前提，求该配送中心应拥有的适当车辆台数。

解：

设本企业车辆拥有台数为 X 台，必需车辆台数为 x 台。

(1) 当 $x\leqslant X$，即必需车辆台数不多于实际拥有台数的情况时，所需费用为

$$xC_1+(X-x)C_2 \quad （运行费+闲置费）$$

(2) 当 $x\geqslant X$，即必需车辆台数不少于实际拥有台数的情况时，所需费用为

$$XC_1+(x-X)C_3 \quad （运行费+租车费）$$

设 $P(x)$ 为必需车辆台数的相对比率，则目标费用为

$$C=\sum\{P(x)[xC_1+(X-x)C_2]\}+\sum\{P(x)[XC_1+(x-X)C_3]\}$$

此时费用最小的拥有台数，是使下式成立的 X 值

$$\sum P(x)=\frac{C_3-C_1}{C_2+C_3-C_1} \quad (C_1<C_3)$$

对这个配送中心，有下式

$$\sum P(x)=\frac{300-200}{160+300-200}\approx 0.385$$

从表 3-21 得知累计比率为 0.385 时，X 的值大约是 15 台；也就是说，该配送中心应拥有的适当车辆台数为 15 台。

只有在 $C_1<C_3$ 时，就是自备用车费用比营业用车(租车)费用低的情况下，才能用这个公式。如果营业用车费用比自备用车费用低($C_3<C_1$)，便应该尽量多使用营业车。

3.4.2 合理选择工具

(1) 综合评价运输工具的特性

运输工具的评价尺度定为以下 4 项：经济性(F_1)，迅速性(F_2)，安全性(F_3)，便利性

(F_4)。

选择运输工具，若各评价尺度标准值一样，则运输工具综合评价值(F)为

$$F=F_1+F_2+F_3+F_4$$

由于货物形状、价格、交货日期、运输批量和收货单位各不相同，这些运输工具的评价尺度标准也必然有差异。假设尺度标准分别是 W_1、W_2、W_3、W_4，则运输工具的综合评价值(F)可表示为

$$F=W_1F_1+W_2F_2+W_3F_3+W_4F_4$$

其中：

$$W_1+W_2+W_3+W_4=1$$

现在可供选择的运输工具有：火车(R)、汽车(T)、船(S)，其各综合评价值分别用$F(R)$、$F(T)$、$F(S)$表示，则

$$F(R)=W_1F_1(R)+W_2F_2(R)+W_3F_3(R)+W_4F_4(R)$$

$$F(T)=W_1F_1(T)+W_2F_2(T)+W_3F_3(T)+W_4F_4(T)$$

$$F(S)+W_1F_1(S)+W_2F_2(S)+W_3F_3(S)+W_4F_4(S)$$

选择其中具有最大值的运输工具为宜。

(2) 经济性(F_1)的计量化

运输工具的经济性是由运费、包装费、保险等有关运输的费用合计表示的。费用越高，运输工具的经济性越低，这是不利因素。

设各运输工具所需成本为 $C(R)$、$C(T)$ 、$C(S)$，其平均值为

$$C=\frac{C(R)+C(T)+C(S)}{3}$$

表示运输工具经济性的相对值是

$$F_1(R)=C(R)/C$$

$$F_1(T)=C(T)/C$$

$$F_1(S)=C(S)/C$$

(3) 迅速性(F_2)的计量化

运输工具的迅速性用从发货地到收货地所需时间(或天数)来表示。所需时间越多，则迅速性越低，这是不利因素。

设各运输工具所需时间数 $H(R)$平均值为

$$H=\frac{H(R)+H(T)+H(S)}{3}$$

运输工具迅速性的相对值是

$$F_2(R)=H(R)/H$$

$$F_2(T)=H(T)/H$$

$$F_2(S)=H(S)/H$$

(4) 安全性(F_3)的计量化

运输工具的安全性，要根据过去一段时间内货物的破损率(有时为实验数据)等，实行计量化较为合适。破损率越高，安全性越低，这是不利因素。

设各运输工具破损率为 $D(R)$、$D(T)$、$D(S)$，其平均值为

$$D=\frac{D(R)+D(T)+D(S)}{3}$$

运输工具安全性的相对值是

$$F_3(R)=D(R)/D$$
$$F_3(T)=D(T)/D$$
$$F_3(S)=D(S)/D$$

(5) 便利性(F_4)的计量化

以便利性计量化作评价尺度是困难的。如在考虑货物运到代办运输点所需时间和距离等问题时,用代办运输点的经办时间与货物运到代办点的运输时间(或进货时间)之差来表示,可以看到这一时间差越大,便利性越高。所以时间差大,是有利因素。

设各运输工具的时间差为 $V(R)$、$V(T)$、$V(S)$,则平均值为

$$V=\frac{V(R)+V(T)+V(S)}{3}$$

表示运输工具便利性的相对值为

$$F_4(R)=V(R)/V$$
$$F_4(T)=V(T)/V$$
$$F_4(S)=V(S)/V$$

根据以上结果,得出各运输工具综合评价值为

$$F(R)=-W_1\frac{C(R)}{C}-W_2\frac{H(R)}{H}-W_3\frac{D(R)}{D}+W_4\frac{V(R)}{V}$$
$$F(T)=-W_1\frac{C(T)}{C}-W_2\frac{H(T)}{H}-W_3\frac{D(T)}{D}+W_4\frac{V(T)}{V}$$
$$F(S)=-W_1\frac{C(S)}{C}-W_2\frac{H(S)}{H}-W_3\frac{D(S)}{D}+W_4\frac{V(S)}{V}$$

所以,应该选择 $F(R)$、$F(T)$、$F(S)$中的最大值所对应的运输工具。

本章小结

本章介绍了物流调运规划方法、运输路线选择技术、物流分配规划技术。物流调运在物流规划与设计中起着非常重要的作用,它与物流的其他组成部分之间关系非常密切。物流运输线路选择、合理选择运输工具等可以使物流系统总成本最小。

思考与练习

1. 填空题

(1) 表上作业法是指________的方法求解线性规划问题中运输模型的计算方法。

(2) 利用表上作业法,寻求________的调运方案,首先依据问题列出调运物资的供需平衡表以及运价表;其次确定一个初始的________(当然不一定就是最优的方案);然后根据一个________,判定初始方案是否为最优方案。

(3) 当运输费用是以__________来计算时,运输路线的长短就直接关系着运输费用的多少。

(4) ________,即同一物资在同一线路上的往返运输。

2. 选择题

(1) (　　)又称统筹法、关键路线法或计划评审法,其基本原理是将组成系统的各项任务的各个阶段和先后顺序,通过网络形式统筹规划。

A) 网络分析法　　B) 破圈法　　C) 节约法　　D) 匈牙利法

(2) 物资中心(或储运仓库、物资转运站等)是一个综合物流服务系统。在装卸、运输作业中,许多服务项目具有(　　)

A) 固定性质　　B) 随机性质　　C) 不确定　　D) 稳定性质

(3) 运输工具的评价尺度定为以下4项:经济性(F_1),迅速性(F_2),安全性(F_3),(　　)(F_4)。

A) 美观性计　　B) 耐用性　　C) 便利性　　D) 稳定性

(4) 运输工具的安全性,是根据过去一段时间内货物的(　　)(有时为实验数据)等来考察。

A) 货差率　　B) 美观性　　C) 活性　　D) 破损率

3. 简答题

(1) 什么是物流调运规划?

(2) 什么是表上作业法?

(3) 什么是网络分析法? 网络图的组成有哪些?

(4) 匈牙利法求解有哪些步骤?

(5) 什么是随机服务系统?

4. 论述题

(1) 简述表上作业法的步骤。

(2) 试述如何避免迂回运输。

(3) 试述匈牙利法的求解过程。

5. 案例分析

企业物流系统规划

湖北AB汽车零部件制造有限公司是外商独资的汽车AB系统的专业生产企业,湖北省重要的汽车零部件生产企业之一。公司推崇“技术领先”理念,先后通过IS09002、QS—9000及VDA6.1国际质量体系认证,公司年销售收入近4亿元,具有一定的经济和技术实力。

近年来,市场竞争日趋激烈,竞争对手的产品在工艺设计、产品性能和质量上呈现迎头赶上的态势,公司的市场份额不断被挤占。在这种大的经营形势下,公司作出了重要的战略决策:为继续保持公司在国内市场的龙头地位,保持技术、市场领先优势,公司必须在战略方向、组织管理、产品设计、制造工艺等各个方面进行全面创新。经过周密筹划,公司开始了代号“03工程”的新项目运作,以“开发生产国外刚起步的AA系列产品,为BB汽车有限公司的新型车项目进行独家配套,开拓新市场”为目标,以全新型的设备、工艺和最好的人员组建新分厂,力争为集团公司未来十年的发展打下坚实的基础。新厂生产物流系统方案的设计、改造是“03工程”的重要工作之一。

1. 生产物流系统总体方案的评价和比选

(1) 生产物流系统工作内容

根据企业实际情况和生产需求，AB 公司的生产物流系统方案设计明确了以下 10 个方面的工作内容。

1) 建立物流信息系统和制定物流流程图；

2) 确定原材料和零配件的包装方式；

3) 确定原材料和零部件的仓储方式；

4) 确定原材料和零部件的搬运方式；

5) 选择相应的物流设备；

6) 划分原材料和零配件的消耗点；

7) 绘制工位定置管理图；

8) 设计物流标识系统并制作物流卡片；

9) 确定最佳物流路线并确定物流人员组织方式；

10) 制定物流运作作业指导书。

其中，某些工作可以沿用以往的成功方案，某些方面必须进行创新或改造设计。实际上，在“03 工程”中，生产物流系统改造方案主要涉及物流设备选择、生产物流方式(包括仓储和搬运方式)和物流标识系统的设计改造。

(2) 总体方案预案

总体方案有 3 种预案。

预案一：基本保持原厂生产物流系统，按实际需求作零星技术改进。

预案二：对于生产物流系统的组织结构及方式不作大的改变，对于关键物流设备进行技术创新，对厂内搬运设备、生产线供料系统设备等进行重新设计，而对于仓库管理系统改造则在资金相对充足的情况下酌情考虑。

预案三：跟进国内外的先进生产物流模式，从系统的组织结构、方式、设备、人员上进行全面技术创新，特别是对生产流程需要进行再造，对生产线物流系统和仓库物流系统，也需要重新设计，大幅度改造。但此预案不利之处是所需资金量巨大。

(3) 总体方案的评价、比选

对于这 3 种方案，项目小组都作了较为详细的技术可行性分析和经济可行性分析，并形成了报告。但在提交项目协调会时，公司管理层中出现了较大分歧，主要形成两种意见。支持预案一的人占多数，且多为中层经理人员和部分职能部门(如财务部)负责人；支持预案二和预案三的人都占少数，但多为高层经理人员和部分相关部门(如供应部)负责人。

在对各预案分析、评价和比选过程中，管理层根据对国际、国内市场竞争态势进行行业分析和对企业内外部环境进行 SWOT 分析的基础上，达成基本共识。

1) 国际、国内市场竞争日趋激烈，企业要在竞争中保持技术和市场领先的战略地位，必须进行技术创新，坚持“技术领先”的经营理念。

2) 目前公司有一定的竞争优势，有相对领先的技术和相对充足的资金，具有良好的内部创新条件。

3) 公司如果进行全面的技术改造，也面临着很多的不利因素，如缺乏国家相应政策的支持，包括财政、金融和税收方面的优惠政策，特别是作为外商独资企业，在当地融资渠道少、难度大，融资成本相对过高，容易造成资金相对短缺、负债经营的局面。

4）另外，先进的生产物流设备一般技术含量高，附加价值大，购置成本高。并且在会计处理时，作为企业固定资产核算，在现行的增值税政策下，购进设备时大量进项税额不能抵扣，使产品成本中包含了固定资产转移价值（折旧费）的进项税额，造成重复征税，加大企业的技术创新成本，制约了企业固定资产投资的需要。

2. 系统全面技术改造的必要性分析

在是否进行生产物流系统全面技术改造的必要性分析时，支持预案一的人员（即反对大规模改造）的主要理由集中在以下几个方面。

1）企业竞争日趋激烈，市场风险加大，应尽量减少资金投入量，尤其是避免非必要设备的大量投资（如物流设备采购），以免造成过高的成本压力。

2）在资金相对短缺的情况下，如果使用原有生产物流系统可以达到生产要求，就没有必要进行大规模的改造，何况改造不一定有直接的明显的效果。

3）生产物流系统在企业中并不具有关键意义，应将人力、物力、财力集中到生产主系统中。

经过一系列艰苦的实际运作努力，公司管理层综合了各方面的因素，最终确定了对生产物流系统进行有选择的技术改造方案，即预案二。

3. 分系统方案的评估、比选及实施

项目小组根据改造总体方案中明确的主要工作内容，专门制定了分系统方案的选定原则和评估程序。

（1）基本选定原则

1）考虑系统化、集装化、单元化搬运；

2）达到省力化、机械化、自动化；

3）要求实用、安全、标准、统一；

4）符合清洁环保要求；

5）方案的技术经济比指标要最优化。

（2）基本评估程序

1）本部门各分系统小组提出书面的技术需求分析报告；

2）各小组调研、考察系统供应方的方案技术指标，进行技术可行性评估，得出结论；

3）部门管理层召集各小组供需双方进行经济性评估，初步确定各技术系统方案，连同本部门经济评估报告一同上呈高级管理层报批；

4）由高级管理层将各系统的技术方案、经济评估报告和结论汇总，进行总体评估和决策，确定各方案实施与否。

在明确原则和基本程序之后，相应确定了评估人员，分小组、分任务地进行了各分系统设备方案的调研和评估、选定工作。

（3）系统方案的评估与选择

1）物料搬运分系统

装卸、搬运、输送设备的选定。叉车是物料搬运设备，是物流搬运系统中重要的因素之一。我们在卸货搬运设备中，主要选定了非高位普通叉车和大功率电瓶车，作业中通用容器、专用容器装载量较大的重件用叉车运送，其余中小件用电瓶车运送；在生产线上工位用料输送设备则采用传输辊道、皮带输送机和悬链系统相结合的方案，以最有效率的配置来提高物流效率。这种方案比原厂物流系统中的人工输送具有更大的比较优势，既提高了效率，又节约了劳动力成本。

2）物料集装分系统

根据单元化器具必须标准化、通用化、便利化和利于提高物料搬运活性指数的原则，并通过对不同原材料和零部件存货的储存/移动敏感度进行分析，结合公司生产实际的需要，选定了一些通用器具（如托盘、托板、滑板、集装箱等）和专用器具（如专用木质托盘、专用工具和零部件托架等），并相应制定了作业流程，在与机械化搬运设备配合作业中，能极大地提高工作效率。

3）物流标识分系统

初步确定了标识点约 1 万个，标识方法可有两种选择：一是采用原厂沿用的金属标识；二是采用标准不干胶标识。通过比较可知，采用标准不干胶标识，将降低资金投入 6 万～7 万元人民币，不仅提高了工作双效（效率和效益），而且使标识更新、容器清洁等后继工作都十分方便。与原厂的金属标识相比，它更有优势，因而，我们选定了不干胶标识方案。

4. 生产物流系统改造方案实施的效果

以上仅是介绍了几个关键分系统方案，借以说明生产物流系统方案的设计、评估和选定思路和方法，其他每一个分系统方案，从设计、评估到比选、确定和实施，都遵循同样的原则和程序，直至达到既定目标。

到本文完稿时为止，“03 工程”已经完成主要技术改造方案，其中生产物流系统的大规模改造，给企业带来了前所未有的新的生产效率增长点。在生产物流系统方案的具体设计和实施中，我们运用了经济而科学的评估比选方法，不仅顺利地完成了国内较先进的生产物流系统的改造，而且还比原计划的预算节约了 50 多万元人民币。新系统开动后，充分表现出了其优势所在，大大提高了生产效率，减小了劳动强度，节约了劳动力成本，产生了现实的效益，使每个职工都看到，生产物流系统真正成为了企业内部挖潜的第三利润源泉。目前，公司已经通过了 BB 汽车股份有限公司的全面评审，成为其一级配套供应商，展现在公司面前的是一个广阔而巨大的市场。

思考与讨论

（1）生产物流系统需要考虑哪些方面问题？

（2）生产物流系统总体设计时应该考虑哪些制约因素和需求？

（3）方案评估、比选要遵循什么原则？

6. 实训

合理调度车辆设计

实训内容

假设鲜花店的位置为图中小黑方块，客户人次需要的鲜花数量代表单独一天的送货量。如果公司有 6 辆车，每部车可以送 20 个客户订购的鲜花，利用扫描法确定行车路线，从节约成本角度出发，将设计画在图中，请问需要几辆车？

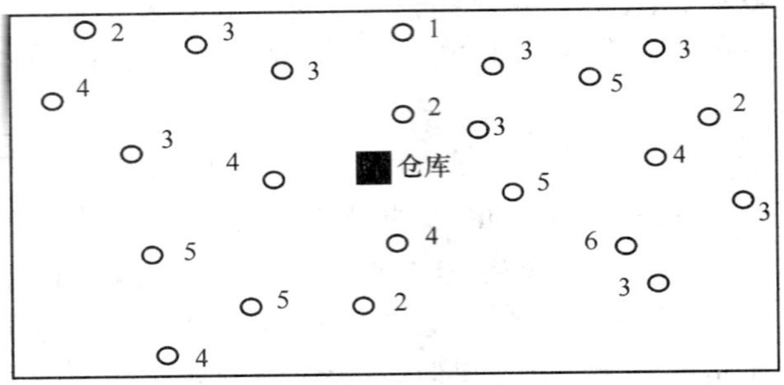

实训要求

5 人一小组，用本章所学知识进行车辆调度分析。

实训课时

2 课时。

实训步骤

(1) 熟悉物流调度要求。

(2) 从节约成本角度出发进行设计。

检查标准

考核内容	考核标准	分值	实际得分
合理调度车辆设计	1. 小组合作参与程度	10	
	2. 分工合作程度	10	
	3. 沟通协调能力	10	
	4. 方案的可行性与合理性	50	
	5. 专业知识的掌握程度、实际动手能力	20	
合　计		100	

第4章　物料搬运系统

【学习目标】

通过本章的学习，熟悉物料搬运的概念、特点；了解物料搬运系统在物流系统中的地位与作用；掌握搬运作业的内容、相关设备及其特性；理解物料搬运活性分析、单元化和标准化；了解物料搬运系统的分析方法和主要程序；掌握物料搬运系统的改善和改善的重点。

【能力目标】在物料搬运过程中，能正确采用提高物料搬运活性的方法。

【知识框架】

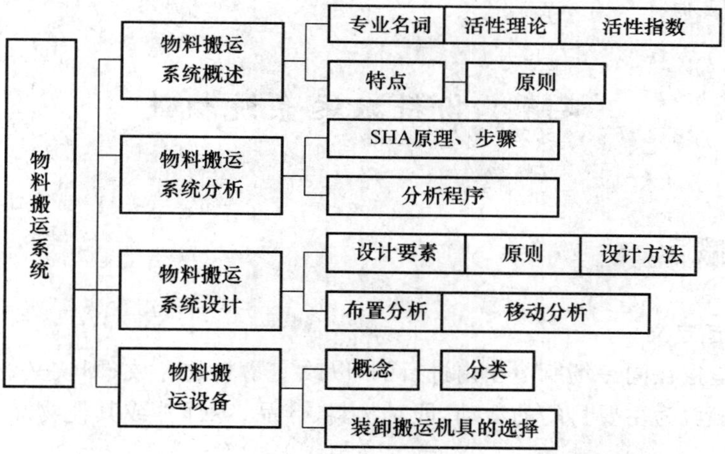

引导案例

实施精益物料搬运系统带来绩效飞跃

美国印第安纳州 Kokomo 市的 Delphi Delco Electronics 下属的两家工厂，在实施精益物料搬运系统前，现场装卸搬运工作实在有些混乱。经营经理回忆说："装着采购件的拖车和装着成品的托盘阻碍了过道，过道还被放置于附近的锁柜挡着……我们仅仅保有未来30～40分钟所需的原材料……"为了解决搬运问题，工厂系统地建立了精益物料搬运系统。工厂的运营经理 Kathryn McCombs 说："我们完全重新设计了这个库存超市，4 个分别保存各自生产区域所需采购件的库存超市被合并成了一个，这个超市的位置靠近收货码头。而那些过去存放在制造区域，一天仅一次或两次取走的成品被移至一个靠近发货码头的成品超市……我们还采用了基于时间的路线，将采购件运送给生产单元，并且更加高频率地取走成品……"新的精益物料搬运系统有两个独立的拖车搬运路线——一个搬运采购来的零部件，另一个搬运产成品——为这些生产单元以及两个专门生产的其他工作单元服务。每 30

分钟，一部电动拖车就会拖着5辆载有来自采购件中心超市零件的小车到达。插在引导车的金属柜中的是一个从生产控制部门来的透明塑胶信息包，该信息已包括物料的拉动看板和接下来将生产何种型号产品的指示。到达的信息单会告知装配线哪些部件号码需要生产，需要使用哪些元件和一些相关的质量信息，例如，“确保电线已安置好”。信息包中的每一个拉动(取货)看板卡片指示装配团队的领导者，如何处理来自邻近装配制造区的在制品库存问题。

从运营管理的角度来看，一个可靠的精益物料搬运系统通过消除混乱和额外的生产线旁的库存而产生出效益。音频区域的运营经理Joe Huntzinger认为：“它意味着经理和主管们不再需要担心生产进度和原材料问题了，我们可以将精力集中于制造方面的事情，以此来挤出更多的成本……据估计，新的物料搬运系统解放了我们日常工作的2～3小时。”

精益物料搬运系统有以下改进成果。生存率提高20%；在制品库存降低20%；一次通过质量合格率提高35%；采购件库存降低18%。

(资料来源：http://bbs.vsharing.com/Article.aspx?aid=753734)

思考

(1) 实施精益物料搬运系统有哪些好处?

(2)案例给我们什么启示?

4.1 物料搬运系统概述

4.1.1 物料搬运

1. 物料搬运定义

物料搬运是指在同一场所范围内进行的，以改变物料的存放(即狭义的装卸)和空间位置(即狭义的搬运)为主要目的的活动，即对物料、产品、零部件或其他物品进行搬上、卸下、移动的活动。

2. 物料搬运特点

物料搬运具有移动、数量、时间、空间和控制5个特点。移动包括运输或者物料从某一地点搬到下一地点，安全要素是移动这一特点首要考虑的因素。每次移动的量决定于物料搬运设备的类型和性质，这个过程中也产生了单位的货物运输费用。时间这一特点考虑的是物料能够通过设备的速度。物料搬运的空间特点与存储、移动搬运的设备所占空间，以及物料自身排列、存储所需空间有关。物料的追踪、识别、库存管理都是“控制”这一特点的表现。

3. 物料搬运合理化原则

搬运系统合理化的原则概括如下。

(1) 不要多余的作业。搬运造成的沾污、破损等可能成为影响物品价值的因素，如无必要，尽量不要搬运。

(2) 合理提高搬运活性。放在仓库的物品都是待运物品，因此应使之处在易于移动的状态。应当把它们整理归堆,或是包装成单件放在托盘上,或是装在车上,或是放在输送机上。

(3) 利用重力。利用重力由高处向低处移动,有利于节省能源,减轻劳力。当重力作为阻力发生作用时,应把物品装在滚轮输送机上。

(4) 机械化。由于劳动力不足,应尽可能使搬运机械化。使用机械可以把作业人员或司机从重体力劳动中解放出来,并提高劳动生产率。

(5) 务必使流程不受阻滞。应当进行不停地连续作业,最为理想的是使物品不间断地连续地流动。

(6) 单元货载。大力推行使用托盘和集装箱,将一定数量的货物汇集起来成为一个大件货物以有利于机械搬运、运输、保管,形成单元货载系统。

(7) 系统化。物流活动由运输、保管、搬运、包装、流通加工等活动组成,应把这些活动当成一个系统处理,以求其合理化。

4.1.2 物料搬运系统概念及要素

1. 概念

物料搬运过程需要一系列人员、设备、装置,采用一些合适的方式、方法对物料进行作业,完成物料在一定范围内的合理移动。从系统角度讲,这些人员、设备、装置以及物料,再加上相关方法构成一个有机的整体,这个整体就是物料搬运系统。

物料搬运系统(MHS,Material Handling System)是通过将一系列搬运设备和装置用于一个过程或逻辑动作系统中,协调、合理地将物料进行移动、储存或控制;这个系统根据待搬运物料的特性和流动方式、企业生产要素参数等进行设计,具备结构合理、运行高效、转化灵活的特性,能圆满地完成企业物料搬运的任务,也能适应现代制造业生产周期短、产品变化快的特点。

2. 物料搬运系统的三要素

(1) 搬运对象

搬运对象即为需要搬运的物料。在物流活动中涉及的物料有多种形式和多种特性。因此在设计物料搬运系统之前要分清每种物料的特性,对它们进行合理分类,对同一类物料采用同种搬运方式。

(2) 搬运路线

物料搬运路线是各种物料在搬运过程中从起点至终点经过的路径。物料搬运路线分为直达型、渠道型和中心型3种。

1) 直达型:各种物料从起点到终点的路线最短,这种形式比较经济,尤其当物流量比较大、距离较短时可以采用;对于一些时间较紧迫、具有一定特殊性的物料也非常适用。

2) 渠道型:一些物料在预定的线路上移动,与来自不同地点的其他物料一起被运到同一个终点。物料流量较少而搬运距离较长时,采用这种方式较为经济,尤其当布置不规则且分散时更为有利。

3) 中心型:各种物料从起点移动到一个分拣中心,然后再运往终点。当物流量小而距离较大时,选择这种形式比较经济,当厂区布置合理且管理水平较高时更为有利。

(3) 搬运方法

所谓搬运方法，实际上就是以一定形式的搬运设备，与一定形式的搬运单元相结合，进行一定方式的搬运活动，以形成一定的路线系统。物料搬运方法是物料搬运路线、搬运设备和搬运单元的结合。一个工厂或仓库的每项搬运活动都可以采用各种方法进行，综合各种作业所制定的各种搬运方法的组合就是物料搬运方案。

4.1.3 物料搬运活性理论

1. 搬运活性

物料存放的状态各式各样，可以散放在地上，也可以装箱放在地上，或放在托盘上等，由于存放的状态不同，物料的搬运难易程度也不一样。把因物料的不同存放状态，导致的搬运作业的难易程度，称为搬运活性。

2. 搬运活性指数

活性指数用于表示各种状态下的物品的搬运活性。规定散放在地上的物品其搬运活性为 0。散放在地上的物品要运走，需要经过集中、搬起、升起、运走 4 次作业，每增加一次必要的操作，物品的搬运活性指数加上 1，如运动中的物品搬运活性为 4。活性的区分与活性指数如表 4-1 所示。

表 4-1　活性的区分和活性指数

物料状态	作业种类				还需要的作业数量	已不需要的作业数量	物料活性 α
	集中	搬起	升起	运走			
散放在地面上	要	要	要	要	4	0	0
集装在容器内	不要	要	要	要	3	1	1
托盘上	不要	不要	要	要	2	2	2
车中	不要	不要	不要	要	1	3	3
运动中	不要	不要	不要	不要	0	4	4

α 值越高，物料流动越容易，所要求的工位器具投资费用及其工位器具所消耗的费用水平越高。设计系统时，不应机械地认为物料活性系数越高越好，应综合考虑，合理选择。

4.1.4 物料搬运单元化与标准化

实现单元化和标准化对物料搬运意义非常重大。一方面，物料实行单元化后，改变物料散放状态，提高搬运活性指数，易于搬运，同时也改变了堆放条件，能更好地利用仓库面积和空间；另一方面，实现标准化能合理、充分地利用搬运设备、设施，提高生产率和经济效益。

1. 单元化

单元化是将不同状态和大小的物品，集装成一个搬运单元，便于搬运作业，也叫做集装单元化。集装单元可以是托盘、箱、袋、筒等，其中以托盘应用最为广泛。物品搬运单元化，可以缩短搬运时间、保持搬运的灵活性和作业的连贯性，也是搬运机械化的前提。

使用具有一定规格尺寸的货物单元，便于搬运机械的操作，可以减轻人力装卸，从而提高生产作业率。另外，利用集装单元可以防止物品散失，易于清点和增加货物堆码层数，更好地利用仓库空间。

2. 标准化

标准化是指物品包装与集装单元的尺寸（如托盘的尺寸，包厢的尺寸等），要符合一定的标准模数，仓库货架、运输车辆、搬运机械也要按标准模数决定其主要性能参数。这有利于物流系统中各个环节的协调配合，在异地完成中转等作业时不用换装，提高通用性，减少搬运作业时间，减少物品的散失、损坏，从而节约费用。

(1) 物流基础模数。物流基础模数尺寸是标准化的基础，它的作用和建筑模数尺寸的作用大体相同，其考虑的基点主要是简单化。基础模数尺寸一旦确定，设备的制造，设施的建设，物流系统中各个环节的配合协调，物流系统与其他系统的配合，就有了依据。目前ISO 中央秘书处及欧洲各国已基本认定 600 mm×400 mm 为基础模数尺寸，我国目前尚在研究。

(2) 物流模数。物流模数即集装单元基础模数尺寸（即最小的集装尺寸）。集装单元基础模数尺寸，可以从 600 mm × 400 mm 按倍数系列推导出来，也可以在满足 600 mm×400 mm的基础模数的前提下，从卡车或大型集装箱的分割系列推导出来。以平托盘为例，物流模数尺寸以 1 200 mm × 1 000 mm 为主，ISO 承认的托盘尺寸规格有以下几种：1 200 mm×800 mm，欧洲规格；1 200 mm×1 000 mm，欧洲一部分、加拿大、墨西哥规格；1 219 mm×1 016 mm，美国规格；1 100 mm×1 100 mm，亚洲规格。

我国托盘的尺寸规格

我国托盘规格比较复杂，机械工业系统使用 GB 3003—1981 规定的 800 mm×1 000 mm与 500 mm×800 mm，载重量为 0.5 t 和 1.2 t 的箱式和柱式托盘及 GB 所允许的 1 100 mm×1 100 mm 等规格。GB 3004—1981 规定的 825 mm×110 mm 与 545 mm×825 mm，载重量为 1 t 和 0.5 t 的平托盘。1982 年我国颁布国家标准(GB 2934—1982)，将联运托盘的平面尺寸定为 800 mm×1 200 mm、800 mm×1 000 mm、1000 mm×1 200 mm 3 种，载重量均为 1 t。

4.2　物料搬运系统分析

4.2.1　搬运系统分析概述

1. 搬运系统分析(SHA，System Handling Analysis)

搬运系统分析(SHA)，就是利用科学的分析工具和方法，分析和确定搬运系统的目的、功能、环境、费用与效益等问题，抓住搬运系统中需要决策的若干关键问题，根据其性质和要求，在充分调查研究和掌握可靠信息资料的基础上，确定搬运系统目标，提出为实现目标的若干可行方案，通过模型进行仿真试验，优化分析和综合评价，最后整理出完整、正确、可行的综合资料，从而为决策提供充分依据。SHA是一种条理化的分析方法。SHA包括3个基本内容：阶段构成、程序模式和图例符号，适用于一切物料搬运项目。

2. SHA的主要依据

分析物料搬运问题所需要输入的主要数据，也就是原始资料，包括 P、Q、R、S、T。

3. SHA分析的阶段

图4-1为物料搬运系统分析阶段。

(1) 外部衔接

把区域内具体的物料搬运问题同外界情况或外界条件联系考虑，这些外界情况有的是能控制的，有的是不能控制的。例如，对区域的各道路铁路设施要进行必要的修改以与外部条件协调一致，使工厂或仓库内部的物料搬运的大运输系统结合成为一个整体。

(2) 编制总体搬运方案

编制总体搬运方案要确定各主要区域之间的物料搬运方法和物料搬运的基本路线系统、搬运设备大体的类型及运输单元或容器作出总体决策。

(3) 编制详细搬运方案

这个阶段要考虑每个主要区域内部各工作地点物料搬运，要确定详细物料搬运方法。例如，各工作地点之间具体采用哪种路线系统、设备和容器。

(4) 方案的实施

这个阶段要进行必要的准备工作，订购设备，完成人员培训，制定并实现具体搬运设施的安装计划。然后，对所规划的搬运方法进行调试，验证操作规程并对安装完毕的设施进行验收，确保它们能正常运转。

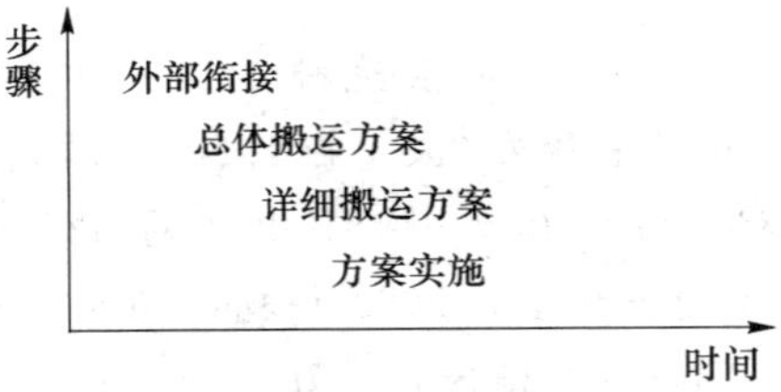

图4-1　物料搬运系统分析阶段

上述4个阶段是按时间顺序依次进行的。但是为了取得最好的效果，各阶段在时间上应有所交叉重叠。总体方案和详细方案的编制是物流系统规划设计人员的主要任务。

4.2.2　搬运系统分析程序

1. SHA程序

由前所述，物料搬运的基本内容是物料、移动和方法。因此，物料搬运分析就是分析所要搬运的物料，分析需要进行的移动和确定经济实用的物料搬运方法。搬运系统分析的程序就是建立在这3项基本内容基础上的。程序如图4-2所示。

2. 搬运系统分析的过程

(1) 物料的分类。按物料的物理性能、数量、时间要求或特殊控制要求进行分类。

(2) 布置。在对搬运活动进行分析或图表化之前，先要有一个布置方案，即系统布置设计中所确定的方案图。

(3) 各项移动的分析。各项移动的分析主要是确定每种物料在每条路线上的物流量和移动特点。

(4) 各项移动的图表化。就是把分析结果转化为直观的图形,通常用物流图或距离与物流量指示图来体现。

(5) 搬运方法的知识和理解。在找出一个解决办法之前,需要先掌握物料搬运方法的知识,运用有关的知识来选择各种搬运方法。

(6) 初步搬运方案。提出关于路线系统、设备和运输单元的初步搬运方案。

(7) 修改和限制。在考虑一切有关的修正因素和限制因素以后,对初步方案进一步调整,把可能性变为现实性。

(8) 需求的计算。算出所需设备的台数或运输单元的数量,算出所需费用和操作次数。

(9) 方案的评价。从几个方案中选择一个较好的方案。不过,在评价过程中,往往会把两个或几个方案结合起来形成一个新的方案。

(10) 选定物料搬运方案。经过评价,从中选出一个最佳方案。

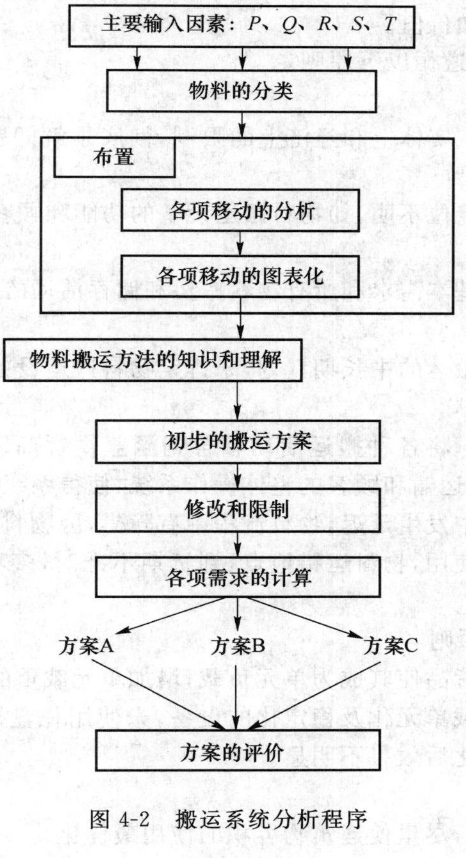

图 4-2　搬运系统分析程序

4.3 物料搬运系统设计

4.3.1 物料搬运系统设计要素和原则

1. 物料搬运系统设计要素

搬运系统设计要素就是进行物料搬运系统分析时所需输入的主要数据，包括产品或物料 P（部件、零件、商品）、数量 Q（销售量或合同订货量）、路线 R（操作顺序和加工过程）、后勤与服务 S（库存管理、订货单管理、维修等）和时间因素 T（时间要求和操作次数）。

2. 物料搬运系统设计原则

物料搬运是物流系统的控制与管理活动，在生产领域各个环节上连接与转换，维持生产，保证生产得以正常运行。因此物料搬运系统的合理设计、高效柔性运作将直接提高生产率和企业的经济效益。从最佳经济原则上考虑，物料搬运应尽量减少搬运工作量，搬运只是增加了生产成本，而不增加价值。

物料搬运系统设计应遵循以下原则。

(1) 确定方针原则

了解现有方法和问题、实体上和经济上的限制，彻底了解问题所在，以设定搬运系统未来的需求和目标。

应用场合：系统需求定位不明，如物料搬运设备的功能和顾客需求内容不符。

(2) 规划原则

建立一个计划，包括基本需求和所有物料搬运和储存活动的应变计划，以达成最大的整体操作效率。

应用场合：缺乏物料搬运的中长期计划，未排定物料搬运设备的短期使用日程。

(3) 系统原则

整合搬运和储存活动，将各种搬运活动整合到涵盖供货商、进货、储存、生产、检验、包装、组合、仓储管理、出货、运输和顾客的整体操作系统，使得系统和活动经济有效。

应用场合：物料搬运中发生延迟，物料流程中有障碍，因物料短缺导致停机，作业顺序不平衡，设备及车辆停滞未使用，物料运错地点，到货期不准时，多项订单同时出货，在制品控制不良等。

(4) 单元负载、尺寸原则

在物料搬运时，合并货品使其成为单元负载；增加单元载重的数量、大小或重量。

应用场合：缺乏使负载单元化及稳定化的设备，未使用托盘搬运的单元负载，内部使用物料未实施单元化；单元化后效果不明显。

(5) 空间利用原则

充分有效地利用空间，尽量使建筑物容积的使用最佳化。

应用场合：存储空间过度浪费，通道太多，存放空间不足，接收及运送时物料堆放在地板上，不善于使用立体空间。

(6) 标准化原则

尽可能将搬运方法及搬运设备种类、尺寸标准化。

应用场合:厂内容器缺乏标准化,缺乏单元负载的标准,搬运设备作业过程未标准化,物料搬运系统未模块化,工作站未模块化,托板架的规格不按ABC分类存放,未依零件编号顺序储放,零件编号缺乏标准化。

(7) 工效原则

了解人类的能力和限制以设计物料搬运设备和程序,使得使用系统的人和系统能有效互动、搬运设备与人力的使用率为最佳化。

应用场合:人工装载技术欠佳,操作者为取物料而移动,用手举、升货物存在危险性。

(8) 能源原则

考虑物料搬运系统和物料搬运程序的能源消耗。

应用场合:物料搬运设备空转,自动物料搬运设备使用率低,工业机器人使用率低,缺乏能源使用安排以及避免尖峰负荷,电池充电次数太多,照明能源的效率差。

(9) 生态原则

使用对环境不良作用最少的物料搬运系统和物料搬运程序。

应用场合:充电区通风不良,环境控制区域隔绝设计不良。

(10) 设备选择原则

在选择搬运设备时应考虑所要搬运物料的各种要素,包括所使用的搬移与方法,减少移动式搬运设备空重与载重的比率。

(11) 机械化原则

物料搬运过程机械化,提高效率。

应用场合:利用直接劳动力搬运,搬运设备不足,物料供应的移动技术不合格,用人工装卸托板,缺乏吊车及牵引车。

(12) 弹性(灵活性)原则

采用可以适应各种工作的方法与设备,提高系统灵活性。

应用场合:固定路径的搬运工作使用可变路径的搬运设备,现有系统无法扩充或转换。

(13) 简单原则

通过消除、减少和合并不需要的移动和设备简化搬运。

应用场合:重复搬运,物料流程倒退,存储规划太烦琐。

(14) 重力原则

在考虑货物损坏、遗失等因素下,尽可能使用重力移动物料。

应用场合:物料由高层往低层移动。

(15) 安全原则

遵循安全原则,使用安全的物料搬运系统和方法,提供合适的方法和设备来加强搬运。

应用场合:简陋、危险的自制搬运设施,工作人员未预先训练,物料搬运设备操作者未受正式训练,没有警卫保护物料,用托板悬吊负载,负载超过地板、货架及结构负荷,设备运作超速,货架未标明正反面,缺乏自动洒水装置及火警警报器,危险性及易燃性的物料未给予明确标示和隔离,消防设备不完整,出入口不安全,没有火灾的应变计划。

(16) 自动化(计算机化)原则

在物料搬运和储存系统使用计算机,以增进物料搬运系统和物料搬运程序对物料和信息的控制,从而实现生产、搬运和储存等功能自动化。

应用场合:引导式通道、轨道缺乏指示记录,出货单未按出货顺序打印,累计的订单以人工分类。

(17) 系统流(物料流)原则

处理物料搬运和储存时,整合数据流动和物流流动,提供一种最优化物料流程的作业顺序与设备布置。

应用场合:未及时分派设备,物料因书面作业而等待,未使用自动辨识系统,制造前未预先准备零件,接受工作没有事先告知。

(18) 布局原则

对所有可行方案,准备操作顺序和设备设计,选择最有效的方案。

应用场合:搬运距离很长,途径交叉,工作场所布置不良,服务区配置不当,检验点位置不当,通道及存储位置未标示,通道长度未规划,缺乏窄道及特窄道存储设备,物料搬运设备与出口未配合,停车站没有升降平台,停车站没有围篱,停车站门的数目不恰当,未适度分散接收及运送作业,灯光、加熟器及风扇摆设不当,物料存放的通风、空调及温度不适当,物料、人员或设备移动距离过长,墙及天花板隔离不合理。

(19) 成本原则

比较不同解决方案的每单位物料搬运成本,采用单位搬运的费用来决定搬运的绩效。

应用场合:掌握过多的物料,搬运设备闲置,过多的承运费用,间接费用很高。

(20) 维修原则

对所有物料搬运设备,规划其定期保养和维修。

应用场合:物料搬运设备维修成本过高,未清除过多的废品,负荷梁下垂或货架扭曲,没有预防保养计划。

(21) 淘汰原则

考虑产品的生命周期,对过期的设备更新有长期且经济的合理政策。当发现有更高效率的搬运方法和设备时,应取代过时的方法和设备。

应用场合:搬运设备不适合,没有设备更新计划,搬运设备老旧。

(22) 管制(生产能力)原则

使用物料搬运活动来改善生产、存货和订单处理的管制(控制)。

应用场合:系统搬运效率不高,各环节衔接松散,物流周期不确定等。

4.3.2 物料搬运系统设计方法

1. 物料搬运程式

物料搬运基本内容是物料、移动和方法。在设计之前,应用5W1H方法加强对问题的理解。“Why(为什么)”提示设计者评估环境,正确确定问题;“What(什么)”是关于移动什么物料的问题;“Where(什么地点)”和“When(什么时间)”是关于移动的;“How(如何)”和“Who(谁)”是关于方法的。图4-3为物料搬运程式。

2. 物料的分类

(1) 物料分类的基本方法

1) 固体、液体还是气体;

2) 单独件、包装件还是散装物料。

但在实际分类时,SHA是根据影响物料可运性(即移动的难易程度)的各种特征和影响能否采用同一种搬运方法的其他特征进行分类的。

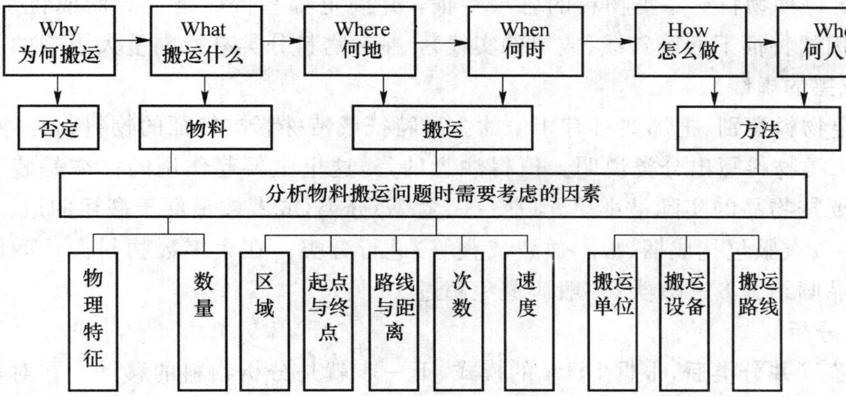

图 4-3　物料搬运程式

（2）物料的主要特征

区分物料类别的主要特征如下。

1）物理特征：①尺寸：长、宽、高。②重量：每运输单元重量或单位体积重量（密度）。③形状：扁平的、弯曲的、紧密的、可叠套的、不规则的等。④损伤的可能性：易碎、易爆、易污染、有毒、有腐蚀性等。⑤状态：不稳定的、粘的、热的、湿的、脏的、配对的等。

2）其他特征。①数量：较常用的数量或产量（总产量或批量）。②时间性：经常性、紧迫性、季节性。③特殊控制：政府法规、工厂标准、操作规程。

物理特征通常是影响物料分类的最重要因素，就是说物料常是按其物理性质来划分的。

数量也特别重要。不少物料是大量的（物流较快的），有些物料是小量的（常属于“特殊订货”）。搬运大量的物品与搬运小量的物品一般是不一样的。另外，从搬运方法和技术分析的观点出发，适当归并产品或物料的类别也很重要。

考虑时间性方面的影响因素，一般急件的搬运成本高，而且要考虑采用不同于搬运普通件的方法。间断的物流会引起不同于稳定物流的其他问题。季节的变化也会影响物料的类别。

同样，特殊控制问题往往对物料分类有决定作用。麻醉剂、弹药、贵重毛皮、酒类饮料、珠宝首饰和食品等都是一些受政府法规、市政条例、公司规章或工厂标准所制约的典型物品。

3. 物料分类的程序

物料分类应按以下程序进行。

（1）列表标明所有的物品或分组归并的物品的名称，记录其物理特征或其他特征。如表 4-2 所示。

表 4-2　物料特征表

产品与物料名称	物品的实质最小单元	单元物品的物理特征							其他特征			
		尺寸			重量	形状	损伤的可能性（对物料、人、设备）	状态（湿度、稳定性、刚度）	数量（产量）或批量	时间性	特殊控制	类别
		长	宽	高								

(2) 分析每种物料或每类物料的各项特征，并确定哪些特征是主导的或特别重要的。在起决定作用的特征下面画红线(或黑的实线)，在对物料分类有特别重大影响的特征下面画橘黄线(或黑的虚线)。

(3) 确定物料类别，把那些具有相似的主导特征或特殊影响特征的物料归并为一类。

(4) 对每类物料写出分类说明。值得注意的是，这里主要起作用的往往是装有物品的容器。因此要按物品的实际最小单元(瓶、罐、盒等)分类，或者按最便于搬运的运输单元(瓶子装在纸箱内、衣服包扎成捆、板料放置成叠等)进行分类。在大多数物料搬运问题中都可以把所有物品归纳为8～10类，一般应避免超过15类。

4. 布置分析

对物料鉴别并分类后，根据SHA的模式，下一步就是分析物料的移动。在对移动进行分析之前，首先应该对系统布置进行分析。布置决定了起点与终点之间的距离，这个移动的距离是选择任何一个搬运方法的主要因素。

(1) 布置对搬运的影响

根据现有的布置制定搬运方案时，距离是已经确定了的。然而只要能达到充分节省费用的目的，就很可能要改变布置。所以，往往要同时对搬运和布置进行分析。当然，如果项目本身要求考虑新的布置，并作为改进搬运方法规划工作的一部分，那么规划人员就必须把两者结合起来考虑。

(2) 对系统布置的分析

对物料搬运分析来说，需要从布置中了解的信息主要有4点。

1) 每项移动的起点和终点(提取和放下的地点)具体位置在哪里。

2) 哪些路线及这些路线上有哪些物料搬运方法，是在规划之前已经确定了的，或大体上作出规定的。

3) 物料运进运出和穿过的每个作业区所涉及的建筑特点是什么样的(包括地面负荷、厂房高度、柱子间距、屋架支承强度、室内还是室外、有无采暖、有无灰尘等)。

4) 物料运进运出的每个作业区内进行什么工作，作业区内部分已有的(或大体规划的)安排或大概是什么样的布置。

当进行某个区域的搬运分析时，应该先取得或先准备好这个区域的布置草图、蓝图或规划图，这是非常有用的。如果是分析一个厂区内若干建筑物之间的搬运活动，那就应该取得厂区布置图；如果分析一个加工车间或装配车间内两台机器之间的搬运活动，那就应取得这两台机器所在区域的布置详图。

5. 各项移动的分析方法

(1) 流程分析法。流程分析法是每一次只观察一类产品或物料，并跟随它沿整个生产过程收集资料，必要时要跟随从原料库到成品库的全过程。在这里，需要对每种或每类产品或物料都进行一次分析。

(2) 起讫点分析法。起讫点分析法又有两种不同的做法：一种是搬运路线分析法；另一种是区域进出分析法。

搬运路线分析法是通过观察每项移动的起讫点来收集资料，编制搬运路线一览表，每次分析一条路线，收集这条路线上移动的各类物料或各种产品的有关资料，每条路线要编制一个搬运路线表。如表4-3所示。

表 4-3　搬运路线表

厂名：________　项目：________　制表人：________　参加人：________

起点：　　　　　　终点：　　　　　　日期：　　　　　　第________页　共________页

物料类别		路线状况			物流或搬运活动		
名称	类别代号	起点	路程	终点	物流量(单位时间数量)	物理要求(数量、管理、时间要求)	等级依据
钢板	a	原料库	穿过露天场地	剪切机旁	平均 60 张/天	与剪切步调一致	
托盘货物	b	物料从托盘运起，有些托盘在货架上	生产厂房、电梯到 3 楼，有雨雪、冬天 4 个门	预焊接线(拥挤)	平均 18 托盘/天	与每天油漆进度有关	
小件	e	从料架或料箱中取下放进存放区	夏天两个门，生产厂房底层交通拥挤	小件所用的 3 个不同料架	平均每天 726 kg，30 种	共计 120 种零件，分别 1 天、2 天或 1 周	
空盒	J	原料库东北角的地		无装配件集合点	每天 0～25 盒，平均 18 盒/天	每天一次即可	

区域进出分析法，每次对一个区域进行观察，收集运进运出这个区域的一切物料的有关资料，每个区域要编制一个物料进出表。如表 4-4 所示。

表 4-4　物料进出表

厂名：________　项目：________　制表人：________　参加人：________

起点：　　　　　　终点：　　　　　　日期：　　　　　　第________页　共________页

区域.　　　　日期.　　　　第　　页　共　　页

运进					操作或区域	运出				
产品、物料名称	每单位时间数量			来自		去往	每单位时间数量			产品、物料名称
	单位	平均	最大				单位	平均	最大	
1										
2										
3										
4										
5										
6										
7										
8										
9										

备注：

(3) 搬运活动一览表。为了把所收集的资料进行汇总，达到全面了解情况的目的，编制搬运活动一览表是一种实用的方法。如表 4-5 所示。

表 4-5　搬运活动一览表

<table>
<tr><td colspan="18">公司：　　厂名：　　项目：　　制表人：　　参加人：</td></tr>
<tr><td colspan="18">物流量单位：　　日期：　　第　　页　共　　页</td></tr>
<tr><td colspan="5">物料类型</td><td colspan="2"></td><td colspan="2"></td><td colspan="2"></td><td colspan="2"></td><td colspan="2"></td><td colspan="3">路线合计</td></tr>
<tr><td colspan="3">路　线</td><td></td><td></td><td></td><td></td><td></td><td></td><td></td><td></td><td></td><td></td><td></td><td></td><td rowspan="2">物流量单位</td><td rowspan="2">运输工作量单位</td><td rowspan="2">等级</td></tr>
<tr><td>起讫双向运输</td><td>距离单位</td><td>具体情况</td><td></td><td></td><td></td><td></td><td></td><td></td><td></td><td></td><td></td><td></td><td></td><td></td></tr>
<tr><td>1</td><td></td><td></td><td></td><td></td><td></td><td></td><td></td><td></td><td></td><td></td><td></td><td></td><td></td><td></td><td></td><td></td><td></td></tr>
<tr><td>2</td><td></td><td></td><td></td><td></td><td></td><td></td><td></td><td></td><td></td><td></td><td></td><td></td><td></td><td></td><td></td><td></td><td></td></tr>
<tr><td>3</td><td></td><td></td><td></td><td></td><td></td><td></td><td></td><td></td><td></td><td></td><td></td><td></td><td></td><td></td><td></td><td></td><td></td></tr>
<tr><td>4</td><td></td><td></td><td></td><td></td><td></td><td></td><td></td><td></td><td></td><td></td><td></td><td></td><td></td><td></td><td></td><td></td><td></td></tr>
<tr><td>5</td><td></td><td></td><td></td><td></td><td></td><td></td><td></td><td></td><td></td><td></td><td></td><td></td><td></td><td></td><td></td><td></td><td></td></tr>
<tr><td>6</td><td></td><td></td><td></td><td></td><td></td><td></td><td></td><td></td><td></td><td></td><td></td><td></td><td></td><td></td><td></td><td></td><td></td></tr>
<tr><td>7</td><td></td><td></td><td></td><td></td><td></td><td></td><td></td><td></td><td></td><td></td><td></td><td></td><td></td><td></td><td></td><td></td><td></td></tr>
<tr><td>8</td><td></td><td></td><td></td><td></td><td></td><td></td><td></td><td></td><td></td><td></td><td></td><td></td><td></td><td></td><td></td><td></td><td></td></tr>
<tr><td>9</td><td></td><td></td><td></td><td></td><td></td><td></td><td></td><td></td><td></td><td></td><td></td><td></td><td></td><td></td><td></td><td></td><td></td></tr>
<tr><td>10</td><td></td><td></td><td></td><td></td><td></td><td></td><td></td><td></td><td></td><td></td><td></td><td></td><td></td><td></td><td></td><td></td><td></td></tr>
<tr><td>…</td><td></td><td></td><td></td><td></td><td></td><td></td><td></td><td></td><td></td><td></td><td></td><td></td><td></td><td></td><td></td><td></td><td></td></tr>
<tr><td>20</td><td></td><td></td><td></td><td></td><td></td><td></td><td></td><td></td><td></td><td></td><td></td><td></td><td></td><td></td><td></td><td></td><td></td></tr>
<tr><td>21</td><td></td><td></td><td></td><td></td><td></td><td></td><td></td><td></td><td></td><td></td><td></td><td></td><td></td><td></td><td></td><td></td><td></td></tr>
<tr><td>22</td><td></td><td></td><td></td><td></td><td></td><td></td><td></td><td></td><td></td><td></td><td></td><td></td><td></td><td></td><td></td><td></td><td></td></tr>
<tr><td>23</td><td></td><td></td><td></td><td></td><td></td><td></td><td></td><td></td><td></td><td></td><td></td><td></td><td></td><td></td><td></td><td></td><td></td></tr>
<tr><td>24</td><td></td><td></td><td></td><td></td><td></td><td></td><td></td><td></td><td></td><td></td><td></td><td></td><td></td><td></td><td></td><td></td><td></td></tr>
<tr><td>25</td><td></td><td></td><td></td><td></td><td></td><td></td><td></td><td></td><td></td><td></td><td></td><td></td><td></td><td></td><td></td><td></td><td></td></tr>
<tr><td rowspan="3">每类物料合计</td><td colspan="2">物流量</td><td></td><td></td><td></td><td></td><td></td><td></td><td></td><td></td><td></td><td></td><td></td><td></td><td></td><td></td><td rowspan="3"></td></tr>
<tr><td colspan="2">运输工作量</td><td></td><td></td><td></td><td></td><td></td><td></td><td></td><td></td><td></td><td></td><td></td><td></td><td></td><td></td></tr>
<tr><td colspan="2">标定等级</td><td></td><td></td><td></td><td></td><td></td><td></td><td></td><td></td><td></td><td></td><td></td><td></td><td colspan="2">校核总数</td></tr>
</table>

代号	路线具体情况

代号	物流条件、状况或其他说明事项

搬运活动一览表是 SHA 方法中的一项主要文件，因为它把各项搬运活动的所有主要情况都记录在一张表上。

6. 各项移动的图表化

完成各项移动分析并取得具体的区域布置图后，就要把这两部分综合起来，用图表来表示实际作业的情况。一张清晰的图表比各种各样的文字说明更容易表达清楚。

物流图表化有几种不同的方法。

(1) 物流流程简图

物流流程简图是用简单的图表描述物流流程，但是它没有联系到布置，因此不能表达出每个工作区域的正确位置，它没有标明距离，所以不可能选择搬运方法。这种类型的图只能在分析和解释中作为一种中间步骤。

(2) 在布置图上绘制的物流图

在布置图上绘制的物流图是画在实际的布置图上的，图上标出了准确的位置，所以能够表明每条路线的距离、物流量和物流方向。可作为选择搬运方法的依据，如图 4-4 所示。

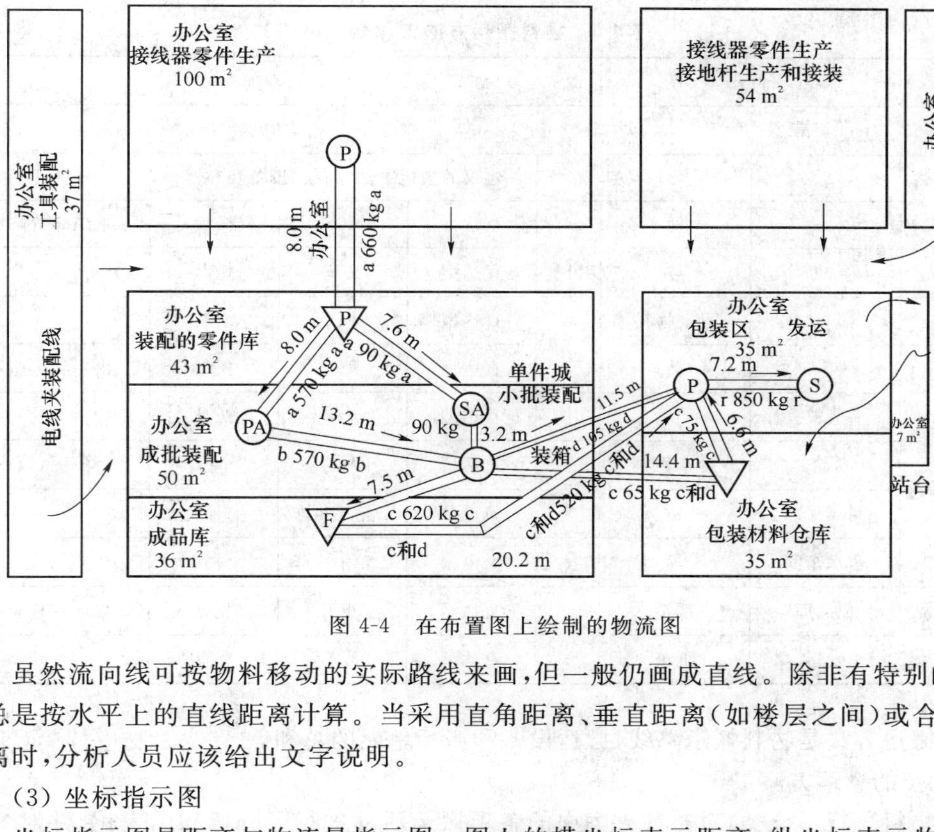

图 4-4　在布置图上绘制的物流图

虽然流向线可按物料移动的实际路线来画，但一般仍画成直线。除非有特别的说明，距离总是按水平上的直线距离计算。当采用直角距离、垂直距离(如楼层之间)或合成的当量距离时，分析人员应该给出文字说明。

(3) 坐标指示图

坐标指示图是距离与物流量指示图。图上的横坐标表示距离，纵坐标表示物流量。每一项搬运活动按其距离和物流量用一个具体的点标明在坐标图上。如图 4-5 所示。

制图时，可以绘制单独的搬运活动(即每条路线上的每类物料)，也可绘制每条路线上所有各类物料的总的搬运活动，或者把这两者画在同一张图上。

7. 物料搬运方法的选择

如果项目的路线和物料类别较多时，可将设备、方法、路线和容器等数据汇总在表上来综合分析。如表 4-6 所示。

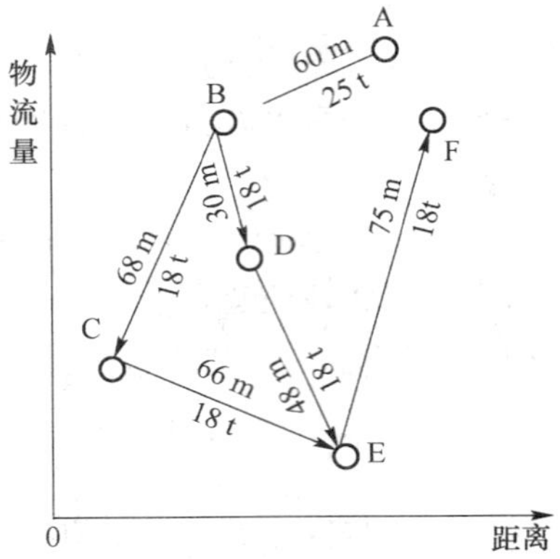

图 4-5　距离与物流量指示图

表 4-6　物料搬运方法工作表

厂名：　　项目：　　制表人：　　参加人：

日期：　　第　页　共　页

路线		物料类别		建议的搬运方法、路线、设备和容器			备注
		桶	a	直达型	叉车	托盘	重建卸货站台
进厂	原料车	袋	b	直达型	叉车	托盘	
		贵重物料	d	直达型	人工	纸箱	
		桶	a	直达型	叉车	托盘	由主管人搬运
原料库⑧	造粒	袋	b	直达型	叉车	托盘	
		贵重物料	d	直达型	人工	盒	
⑧造粒⑤	制成片剂	桶	a	渠道型	二轮手推车	桶	
⑧造粒⑥	药水车间	桶	a	渠道型	二轮手推车	桶	
⑥装瓶及装箱	成品库	纸箱	c	直达型	叉车	托盘	堆放在货架上
成品库	发运	纸箱	c	直达型	叉车	托盘	

物料搬运方法是物料搬运路线、搬运设备和搬运单元的总和。

8. 初步的搬运方案

在对物料进行了分类，对布置方案中的各项搬运活动进行了分析和图表化，并对 SHA 中所用的各种搬运方法具备了一定的知识和理解之后，就可以初步确定具体的搬运方案。然后对这些初步方案进行修改并计算各项需求量，把各项初步确定的搬运方法编成几个搬运方案，并设这些搬运方案为“方案 A”、“方案 B”、“方案 C”等。

前面已经讲过，把一定的搬运系统、搬运设备和运输单元叫做“方法”。任何一个方法都是使某种物料在某一路线上移动。几条路线或几种物料可以采用同一种搬运方法，也可以采用不同的方法。不管是哪种情况，一个搬运方案都是几种搬运方法的组合。

在 SHA 中，把制定物料搬运方法叫做“系统化方案汇总”，即确定系统(指搬运的路线系统)、确定设备(装卸或运输设备)及确定运输单元(单件、单元运输件、容器、托架以及附件等)。

9. 物料搬运方案的修改和限制

要使初步设计的搬运方案符合实际、切实可行,必须根据实际的限制条件进行修改。物料搬运系统的设计除了路线、设备和容器外,还要考虑正确有效的操作设备问题、协调和辅助物料搬运正常进行的问题等。在设计后需要进行修改和限制的方面如下。

(1) 已确定的同外部衔接的搬运方法;

(2) 既满足目前生产需要,又能适应远期发展或变化;

(3) 和生产流程或流程设备保持一致;

(4) 可以利用现有公用设施和辅助设施保证搬运计划的实现;

(5) 布置方案对面积、空间的限制条件;

(6) 建筑物及其结构特征;

(7) 库存控制原则及存放物料的方法和设施;

(8) 投资的限制;

(9) 影响工人安全的搬运方法等。

10. 说明和各项需求的计算

按实际条件和限制作出修改后,一般会出现几个不同的物料搬运方案,这些方案要逐个说明或计算,才能最终决定方案的优劣。通常说明和计算的内容包括以下几方面。

(1) 每条路线上每种物料搬运方法的说明;

(2) 搬运方法以外的其他必要的变动说明;

(3) 计算搬运设备和人员的需求量;

(4) 计算投资数额和预期的运营费用。

11. 方案评价

从初选出的几个合理可行的方案中选择最佳的方案即对方案的评价。物料搬运方案评价是 SHA 过程中的决定性的步骤,如采用成本费用或财务比较、无形因素比较等。

12. 搬运方案的详细设计

搬运方案的详细设计是在搬运方案的初步设计基础上,制定从工作地到工作地,或从具体取货地点到其他取货地点之间的搬运方法。详细搬运方案必须与总体搬运方案协调一致。需要说明的是,SHA 方案初步设计阶段和方案详细设计阶段采用的是同一方法,只是在实际过程中,两个阶段的设计区域范围不同,详尽程度不同。方案详细设计阶段需要大量的资料、更多更具体的参数和实际现场条件,此时就需要详细掌握与物料分类、布置和移动分析相关的资料。物料搬运总体搬运方案设计和详细搬运方案设计,加上外部衔接和方案的实施两部分,构成了 SHA 阶段的内容,也是利用 SHA 方法进行物料搬运系统设计的内涵。

4.4 物料搬运设备

4.4.1 物料搬运设备概述

1. 物料搬运设备概念

物料搬运设备是指用来对货物进行装卸或搬运的各种机械、设备和工具的总称，它们是完成装卸搬运作业的物质基础。

2. 物料搬运设备分类

按照用途和结构特点不同，装卸搬运设备可分为起重设备、装卸搬运车辆以及连续输送设备3种。

(1) 起重设备

起重设备也称起重机、吊车，是一种利用动力或人力将货物吊起并可上下、左右、前后间歇性、周期性进行搬运的设备，主要用于起重、运输、装卸、安装等领域。一般来说，起重设备的一个工作循环包括：取物装置从取物地把物品提起，然后水平移动到指定地点降下物品，接着进行反向运动，使取物装置返回原位，以便进行下一次循环。常用的起重机械，根据其构造和性能的不同，一般可分为轻小型起重设备、桥式类型起重机械和臂架类型起重机械等。轻小型起重设备是较为简单的起重设备，一般只有一个升降装置，大多为手动装置，如千斤顶、葫芦、卷扬机、绞车等。其他种类的起重机多是较为复杂的、起重能力较强的起重设备，下面介绍一些常见的起重设备。

1) 桥式起重设备

桥式起重设备(也称桥式起重机)是横架于车间、仓库或料场上空进行物料吊运的起重设备，如图4-6(a)所示。由于它的两端坐落在高大的水泥柱或金属支架上，形状似桥，所以又称“天车”或“行车”。桥式起重机主要由桥架和起重小车两部分组成，桥架沿铺设在两侧高架上的轨道纵向运行，起重小车可以沿铺设在桥架上的轨道横向运行，构成一个矩形的工作范围，可使重物在一定的立方形空间内起升和搬运。桥式起重机可以充分利用桥架下面的空间吊运物料，不受地面设备的阻碍，不用预留地面吊运空间，场地的空间利用率很大。桥式起重机是目前使用范围最广、数量最多的一种起重机械，广泛地应用在室内外仓库、厂房、码头和露天贮料场等处。

2) 门式起重设备

门式起重设备(也称门式起重机)是在固定跨间内搬运和装卸物料的机械设备，它的金属结构像门型框架，在两条支腿上面安装有承重主梁，主梁的外侧两端具有外伸悬臂梁，如图4-6(b)所示。

门式起重机是桥式起重机的一种变形，它与桥式起重机的区别在于桥架部分，它的大车行走车轮安装在主梁两端的支撑腿的底梁上，因此门式起重机一般沿着铺设在地面上的轨道作纵向运行。门式起重机一般有轨道式和轮胎式两种，轨道式起重机的支腿沿轨道运动，起重装置在梁上运动，可以将货物进行纵横两个方向的移动搬运；轮胎式起重机运行不受轨

(a) 桥式起重设备　　(b) 门式起重设备

图 4-6　起重设备

道限制，活动范围较大。门式起重机起重量很大，可在重载状态下同时完成装卸和搬运两项作业，因此门式起重机具有场地利用率高、作业范围大、适应面广、通用性强等特点，被广泛应用于车间、仓库、露天场地及港口等装卸作业场所。

3）臂架式起重设备

臂架式起重设备也称旋转式起重机，主要由起升机构、变幅机构、旋转机构等臂架支撑结构组成，可使重物在一定的圆柱形空间内起重和搬运，因此臂架式起重机能够在环形场地及空间内进行作业。臂架式起重机大多装设在车辆上或其他形式的运输（移动）工具上，包括如汽车式起重机、轮胎式起重机、塔式起重机、门座式起重机、浮式起重机、铁路起重机等起重设备。

汽车起重机如图 4-7(a)所示，是在卡车车体上安装悬臂起重机的起重设备，平时可以行驶移动；作业时放下悬臂支架就可以起重装卸，通用性和机动性非常强。门座式起重机，如图 4-7(b)所示，也是臂架式起重设备的一种，其底座可沿码头轨道移动，门座上部的旋转式起吊机构可 360°旋转和俯仰，起重范围覆盖停在码头的货船和货场，可以通过起重臂的旋转完成货场和货船之间的货物装卸。

(a) 汽车起重机　　(b) 门座式起重机

图 4-7　起重机

4）升降机和堆垛起重机

因为和常见起重机稍有不同，这里简要介绍一下升降机和堆垛起重机。升降机的特点是拾物或取物装置只能沿导轨升降，升降机虽只有一个升降机构，但在升降机中通常还有许多其他附属装置，所以单独构成一类，它包括电梯、货梯、升船机等。堆垛起重机是指可以在自动化仓库的高层货架之间或高层码垛场完成取送、堆垛、分拣等作业的起重机。

其突出特点是在可以升降的载货台上装有可伸缩的货叉机构，能方便地从指定的货位上取放单元化货物。

起重机还有多种分类方法。例如，按取物装置和用途分类，有吊钩起重机、抓斗起重机、电磁起重机、冶金起重机、堆垛起重机、集装箱起重机和救援起重机等；按运移方式分类，有固定式起重机、运行式起重机、自行式起重机、拖引式起重机、爬升式起重机、便携式起重机、随车起重机等；按驱动方式分类，有支撑起重机、悬挂起重机等；按使用场合分类，有车间起重机、机器房起重机、仓库起重机、贮料场起重机、建筑起重机、工程起重机、港口起重机、船厂起重机、坝顶起重机、船上起重机等。

3. 装卸搬运车辆

装卸搬运车辆是由可自由运行的车辆与装卸结构相结合，完成以水平运动为主的搬运、装卸、码垛、拆垛等任务的一种装卸搬运机械。主要的装卸搬运车辆有叉车、搬运车、牵引车和挂车。

(1) 叉车

叉式装卸车通常简称叉车，又称铲车，是装卸搬运车辆中应用最广泛的一种。它由轮胎底盘和能垂直升降、前后倾斜的货叉、门架等组成，主要用于成件物品的装卸搬运，是一种既可作短距离水平运输，又可堆拆垛和装卸卡车、铁路平板车的机械。在配备其他取物装置以后，也可用于散货和多种规格品种货物的装卸作业。叉车按结构分类有平衡重叉车、前移叉车、侧面叉车、插腿叉车、跨车和特种叉车等，其中平衡重叉车应用最广，常简称为叉车。

1) 叉车特点

① 机械化程度高。在使用各种自动的取物装置或在货叉与货板配合使用的情况下，可以实现装卸工作的完全机械化，不需要工人辅助体力劳动。

② 机动灵活性好。叉车外形尺寸小、重量轻，能在作业区域内任意调动以适应货物数量及货流方向的改变，可机动地与其他起重运输机械配合工作，提高机械的使用率。

③ 可以“一车多用”。在配备与使用各种取货装置如货叉、铲斗、臂架、串杆、货夹、抓取器等的条件下，可以适应各种品种、形状和大小货物的装卸作业。

④ 能提高仓库容积的利用率，堆码高度一般可达 3～5 m。

⑤ 有利于开展托盘成组运输和集装箱运输。

⑥ 与大型起重机械比较，它的成本低、投资少，能获得较好的经济效益。

2) 叉车分类

叉车可按其动力装置不同，分为手动叉车、内燃叉车和电瓶叉车；按其结构和用途不同，分为平衡重式叉车、插腿式叉车、前移式叉车、侧面式叉车、跨车以及其他特种叉车等。

① 平衡重式叉车。如图 4-8(a)所示，平衡重式叉车是叉车中应用最广泛的构造形式，约占叉车总数的 80%以上。它的特点是货叉伸出在车身的正前方，货物重心落在车轮轮廓之外。为了平衡货物重量产生的倾覆力矩，保持叉车的纵向稳定性，在车体尾部配有平衡重锤。平衡重式叉车前后移动才能装卸货物。

② 插腿式叉车。如图 4-8(b)所示，插腿式叉车特点是叉车前方带有小轮子的支腿能与货叉一起伸入货板叉货，然后由货叉提升货物。由于货物重心位于前后车轮所包围的底面积之内，叉车的稳定性好。一般采用蓄电池作能源，起重量在 2 t 以下。插腿式叉车比平衡

重式叉车结构简单，自重和外形尺寸小，适合在狭窄的通道和室内堆垛、搬运；但速度低，行走轮直径小，对地面要求较高。

③ 前移式叉车。如图 4-8(c)所示，前移式叉车的特点是货叉可沿叉车纵向前后移动。取货卸货时，货叉伸出，叉卸货物以后或带货移动时，货叉退回接近车体的位置，因此叉车行驶时的稳定性好。前移式叉车分门架前移式和货叉前移式两种。前者的货叉和门架一起移动，叉车驶近货垛时，门架可能前伸的距离要受外界空间对门架高度的限制，因此只能对货垛的前排货物进行作业。货叉前移式叉车的门架不动，货叉借助伸缩机构单独前伸。

(a) 平衡重式叉车　　(b) 插腿式叉车　　(c) 前移式叉车

图 4-8　几种常见的叉车

(2) 搬运车

搬运车是用来完成平面点到点搬运的物流搬运设备。其载货平台很低，起升高度有限或没有起升能力，一般不具有装卸能力，因此主要用于仓库、车间或物流节点一定范围内的短距离货物搬运。搬运车依据动力来源可分为手动搬运车、半电动搬运车和全电动搬运车。

手动托盘式搬运车如图 4-9(a)所示，是手动搬运车的一种，在使用时将其承载的货叉插入托盘孔内，由动力驱动液压系统来实现托盘货物的起升和下降，并由人力拉动完成搬运作业。它是托盘运输工具中最简便、最有效、最常见的工具。无人搬运车(AGV，Automated Guided Vehicle)如图 4-9(b)所示，是工业应用中不需驾驶员的全电动搬运车，以可充电蓄电池为动力来源；一般通过计算机来控制其行进路线及行为，或利用电磁轨道来设立其行进路线。防爆搬运车如图 4-9(c)所示，是具有防爆性能的一类搬运车，其电机、电器都设计为隔爆型，电源装置设计为防爆特殊型；这种搬运车能对火花、静电、温度等引起爆炸的因素作全面处理，适用于石油、化工、纺织、制药、食品、国防等工业部门存在爆炸性气体混合物的危险场所货物的装卸、搬运、堆码等操作。

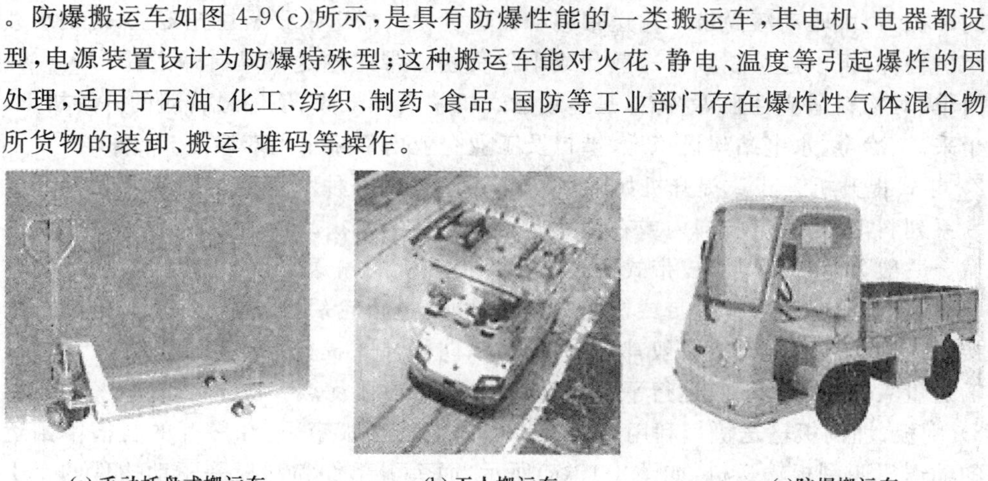

(a) 手动托盘式搬运车　　(b) 无人搬运车　　(c)防爆搬运车

图 4-9　几种搬运车

(3) 牵引车和挂车

牵引车是指具有机动牵引能力，但本身不具载货能力的车辆。根据动力来源不同，牵引车可分为内燃牵引车和电动牵引车。根据动力大小则可分为普通牵引车和集装箱牵引车。

挂车是指自身没有动力装置，必须由牵引车牵引才能运行的专门用于装载货物的平台式车辆。挂车可以多个配合使用，由牵引车引导构成挂车序列，进行较长距离的货物搬运，这样的搬运车辆结构具有较高的效率和较好的经济特性。

4. 连续输送设备

(1) 概念

连续输送设备是以连续、均匀的方式沿给定线路从装货地点到卸货地点连续输送散粒物料或成件小包装物品的机械，简称"输送机"。同使用间歇动作的起重机械相比，连续输送设备是沿一定输送路线运输货物的连续运输机械。

(2) 特点

1) 连续输送机装料和卸料时输送过程不停顿，输送机一经启动就以稳定的输送速度沿一定路线输送物料，连续而高速的物料流使输送机可以获得很高的生产率。

2) 连续输送机沿固定路线输送货物，动作单一、结构简单，便于实现自动控制。但当输送路线复杂时，会造成结构复杂；当输送路线变化时，需要重新布置输送机。

3) 连续输送机通用性较差，每种机型一般只适用一定类型的货种，且多不适于运输重量很大的单件物品或集装容器。

4) 大多数连续输送机不能自行取货，需采用一定的供料设备。

连续输送机的形式、构造和工作原理是多种多样的。按照所运货物的种类，连续输送机可分为输送件货式和输送散货式两种；按照安装方式不同，连续输送机可分为固定式和移动式两种。固定式输送机是指整个设备固定安装在一个固定位置，不能移动，主要用于作业量稳定的场合，如专用码头、大型仓库；移动式输送机是指整个设备安装在车轮上，可以移动，设备的机动性强、利用率高，适用于各种中小仓库和堆场。

(3) 分类

1) 带式输送机。带式输送机如图 4-10(a)所示。根据摩擦传动原理，依靠带条与滚筒之间的摩擦力，由驱动滚筒带动输送带移动输送货物。输送带张紧在托辊上，既是承载构件又是牵引构件，可以连续装载输送散状或小件货物。带式输送机具有输送能力大、功耗小、构造简单、对物料适应性强等特点，是连续输送机中效率最高、使用最普遍的一种机型，广泛应用于采矿、冶金、水电站建设工地、港口及工业企业内部流水生产线上。

2) 斗式提升机。斗式提升机如图 4-10(b)所示，是一种利用均匀固接于无端牵引构件上的一系列料斗，在垂直方向内或在很大倾斜角上输送粉状、颗粒状以及块状物料的连续运输机械。一般分为链条式和皮带式两种。斗式提升机的输送工作原理是，料斗把物料从下面的储藏室中舀起，随着输送带或链提升到顶部，绕过顶轮后向下翻转，斗式提升机将物料倾入接收槽内。斗式提升机一般都装有机壳，以防止斗式提升机中粉尘飞扬。斗式提升机具有输送量大，提升高度高，运行平稳可靠，寿命长等显著优点。

3) 刮板、埋刮板输送机。利用固接在牵引链上的刮板牵引，在敞开的料槽中刮运散状物料的输送机叫刮板输送机，如图 4-10(c)所示，而牵引部件和刮板受驱动构件的牵引沿封闭料槽运动输送散状物料的运输机则称为埋刮板输送机。它们由利槽(敞开的或封闭的)、牵引链、刮板、头部驱动链轮和尾部张紧链轮等组成，牵引链绕过头、尾链轮构成闭合环路，刮板的外形可为梯形、长方形或长条形。刮板输送机有固定式和移置式两种，移置式刮板输送机的各部件易于拆装，移位后可重新安装使用。刮板输送机可以用于水平或 30°倾角内倾斜，其优点是结构简单牢固，精度要求较低，装载和卸载方便，高度小；缺点是易碾碎物料，噪声和能耗较大。

(a) 带式输送机　(b)斗式提升机　(c)刮板输送机

图 4-10　几种连续运输设备(一)

4）悬挂输送机。悬挂输送机，如图 4-11(a)所示，是利用连接在牵引链上的滑架带动承载件在架空轨道上运行，进而在三维空间悬空输送成件物品的连续输送物料的设备。线体(架空轨道)可在空间上下坡和转弯，因此可在车间内根据生产需要灵活布置，构成复杂的输送线路。输送的物品悬挂在空中，可节省生产面积，能耗也小，在输送的同时还可进行多种工艺操作。由于连续运转，物件接踵送到，经必要的工艺操作后再相继离去，可实现有节奏的流水生产，因此悬挂输送机是实现企业物料搬运系统综合机械化和自动化的重要设备，广泛应用于机械、汽车、电子、家用电器、轻工、食品、化工等行业大批量流水生产作业中。

5）螺旋式输送机。如图 4-11(b)所示，是利用安装在转轴上的、旋转的螺旋叶片将物料沿轴线方向推移而进行物料搬运的连续运输设备。根据输送物料的不同，其叶片的面型有实体面型、带式面型、叶片面型等形式。螺旋式输送机主要用于输送粉状、颗粒状和小块状物料，如煤粉、纯碱、再生胶粉、氧化锌、碳酸钙及小块煤等，在化工厂中用途较广，不适宜输送易变质、黏性大和易结块的物料。

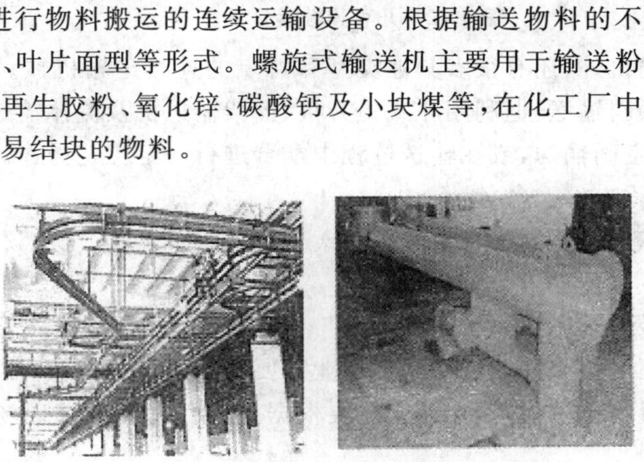

(a) 悬挂输送机　(b) 螺旋式输送机

图 4-11　几种连续运输设备(二)

6）辊柱、滚轮式输送机

辊柱输送机如图 4-12(a)所示，由许多定向排列的辊柱组成，辊柱在动力驱动下不停旋转以带动上置货物的移动，也可以在无动力的情况下由人力或货物自重带动货物在辊柱上移动。辊柱输送机适用于底部是平面的物品输送，具有输送质量大、速度快、运转轻快、能实现多品种共线分流输送的特点。滚轮式输送机与辊柱输送机原理相同，只是其采用的传送机制不是辊柱而是一个个小轮子，其外观如算盘一样，有时也称算盘式输送机，如图 4-12(b)所示。这两种输送机的输送构件都有空隙，因此不适合搬运散装货物或粒状、块状货物。

7）振动输送机

振动输送机，如图 4-12(c)所示，是利用某种形式的激振器使料槽振动，从而使槽内物料沿一定方向滑行或抛移的连续输送机械，适合输送石灰、沙石等粉粒状货物。根据振动方法不同，一般可分为弹性连杆式、电磁式和惯性式 3 种。

8）气力输送机

气力输送机，如图 4-12(d)所示，是利用流体动力在管道内输送物料的流体输送装置，如气力输送装置、液力输送装置等。它们利用诸如压力空气等介质产生的正压或负压作为动力源沿管道输送经破碎至一定粒度的粉粒状物料，从而完成搬运、装卸甚至运输。通常气力输送机适用于大型粮库的补仓、出仓、翻仓、倒垛以及粮食加工和啤酒酿造等行业在生产工艺中的散装、散运等机械化作业。但由于粉状货物具有特殊性，因此气力输送机专用性较强，不可混用于各种不同物料。

(a) 辊柱输送机　(b) 滚轮输送机　(c) 振动输送机　(d) 气力输送机

图 4-12　几种连续运输设备(三)

除上述连续运输机外，还有很多其他类型和特点的连续运输机械。连续输送机械大多用做物料的水平和倾斜输送，但利用斗式提升机、摇架输送机及流体输送装置也可进行垂直输送，有的还可进行空间输送，或在输送过程中配合进行一定工艺操作。

4.4.2　装卸搬运机具的选择

1. 需要考虑的因素

在物流活动中还有很多其他装卸搬运作业需要利用的各种机械，如专业卸车设备、码垛机、集装箱专用装卸设备等。物流作业人员要根据应用目的和装卸现场具体情况选择合适的装卸搬运设备。

(1) 从选择装卸作业本身的特征角度来考虑，选择装卸搬运设备要考虑 5 个因素：作业性质、作业运动方式、作业速率、作业对象体形及重量、作业搬运距离。不同的装卸搬运设备适合不同性质的作业，它们能够完成的作业线路可以是水平、垂直或曲线等，作业速度有快有慢，能够容纳或装载的作业对象重量轻重不同，体型有大小、规则与否的不同，能够实施的作业搬运距离有长短之分。所以，合理选择装卸搬运设备要综合考虑以上 5 个或更多作业相关因素。

(2) 选择搬运装卸设备，还要考虑设备的技术先进性、经济合理性、生产适用性以及污染等问题。

2. 需要遵循的原则

(1) 适用性原则

适用性原则包括适应性和实用性。物流企业在选择装卸搬运设备时，要充分考虑到搬运作业的实际需要，所选设备要符合货物的特性和货运量的大小，能够在不同的作业条件下灵活方便地操作。搬运设备功能不是越多越好，如果设备不能被充分利用，会造成资源和资金的浪费；但设备功能太少也会导致装卸作业效率低下。

(2) 先进性原则

搬运设备的技术先进性主要体现在自动化程度、环境保护、操作条件等方面，但是先进性必须服务于适用性，尤其是要有实用性，这样才能取得经济效益的最大化。

(3) 最小成本原则

主要是指设备整个寿命周期的使用成本最低，在先进性和低成本发生冲突时，物流企业要在充分考虑适用性的基础上进行权衡，作出合理选择。

(4) 可靠性和安全性原则

可靠性是指设备按要求完成规定功能的能力，是设备功能在时间上的稳定性和保持性。但是可靠性不是越高越好，必须考虑到成本问题。安全性要求设备在使用过程中保证人身及货物的安全，并且尽可能地不危害到环境。可靠性和安全性原则正日益成为选择设备、衡量设备好坏的主要因素。

本章小结

本章在介绍物料搬运系统的基本概念、基本设备和器具及设备管理之后，着重介绍物料搬运系统的分析设计方法(SHA)。搬运是在某一物流节点范围内进行的，借助人力或机械设备的力量，以改变物料的存放状态和空间位置为主要内容和目的的一系列活动。无论在生产领域还是流通领域，搬运都是影响物流速度和物流费用的重要因素，在物流系统中发挥着重要作用，是影响物流效率、减少物流成本和损失、决定物流活动经济效果的重要环节。按照搬运的作业场所、作业性质、使用的机械不同，可将搬运作业进行不同种类的划分，每种搬运具有各自的特点。

物料搬运系统(MHS)是通过一系列搬运设备和装置，协调、合理地将物料进行移动、储存或控制的系统。这个系统有 3 个要素：搬运对象、搬运路线和搬运方法。搬运对象即为需要搬运的物料，其活性系数、标准化及单元化的程度会对物料搬运系统产生影响。

思考与练习

1. 判断题

(1) 物料活性系数越高越好。　　　　(　　)

(2) 搬运路线中的直达型适用于距离短、物流量小的运输作业。　　　　(　　)

(3) 侧面叉车通常用于长大物料搬运。 (　　)

(4) 搬运方法包括搬运路线、搬运设备和搬运单元。 (　　)

2. 选择题

(1) 要求物料返回到起点的情况适合于(　　)流动模式。

A) 直线式　　B) L形　　C) U形　　D) 环形

(2) 搬运路线中的直达型适用于(　　)的运输作业。

A) 距离短、物流量大　　B) 距离短、物流量小

C) 距离长、物流量大　　D) 距离长、物流量小

(3) 系统搬运分析(SHA)重点在于(　　)

A) 空间合理规划　　B) 时间优化

C) 物流合理化　　D) 搬运方法和手段合理化

(4) 长大物料应使用的搬运设备是(　　)

A) 平衡重式叉车　　B) 前移式叉车　　C) 侧面式叉车　　D) 插腿式叉车

3. 简答题

(1) 什么是物料搬运系统?

(2) 什么是物料搬运基本原则?

(3) 什么是搬运活性及搬运活性指数? 物品在运动着的输送机上其搬运活性是多少?

(4) 设物流模数尺寸为1 200 mm×800 mm,试问可以由几个物流基础模数尺寸组成? 请画图表示。

(5) 选择搬运机具需要考虑什么因素?

4. 论述题

(1) 简述系统搬运分析(SHA)的步骤。

(2) 试述物料搬运系统设计要素。

(3) 试述系统布置设计(SLP)和系统搬运分析(SHA)的异同。

5. 案例分析

德国大型会展中心物流系统设计分析

1. 德国会展场馆分布概况

德国拥有的展览面积以及会展中心的分布密度在全球都是最高的。展览面积在15 000 m^2以上的会展中心共有24家,总展览面积超过2.5 km^2。拥有大型会展中心的城市大致可分为以下几种类型。

(1) 具有重要的政治、经济地位的中心城市,如首都柏林;

(2) 重要的商业中心城市或地处交通枢纽的大城市,如慕尼黑、法兰克福、科隆等。

(3) 各州府所在地城市,如杜塞尔多夫、斯图加特等;

(4) 以会展业为主要特色的城市,如汉诺威、莱比锡等;

(5) 拥有某一特定行业专业展览的中小城市,如奥芬堡、奥芬巴赫等。

目前全球5家最大的展览公司就有4家在德国。如处于德国中部的法兰克福,其会展中心自1911年建立以来,凭借其重要的金融、交通中心的地位,以及自身良好的经营策略,成为当前德国销售额最高的展览公司;处于中北部的汉诺威则借世界博览会的契机加速发展,成就了全球规模最大的会展中心,拥有将近0.47 km^2 的展览面积。两德合并后东部地

区各行业均在加快建设，会展业作为带动经济发展的重要动力而成为重点发展的产业。

2. 选址模式分析

(1) 会展中心与城市的关系

贸易展览是重要的城市功能，因此会展中心在城市中的地位也相当重要，在德国甚至能成为与火车站、飞机场等场所同样重要的公共设施。其建设多由各级政府和行业协会出资，委托专业展览公司经营管理。会展中心的选址往往能得到政府的支持或政策倾斜，因而能选取较利于其发展的地方。由于现代会展中心动辄拥有超过 0.10 km^2 的展览场馆，同时还需要大量的室外展场、停车场、货物堆场及发展预留用地和配套设施等，加之需要通畅的人流、物流流线，因此会展中心往往需要规模庞大的用地和便利的交通条件。通过百年来的发展，基本形成了处于城市边缘、靠近主要交通干线的选址模式。这种模式也基本适用于德国所有的会展中心，但由于建设年代及所处城市发展的不同，各会展中心的具体情况也有很大的差异。

(2) 会展中心的外部交通条件

1) 公路交通条件

在德国，公路运输仍是目前主要的运输方式之一，全境都建设有高标准、密集的高速公路网。高速公路和高等级公路是到达会展城市或会展中心的重要途径之一，同时也是重要的物流运输线。因此，多数大型会展中心都建在城市的边缘或是郊区，靠近连接城市间的高速公路入口。不少会展中心甚至就坐落在高速公路边，如柏林、莱比锡和慕尼黑会展中心。

2) 轨道交通及城市公交条件

德国拥有发达的轨道运输网络，全境约有 40 000 km 的铁轨，其客运方式由 4 部分组成：城际特快(ICE)、城际列车(IC)、欧洲城际列车(EC)和地区间列车(IR)。城际列车的时速一般可达 200 km/h，因此乘坐火车是城市之间到达目的地的选择方式之一。与很多欧洲城市类似，大部分的德国城市也是以火车站周边为城市的中心，在火车站往往有便利的公交车或城市轨道交通系统可以通往会展中心。

3) 与航空港的联系

德国地处欧洲的中心，由于地理及经济的因素，形成了几个重要的国际空港城市，如法兰克福、杜塞尔多夫等。德国的主要会展城市一般都拥有自己的机场。乘坐飞机是外国、特别是欧洲以外的参展商和参观者的主要方式。因此，会展中心与机场的高效连接是展会活动的重要保障，也是其是否具备国际性的硬件基础。多数会展中心与机场的距离在 15～20 km，其间有高速公路、城市快速路、城市铁路等相连接，15～20 min 即可到达。

4) 与航运码头的联系

欧洲的多条大河都穿越德国流向四面八方，如莱茵河、美因河、易北河、多瑙河及其支流等。虽然并不是主要交通方式，但河流航运仍是一些会展中心货流运输的选择途径之一。因此，许多会展城市坐落于河流近旁，有一些会展中心就沿河岸建设，如科隆、杜塞尔多夫会展中心均建在莱茵河岸。为迎送参观人流，靠近会展中心的岸边一般设有小型游船码头。

3. 场馆规划分析

(1) 会展场馆的规模及功能组成

德国的会展中心不仅总量世界第一，而且单个场馆的规模也很大。拥有大量的建筑物，宽阔的室外展场和停车空间几乎是德国会展中心的共同特征。

以展览面积为指标来看，超过 15 000 m^2 的会展中心共有 24 个。除了最大的汉诺威会展中心展览面积近 0.47 km^2 外，另外有 3 家展览面积在 0.20～0.30 km^2 之间；5 家在 0.10～0.20 km^2 之间；4 家在 0.05～0.10 km^2 之间；其他 11 家在 0.015～0.05 km^2 之间。虽然面积在 0.10～0.30 km^2 的会展中心仅占其中的 1/3，但其总展览面积则占到总数的 60%，因此，这类规模已成为德国会展中心的主流，其销售情况也是最好的。

(2) 会展场馆的规划及改扩建模式

目前德国会展业发展势头良好，对于展览面积的需求也在不断增长，因此，不断地扩建或翻建几乎是所有德国会展中心所要面临的现实。如杜塞尔多夫会展中心计划在 40 年内扩建的幅度达 2.5 倍，慕尼黑会展中心也计划在 10 年内再增加 50%的展览面积。这样的过程在一些历史悠久的场馆中甚至可以长达百年，如法兰克福会展中心多种风格建筑混杂的情况就是不断翻建、扩建的结果。

根据不同发展时期和扩建方式可以分为以下 3 种。

1) 异地重建型。如慕尼黑、莱比锡新会展中心均是此类情况。这样的模式多为近年新建的会展中心。它们往往由政府统筹安排规划，提供一定的优惠和政策倾斜，并由各级政府和行业协会参股。

2) 在原有场地基础上扩建或翻建。如法兰克福、科隆和柏林会展中心就采用这种模式。它们逐步拆除老的、不适用的建筑，而以新的大跨度、大规模、高效率的建筑取代，在不断的建设过程中，应用新的技术，适应新需求，完善新功能。

3) 上述两种类型的综合。其实，这样的扩建模式也是最为常见的。如杜塞尔多夫会展中心就是重新选址异地重建，继而又在规划场地上不断扩建而达到目前的规模。再如汉诺威会展中心的建设也是集扩建模式之大成，又利用了世界博览会的契机成为目前的展览巨无霸。

(3) 会展场馆的周边交通规划

1) 交通方式的选择。一个国际性的展览会，对于参展商及参观者来说，可选择的交通手段包括公路(高速公路)、轨道、航空、水运等方式。一般而言，在城市中可乘坐公交车、城市轨道或自驾车；来自邻近地区的可选择铁路交通或长途汽车；来自周边国家的可选择高速铁路、航空或游船途径，部分也可自驾车；来自海外的宾客则首先乘飞机到达所处城市，再选择城市公共交通。

2) 主入口的布局。大型会展中心往往需设多个主入口，分布于几个主要的方向，既有利于大量人流货流的集散，也有利于同时举办多个展会而互不影响；同时，主要的人行入口和货物入口也须分别布置。各入口须考虑与主要道路、停车场、轨道交通及公共交通站点的关系，这是解决会展中心与外界高效联系和组织内部交通的关键。

3) 停车场的布局。一般德国的会展中心都会在不同的入口附近提供多个停车场(楼)。其中有一两个大的集中停车场，这些停车场还可同时兼作室外展场使用。如科隆会展中心共有 22 个停车场，可停车 1.4 万辆。莱比锡会展中心共有 6 个停车场，7 100 个车位，其中参观者用 6 000 个，参展商用 1 000 个，其中载重货车位 40 个，小卡车位 80 个。它的 1、2 号停车场还是未来建设的预留用地。从停车场到主入口一般不超过两三百米。个别大的停车场远离主入口，则会在这些停车场和场馆之间设专用穿梭巴士。

4) 轨道交通站点的布局。几乎所有德国的会展中心都有包括地铁、轻轨和城市铁路在内的轨道交通的直达站点。轨道交通运力大、效率高，是会展中心集散人流最便捷的交通方式之一。在各会展中心主入口附近设置的地铁或城市轨道交通站点，距离一般也不会超过

300 m。特别像柏林会展中心，城市铁路的轨道直接就铺到了展馆的中心位置，可在展会期间加开专列。法兰克福会展中心更是横跨在一条城市铁路线的两侧，共有 4 条城市铁路线和 1 条地铁线可以直达。

5）公共交通站点的布局。德国的会展中心主入口附近都设有公共汽车、区间穿梭巴士和出租车停靠站。根据会展中心规模的大小，往往能够提供若干条公交线路，一般都有直接通往飞机场和城市中心的线路。

（资料来源：万联网信息中心，http://info.10000link.com/newsdetail.aspx?＝2010030100021）

思考与讨论

（1）德国大型会展中心物流系统分析流程是怎样的？

（2）德国大型会展中心物流设计前作了哪些规划分析？

6. 实训

叉车的优化配置

实训内容

2001 年 9 月，深圳某知名物流公司拟建一立体仓库，总面积达 12 000 m^2，有效高度 10.5 m，装卸货平台 16 处，客户希望既能最大限度利用其仓库空间，同时满足其货物最大周转量要求，日周转量为近 50 个 40 英尺集装箱。基于上述目的，客户先自行制定了叉车配置方案，拟订购林德叉车有限公司生产的三向高位堆垛叉车 8 台，电动平衡重式叉车 16 台。林德公司就此方案与客户进行了认真分析，共同分析探讨客户对仓库空间利用率、作业效率以及投资成本等综合需求状况后，运用仓储规划分析软件和 LOGIS 运行成本分析软件帮助客户进行系统分析后提出了如下方案：配套三向高位堆垛叉车 4 台、电动平衡重式叉车 6 台、电动托盘搬运车 10 台，做到各搬运设备分工明确，各款叉车充分利用，不仅综合运作效率大大提高，同时为客户减少对搬运设备的投资约 70％。

实训要求

分析该公司叉车配置的基本思路、工作内容和方法。

实训课时

2 课时。

实训步骤

（1）熟悉物料搬运设备。

（2）合理配置物料搬运设备。

检查标准

考核内容	考核标准	分值	实际得分
叉车的优化配置	1. 小组合作参与程度	10	
	2. 分工合作程度	10	
	3. 沟通协调能力	10	
	4. 方案的可行性与合理性	50	
	5. 专业知识的掌握程度、实际动手能力	20	
合　计		100	

第5章　物流存储系统

【学习目标】

通过本章的学习，了解储存的概念及库存、储存、储备概念的区别，了解存储系统的构成。掌握储存的功能，掌握仓库的种类和库存管理，了解仓储管理的主要基础概念，掌握仓储管理在国民经济中的地位和作用，掌握商品储存合理化的实施措施。

【能力目标】掌握库存控制和仓储系统规划和设计的基础知识，并初步具备库存控制、仓储规划和设计的能力。

【知识框架】

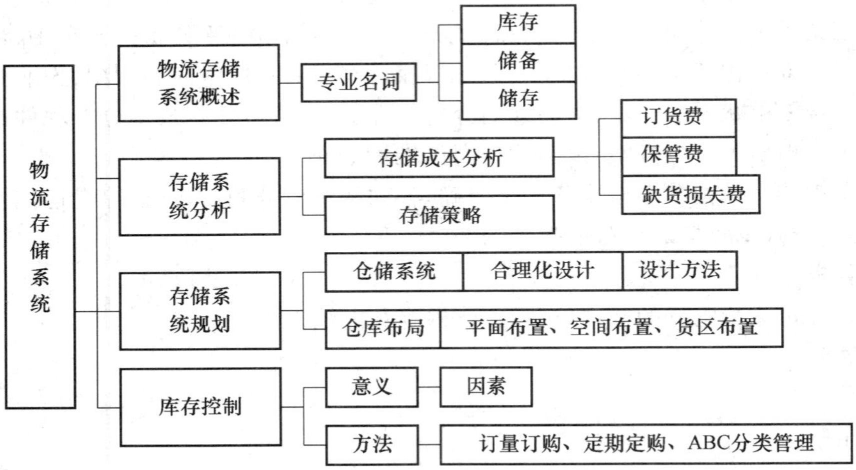

引导案例

远程仓储在亚洲

远程仓储已在越来越多的跨国企业中成为一种节约成本、方便营运的运作方式。如今到亚洲采购已成为一种趋势：越来越多的公司不再像以前那样把货物进口后储存在本国仓库中备用，而是充分利用当地的低成本和廉价劳动力，把货物存放在亚洲的仓库里，随后直接运到客户手中。专家估计，通过在亚洲原产地附近存储货物，可以使美国进口商在仓储和货物搬运方面的成本节省20%～30%，同时把货物分拣、包装、拼箱等物流服务项目也放到亚洲，更可以节约一笔开支。

从上海外高桥保税区的上海物流中心的发展可以看出这一趋势愈演愈烈。该中心2012年为施乐、埃克森美孚、西门子这样的跨国企业建设了面积达45万平方英尺的仓库设施。该中心预计，2013年平均每月所处理的货盘数将从去年的3 000个增长至1.2万个。

使用该仓库的美国公司将从 5 家增至 20～30 家。尽管有些货主仍坚持自己在亚洲设立仓库，但大部分企业已把仓储业务外包给像美国 Consolidation 公司这样的第三方物流公司。该公司称其设在深圳盐田港的仓库容量 5 年内已从 17 万平方英尺增长到 50 万平方英尺；常年利用率达 75%。Accessory Network 公司主要进口箱包、皮带和其他服饰附件，该公司利用的就是 Consolidation 公司位于盐田的仓库。同时，Consolidation 公司还为它分拣和包装货物，Accessory Network 公司预计这样为公司节约了 20%～30% 的库存成本。

马上基物流公司发现，越来越多的零售商把仓储放在亚洲，一旦客户需要，就随时运送出去。而且这样做对跨国企业还有一个好处：一旦供应商在货物销售方面出现变化，企业可以最快作出反应，及时调整库存，而不必像以往那样把货物再从美国送回亚洲。对那些从事季节性商品采购的进口商来说，这种“远程仓储”的方式尤为有利。例如，进口商可以让生产厂家在比较空闲的 12 月份生产出万圣节用的面具，然后存上大半年，到需要时运到美国。货主还可以一次性以优惠价订下大批量货物，存放在廉价的“远程仓库”里。不过，要想有效地管理这样一个“远程仓库”，信息技术非常关键，不仅需要高水平的数据可视系统，而且应对需求有准确的预测。只有这样，货主才可以放心地把货物存放在生产地附近，并能随时对之进行遥控。

思考

(1) 为什么国际上一些跨国公司选择亚洲作为远程仓库，你认为采用远程仓库对企业经营效益有何利弊？

(2) 你对仓库变革有哪些建议？

5.1 储存系统概述

储存是物流的重要基本功能，它和运输一起构成物流的核心基本功能。储存行为通常发生在仓库、堆场等地点，也可能发生在特定的运输工具中和生产流水线的某些环节中。

5.1.1 储存的概念

我国物流术语定义：储存(Storing)是指保护、管理、贮藏物品。储存是为消除物品在流通过程中供给和需求在时间上的差别而提供的服务。这种时间上的差别表现在许多方面，在社会分工和专业化生产的条件下，为保证社会再生产过程的顺利进行而保持一定数量的存货。例如，生产环节中上游工序与下游工序在节奏上不同，当上游工序节奏较快，而下游工序节奏较慢时，就会产生两道工序之间的产生性储存；又如，农产品生产的季节性和消费的无季节性造成的消费性储存。储存又是物流活动的重要支柱，例如，物品在流动过程中换乘运输工具时，由于运输工具之间的不匹配，而造成的运输性储存等。因此，没有物品储备，就没有物品流通的保证。正是有了这种储备，保证了生产过程、流通过程和供需活动有序、不断地进行。

5.1.2 储存的分类

根据储存目的的不同，可以把储存分为以下几种。

1. 生产性储存

生产性储存，是指由于生产工艺过程或者生产组织过程的某些不确定性，所导致的在局部生产结点，发生的特定物料的供给大于需求状态。生产性储存通常出现在生产流水线的附近，或者在生产厂区的内部。生产性储存有如下特点。

(1) 储存物品的种类与产品及其生产工艺密切相关。

(2) 储存的物品批量小，品种多。

(3) 储存的物品多数是半成品和在制品，还有少量的原辅料。

(4) 生产工序越多，储存的品种越多。

(5) 生产性储存通常发生在制造型企业内，属于生产物流的一部分。

如图 5-1 所示，为产生生产性储存的各个环节。图中三角形框中所示的内容都是储存的发生地，可以看出，在设计生产工艺过程中，如果能够增加直接配送的环节，就可以减少存储数量。

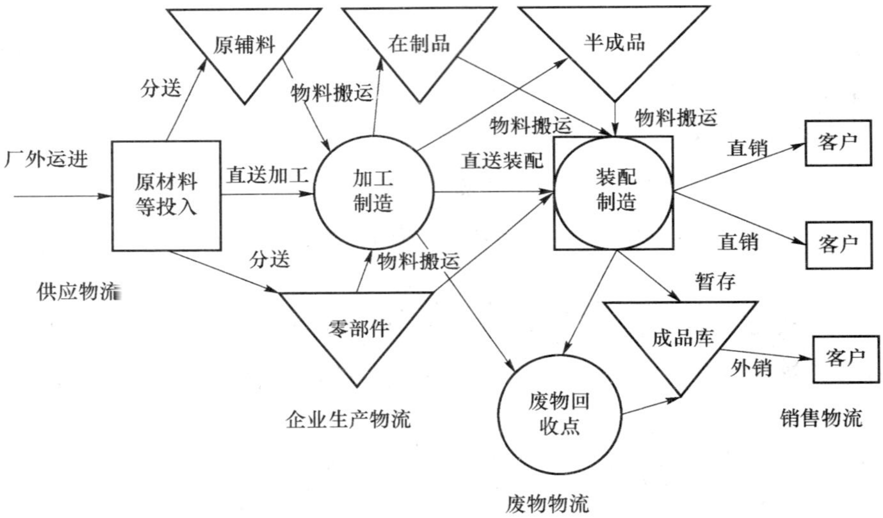

图 5-1 生产性储存的产生

2. 采购性储存

采购性储存，是指由于采购节奏和批量与生产或者销售节奏和批量上的差异，而形成的物品流动的暂时停滞。采购性储存的对象通常是季节性较强的产品，主要是农产品，也可能是供应批量较大而生产和销售批量较小的产品。

3. 销售性储存

销售性储存，是指企业由于销售节奏和批量与生产节奏和批量的不一致，生产较快或批量较大，而销售较慢或批量较小，从而导致的储存。

4. 商品的增值性储存

增值性储存，是指生产出来的商品在消费之前，根据市场上消费者对产品的的偏好，再对商品进行最后的加工改造或流通加工，以提高商品的附加值、促进销售。

5. 流通衔接性储存

流通衔接性储存，是指物品从生产地到消费地的流通过程中，中途需要经过集、疏环节，还可能需要换乘不同的运输工具，为了有效地利用各种运输工具，降低运输过程中的作业难度，实现经济、规模运输，物品需要在仓库里存放、候装、配载、包装、成组、分装和配送等作业。如图 5-2 所示。

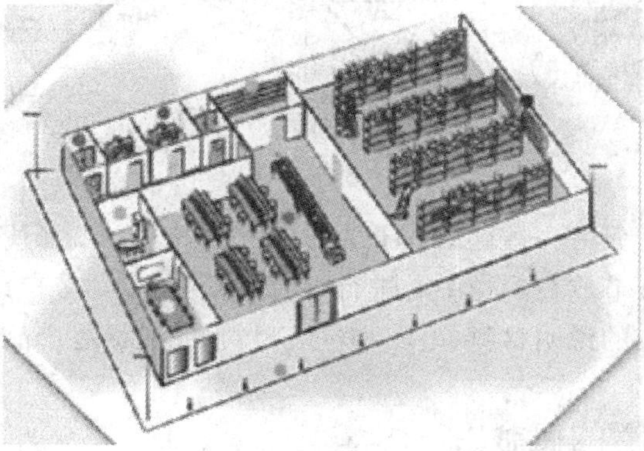

图 5-2　流通衔接性储存

6. 政策性储存

政策性储存，是指由于政策的需要而产生的储存，常见的如生产资源储存，包括煤炭储存、石油储存等；重要生活资源储存，如粮食、棉花、布匹等储存。

7. 投机性储存

投机性储存，是指企业根据对市场的判断故意囤积一些产品或原料，待这些产品或原料的市场价格上涨以后出售，获得利润。

5.1.3　仓库的功能

1. 保管功能

保管物品是仓库最基本的功能。它是指那些消耗较快需要及时补给的物品暂时存储。有的物品长期存储，一般是安全库存或缓冲库存，也可以是战略物资库存。

2. 移动功能

移动功能一般包括以下步骤：收货验货、搬运放置、加工包装和拣选配送等。如图 5-3 所示。

3. 信息传递功能

例如，通过使用电子数据交换系统（EDI）或条码技术，来提高仓库物品的信息传递速度和准确性，通过互联网及时地了解仓库的使用情况和物品的存储情况。

4. 加工/延期加工

加工/延期加工功能，是指把产品的最后一道工序一直推迟到需求该产品时为止。例如，惠普（HP）公司生产的打印机销往世界各地，由于发往世界不同地方的打印机，在说明书、电源、包装材料等方面都有特殊要求，如果在生产过程中就完成最终发送到客户的包装，则会出

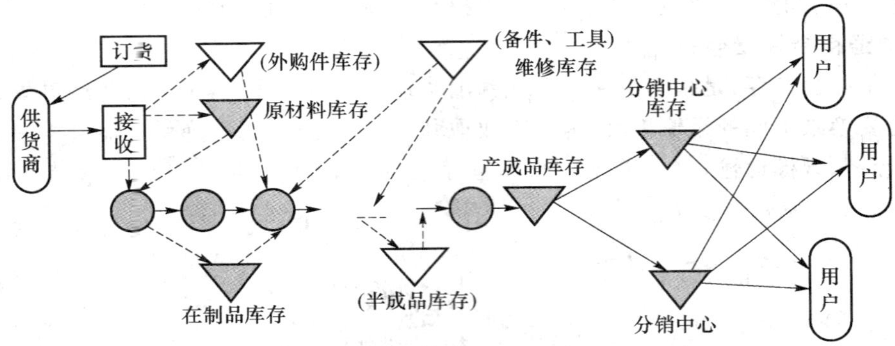

图 5-3 仓库的移动功能

现某些包装的产品缺货，而另一些包装的产品货物积压的情况。HP 公司针对此类问题采用延后处理模式，将包装环节放在配送中心进行，销售部门在收到客户订单后，通知配送中心，再根据客户要求，选择相应的说明材料、电源和包装材料，完成最终产品的生产工序。

5.1.4 几个容易混淆的概念

在物流科学体系中，经常涉及库存、储备及储存这几个概念，而且经常被混淆。3 个概念虽有共同之处，但仍有区别，认识这个区别有助于理解物流中“储存”的含义和以后要遇到的零库存概念。

1. 库存

库存是指企业在生产经营过程中为销售或耗用而储备的物品。一般来讲，库存是处于储存状态的物品，但广义的库存还包括处于制造加工状态和运输途中的物品。

库存按其作用，可分为以下 3 种类型，即周转库存、安全库存、转运库存。

周转库存(Cycle Inventory)，又称基本储存(Base Stock)，是指在订货过程中必须持有的平均存货。补给过程中在完成周期之初，存货储备处于最高水平、日常的顾客需求不断地“抽取”存货，直至该储备水平降低为零。在存货储备还没有降低为零之前，一项补给订货就会启动，于是，在还没有发生缺货之前将会完成储备。

安全库存(Safety Stock)，是指防止不确定因素对每个物流设施的影响而进行的储备。

转运库存(Transit Inventory)，是指正在转移或等待转移的、储备在运输工具中的存货。也称在途库存。

合理的库存能在满足用户需求的前提下，以最经济的方法和手段，使库存费用、订货费用、缺货损失之和保持在最小的状态。

2. 储备

物品的储备是一种有目的的储存行动，也是这种有目的的行动和其对象总体的称谓。

物品储备的目的是，保证社会再生产连续不断地、有效地进行。所以，物品储备是一种能动的储存形式，或者说，是有目的的、能动的生产领域和流通领域中物资的暂时停滞，尤其是指在生产与再生产，生产与消费之间的那种暂时停滞。

储备和库存的本质区别在于，第一，库存明确了停滞的位置，而储备这种停滞所处的地理位置远比库存广泛得多,储备的位置可能在生产及流通中的任何结点上,可能是仓库中的储备,也可能是其他形式的储备。第二,储备是有目的的、能动的、主动的行动,而库存有可能不是有目的的,有可能完全是盲目的。

3. 储存

储存是包含库存和储备在内的一种广泛的经济现象,是一切社会形态都存在的经济现象。在任何社会形态中,对于不论什么原因形成停滞的物品,也不论是什么种类的物品在没有进入生产加工、消费、运输等活动之前或在这些活动结束之后,总是要存放起来的,这就是储存。这种储存不一定在仓库中也不一定是有储备的要素,而是在任何位置,也有可能永远进入不了再生产和消费领域。但在一般情况下,储存和储备两个概念是不作区分的。储存、储备与库存的关系如表 5-1 所示。

表 5-1　储存、储备与库存

储存	仓储管理	收货、检验、分拣、保管、拣选、出货	储存管理:对确定的库存(动态、静态)进行管理
	库存控制	对库存品种、数量、金额、地区方式和时间等活动等结构的控制	储存决策:确定储存组合(什么、多少、何时、哪里)等

物流中的"储存"是一个非常广泛的概念,物流学要研究的就是包括储备、库存在内的广义的储存概念。和运输的概念相对应,储存是以改变"物"的时间状态为目的的活动,以克服产需之间的时间差异来获得更好的效用。

5.1.5　物资存储系统的构成

各个企业的物资管理机构及其业务工作既有着各种相同的外部条件,又有不同的内部特征,确实是千差万别的,但是把各种物资存储活动看做一个系统来研究,该系统与外部环境的关系是具有一定的共性的。在研究物资存储系统时,一般采取抽象模拟的方式,把具体问题典型化。这样一方面便于进行定性和定量分析,另一方面又便于总结经验,把实践上升到理论,进一步加强对存储系统的理论研究。

1. 存储系统的输出

为了满足生产的需要,需要将库存物资不断地发往需用单位,这称为存储系统的输出。输出的方式有间断式和连续式两种。

需用单位每次提出的需求量可能是确定性的,也可能是随机性的。如某工厂每月需要钢材 10 t 是固定不变的,而对机器零部件的需要量却是每月都在变,如 1 月需要 40 个,2 月需要 55 个,3 月需要 30 个等。可以根据大量的统计数据,找到需求量满足的规律性。

2. 存储系统的输入

库存物资由于不断地输出而减少,必须进行及时补充,库存的补充就是存储的输入。它可以通过订货或者是自己组织生产来达到目的。需求量往往是外界提出的,因而库存的输出难以控制和掌握,而库存输入的很多因素则可以自己来控制。这些因素主要包括补充库存的时间以及补充的数量。为保持库存,需要进行订货,从开始订货到进货有一段时间。因此,为保证及时供应,就要提前订货,提前的时间称之为"提前订货时间"。提前订货时间可以是确定的，也可以是随机的。

5.2 存储系统分析

5.2.1 存储系统费用分析

费用是存储管理的一项重要经济指标，存储系统必须按最经济的原则运行。

企业的仓库一般可以分为原材料库和半成品、产成品库两类。为了建立库存模型，必须了解各类仓库存储费用的构成情况。

1. 订货费

对供销企业来说，订货费是指为补充库存，办理一次订货发生的有关费用，包括订货过程中发生的订购手续费、联络通讯费、人工核对费、差旅费、货物检查费、入库验收费等。当生产企业自行组织生产时，订货费相当于组织一次生产所必须的工夹具安装、设备调整、试车、材料安排等费用。一般来说，订货费与订购或生产的数量无关或基本无关。

在确定订货费时，对具体问题要具体分析，但必须注意不能将搬运费、管理费等平均分摊到每一件货物上 这样，就使订货费和一次订购的数量有关了。

在年消耗量固定不变的情况下，一次订货量越大，订货次数就越少，每年所花费的总订货费就越少。因此 从订货费角度看，订货批量越大越好。

2. 保管费

保管费一般是指每存储物资单位时间所需花费的费用。这一项费用中，只计人与库存物资数量成正比的部分，凡与存储物资数量无关的不变费用不计算在内。有时保管费还经常用每存储 1 元物资单位时间所支付的费用来表示，称为保管费率。

保管费包括存储物资所占用资金的利息、物资的存储损耗、陈旧和跌价损失、存储物资的保险费、仓库建筑物及设备的修理折旧费、保险费、存储物资的保养费、库内搬运设备的动力费、搬运工人的工资等。在以上保管费成分中，利息支出所占比重较大，以工业贷款月利率 6%来计算，存储百万元物资一年，仅利息就需支付 7.2 万元。由此可见，控制存储物资数量，加速物资周转的意义。

由于订货量越大，平均库存量就越大，从而存储费支出越大。因此，从存储费角度看，订货批量越大越不好。

3. 缺货损失费

缺货损失费一般是指由于中断供应影响生产造成的损失赔偿费，包括生产停工待料，或者采取应急措施而支付的额外费用。衡量缺货损失费有两种方式，一种是当缺货费与缺货数量的多少和缺货时间的长度成正比时，一般以缺货一件为期一年(付货时间延期一年)，造成的损失赔偿费来表示；另一种是缺货费仅与缺货数量有关而与缺货时间无关，这时以缺货一件造成的损失赔偿费来表示。

由于缺货损失费涉及到丧失信誉带来的损失，所以它比存储费、订货费更难以准确确定，有时一旦发生缺货，所造成的损失是无法弥补的。对不同的部门、不同的物资来说，缺货费的确定标准不同,要根据具体要求分析计算,将缺货造成的损失数量化。

仓库绝对不缺货,从理论上讲是可以的,但在实际中是不可能的,实际中为保证不缺货而保持过大的存储量也是不经济的。当缺货损失费难以确定时,一般以用户需求得到及时满足的百分比来衡量存储系统的服务质量,即为服务水平。

从缺货损失费角度考虑,存储量越大,缺货的可能性就越小,因而缺货损失费也就越少。

从以上订货费、保管费、缺货损失费的意义可知,为了保持一定的库存,要付出保管费;为了补充库存,要付出订货费;当存储不足发生缺货时,要付出缺货损失费。这 3 项费用之间是相互矛盾、相互制约的。保管费与所存储物资的数量和时间成正比,如降低存储量,缩短存储周期,自然会降低保管费;但缩短存储周期,就要增加订货次数,势必增大订货费支出;为防止缺货现象发生,就要增加安全库存量,这样就在减少缺货损失费支出的同时,增加了保管开支。因此,要从存储系统总费用最小的前提出发进行综合分析,寻求一个合适的订货批量及订货间隔时间。

一般情况下,在进行存储系统的费用分析时,是不必考虑所存储物资的价格的,但有时由于订购批量大,物资的价格有一定的优惠折扣;在生产企业中,如果生产批量达到一定的数量,产品的单位成本也往往会降低。这时,进行费用分析就需考虑物资的价格了。

5.2.2　存储策略

1. 有关概念

(1) 存储策略

由于存储具有多种形式,必须根据物资需求及订购的特点,采取不同的方法来控制存储。确定存储系统何时进行补充(订货)及每次补充(订货)的数量就是存储策略。

为做好存储系统控制,首先要积累有关物资需求的历史统计资料,掌握计划期的生产消耗情况,预测计划期的物资需求量规律;其次要了解不同物资的提前订货时间;最后分析与存储有关的各项费用,制定出合理的存储策略。

存储策略是由存储系统的管理人员制定的,因此,采用何种策略,既决定于所存储物资本身,又带有一定的人为因素。

(2) 订货批量

存储系统根据需求,为补充某种物资的存储量而向供货厂商一次订货或采购的数量。

(3) 报警点 s

报警点又称订货点。该点库存量和提前订货时间是相对应的,当库存量下降到这一点时,必须立即订货,当所订的货物尚未到达并入库之前,存储量应能按既定的服务水平满足提前订货时间的需求。

(4) 安全库存量

安全库存量又称保险储备量。由于需求量和提前订货时间都可能是随机变量,因此,提前订货时间也是随机变量,其波动幅度可能大大超过其平均值。为了预防和减少这种随机性造成的缺货,必须准备一部分库存,这部分库存称为安全库存量。只有当出现缺货情况时才动用安全库存量。

(5) 最高库存量

在提前订货时间可以忽略不计的存储模型中，S 指每次到货后所达到的库存量。即当存在提前订货时，发出订货要求后，库存应该达到的数量，由于此时并未实际到货，所以该最高库存量又称名义库存量。

(6) 最低库存量

一般是指实际的库存最低数量。

(7) 平均库存量

库存保有的平均库存量。当存在报警点 s 时，平均库存量为 $Q=1/2Q+s$

(8) 订货间隔期

两次订货的时间间隔或订货合同中规定的两次进货之间的时间间隔。

(9) 记账间隔期

记账间隔期是指库存记账制度中的间断记账所规定的时间，即每隔 R 时间，整理平时积欠下来的发料原始凭据，进行记账，得到账面结存数以检查库存量。

2. 常用的存储策略

(1) 定量订购制。泛指通过公式计算或经验求得报警点和每次订货量，并且每当库存量下降到一定点时，就进行订货的存储策略。通常使用定货量与报警点制，即(Q、s)制；最高库存量与报警点制，即(S、s)制；间隔监控制，即(R、S、s)制等。

1) (Q、s)制库存控制策略。采用这种策略需要确定订货批量 Q 和报警点 s 两个参数。(Q、s)属于连续监控制(又称永续盘点制)，即每供应一次就结算一次账，得出一个新的账面数字并和报警点 s 进行比较，当库存量达到 s 时，就立即以 Q 进行订货。

2) (S、s)制库存控制策略。这种策略是(Q、s)制的改进，需要确定最高库存量 S 及报警点 s 两个参数。(S、s)制属于连续监控制，每当库存量达到或低于 s 时，就立即订货，使订货后的名义库存量达到 S，因此，每次订货的数量 Q 是不固定的。

3) (R、S、s)制库存控制策略。这种策略需要确定记账间隔期 R、最高库存 S 和报警点 s 3 个参数。(R、S、s)制属于间隔监控制，即每隔一定时期检查库存，当库存等于或低于 s 时，应立即订货，使订货后名义库存量达到 S，因而每次实际订购批量是不同的，当检查实际库存量高于 s 时，不采取订货措施。

(2) 定期订购制。即每经过一段固定的时间间隔 T（称订购周期）就补充订货使存储量达到某种水平的存储策略。常用的有(T、S)制。

(T、S)制库存控制策略需要确定订购间隔期 T 和最高库存量 S 两个参数。属于间隔监控制，即每隔一段时间检查库存，根据剩余存储量和估计的需求量确定订货量 Q，使库存量恢复到最高库存 S。

5.2.3 存储模型类型

1. 确定型与随机型模型

凡需求量 D、提前订货时间为确定已知的存储模型，称为确定型；凡需求量 D、提前期不确定的存储模型，称为随机型。

例如，商店经销某种日用品，该日用品的需求量服从某一随机分布规律，则该日用品的存储模型就是随机型的；又如修路需某种型号的水泥，其每日需求量基本上是固定的，供货水泥厂货源充足，用料单位组织进料运输，因此可以认为需求量、提前订货时间均为确定已知的，该种水泥的存储模型就是确定型。

在确定型存储模型中，又可分为需求不随时间变化和需求随时间变化两种类型；同样，随机型存储模型也可根据需求量是否随时间变化分为两类。

事实上，所谓绝对的确定型是不存在的。在实际存储问题中，D、t 两个参数多少总会有一些波动。一般，设随机变量 x 的均值为$\bar{x}$，标准差为 σx，只要变异系数 $Cx=\sigma x\sqrt{x}$，小于 0.1～0.2，随机变量就可以当做确定型变量来对待。实际中，如生产企业按物资消耗定额核定的物资需求量，基本建设工程中按设计预算得到的物资需求量，有固定可靠供销关系的物资的提前定货时间等，都可以本着这个原则进行分析处理。

2. 单品种与多品种库存模型

一般来说，将数量大、体积大又占用金额多的物资单独设库管理，称为单品种库，如木材、水泥、焦炭、煤等。这类库存往往占用大量资金，要采用比较精细的方法来计算其存储控制参数。

有些物资是多品种存放在一个仓库里的，这种库存模型称为多品种库，如钢材库、电器元件库、配件库、有色金属库等。在多品种库的存储中，不可能逐一计算每种物资的库存控制参数，可以将库存物资按其占用金额进行 ABC 分类存储管理。由于流动资金定额一般是按仓库下达的，所以多个品种物资存放在一个仓库时，往往存在资金约束及仓库容积约束的情况，这样的存储模型称为带约束的存储问题。

3. 单周期与多周期存储模型

有的物资必须购进后一次全部供应或售出，否则就会造成经济损失，这类存储问题的模型称为单周期存储模型，如报纸、年历等时令性物品以及防洪、防冻季节性物资构成的模型。

有的物资多次进货多次供应，形成进货—供应消耗—再进货—再供应消耗的模式，周而复始地形成多周期特点的存储问题的模型称为多周期存储模型。

5.3　仓储系统规划

仓储系统的规划与设计关系到企业商品的流转速度、流通费用、企业对顾客的服务水平、服务质量以及仓储的运作效率，最终影响企业的利润。因此仓储系统的规划与设计是物流系统规划中一个很关键的部分。

5.3.1　仓储及其作用

1. 仓储的概念

所谓仓储，就是在特定的场所储存物品的行为。其中，“仓”也称仓库，是存放物品的建筑物和场地，它可以是房屋建筑、大型容器，也可以是洞穴或者特定的场地等，一般具有存放和保护物品的功能；而“储”则用来表示收存以备使用，具有收存、保管、交付使用的功能。

仓储作为物流系统中物资供应的一个重要组成部分，是各种物资周转、储备的关键环节，担负着物资管理的多项业务职能。

2. 仓储的作用

一般而言，现代仓储管理不仅要保管好库存物资，做到数量准确、质量完好、确保安全、收发迅速、面向生产，还要服务周到、降低费用、加速资金周转。所以，在经济尤其是物流生活中，仓储管理发挥着越来越大的作用。

(1) 对现代经济建设来说，现代仓储管理是保证社会再生产顺利进行的必要条件，是国家满足急需特需物资的保障。如果失去了仓储储备，就难以应付突发的自然灾害、战争等人力不可抗拒的情况，就难以保证国家安全和社会稳定。

(2) 对流通领域来说，现代仓储管理是平衡市场供求关系、稳定物价的重要条件，是物资供销管理工作的重要组成部分，还是保持物资原有使用价值的重要手段。

(3) 对企业经营来说，仓储可以调节在采购、生产、销售环节之间由于供求品种及数量的不一致而发生的变化，起到润滑剂的作用。

5.3.2 仓储系统的规划

仓储系统规划是实现物流合理化的必要步骤。仓储系统规划在于运用专业技术能力，统计运算分析各作业需求，将仓储各关联系统作最适合的搭配组合，以建立适合的运作系统。仓储系统规划主要包括仓储作业区域的需求功能规划、作业程序与信息系统架构的规划、区域布置规划、仓储区域规模的确定、仓储设备的规划与选用等。

1. 仓储系统的规划原则

仓储系统的规划原则不是一成不变的，要视具体情况而定。在特定场合下，有些原则是互相影响，甚至互相矛盾的。为了作出最好的设计，对这些原则进行选择和修改是很有必要的。

(1) 系统简化原则

要根据物流标准化做好包装和物流容器的标准化，把杂货、粮食、饮料、食盐、食糖、饲料等散装货物、外形不规则货物组成标准的储运集装单元，实现集装单位与运输车辆的载重量、有效空间尺寸的配合，集装单位与装卸设备的配合，集装单位与仓储设施的配合，这样做有利于仓储系统中的各个环节的协调配合，在异地中转等作业时，不用换装，提高通用性，减少搬运作业时间，减轻物品的损失、损坏，从而节约费用；同时也简化了装卸搬运子系统，降低系统的操作和维护成本，提高系统的可靠性，提高仓储作业的效率。

(2) 平面设计原则

如无特殊要求，仓储系统中的物流都应在同一平面上实现，从而减少不必要的安全防护措施；减少利用率和作业效率较低、能源消耗较大的起重机械，提高系统的效率。

(3) 物流和信息流的分离原则

现代物流是在计算机网络支持下的物流，如果不能实现物流和信息流的尽早分离，就要求在物流系统的每个分、合结点均设置相应的物流信息的识别装置，这势必造成系统冗余，增加系统成本；如果能实现物流和信息流的尽早分离，将所需信息一次识别出来，再通过计算机网络传到各个结点，即可降低系统的成本。

(4) 柔性化原则

仓库的建设和仓储设备的购置,需要大量的资金。为了保证仓储系统高效工作,需要配置针对性较强的设备,而社会物流环境的变化,又有可能使仓储货物品种、规格和经营规模发生改变。因此,在规划时要注意机械和机械化系统的柔性和仓库扩大经营规模的可能性。

(5) 物料处理次数最少原则

不管是以人工方式还是自动方式,每一次物料处理都需要花费一定的时间和费用。通过复合操作,或者减少不必要的移动,或者引入能同时完成多个操作的设备,就可减少成本。

(6) 最短移动距离,避免物流线路交叉原则

移动距离越短,所需的时间越少,费用就越低;避免物流线路交叉,即可解决交叉点物流控制和物流等待时间问题,有利于保持物流的畅通。

(7) 成本与效益平衡原则

在建设仓库和选择仓储设备时,必须考虑投资成本和系统效益原则。在满足仓储作业需求的条件下,尽量降低投资。

5.3.3 仓储合理化设计

1. 仓储合理化的含义

仓储合理化,就是用最经济的仓储管理来实现仓储的功能,仓储的功能是满足物品的储存需要以实现储存物品的"时间效用"等。因此,仓储管理中降低成本以满足客户需求的仓储量是衡量仓储管理合理化的一个原则。仓储合理化主要有如下标志,如表 5-2 所示。

表 5-2　仓储合理化标志

标志类型	仓储合理化内容
质量标志	仓储管理中对物品科学的保管保养,保证物品具有使用价值,这是实现仓储合理化的基本要求。为此,应通过仓储质量控制和管理来保证仓储质量。
数量标志	仓储管理中的物品数量控制体现出整个仓储管理的科学化与合理化程度。一个合理的仓储数量应该是满足需求并做到成本最低。
时间标志	在保证仓储功能实现的前提下,寻求一个合理的储存时间。要求仓储管理中,物品的管理应该处于动态的、不断周转的状态下。资金的周转率越高,运作的成本就越低。因此,仓储的时间标志反映出仓储的动态管理程度。
结构标志	存储物品之不同品种、不同规格、不同花色的仓储数量的比例关系,可以对仓储合理性进行判断。
费用标志	仓租费、维护费、保管费、损失费、保险费和资金占用利息支出费用等,都能从实际费用上判断储存的合理与否。
分布标志	指不同地区仓储的数量比例关系,反映满足需求的程度和对整个物流的影响。

2. 仓储总体构成

仓储作业通常由生产作业区、辅助作业区、行政生活区、库内运输道路、停车场和绿化区构成。

(1) 生产作业区

它是库区仓储活动发生的主要场所,主要包括以装卸、储存、转运货物为主要业务的货

场、货棚、仓库、装卸平台等和由道路、码头、铁路专用线为主要组成的交通系统。

（2）辅助作业区

辅助作业区为仓储的主要业务提供各项服务，如设备维修、各种物料和机械的存放、垃圾处理等。主要建筑物包括维修加工及动力车间、工具设备库、车库、油库、变电室等。

（3）行政生活区

行政生活区是仓储行政管理机构和生活区域。具体包括办公楼、警卫室、化验室、宿舍和食堂等。行政生活区与生产作业区应分开，并保持一定距离，以保证仓库的安全及行政办公和居民生活的安静。

（4）库内运输道路

商品出入库和库内搬运要求库内外交通运输线相互衔接，并与库内各个区域有效连接。仓库交通运输布局是否合理，对于仓库组织仓储作业和有效地利用仓库面积都有很大的影响。

（5）停车场和绿化区

停车场和绿化区设置要遵照相应的法律法规并使不同区域所占面积与仓库总面积保持适当的比例。例如，停车场面积必须保证商品接收、发运需要，绿化区面积不少于30％等。

3. 仓库结构设计

仓库的结构，对于实现仓储功能起着非常重要的作用。设计时，要从以下方面考虑。

（1）平房建筑和多层建筑仓库的结构设计

仓库的结构从出入库作业的合理化方面看，尽可能采用平房建筑。这样，储存物品就不必上下移动，因为利用电梯将储存产品从一个楼层搬运到另一个楼层费时费力，而且电梯往往也是物品流转中的一个瓶颈。但在城市商业中心区，因土地有限或昂贵，为了充分利用土地，采用多层建筑成为最佳选择。采用多层仓库时，要特别重视对货物上下楼通道的设计。

（2）仓库出入口和通道

仓库出入口的位置和数量是由建筑物主体结构和面积、库内货物堆码形式、出入库作业流程和次数以及仓库职能等因素所决定的。出入库口尺寸是由卡车是否出入库内，所用叉车的种类、尺寸、台数、出入库次数、保管货物尺寸所决定的。库房内的通道是保证库内作业顺畅的基本条件，通道应延伸至每一个货位，使每一个货位都可以直接进行作业。通道需要通直平整，减少转弯和交叉。

（3）立柱间隔

库房内的立柱是出入库作业的障碍，会导致保管效率低下，因而立柱应尽可能减少。但当平房仓库梁的长度超过25 m时，建无柱仓库有困难，则可设梁间柱，使仓库成为有柱结构。对于在开间方向上的壁柱，可以每隔5～10 m设一根，由于这个距离仅和门的宽度有关，库内又不显露出柱子，因此和梁间柱相比，在设柱方面比较简单。但是在开间方向上的柱间距必须与隔墙、防火墙的位置，门、库内通道的位置，天花板的宽度或是库内开间的方向设置的卡车停车站台长度等相匹配。

（4）天花板的高度

由于实现了仓库的机械化、自动化，因此现在对仓库天花板的高度也提出了很高的要求。即使用叉车的时候标准提升高度是3 m，而使用多段式高门架的时候要达到6 m。另外，从托盘装载货物的高度来看，包括托盘的厚度在内，密度大且不稳定的货物，通常以

1.6 m为标准。以其倍数(层数)来看,1.2 m/层×4 层=4.8 m,1.6 m/层×3 层=4.8 m,因此,托盘货架仓库的天花板高度最低应该是 5～6 m。

(5) 地面

不同构造的地面会有不同的耐压强度,地面承载力也会不同。地面承载力必须根据承载货物的种类或堆码高度具体研究。通常,一般平房普通仓库 1 m^2 地面承载力为 2.5～3 t,其次是 2～2.5 t;多层仓库随层数的增高,地面承受负荷能力减小,一层为 2.5～3 t,二层为 2～2.5 t,三、四层为 1.5～2 t,五层以上为 1～1.5 t 甚至更小。地面的负荷能力是由保管货物的重量以及所使用的装卸机械的总重量、楼板骨架的跨度等所决定的。流通仓库的地面承载力,还必须保证重型叉车作业的足够受力。

5.3.4　仓库布局

1. 仓库布局

仓库布局是指将一个仓库的各个组成部门,如库房、货棚、货场、辅助建筑物、铁路专用线、库内道路、附属固定设备等,在规定范围内,进行平面和立体的统筹规划、合理安排,最大限度地提高仓库的储存和作业能力,并降低各项费用的设计。

2. 仓库布局原则

(1) 尽可能采用单层设备,这样造价低,资产的平均利用率也高。

(2) 使货物在出入库时单向和直线运动,避免逆向操作和大幅度变向的低效率运作。

(3) 在物料搬运设备大小、类型、转弯半径的限制下,尽量减少通道所占用的空间。

(4) 尽量利用仓库的高度,可以多使用高层货架或使用托盘来多层堆放以提高储存量,增加利用空间。

(5) 要适应现代仓储的需求,尽量配置高效的物料搬运设备及操作流程,以提高生产效率。

(6) 实施有效的存储计划,确保储存空间有效利用。

3. 仓库总体布局的要求

(1) 要适应仓储企业的生产流程,有利于实现仓储作业的优化

1) 单一的物流方向。仓库内商品的卸车、验收、存放地点之间的安排,必须适应仓储生产流程,按一个方向流动。

2) 最短的运距。应尽量减少迂回运输,专用线的布置应在库区中部,并根据作业方式、仓储商品品种、地理条件等,合理安排库房,专用线要与主干道相对应。

3) 最少的装卸环节。减少在库商品的装卸搬运次数和环节,商品的卸车、验收、堆码作业最好一次完成。

4) 最大的利用空间。仓库总平面布置是立体设计,应有利于商品的合理存储和充分利用库位。

(2) 有利于提高仓储经济效益

要因地制宜,充分考虑地形、地址条件,合理确定库房的位置和朝向,仓库位置应便于货物的入库、装卸和提取,库内区域划分明确、布局合理,为货物的储存保管创造良好的环境,提供适宜的条件。

(3) 有利于保证安全生产和文明生产

1) 要符合消防规定,要有防火、防盗、防水、防爆设施,同时要为发生险情时创造方便的救援条件。

2) 应符合卫生和环境要求,既满足库房的通风、日照等,又要考虑环境绿化、文明生产、职工健康。

4. 仓库内部货区布局设计

仓库货区布局,是指根据仓库场地条件、仓库业务性质和规模、物资储存要求以及技术设备的性能和使用特点等因素,对仓库各组成部分,如存货区、理货区、配送备货区、通道以及辅助作业区等,在规定的范围内进行平面和立体的合理安排和布置,最大限度地提高仓库的储存能力和作业能力,并降低各项仓储作业费用。仓库的货区布局和规划,是仓储业务和仓库管理的客观需要,其合理与否直接影响各项工作的效率和储存物资的安全。因此,建设新仓库时不但要重视仓库货区的合理布置,随着技术的进步和作业情况的变化,也应重视对老仓库进行必要的改造。

5. 合理进行库位分区

库位分区是解决货物如何放、放在哪里的问题,是仓库作业的基础,分区是否合理将直接影响仓库作业的效率。

按照仓储作业的功能特点以及 IS09000 国际质量体系认证的要求,仓库内部库位一般分为以下 4 个区域。

(1) 预备储区。用于暂存处于检验过程中的货物,有进货暂存区和出货暂存区之分。预备储区中不但应对货物的品质有所保护,而且对于货物分批、分类的隔离也要落实执行。此区域一般采用黄色的标志以区别于其他状态的货物。

(2) 保管储区。此区域的货物大多以中长期状态进行保管,是整个仓储中心的管理重点所在。此区域一般采用绿色的标志以区别于其他状态的货物。

(3) 待处理区。用于储存不具备验收条件或质量不能确认的货物,一般采用白色的标志以区别于其他状态的货物。

(4) 不合格品区。用于储存质量不合格的货物的区域。

5.3.5 货区布置方法

1. 平面布置

平面布置是指对货区内的货垛、通道、垛间距、收发货区等进行合理的规划,并正确处理它们的相对位置。平面布置的形式可以概括为垂直式布置和倾斜式布置。

(1) 垂直式布置

垂直式布置,是指货垛或货架的排列与仓库的侧墙互相垂直或平行,具体包括横列式布置、纵列式布置和纵横式布置。

1) 横列式布置,是指货垛或货架的长度方向与仓库的侧墙互相垂直。这种布局的主要优点是,主通道长且宽,副通道短,整齐美观,便于存取查点;如果用于库房布局,还有利于通风和采光,如图 5-4 所示。

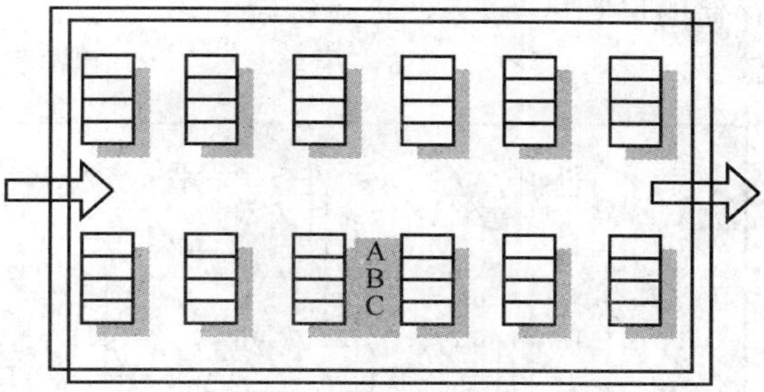

图 5-4　横列式布置

2）纵列式布置，是指货垛或货架的长度方向与仓库侧墙平行。这种布局的优点主要是仓库平面利用率较高，但存取货物不方便，如图 5-5 所示。

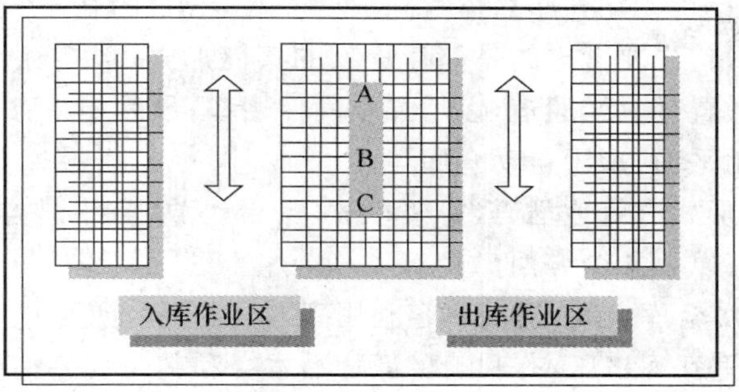

图 5-5　纵列式布置

3）纵横式布置，是指在同一保管场所内，横列式布置和纵列式布置兼而有之，可以综合利用两种布置的优点，如图 5-6 所示。

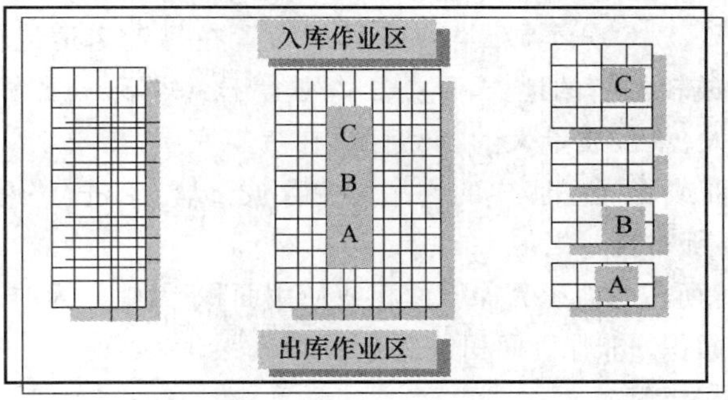

图 5-6　纵横式布置

(2) 倾斜式布置

倾斜式布置是指货垛或货架与仓库侧墙或主通道成 60°、45°或 30°夹角。具体包括货垛倾斜式布置和通道倾斜式布置。

1）货垛倾斜式布置，是横列式布置的变形，它是为了便于叉车作业、缩小叉车的回转角度、提高作业效率而采用的布置方式，如图 5-7 所示。

2）通道倾斜式布置，是指仓库的通道斜穿保管区，把仓库划分为具有不同特点的作业区,如大量存储和少量存储的保管区等,以便进行综合利用。这种布置形式使仓库内形式复杂,货位和进出库路径较多。

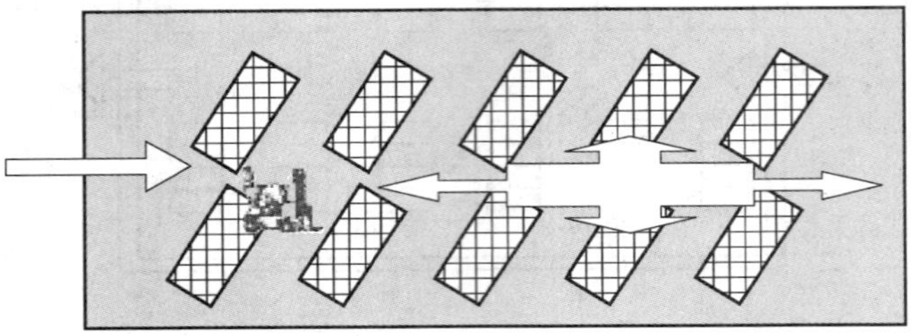

图 5-7　货垛倾斜式布置

2. 空间布置

空间布置是指库存货物在仓库立体空间上的布置,其目的在于充分有效地利用仓库空间。进行空间布置时,首先要考虑的是储存货物的存储形式,包括存储货物的位置、尺寸与数量;其次要合理地放置柱、梁、通道,以增加空间使用率;最后要注意保管空间的有效利用,即向上发展,有效利用平面,采用自动仓库等。

空间布置的主要形式有就地堆码、货架存放、平台码放、空中悬挂等。货架存放物品有很多优点,概括起来有以下几个方面。

(1) 便于充分利用仓库空间,提高库容利用率,扩大存储能力。

(2) 物品在货架里互不挤压,有利于保证物品本身和其包装完整无损。

(3) 货架各层中的物品,可随时自由存取,便于做到先进先出。

(4) 物品存入货架,可防潮、防尘,某些专用货架还能起到防损、防伤、防盗、防破坏的作用。

3. 货物布置

(1) 根据物品特性分区分类储存,将特性相近的物品集中存放。

(2) 将货物进行 A、B、C 分类,A 类货物尽量布置在靠近走道或门口的地方,C 类货物尽量置于仓库的角落或较偏僻的地方,B 类货物则置于 A 类和 C 类货物之间的地方。

(3) 将单位体积大、单位质量大的物品存放在货架底层。

(4) 将同一供应商或者同一客户的物品集中存放,以便于进行分拣配货作业。

4. 库内非保管场所布置

仓库内货架和货垛所占的面积为保管面积或使用面积,其他则为非保管面积。应尽量扩大保管面积,缩小非保管面积。非保管面积包括通道、墙间距、收发货区、仓库人员办公地点等。

(1) 通道

库房内的通道,分为运输通道(主通道)、作业通道(副通道)和检查通道。

运输通道供装卸搬运设备在库内行走,其宽度主要取决于装卸搬运设备的外形尺寸和单元装载的大小。运输通道的宽度一般为 1.5～3 m。

(2) 墙间距

墙间距的作用一方面是使货物和货架与库墙保持一定的距离,避免物品受库外温湿度的影响,同时也可作为检查通道和作业通道。墙间距一般宽度在 0.5 m 左右,当兼作作业通道时,其宽度需增加 1 倍。

(3) 收发货区

收发货区是供收货、发货时临时存放物品的作业用地。收发货区的位置应靠近库门和运输通道,可设在库房的两端或适中的位置,并要考虑收货发货互不干扰。收发货区面积的大小,则应根据一次收发批量的大小、物品规格品种的多少、供货方和用户的数量、收发作业效率的高低、仓库的设备情况、收发货的均衡性、发货方式等情况确定。

(4) 库内办公地点

管理人员的办公室设在库内特别是单独隔成的房间是不合理的,既不经济又不安全,所以办公地点最好设在库外。

5.3.6　货位编号

1. 货位编号概念

货位即货物存放的位置。货位编号,就是在分区分类的基础上,将仓库的库房、货场、货棚及货架等存放货物的场所,划分为若干货位,然后按照储存地点和位置的排列,采用统一标记编上顺序号码,并作出明显标志,以方便仓库作业的管理方法。

货位编号在保管工作中具有重要的作用,它能提高收发货作业效率,而且有利于减少差错。货位编号就好比货物在库的“住址”,做好货位编号工作应根据不同的仓库条件、货物类别和批量整零情况,合理进行货位划分及序号编排,以符合“标志设置要适宜、标志制作要规范、编号顺序要一致、段位间隔要恰当”的基本要求。

2. 货位编号的方法

货位编号应按照统一的规则和方法进行。即用统一的形式、统一的层次和统一的含义编排。

(1) 仓库内存储场所的编号货位的号码必须使用连续编号

整个仓库内的储存场所若有库房、货棚、货场,则可以按一定的顺序(自左向右或自右向左)各自连续编号。库房的编号一般写在库房的外墙上或库门上,字体要统一、端正,色彩鲜艳、清晰醒目、易于辨认。货场的编号一般写在场地上,书写的材料要耐摩擦、耐雨淋、耐日晒。货棚编号书写的地方,则可根据具体情况而定,总之应让人一目了然。

(2) 库房、货棚内货位的编号

对于库房、货棚的货位,在编号时,应对库房和货棚有明显区别,可加注“库”、“棚”等字样,或加注“K”、“P”字样。“K”、“P”分别是“库”、“棚”拼音的第一个大写字母。对于多层库房,常采用“三位数编号”、“四位数编号”或“五位数编号”,如图 5-8 所示。

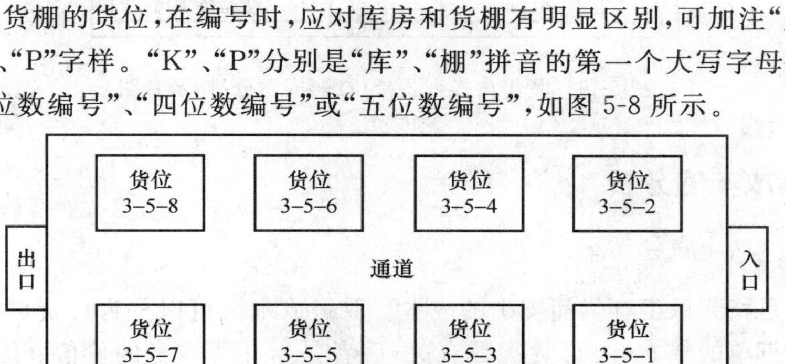

图 5-8　多层库房货位编号

(3) 货场内货位的编号

货场内货位布置方式不同,其编号的方式也不同。货位布置的方式一般有横列式和纵列式两种。横列式,即货位与货场的宽平行排列,可采用横向编号,如图 5-9 所示。

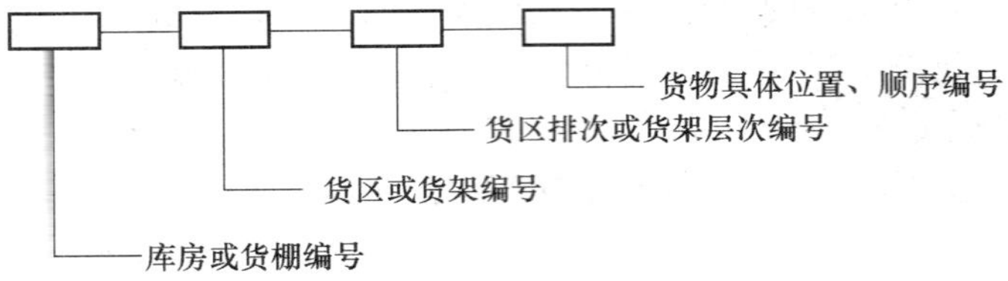

图 5-9 "货位编号"示意图

纵列式,即货位与货场的宽垂直排列,常采用纵向编号。无论横向编号还是纵向编号,编号的具体方法一般有两种:一是按照货位的排列,先编成排号,再在排号内按顺序编号;二是不编排号,采取自左至右和自前至后的方法,按顺序编号,如图 5-10 所示。

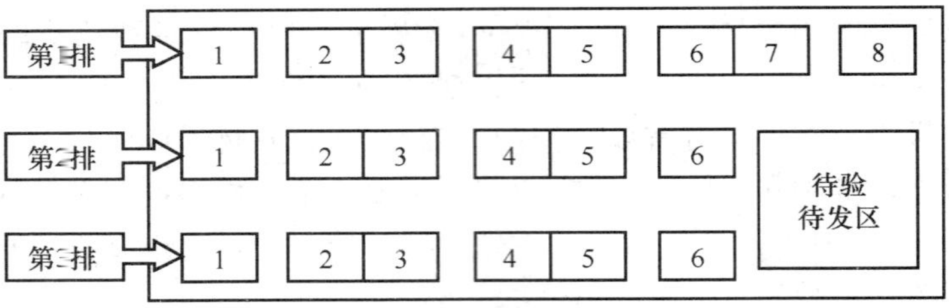

图 5-10 货场内横列式货位编号(分排)示意图

(4) 货架上各货位的编号

可先将库房内所有的货架,以进入库门的方向,自前至后按排进行编号,继而对每排货架的货位按层、位进行编号。顺序应是从上至下,从左至右,从里至外,如图 5-11 所示。

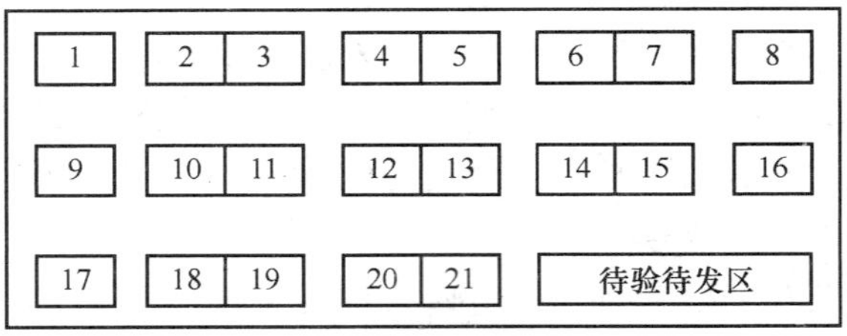

图 5-11 货场内横列式货位编号(不分排)示意图

5.3.7 仓储成本的分析

1. 取得成本

取得成本是指为取得存货而支出的成本。取得成本又可以分为订货成本和购置成本,前者是指取得订单的成本,与订货次数有关;后者是指存货本身的价值。因此取得成本表示为

$$C_a = F_1 + KD/Q + DU$$

其中：C_a 为取得成本(元)；F_1 为订货固定成本(元)；K 为每次订货的变动成本(元)；D 为年需求量(件)；Q 为每次订货量(件)；U 为单价(元/件)。

2. 储存成本

储存成本是指企业为保持存货而发生的成本，如仓储费用资金的利息等。储存成本可以分为变动成本和固定成本两类，前者与存货数量有关，后者与存货数量无关。因此储存成本表示为

$$C_c = F_2 + VQ/2$$

其中：C_c 为储存成本(元)；F_2 为固定储存成本(元)；V 为单位变动储存成本(元/件)。

3. 缺货成本

缺货成本是指由于存货不能满足生产经营活动的需要而造成的损失，如失销损失、信誉损失、紧急采购额外支出等。缺货成本用 C_b 表示。

$$\text{总成本} = \text{取得成本} + \text{储存成本} + \text{缺货成本}$$

$$\begin{aligned} C_{总} &= C_a + C_c + C_b \\ &= F_1 + KD/Q + DU + F_2 + VQ/2 + C_b \end{aligned}$$

如果存货量大，可以防止因缺货造成的损失，减少缺货成本，但相应要增加储存成本；反之，如果存货量小，可以减少储存成本，但相应会增加订货成本和缺货成本。存货管理的目标是使存货的总成本达到最小，即确定经济批量。

5.3.8　仓储成本控制方法

1. 经济批量模型

经济订货批量(EOQ，Economic Order Quantity)是固定订货批量模型的一种，可以用来确定企业一次订货(外购或自制)的数量。当企业按照经济订货批量来订货时，可实现订货成本和储存成本之和最小化。

存货成本主要由采购成本、订货成本、储存成本和短缺成本构成。其中，采购成本与存货的订购批量无关，在不允许缺货的情况下，也不存在短缺成本。所以，与存货采购次数和每次采购的订购批量相关的成本只有订货成本和储存成本两种。如果在一定时期内，企业需求的存货总是固定的，那么，存货的订购批量越大，储存的存货就越多，储存成本就会越高，但由于订货次数减少，则会使订货成本降低；反之，减少存货的订购批量，会使储存成本随之减少，但由于订货次数增加，订货成本会上升。由此可见，存货的订货成本与储存成本与存货的采购批量密切相关，并且呈反方向变动。这样，就可以找到一个使订货成本与储存成本之和最低的采购批量，这就是经济订购批量。存货的经济订购批量可以用图 5-12 表示。

2. 经济订购批量的基本数学模型

存货的经济订购批量可以用数学模型来表示。假设存在以下基本前提：

(1) 企业一定时期内存货的总需求是可以准确地预测；

(2) 存货的耗用是均衡的；

(3) 不允许出现缺货情况；

(4) 存货的价格稳定，并且不存在数量折扣；

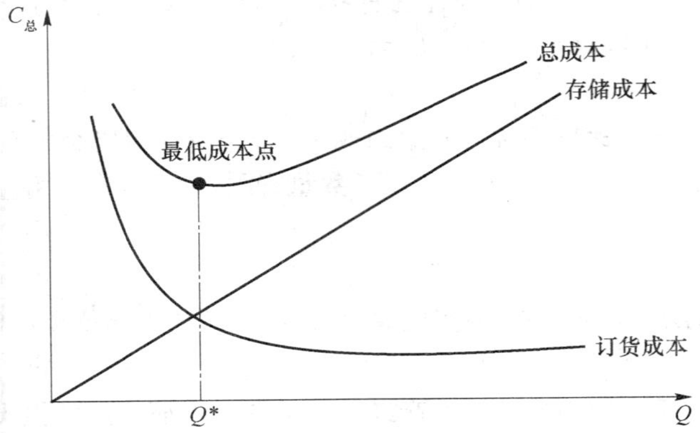

图 5-12　经济订购批量

(5) 存货的订购数量和订购日期完全由企业自行决定并且当存货数量降为零时，下一批存货能马上一次到位；

(6) 仓储条件和所需资金不受限制。

在符合以上基本前提下，可以计算存货的总成本、经济订购批量与经济订购批次。

平均库存量$=\dfrac{Q}{2}$

全年订货次数$=\dfrac{A}{Q}$

全年订货成本$=B\,\dfrac{A}{Q}$

全年储存成本$=C\,\dfrac{Q}{2}$

存货总成本 $C_{总}=B\,\dfrac{Q}{2}+C\,\dfrac{A}{Q}$

其中：A 为全年存货总需求量；Q 为每批订购批量；B 为每次订货的订货成本；C 为单位存货年储存成本；$C_{总}$ 为全年存货的订货成本与存储成本之和。

根据存货总成本公式，求 $C_{总}$ 对 Q 的导数得

$$Q^*=\sqrt{\frac{2AB}{C}}$$

3. 经济订购批量决策步骤

经济订购批量一般按下列步骤进行决策。

(1) 按照存货经济订购批量的基本模型计算无数量折扣情况下的经济订购批量及其存货总成本；

(2) 不同数量折扣下的优惠价格，计算不同批量下的存货总成本；

(3) 比较经济订购批量与不同批量下的存货总成本，总成本最低的批量就是最佳订购批量。

[**难点例释 1**]某公司全年需要甲零件 8 000 件，采购价格为每件 50 元，每次订货成本为 40 元，每件年储存成本为 4 元，供应商规定，如果一次订货达 500 件，可以得到 1%的价格折

扣,要求确定该公司采购甲零件的经济订购批量。

解:首先,计算无价格折扣情况下的经济订购批量和存货总成本。

经济订购批量为

$$Q=\sqrt{\frac{2AB}{C}}=\sqrt{\frac{2\times 8\,000\times 40}{4}}=400\text{ 件}$$

存货总成本为

$$C_{总}=\frac{400}{2}\times 4+\frac{8\,000}{400}\times 40+8\,000\times 50=401\,600\text{ 元}$$

其次,计算有价格折扣情况下的存货总成本为

$$C_{总}=\frac{500}{2}\times 4+\frac{8\,000}{500}\times 40+8\,000\times 50\times(1-0.01)=397\,640\text{ 元}$$

所以,每次订购500件时,存货的总成本可以降低,因此,经济订购批量是500件。

5.3.9 仓储成本控制的重要性和原则

在物流企业中存货占有较大的比重,因此物流企业的仓储成本控制是一项非常重要的工作,库存物资数量并非越多越好,库存物资数量越多,虽然越能满足生产和消费的需要,但却占用大量的资金,仓储保险费用也较多,显然是极不经济的,因此,物流企业仓储成本控制具有极其重要的意义。

1. 仓储成本控制的重要性

仓储成本控制的重要性主要体现在以下几个方面。

(1) 仓储成本控制是企业增加盈利的"第三利润源",直接服务于企业的最终目标。增加利润是企业的目标之一,也是社会经济发展的原动力。无论在什么情况下,降低成本都可以增加利润。在收入不变的情况下,降低成本可使利润增加;在收入增加的情况下,降低成本可使利润更快增长;在收入下降的情况下,降低成本可抑制利润的下降。

(2) 仓储成本控制是企业持续发展的基础,把仓储成本控制在同类企业的先进水平上,才有迅速发展的基础。仓储成本降低,可以削减售价以扩大销售,销售扩大后经营基础稳定了,才有力量在提高产品质量、创新产品设计、寻求新的发展。许多企业陷入困境的重要原因之一,是在仓储成本失去控制情况下,一味在扩大生产和开发新产品上冒险,一旦市场萎缩或决策失误,企业没有抵抗能力,很快就垮下去。同时,仓储成本一旦失掉,就会造成大量的资金沉淀,严重影响企业的正常生产经营活动。

2. 仓储成本控制的原则

(1) 政策性的原则

1) 质量和成本的关系。不能片面追求降低储存成本,而忽视储存物资的保管要求和保管质量。

2) 国家利益、企业利益和消费者利益的关系。降低仓储成本从根本上说对国家、企业、消费者都是有利的,但是如果在仓储成本控制过程中采用不适当的手段就会损害国家和消费者的利益。

3) 全面性原则。由于仓储成本涉及到企业管理等方方面面,所以成本控制要进行全员

控制、全过程控制、全方位控制。

(2) 经济原则

经济原则主要强调推行仓储成本控制而发生的成本费用支出不应超过因缺少控制而丧失的收益。和销售、生产、财务活动一样,任何仓储管理工作都要讲求经济效益。为了建立某项严格的仓储成本控制制度,需要发生一定的人力或物力支出,但这种支出不应太大,不应超过建立这项控制所能节约的成本。

经济原则要求仓储成本控制要能起到降低成本、纠正偏差的作用,并具有实用、方便、易于操作的特点。经济原则要求在仓储成本控制中贯彻“例外原则”。对正常储存成本费用支出可以从简控制,而特别关注各种例外情况。

(3) 分级归口管理原则

企业的仓储控制成本目标,要层层分解、层层归口、层层落实、落实到各环节、各小组甚至个人,形成一个仓储成本控制系统。一般来说控制的范围越小越好,因为这样可使各有关责任单位明确责任范围,使仓储成本控制真正落到实处。

权责利相结合原则。落实到每个环节、小组或个人的目标成本,必须与他们的责任大小、控制范围相一致,否则成本控制就不可能产生积极的效果。

(4) 例外管理原则

那些不正常的,不符合常规的问题称为“例外问题”。根据成本效益原则,仓储成本控制应将精力集中在非正常金额较大的例外事项上。解决了这些问题,就等于解决了关键问题,仓储目标成本的实现就有了可靠的保证,仓储成本控制的目的也就实现了。

5.4 库存控制

5.4.1 库存控制概述

1. 库存的意义

库存频繁出现在仓库、堆场、商店库房、运输设备和零售商店的货架上。持有这些库存每年耗费的成本约合其价值的20%～40%。因此,对物流中的库存控制已成为企业成本管理的重要内容之一,也是企业降低物流成本的一个重要方面。所以,企业通过控制库存来降低资金占用、资金成本、存储费用,控制库存对企业增加盈利有着重要的作用。

2. 库存类型

按照企业库存管理的目的不同,必要的库存可以分为以下几种类型。

(1) 运转库存

运转库存又称经常库存,是指为了满足日常需求而建立的库存。这种库存是不断变化的,当物品入库时到达最高库存量,随着生产消耗或销售,库存量逐渐减少,直到下一批物品入库前降到最小。这种库存的补充是按一定的规则反复进行的。

(2) 安全库存

安全库存,是指为了防止由于不确定因素(如突发性大量订货或供应商延期交货)影响订货需求而准备的缓冲库存。

(3) 加工和运输过程库存

加工库存是指处于加工或等待加工而处于暂时储存状态的货物。运输过程的库存是指处于运输状态(在途)而暂时处于储存状态的货物。

(4) 季节性库存

季节性库存是指为了满足特定季节中出现的特定需求而建立的库存,或指对季节性生产的货物在出产的季节大量收储所建立的库存。

(5) 促销库存

促销库存是指为了应付企业促销活动产生的预期销售增加而建立的库存。

(6) 时间效用库存

时间效用库存是指为了避免货物价格上涨造成损失,或者为了从货物价格上涨中获利而建立的库存。

(7) 沉淀库存或积压库存

沉淀库存或积压库存是指因货物品质变坏或损坏,或者是因没有市场而滞销的货物库存,还包括超额储存的库存。

5.4.2　影响库存的因素

1. 需求的性质

需求性质的不同对库存管理决策有着决定性影响,它们表现为以下几种情况。

(1) 确定需求或不确定需求

若需求是确定而已知的,则可只在需求发生时准备库存,库存的数量根据给定的计划确定;若需求是不确定的,则需要保持经常储备量,以供应随时发生的需求。

(2) 有规律变化需求或随机变动需求

需求虽有变动但其变动存在着规律性,如季节性变动,则有计划地根据变动规律,在旺季到来之前准备较多的库存储备以备销售增长的需要。若需求变动没有一定的规律,呈现为随机性变化,就需要设置经常性库存,甚至准备一定的保险储备量来预防突然发生的需求。

(3) 独立性需求或相关性需求

需求的独立性或相关性是指某种物品的需求与其他物品的需求互不相关或相互依赖。相关性需求一般根据某项相关需求计划直接推算该物品的供货数量和时间。独立性需求是企业所不能控制的,它们随机发生,只能用预测的方法而无法精确计算。在确定供货数量和时间上主要考虑成本上的经济性。本章讨论的库存物品主要是独立性需求的物品。

(4) 需求的可替代性

有些物品可由其他物品替代,它们的库存量就可以定得少些,万一发生缺货也能用替代品来满足需要。对于没有替代品的物品,则必须保持较多的库存才能保证预期的供应需求。

2. 提前期

提前期是指从订购或下达生产指令时间开始,到物品入库的时间周期。在库存控制中,都是根据库存量将要消耗完的时间,提前订货,以避免在订货到达之前发生缺货。显然这与订单处理时间、物品在途时间以及该物品的日常用量有关。

3. 自制或外购

所需要的物品是自制还是外购，也影响对库存的决策。若从外部采购，应着重从经济性，即节约成本的要求来确定它们的供货数量和供货次数。若属于本厂自制，则不但要考虑成本的经济，还需要考虑生产能力的约束、生产各阶段的节奏性等因素来确定供货的数量和时间。

4. 服务水平

服务水平指的是由库存满足用户需求的百分比。如果库存能够满足全部用户的全部订货需要，则其服务水平为100%。若100次订货，只能满足90次，则服务水平为90%，相应地这时的缺货概率为10%。服务水平一般是由企业领导部门根据经营的目标和战略而规定。服务水平的高低影响到库存水平的选择，服务水平要求高，就需要较多的储备来保证。

5. 管理水平

通过仓储与库存的管理，可以减少库存失误。分析造成库存失误性的原因，有利于加强仓储与库存的管理。

5.4.3 库存控制方法

1. 定量订购方法

定量订购是指预先规定一个定购点，当实际储备量降到订购点时，就按固定的订购数量(每次订购数量一般用经济批量法确定)提出订购。运用这种方法，每次订购的数量不变，而订购时间由材料物资需要量来决定。

定量库存控制的关键是正确确定订购点，即提出订购时的储备量标准。如果订购点偏高，将会增加材料物资储备及其储存费用；如果订购点偏低，则容易发生供应中断。确定订购点时需要考虑4个因素：一是经济订购批量的大小，二是订货提前量，三是超常耗用量，四是保险储备量。

计算公式如下。

订购点量＝订购时间×平均每日耗用量＋保险储备量

保险储备量＝(预计日最大耗用量－每天正常耗用量)×订购提前期日数

上式的订购时间是指提出订购到物资进厂所需的时间。

[**难点例释2**]某企业乙种物资的经济订购批量为950 t，订购间隔期为30天，订购时间为10天，平均每日正常需用量为50 t，预计日最大耗用量为70 t，订购日的实际库存量为800 t，保险储备量为200 t，订货余额为0。则

订购点库存量＝10×50＋(70－50) ×10＝700 t

也就是说，当实际库存量超过700 t时，不考虑订购；而降低到700 t时，就应及时按规定的订购批量950 t提出订购。

这种方法的优点是手续简单，管理方便；缺点是物资储备控制不够严格。因此它一般适用于企业的耗用量较少、用途固定、价值较低、订购时间较短的物资。

2. 定期订购方法

定期订购是指预先定一个订购时间，按照固定的时间间隔检查储备量，并随即提出订

购，补充至一定数量。所以，这种方法订购时间固定，而每次订购数量不确定，按照实际储备量情况而定。计算公式如下

订购量＝平均每日需用量×（订购时间＋订购间隔）＋保险储备量－实际库存量－订购余额

订购时间间隔是指相邻两次订购日之间的时间间隔，实际库存量为订购日的实际库存数量，订购余额是过去已经订购但尚未到货的数量，订购时间间隔是指两次订购日之间的时间间隔。

在上例中，订购量＝50×（10＋30）＋200－800＝1 400 t

这种订货方式的优点是对物资储备量控制严格，它既能保证生产需要，又避免货物超储；缺点是手续麻烦，每次订货都得去检查库存量和订货合同，并计算出订货量，它一般适用于企业必须严格管理的重要货物。

5.4.4　库存管理分类方法——ABC 分类管理

1. 概念

ABC 分类法（ABC Classification）就是一种依据一定的原则对众多事物进行分类的方法。

ABC 分类管理是“将库存物品按品种和占用资金的多少分为特别重要的库存（A 类）、一般重要的库存（B 类）和不重要的库存（C 类）3 个等级，然后针对不同等级分别进行管理与控制”。它在一定程度上可以压缩企业库存总量，节约资金占用，优化库存结构，节省管理精力。

2. 原理

任何一个库存系统都必须指明何时发出订单，订购数量为多少。然而，大多数库存系统要订购的物资种类非常多，因此对每种物资采用模型来进行控制有些不切实际。为了有效地解决这一问题，可用 ABC 分类法把物品分成以下 3 类。

A 类：金额大的物品。

B 类：中等金额的物品。

C 类：金额较小的物品。

金额的大小是物资重要程度的尺度，也就是说，一种价格虽低、但用量极大的物资可能不比价格虽高但用量极少的物资重要。

3. 库存 ABC 的分类标准

ABC 分类的标准主要有两个：金额标准和品种数量标准。其中金额标准是最基本的标准，品种数量标准仅作为参考。

一般来说，A 类存货的年占用金额占总库存金额的 70％左右，其品种数却只占总库存数的 10％左右；B 类存货的年占用金额占总库存金额的 20％左右，其品种数却只占总库存数的 20％左右；C 类存货的年占用金额占总库存金额的 10％左右，其品种数却占总库存数的 70％左右，如图 5-13 和图 5-14 所示。

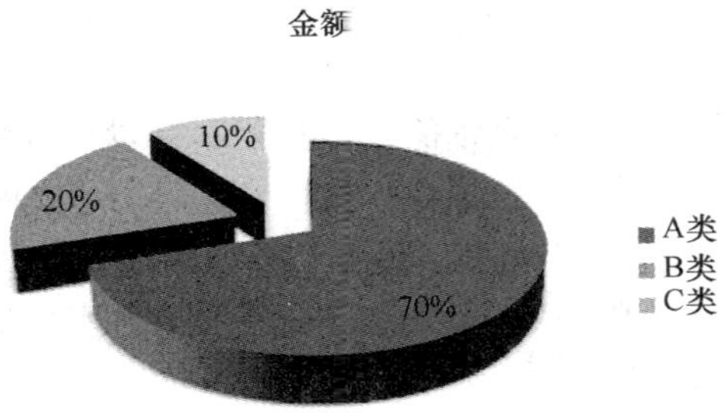

图 5-13　ABC 分类法物品金额比例

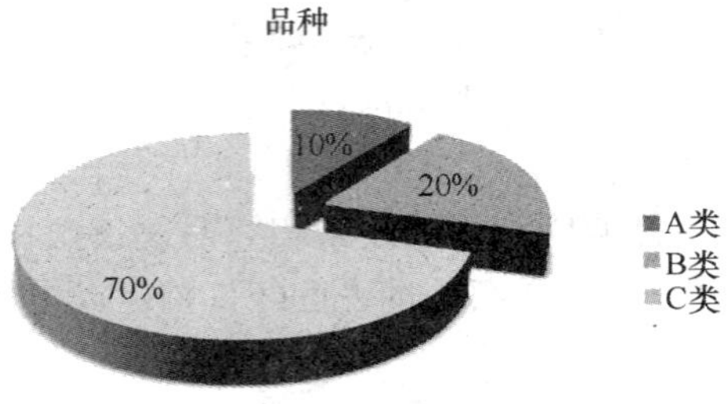

图 5-14　ABC 分类法物品品种比例

A 类库存的特点是金额巨大，但品种数量较少；B 类库存的金额一般，品种数量相对较多；C 类库存的品种数量最多，但金额却很小。一般而言，3 类库存的金额比重大致为 A：B：C＝7：2：1，而品种数量比重大致为 A：B：C＝1：2：7。可见，由于 A 类库存占用企业绝大部分资金，只要能够控制好 A 类库存，基本上也就不会出现较大的问题。同时，由于 A 类库存品种相对较少，企业完全有能力按照每一个品种进行管理。B 类库存金额相对较小，企业不必像对待 A 类库存那样花费太多的精力。同时，由于 B、C 类库存的品种远远大于 A 类库存，企业通常没有能力对每一品种进行具体控制。因此，可以通过划分类别的方式进行管理。

4. ABC 分类法在库存管理中的应用

通过对库存进行 A、B、C 分类，可以使企业分清主次，采取相应的对策进行有效的管理控制，如图 5-15 所示。企业在组织经济订货批量、储存期分析时，对 A、B 类库存可以分别按品种、类别进行测算与分析。对 C 类库存只需要加以灵活掌握即可，一般不必进行上述各方面的测算与分析。此外，企业还可以运用 ABC 分类法将库存区分为 A、B、C 类，通过研究各类消费品的消费档次、倾向等，对各档次的库存需要且进行估算，并购进相应的库存，从而使企业的采购与销售建立在市场调查的基础上，提高库存的管理水平。

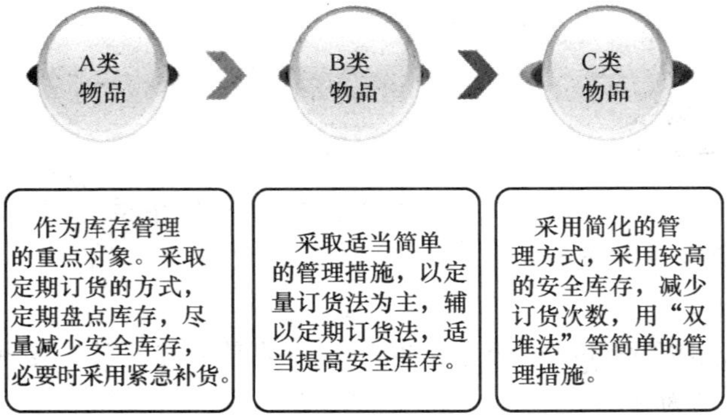

图 5-15　ABC 管理应用

二八理论

ABC 分析法，在日本被称为“二八理论”，也称为“20：80 的法则”。其来源是按一般的经验，20％的商品的销售额往往要占整个销售额的 80％。

发现这一规律的是意大利经济学家帕累托。他研究了 19 世纪英国的所有人口和资产的分布后，发现存在着 20%的收益阶层拥有 80%的财富的不平衡现象；其他经济活动也有类似情况。

5.4.5　JIT 库存控制法

准时制(JIT,Just in Time)的基本思想是："只有需要的时候，按需要的量，生产所需的产品"。其核心是追求一种无库存生产系统，或使库存达到最小，它的出发点是减少或消除从原材料投入到产成品的产出全过程中的库存及各种浪费，建立起平滑而更有效的生产过程。

JIT 是 20 世纪 80 年代中期由日本丰田汽车公司首创，并在日本工业企业中广泛推行的关于库存优化管理的一种新理念和管理方法，现在这一方式与源自日本的其他生产、流通方式一起被西方企业称为"日本化模式"，其中，日本生产、流通企业的物流模式对欧美的物流产生了重要影响。近年来，JIT 不仅作为一种生产方式，也作为一种物流模式在物流界得到推行。JIT 优点是可以避免库存积压，减少资金占用，还可以节省仓库建设投资和仓库管理费用。其基本原理如下。

(1) 产品生产按照生产流程，各工序之间紧密配合，严格按生产进度时间表规定的生产节拍进行。

(2) 根据市场需要，以最终产品的生产数量为基础，推动各有关工序的生产活动，按生产流程相反方向，计算各工序每天需要的零部件和材料的品名与数量。

(3) 各道工序严格按下道工序的需要进行生产，并准时按完成的在制品交下道工序。因此，在各道工序上，最多有一天的在制品库存，甚至等于零。

(4) 外购零部件和材料严格按各工序需用数量由协作厂和供应商在每天开工前准时送达指定的生产钱。因此，在各道工序，外购零部件和材料最多有一天的库存，甚至等于零。

实行准时生产制度，厂内物资流通与产品生产流程在时间和数量上同步进行，密切配合，使原材料、零部件、在制品和产品的库存减少到最低限度，几乎接近零。

5.4.6　MRP 管理法

1. MRP 的基本原理

物料需求计划(MRP,Material Requirement Planning)的基本原理是由主生产进度计划(MPS)和主产品的层次结构逐层逐个地求出主产品所有零部件的出产时间、出产数量，这个计划也被叫做货物需求计划。其中，如果零部件靠企业内部生产的，需要根据各自的生产时间长短来提前安排投产时间，形成零部件投产计划；如果零部件需要从企业外部采购的，则要根据各自的订货提前期来确定提前发出各自订货的时间、采购的数量，形成采购计划。确实按照这些投产计划进行生产和按照采购计划进行采购，就可以实现所有零部件的出产计划，从而不仅能够保证产品的交货期，而且还能够降低原材料的库存，减少流动资金的占用。

2. MRP 的流程

货物需求计划 MRP 是根据主生产进度计划(MPS)、产品的结构文件(BOM)和库存文件而形成的。

（1）主产品

主产品就是企业用以供应市场需求的产成品。例如，汽车制造厂生产的汽车，电视机厂生产的电视机，都是各自企业的主产品。

（2）主产品的结构文件 BOM

主要反映出主产品的层次结构、所有零部件的结构关系和数量组成。根据这个文件，可以确定主产品及其各个零部件的需要数量、需要时间和它们相互间的装配关系。

（3）主生产进度计划 MPS

主要描述主产品及由其结构文件 BOM 决定的零部件的出产进度，表现为各时间段内的生产量，有出产时间、出产数量或装配时间、装配数量等。

（4）产品库存文件

包括主产品和其他所有零部件的库存量、已订未到量和已分配但还没有提走的数量。制定货物需求计划有一个指导思想，就是要尽可能减少库存。产品优先从库存物资中供应，仓库中有的就不再安排生产和采购，仓库中有但数量不够的，只安排不够的那一部分数量投产或采购。

（5）制造任务单和采购订货单

由货物需求计划再制定产品投产计划和产品采购计划，根据产品投产计划和采购计划组织物资的生产和采购，生产制造任务单和采购订货单，交制造部门生产或交采购部门采购。

3. MRP 的应用条件

应用 MRP 库存管理必须具备一定的基础条件，最为重要的基础条件有 3 点，一是企业应用了 MRP 管理系统，二是企业有良好的供应商管理，三是要及时更新数据库。

如果企业没有应用 MRP 系统，就谈不上进行 MRP 库存管理；不运行 MRP 系统，货物的需求计划就不可能由相关性需求转换成独立性需求；没有 MRP 系统生成的计划订货量，MRP 库存管理就失去了依据。

应用 MRP 库存管理需要有良好的供应商管理作为基础。在 MRP 库存管理中，购货的时间性要求比较严格，如果没有严格的时间要求，那么 MRP 库存管理也就失去了意义。如果没有良好的供应商管理，不能与供应商建立起稳定的客户关系，则供货的时间性要求很难实现。

本章小结

本章主要讲述了仓储的基本概念和仓储系统的规划与设计。其中仓储的基本概念包括仓储概念、构成和分类。仓储系统的规划与设计包括仓库布局原则、仓库内部货区布局设计、货区布置方法等。在库存控制方法中，主要讲述了库存基本理论和库存系统控制模型，即经济订货批量模型、定量订货模型、定期订货模型。

思考与练习

1. 判断题

（1）储存就是指库存。（　　）

（2）增值性储存，是指生产出来的商品在消费之前，根据市场上消费者对产品的偏好，

再对商品进行最后的加工改造或流通加工，以提高商品的附加值、促进销售。（　　）

(3) 定期订购是指预先规定一个定购点，当实际储备量降到订购点时，就按固定的订购数量(每次订购数量一般用经济批量法确定)提出订购。（　　）

(4) ABC 分类管理中是“将库存物品按品种和占用资金的多少分为特别重要的库存，定为 B 类”。（　　）

2. 选择题

(1) ABC 库存管理分类法中，A 类库存品的（　　）

A) 金额大，品种少

B) 金额一般，品种多

C) 金额小，品种多

D) 以上 3 种都不是

(2) ABC 库存管理分类法中，重点管理的是（　　）。

A) A 类库存品　　B) B 类库存品

C) C 类库存品　　D) A 类和 C 类库存品

(3) 在商品的年需求量一定的情况下，每次的订货量越大，则（　　）。

A) 订购成本越大，储存成本越大　　B) 订购成本越小，储存成本越大

C) 订购成本越小，储存成本越小　　D) 订购成本越大，储存成本越小

(4) 库存控制管理的定量订货法中，关键的决策变量是（　　）。

A) 需求速率　　B) 订货提前期　　C) 订货周期　　D) 订货点和订货量

(5) 在定量订货法中，把发出订货时仓库里该品种保有的实际库存量叫（　　）。

A) 订货量　　B) 订货提前期　　C) 订货批量　　D) 订货点

3. 简答题

(1) 库存作用的双重性表现在哪些方面？

(2) 库存成本主要由哪几个部分组成？

(3) ABC 管理法有什么特点？其基本原理是什么？

(4) 什么是 JIT 库存控制？

(5) MRP 的应用条件有哪些？

4. 论述题

(1) 简述定量订购法。

(2) 简述定期订购法。

(3) 试述 ABC 分类管理法。

5. 案例分析

英迈公司仓储管理启示

2000 年一年英迈公司全部库房只丢了一根电缆。半年一次的盘库，由伞证公司作为第三方机构检验，前后统计结果只差几分线，陈仓损坏率为 0.3%，运作成本不到营业总额的 1%，这些都发生在全国拥有 15 个仓储中心，每天库存货品上千种，价值可达 5 亿人民币的英迈公司身上。他们是如何做到的呢？通过参观英迈中国在上海的储运中心，发现英迈中国运作部具有强烈的成本概念和服务意识。

1. 几个数字

一毛二分三：英迈库存中所有的货品在摆放时，货品标签一律向外，而且没有一个倒置，这是在进货时就按操作规范统一摆放的，目的是为了出货和清点库存时查询方便。运作部

曾经计算过，如果货品标签向内，以一个熟练的库房管理人员操作，将其恢复至标签向外，需要 8 min，这 8 min 的人工成本就是一毛二分三。

3 kg：英迈公司的每一个仓库中都有一本重达 3 kg 的行为规范指导，细到怎样检查销售单、怎样装货、怎样包装、怎样存档、每一步骤在系统上的页面是怎样的，等等。在这本指导上都有流程图，有文字说明，任何受过基础教育的员工都可以从规范指导中查询和了解到每一个物流环节的操作规范，并遵照执行。在英迈的仓库中，只要有动作就有规范，操作流程清晰的观念为每一个员工所熟知。

5 min：统计和打印出英迈上海仓库或全国各个仓库的劳动力生产指标，包括人均收货多少钱，人均收货多少行(即多少单，其中人均每小时收到或发出多少行订单是仓储系统评估的一个重要指标)，只需要 5 min。在 Impulse 系统中，劳动力生产指标统计适时在线，随时可调出。而如果没有系统支持，这样的一个指标统计至少得 1 个月时间。

10 cm：仓库空间是经过精确设计和科学规划的，甚至货架之间的过道也是经过精确计算的。为了尽量增大库存使用面积，只给运货叉车留出了 10 cm 的空间，叉车司机的驾驶必须稳而又稳，尤其是在转弯时，因此英迈的叉车司机都要经过此方面的专业培训。

20 min：在日常操作中，仓库员工从接到订单到完成取货，规定时间为 20 min。因为仓库对每一个货位都标注了货号标志，并输入 Impulse 系统中，Impulse 系统会将发货产品自动生成产品货号，货号与仓库中的货位一一对应，所以仓库员工在发货时就像邮递员寻找邮递对象的门牌号码一样方便快捷。

4 h：一次，由于库房经理的网卡出现故障，无法使用 Impulse 系统，结果他在库房中寻找了 4 h，也没有找到他想找的网络工作站。依赖 Impulse 系统对库房进行高效管理，已经成为库房员工根深蒂固的观念。

1 个月：英迈的库房是根据中国市场的现状和生意的需求而建设的，投入要求恰如其分，目标清楚，能支持现有的经销模式并作好随时扩张的准备。每个地区的仓库经理都要求能够在 1 个月之内完成一个新增仓库的考察、配置与实施，这都是为了飞快的起动物流支持系统。在英迈的观念中，如果人没有准备，有钱也没用。

2. 几件小事

(1) 英迈库房中的很多记事本都是收集已打印一次的废纸，即是各层经理也不例外。

(2) 每个员工必须明确，所有进出库房的物品都须严格按照流程进行，不得违反操作流程。

(3) 货架上的货品号码标识用的都是磁条，目的是节约成本。以往采用的是打印标识纸条，但因为进仓货品经常变化，占据货位的情况也不断改变，用纸条标识灵活性差，而且打印成本也高，采用磁条后问题得到了根本性解决。

(4) 英迈要求与其合作的所有货运公司在运输车辆的箱壁上必须安装薄木板，以避免因为板壁不平而使运输货品的包装出现损伤。

(5) 在英迈的物流运作中，厂商的包装和特制胶带都不可再次使用，否则，视为侵害客户权益。因为包装和胶带代表着公司自身知识产权，这是法律问题。如有装卸损坏，必须运回原厂出钱请厂商再次包装。而如果由英迈自己包装的散件产品，全都统一采用印有其指定国内代理怡通公司标识的胶带进行包装，以分清责任。

3. 仅仅及格

提起英迈，在分销渠道中都知道其最大优势是运作成本，而这一优势又往往被归因于其采用了先进的 Impulse 系统。但从以上描述中可看出，英迈运作优势的获得并非看似那样简单，而是对每一个操作细节不断改进，日积月累而成。从所有的操作流程看，成本概念和以客户需求为中心的服务观念贯穿始终，这才是英迈竞争的核心所在。英迈中国的系统能力和后勤服务能力在英迈国际的评估体系中仅打了 62 分，刚刚及格。据介绍，在美国专业物流市场中，英迈国际能拿到 70～80 分。

作为对市场销售的后勤支持部门，英迈运作部认为，真正的物流应是一个集中运作体系，一个公司是否能够围绕新的业务，通过一个订单把后勤部门全部调动起来，这是一个核心问题。产品的覆盖面不见得是公司物流能力的覆盖面，物流能力覆盖面的衡量标准应该经得起公司业务模式的转换，换了一种产品仍然能覆盖到原有的区域。解决这个问题的关键是建立一整套物流运作流程和规范体系，这也正是大多数国内 IT 企业所欠缺的物流服务观念。

思考与讨论

(1) 从英迈公司中国物流的运作我们得到什么启示？

(2) 你认为英迈运作优势究竟来源于什么？

6. 实训

货物储存方案设计

实训内容

烟草最容易受外界条件影响而吸潮和变干，其储存期因储存环境不同而存在差异：在干燥的环境下，烟草可以存贮两三年；如果储存环境不好，有可能放几个月就会发生霉变。外界空气相对湿度超过 70%时，烟草就容易发潮、霉变；如果外界空气的相对湿度低于 60%，烟草有可能发生燥碎现象。烟草在存储过程中会发生自燃现象，对烟草安全造成一定的威胁。以烟草为例，设计烟草养护储存方案。

实训课时

2 课时。

实训步骤

5 人一组讨论：

(1) 设计烟草储存方案；

(2) 设计储位，画出储存图；

(3) 根据商品养护知识说明如何养护烟草；

(4) 如何进行温度和湿度控制。

检查标准

考核内容	考核标准	分值	实际得分
货物储存方案设计	1. 小组合作参与程度	10	
	2. 分工合作程度	10	
	3. 沟通协调能力	10	
	4. 方案的可行性与合理性	50	
	5. 专业知识的掌握程度、实际动手能力	20	
合　计		100	

第6章　配送运输技术

【学习目标】

通过本章的学习，了解配送运输特点、影响因素；掌握配送运输基本作业流程、配送车辆装载作业技术；能够熟练运用车辆调度方法；能够对配送运输线路进行简单优化设计。

【能力目标】能根据具体业务要求，进行配送运输线路优化、车辆积载及车辆调度。

【知识框架】

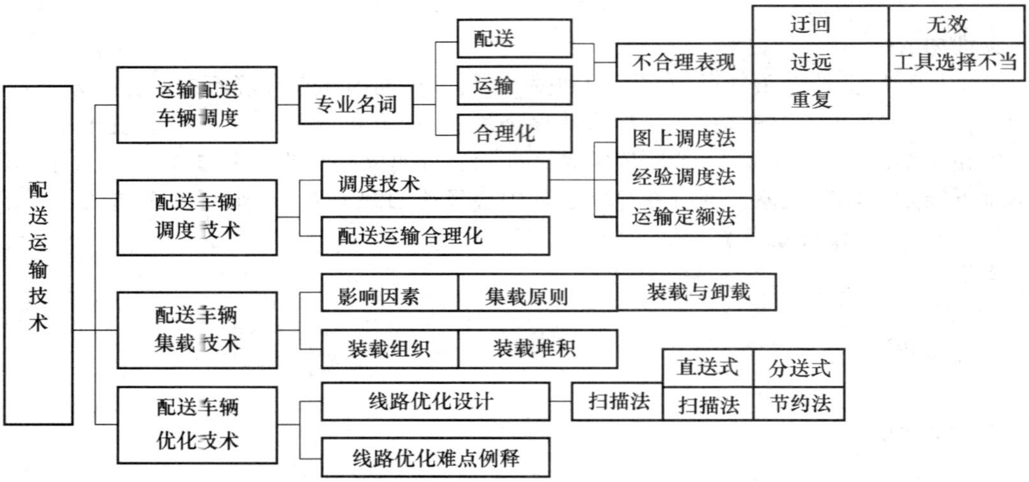

引导案例

沃尔玛的配送运作

沃尔玛是全球最大的零售商，其集中配送中心是相当大的，而且都位于一楼，使用一些传送带，让这些产品能够非常有效地流动，对它处理不需要重复进行，都是一次性的。沃尔玛所有的系统都基于一个UNIX的配送系统，并采用传送带，采用非常大的开放式的平台，还采用产品代码，以及自动补发系统和激光识别系统，由此沃尔玛节省了相当多的成本。其配送中心的职能如下。

(1) 转运。沃尔玛把大型配送中心所进行的商品集中以及转运配送的过程叫转运，大多是在一天当中完成进出作业。

(2) 提供增值服务。沃尔玛配送中心还提供一些增值服务，例如在服装销售前，需要加订标签，为了不损害产品的质量，加订标签需要在配送中心进行比较细致的手工操作。

(3) 调剂商品余缺，自动补进。每个商品都需要一定的库存，比如软饮料、尿布等。在沃尔玛的配送中心可以做到这一点，每一天或者每一周他们根据这种稳定的库存量的增减来进行自动的补进。这些配送中心可以保持 8 000 种产品的转运配送。

(4) 订单配货。沃尔玛配送中心在对于新开业商场的订单处理上，采取这样的方法：在这些新商场开业之前，沃尔玛要对这些产品进行最后一次的检查，然后运输到这些新商场，沃尔玛把它称为新商场开业的订单配货。

沃尔玛公司作为全美零售业年销售收入位居第一的著名企业，素以精确掌握市场、快速传递商品和最好地满足客户需要著称，这与沃尔玛拥有自己庞大的物流配送系统并实施了严格有效的物流配送管理制度有关，因为它确保了公司在效率和规模成本方面的最大竞争优势，也保证了公司顺利地扩张。沃尔玛现代化的物流配送体系，表现在以下几个方面：设立运作高效的配送中心；采用先进的配送作业方式；实现配送中心自动化的运行及管理。沃尔玛物流配送体系的运作具体表现为：注重与第三方物流公司形成合作伙伴关系；挑战"无缝点对点"物流系统；自动补发货系统；零售链接系统。

思考

沃尔玛能做到"每日低价"的原因是什么？难道仅仅是因为其规模大吗？

6.1　配送运输认知

6.1.1　配送概述

1. 配送概念

根据我国对物流术语的定义，配送(Distribution)是"在经济合理区域范围内，根据用户要求，对物品进行拣选、加工、包装、分割及组配等作业，并按时送达指定地点的物流活动。即按照用户的订货要求，在配送中心或其他物流结点进行货物配备，并以最合理的方式送交用户。一般配送是物流体系的一个缩影，是物流的一项终端活动，它使物流服务更加贴近市场、贴近消费者。配送活动及配送作业流程如图 6-1 和图 6-2 所示。

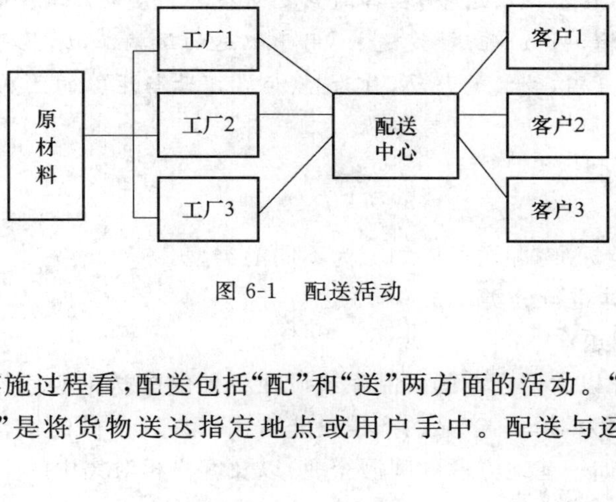

图 6-1　配送活动

2. 配送与运输

从配送活动的实施过程看，配送包括"配"和"送"两方面的活动。"配"是对货物进行集中、分拣和组配，"送"是将货物送达指定地点或用户手中。配送与运输相比较，如表 6-1 所示。

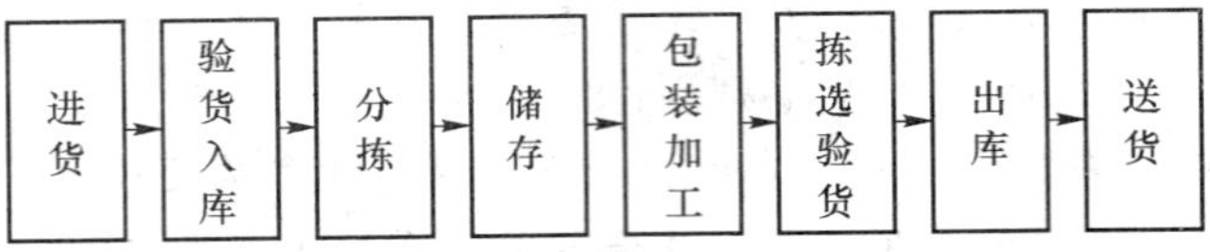

图 6-2　配送作业流程

表 6-1　配送与运输的比较

比较项目	配　送	运　输
移动距离	短距离、少量货物的移动	长距离、大量货物的移动
服务功能	"配"与"送"的结合；货物送交客户	纯粹是"送"；结点间货物移动
运输工具	主要采用汽车运输	使用多种交通工具
货物特点	多品种、小批量、多批次的货物	少品种、大批量货物
价值取向	服务优先	效率优先

3. 配送的特点

(1) 配送是从物流据点至用户的一种送货形式。其特殊性表现为：从事送货活动的是专业流通企业，而不是生产企业；配送是"中转"型送货，而工厂送货一般是直达型送货(直接送到用户手中)；工厂送货是生产什么送什么，配送是用户需要什么送什么。

(2) 配送不是单纯的运输或输送，而是运输与其他活动共同构成的组合体；而且配送所包含的那一部分运输，在整个运送过程中是处于"二次运输"、"支线运输"、"终端运输"的位置。

(3) 配送不是广义概念的组织物资定货、签约、进货及对物资处理分配的供应，而是以供货者送货到户式的服务性供应，是一种"门到门"的服务。

(4) 配送是在全面配货基础上完全按用户的要求，包括种类、品种搭配、数量、时间等方面的要求所进行的运送，是"配"和"送"的有机结合形式.

配送、发送

"运输"是指物品在物流渠道中，在各网点之间移动的活动。其中，一般把向顾客交货时的近距离、少量的运输，叫做"配送、发送"。用于配送的运输工具，几乎都是卡车。但是，在仓库、物流中心等网点内，物品的移动，称为"搬运"，以示与运输的区别。

6.1.2　配送的类型

根据不同的分类标准，配送可以划分为不同的类型。

1. 按照配送主体进行分类

(1) 生产企业配送

生产企业配送即以生产企业的成品库或设在各地的配送中心为据点，由生产企业自己组织的配送活动。因为，第一，产品的产销量非常大；第二，产品的销售地较为集中，地产地销的消费资料企业(如一些地方性的啤酒企业)以及客户相对集中的生产资料供应商就经常自己组织配送；第三，产品的保质期非常短，如许多酸奶生产企业就建立了自己的配送车队，直接向各大零售网点供货。

采用生产企业配送的方式，由于其减少了货物中转环节，可以加快物流的时间，提高物流速度，物流费用也相应减少。但这种配送方式必须以一定的规模经济为前提，即生产企业应确保由自己组织配送具有较大的规模经济性。

(2) 分销商配送

许多产品的生产具有很强的集中生产、分散消费的特点，在实现生产的规模经济性的同时，将产品的市场拓展到全国乃至全世界。为了不断扩充自己的市场，生产企业在各地发展了自己的地方产品代理，作为自己的分销商，并且委托这些分销商实施对零售网点的分销商配送。这样有助于将商流与物流有机地结合在一起，提高对零售网点的服务水平；同时，可以让生产企业集中精力搞好产品的生产与研发工作。其不足之处在于，一些地区由于市场规模的限制，使得分销商配送的经济性较差。

(3) 连锁店集中配送

统一采购、集中配送、分散销售是连锁店的基本特点。建立自己的配送中心，强化集中配送的能力，是连锁店提高竞争力的重要途径。尤其是当连锁店在某一地区建立的门店较为密集时，集中配送具有很大的竞争优势，有助于集成采购批量，降低采购成本，节约配送费用，而且可以使各门店的商品存货降到很低的水平，乃至实现零库存。同时，也使配送服务质量具有很强的可控性。

如果连锁店各门店很分散，则自己组织配送的经济性就会大打折扣。委托社会配送中心进行配送更为经济、合理。

(4) 社会配送中心配送

随着社会分工的发展，出现了专门从事商品配送服务的配送中心。配送中心的设施及工艺流程是根据配送需要专门设计的，所以配送能力强，配送距离远，配送品种多，配送数量大。由于为众多企业、众多产品提供配送服务，社会配送中心能够实现较强的规模经济性。

2. 按照配送时间和数量进行分类

(1) 定时配送

定时配送是指按照规定的时间进行货物配送。定时配送的时间间隔可长可短，可以是数天，也可以是几个小时。定时配送由于时间固定，便于制定配送计划，安排配送车辆及送货人员，也便于安排接货人员及设备。但如果配送订单下达较晚，在配送品种和数量变化较大时，配货时间很短，会给配送工作造成较大的难度。

日配(当日配送)是定时配送中较常见的方式。一般来说，如果是上午下达的订单，当天下午可送达；如果是下午下达的订单，第二天上午可送达。日配送的开展可以使客户维持较低的库存，甚至实现零库存。日配送特别适合生鲜食品及周转快、缺乏仓储场地或特定设备(如冷冻设备)的小型零售商。

(2) 定量配送

定量配送是指在一定的时间范围内，按照规定的品种和数量进行货物配送。这一配送方式每次配送品种和数量固定，因此，不但可以实现提前配货，而且可以按托盘、集装箱及车辆的装载能力有效地提高配送的效率，降低配送费用。同时，每次接货的品种和数量固定，有利于提前准备好接货所需的人力、设备。但定量配送的方式较容易与客户对货物的实际需求相脱节，既可能造成缺货损失的现象，也可能由于货物库存过大而造成仓位紧张的现象。

(3) 定时定量配送

定时定量配送是上述两种配送方式的综合，即按照规定的时间、规定的品种和数量进行货物配送。这种配送方式计划性很强，但适合的客户对象较窄，要求货物需求具有非常稳定的特点。

(4) 定时定路线配送

定时定路线配送是指在规定的运行路线上，按照所要求的运行时间表进行货物配送。例如，邮政部门的普通邮件投递就是采用这种配送方式。在客户相对集中地区，采用这种配送方式有利于安排配送车辆及人员，对客户而言，有利于安排接货力量，但一般配送的品种、数量不宜太多。

(5) 即时配送

即时配送是指完全根据客户提出的配送要求，采取对货物的品种、数量、时间提供一种随要随送的配送方式。由于这种配送方式要求的时限很快，因此对配送的组织者提出了较高的要求。对客户而言，它具有很高的灵活性，可以使客户实现安全存货的零库存。随着准时制生产的发展而出现的准时制配送也属于这种即时配送，准时制配送真正实现了按照实际需要的品种和数量进行配送，具有很高的效率，使生产企业的原材料或零部件真正实现了零库存。

3. 按照配送专业化程度进行分类

(1) 专业化配送

专业化配送是指专门针对某一类或几类货物的配送方式，如图书配送、鲜奶配送等。专业化配送有利于发挥专业化分工的优势，按照不同配送货物的特殊要求优化配送设施、配送车辆，提高配送的效率，确保配送货物的品质。例如，鲜奶配送要求配备相应的冷藏设备和冷藏车辆。

(2) 综合化配送

综合化配送是指同时针对多种类型的货物的配送方式。综合化配送可以使客户只要与少数配送组织者打交道就可以满足对众多货物的需要，可以简化相应的手续。但当不同产品的性能、形状差别很大时，配送组织者的作业难度较大。

6.1.3 配送的业务组织

配送业务的组织一般是按照功能要素展开的，其基本流程如图 6-3 所示。

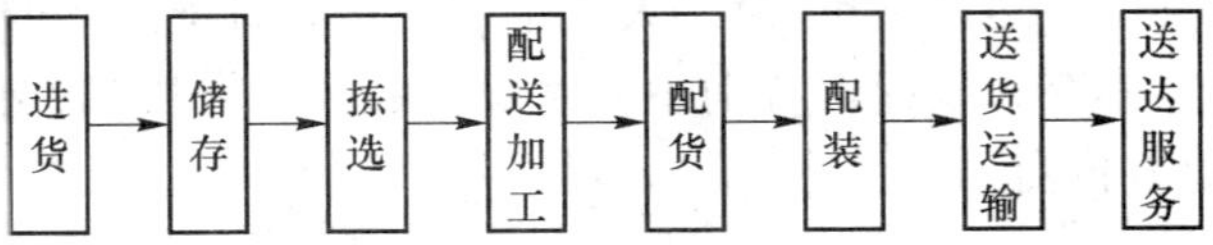

图 6-3 配送基本业务流程

具体到不同类型、不同功能的配送中心或物流结点的配送活动，其流程可能有些不同；而且不同的商品，由于其特性不一样，其配送流程也会有所区别。例如，食品类商品由于其种类繁多，形状特性不同，保质保鲜要求也不一样，所以通常有不同的配送流程，如图 6-4

所示。

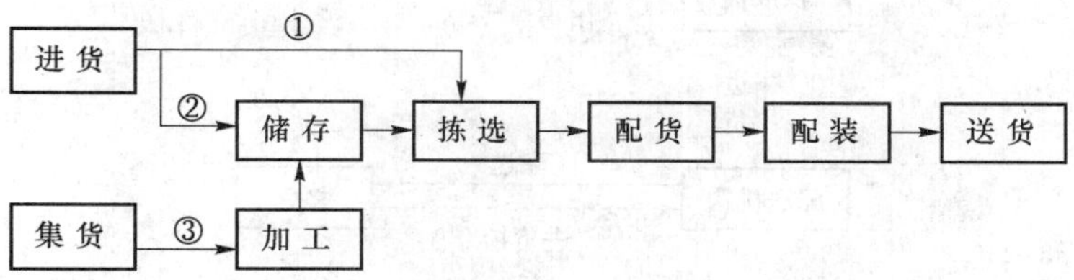

图 6-4　食品类商品的 3 种配货流程

第①类商品如海鲜、鱼、肉类制品等，由于保质期短，保鲜要求高，集货不再经过储存立即分拣配货、配装后送达客户。

第②类商品如矿泉水、方便食品等，保质期较长，储存保管后，再按客户订单要求组织配送。

第③类商品如速冻食品、大包装进货食品、成衣等可以在集货后按客户的要求及商品特性经过配送加工后再组织配送。

6.1.4　配送的结构模式

1. 商流、物流一体化的配送模式

这种配送结构模式又称配销模式，其模式结构如图 6-5 所示。

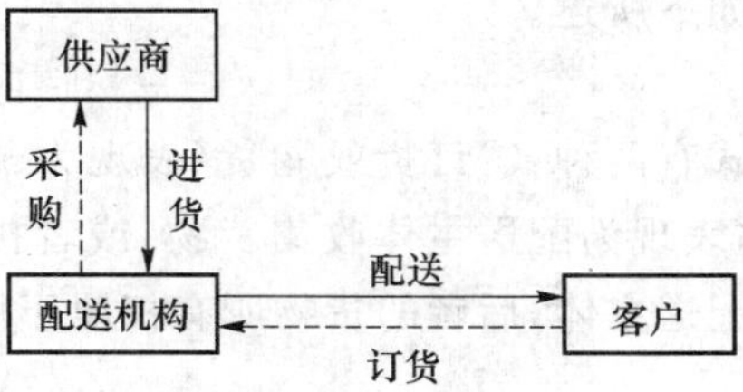

图 6-5　商流、物流一体化的配送模式

在这种配送模式下，配送的主体通常是销售企业或生产企业，也可以是生产企业的专门物流机构。其主要经营行为是商品销售，配送是实现其营销策略的具体实施手段，主要目的是通过提供高水平的配送服务来促进商品销售和提高市场占有率。在我国物流实践中，以批发为主体经营业务的商品流通机构多采用这种配送模式，国外的许多汽车配件中心所开展的配送业务同样也属于这种配销模式。

商流、物流一体化的配送模式对于行为主体来说，由于其直接组织货源及商品销售，因而配送活动中能够形成资源优势，扩大业务范围和服务对象，同时也便于向客户提供特殊的物流服务，满足客户的不同需求。但这种模式对于组织者的要求较高，需要大量资金和管理技术的支持。

2. 商流、物流相分离的配送模式

其模式结构如图 6-6 所示。

在这种配送模式下，配送的组织者不直接参与商品交易活动，即不参与商流过程，它只是专门为客户提供货物的入库、保管、加工、分拣、送货等物流服务，其业务实质上属于“物流

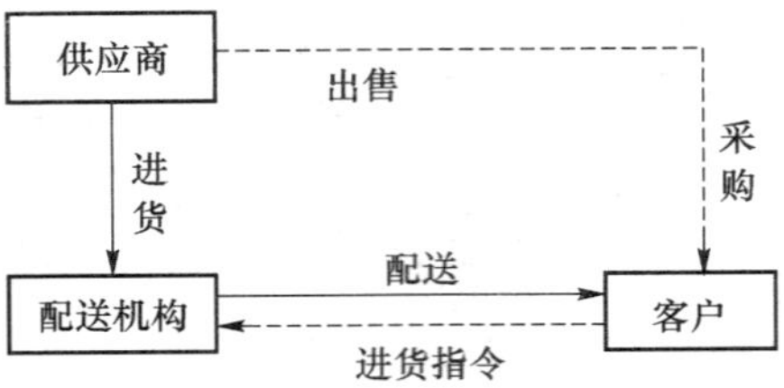

图 6-6　商流、物流相分离的配送模式

代理”。从组织形式上看，其商流与物流活动是分离的，分属于不同的行为主体。

这种配送模式具有以下特点。

(1) 配送企业的业务活动单一，有利于专业化的形成，提高了物流服务的水平；

(2) 配送企业占用资金相对较少，易于扩大服务范围和经营规模；

(3) 配送企业只提供物流代理服务，企业收益主要来自服务费，经营规模较小。

这种模式的主要缺点是配送机构不直接掌握货源，其调度和调节能力较差，另外对客户的依赖性强，容易随客户的销售不畅而导致自身配送规模的下降，经营的主动性差。

6.1.5　配送作业流程

配送的一般作业流程基本上是这样的一种运动过程：进货—存储—分拣—配货、配装—送货。每个流程的作业内容如下所述。

1. 进货

进货即组织货源。其方式有两种：①订货或购货（表现为配送主体向生产商订购货物，由后者供货）；②集货或接货（表现为配送主体收集货物，或者接收用户所订购的货物）。前者的货物所有权（物权）属于配送主体，后者的货物所有权属于用户。

2. 订单处理

从接到客户订单开始到着手准备拣货之间的作业阶段，称为订单处理。通常包括订单资料确认、存货查询、单据处理等内容。订单处理分人工和计算机两种形式。人工处理具有较大弹性，但只适合少量的订单处理，一旦订单数量较多，处理将变得缓慢且易出错；计算机处理则速度快、效率高、成本低，适合大量的订单处理，因此目前主要采取后一种形式。订单处理的基本内容及步骤如下。

(1) 接受订货

接单作业是订单处理的第一步。随着流通环境的变化和现代科技的发展，客户更趋于高频度的订货，且要求快速配送。因此，接受客户订货的方式也渐渐由传统的人工下单、接单，演变为计算机间直接送收订货资料的电子订货方式。电子订货，即采用电子传运方式取代传统人工书写、输入、传送的订货方式，它将订货资料由书面资料转为电子资料，通过通信网络进行传送。

(2) 货物数量及日期的确认

接单以后，首先确认货物名称、数量及日期，即检查品名、数量、送货日期等是否有遗漏、笔误或不符合公司要求的情形。尤其当送货时间有问题或出货时间已延迟时，更需与客户再次确认订单内容或更正运送时间。同样地，若采用电子订货方式接单，也须对已接受的订货资料加以检验确认。

(3) 客户信用的确认

不论订单是由何种方式传至公司，配送系统都要核查客户的财务状况，以确定其是否有能力支付该订单的账款。通常的做法是检查客户的应收账款是否已超过其信用额度。若客户应收账款已超过其信用额度，系统自动加以警示，以便输入人员决定是继续输入其订货资料还是拒绝其订单。运销部门一旦发现客户的信用有问题，则将订单送回销售部门再调查或退回订单。

(4) 订单形态确认

配送中心虽有整合传统批发商的功能以及高效的物流信息处理功能，但在面对较多的交易对象时，仍需根据顾客的不同需求采取不同做法。在接受订货业务上，表现为具有多种订单的交易形态，所以物流中心应对不同的客户采取不同的交易及处理方式。

1) 一般交易订单。一般的交易订单即接单后按正常的作业程序拣货、出货、发送、收款的订单。其处理方式是接单后，将资料输入订单处理系统，按正常的订单处理程序处理，资料处理完毕后进行拣货、出货、发送、收款等作业。

2) 间接交易订单。间接交易订单是客户向配送中心订货，直接由供应商配送给客户的交易订单。其处理方式是接单后，将客户的出货资料传给供应商由其代配。此方式需注意的是客户的送货单是自行制作或委托供应商制作的，应对出货资料加以核对确认。

3) 现销式交易订单。现销式交易订单是与客户当场交易、直接给货的交易订单。其处理方式是订单资料输入后，因货物此时已交给客户，故订单资料不再参与拣货、出货、发送等作业，只需记录交易资料即可。

4) 合约式交易订单。合约式交易订单是与客户签订配送契约的交易，如签订某期间内定时配送某数量的商品。其处理方式是在约定的送货日，将配送资料输入系统处理以便出货配送；或一开始便输入合约内容的订货资料并设定各批次送货时间，以便在约定日期系统自动产生所需的订单资料。

(5) 订单价格确认

对于不同的客户(批发商、零售商)、不同的订购批量，可能对应不同的售价，因而输入价格时系统应加以检核。若输入的价格不符(输入错误或业务员降价接受订单等)，系统应加以锁定，以便主管审核。

(6) 加工包装确认

客户订购的商品是否有特殊的包装、分装或贴标等要求，或是有关赠品的包装等资料系统都需加以专门的确认记录。

(7) 设定订单号码

每一份订单都要有单独的订单号码，此号码一般是由控制单位或成本单位来指定。它除了便于计算成本外，还有利于制造、配送等一切相关的工作。所有工作的说明单及进度报告都应附有此号码。

(8) 建立客户档案

将客户状况详细记录，不但有益于此次交易的顺利进行，而且有益于日后合作机会的增加。

(9) 订单资料处理输出

订单资料经上述处理后，即可开始印制出货单据，展开后续的物流作业。

3. 补货作业

补货作业是将货物从仓库保管区搬运至拣货区的工作，其目的是确保商品能保质保量地按时送到指定的拣货区。补货作业的基本流程如图 6-7 所示。

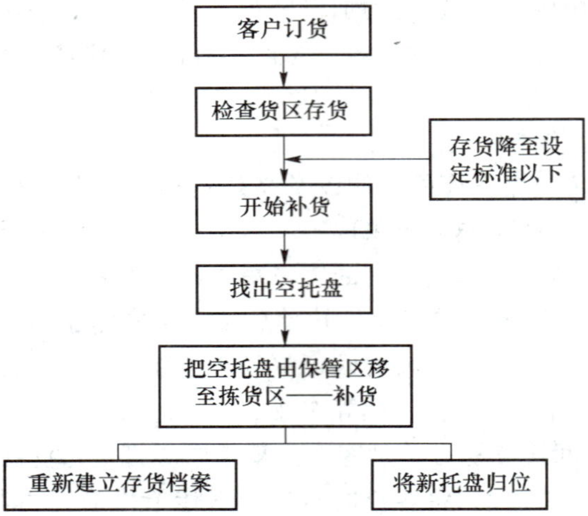

图 6-7　一般补货作业流程

补货方式主要有整箱补货，托盘补货，从货架上层、货架下层补货 3 种。补货的时机主要有批组补货、定时补货和随机补货 3 种。

4. 配货作业

配货作业是指把拣取分类完成的货品经过配货检查过程后，装入容器和做好标示，再运到配货准备区，待装车后发送。配货作业既可采用人工作业方式，也可采用人机作业方式，还可采用自动化作业方式，但组织方式有一定区别。其作业流程如图 6-8 所示。

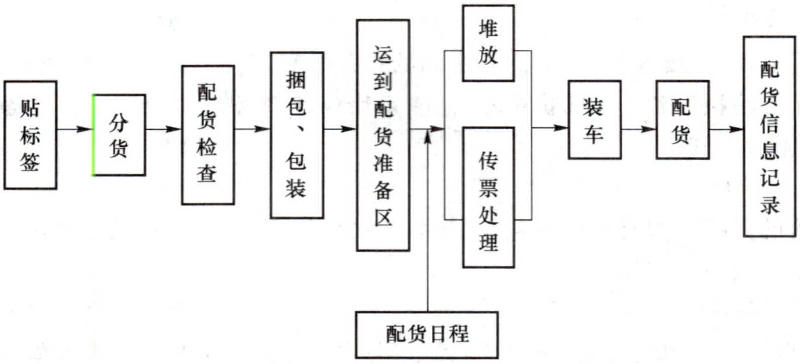

图 6-8　配货作业流程

5. 送货

在送货流程中，包括这样几项活动：搬运、配装、运输和交货。其作业程序为：配装—运输—交货。送货是配送的终结，故在送货流程中除了要圆满地完成货物的移交任务外，还必须及时进行货款(或费用)结算。在送货这道工序中,运输是一项主要的经济活动。据此,在进行送货作业时,选择合理的运输方式和使用先进的运输工具,对于提高送货质量至关重要。

6.1.6　配送策略

配送策略是在采用上述配送模式和服务方式的基础上,为了既能满足用户需求,又不致增加太多成本而采取的具体措施。可供选择的主要策略有转运策略、延迟策略和集运策略。

1. 转运策略

转运是指为了满足应急需要,在同一层次的物流中心之间进行货物调度的运输。这种情况常常是由于预测不准确而进行配送以后,各需求点上的商品不能符合实际,需要进行调整而发生的商品运输。转运是零售层次上最常采用的补救办法。

2. 延迟策略

在现代信息技术支持下的物流系统中,人们借助信息技术快速获得需求信息,可使产品的最后一道工序在收到了客户的订单后再进行,从而减少或消除不合适的生产和库存。这种推迟生产或配送进行的行为就是延迟,前者称为生产延迟,后者称为物流延迟。本书所指的物流延迟,实际是指运输延迟和配送延迟。

显然,物流延迟对配送系统的结构、配送系统的功能和目标都会产生积极的影响。延迟改变了配送系统的预估特性,如对生产企业零部件的"零库存"配送就是应用延迟技术的结果。

3. 集运策略

由于"二律背反"原理,一种物流技术的应用会产生一些有利的优势,但同时也会带来不足,延迟技术也是如此。延迟克服了预估造成的库存量大的不足,但它同时会影响运输规模效益的实现。集运则是在延迟技术下继续维持运输规模效益而采用的一种技术。

所谓集运,是指为了增大运输规模,采取相应措施使一次装运数量达到足够大的运输策略。集运通常采用的措施有:在一定区域内集中小批量用户的货物进行配送;在有选择的日期对特定的市场送货;联营送货或利用第三方物流公司提供的物流服务,使运输批量增大。

集运与后面将要讨论的共同配送具有相同的作用,不同的是,共同配送是企业之间比较稳定的合作,集运则可能是一次性的。

6.2　配送运输车辆调度

6.2.1　配送运输概述

1. 配送运输概念

配送运输是指将被订购的货物使用汽车或其他运输工具从供应点送至顾客手中的活动。

2. 配送运输特点

(1) 时效性

确保货物能在客户指定的时间内交货是客户最重视的因素,也是配送运输服务性的充分体现。配送运输是从客户到交货的最后环节,也是最容易引起时间延误的环节。影响时效性的因素很多,除配送车辆故障外,所选的配送线路不当、中途客户卸货不及时等均会造成时间上的延误。因此,必须在认真分析各种因素的前提下,用系统化的思想和原则,有效协调,综合管理,合理地选择配送线路、配送车辆、送货人员,使每位客户在其所期望的时间能收到所期望的货物。

(2) 安全性

配送运输的宗旨是将货物完好无损地送到目的地。影响安全性的因素有货物的装卸作业、运送过程中的机械震动和冲击及其他以外事故、客户地点及作业环境、配送人员的素质等。因此,在配送运输管理中必须坚持安全性原则。

(3) 沟通性

配送运输是配送的末端服务,它通过送货上门服务直接与客户接触,是与客户沟通最直接的桥梁,代表着公司形象和信誉,在沟通中起着非常重要的作用。所以,必须充分利用配送运输活动中与客户沟通的机会,巩固和发展公司的信誉,为客户提供更优质的服务。

(4) 方便性

配送以服务为目标,以最大限度地满足客户要求为前提。因此,应尽可能地让顾客享受到便捷的服务。通过采用高弹性的送货系统,如紧急送货、顺道送货与退货、辅助资源回收等,为客户提供真正意义上的便利服务。

(5) 经济性

实现一定的经济利益是企业运作的基本目标。因此,对合作双方来说,以较低的费用完成配送作业是企业建立双赢机制加强合作的基础。

3. 影响配送运输的因素

影响配送运输效果的因素有很多。动态因素包括车流辆变化、道路施工、配送客户的变动、可供调动的车辆变动等;静态因素包括配送客户的分布区域、道路交通网络、车辆运行限制等。各种因素互相影响,很容易造成送货不及时、配送路径选择不当、延迟交货时间等问题。因此,对配送运输的有效管理极为重要,否则不仅影响配送效率和信誉而且将直接导致配送成本的上升。

6.2.2 配送运输的基本作业程序

1. 划分基本配送区域

为使整个配送有一个可循的基本依据,应首先将客户所在地的具体位置作一系统统计,并将其在作业区域上进行整体划分,将每一客户囊括在不同的基本配送区域之中,作为下一步决策的基本参考。如按行政区域或依交通条件划分不同的配送区域,在这一区域划分的基础上再作弹性调整来安排配送。

2. 车辆配载

由于配送货物品种、特性各异,为提高配送效率,确保货物质量,在接到订单后,首先必须将货物依特性进行分类,然后分别选取不同的配送方式和运输工具,如按冷冻食品、速食品、散装货物、箱装货物等分类配载;其次,配送货物也有轻重缓急之分,必须按照先急后缓的原则,合理组织运输配送。

3. 暂定配送先后顺序

在考虑其他影响因素，作出确定的配送方案前，应先根据客户订单要求的送货时间将配送的先后作业次序作一概括的预订，为后面车辆积载作好准备工作。计划工作的目的，是为了保证达到既定的目标，所以，预先确定基本配送顺序可以既有效地保证送货时间，又尽可能地提高运作效率。

4. 车辆安排

车辆安排要解决的问题是安排什么类型、吨位的配送车辆进行最后的送货。一般企业拥有的车辆有限，车辆数量也有限，当本公司车辆无法满足要求时，可使用外雇车辆。在保证配送运输质量的前提下，是组建自营车队，还是以外雇车为主，则须视经营成本而定，成本分析如图 6-9 所示。

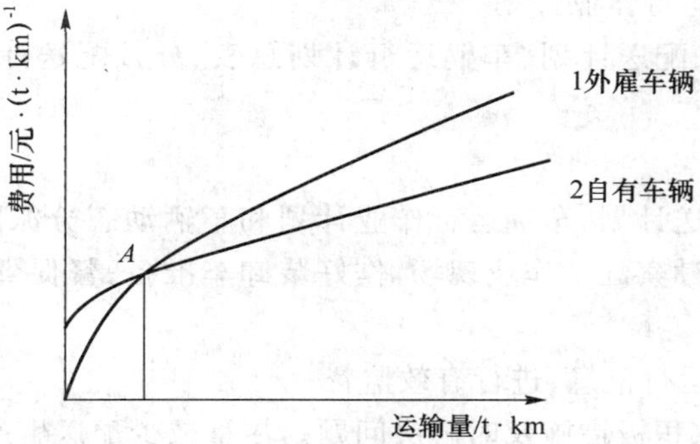

图 6-9　经营成本分析

曲线 1 表示外雇车辆的运送费用随运输量的变化情况；曲线 2 表示自有车辆的运送费用随运量的变化情况。当运量小于 A 时，外雇车辆费用小于自有车辆费用，所以应选用外雇车辆；当运量大于 A 时，外雇车辆费用大于自有车辆费用，所以应选用自有车辆。但无论自有车辆还是外雇车辆，都必须事先掌握有哪些车辆可以供调派并符合要求，即这些车辆的容量和额定载重是否满足要求；其次，安排车辆之前，还必须分析订单上货物的信息，如体积、重量、数量等对于装卸的特别要求，综合考虑各方面因素的影响，作出最合适的车辆安排。

5. 选择配送线路

了解每辆车负责配送的具体客户后，如何以最快的速度完成对这些货物的配送，即如何选择配送距离短、配送时间短、配送成本低的线路，需要根据客户的具体位置、沿途的交通情况等作出优先选择和判断。除此之外，还必须考虑有些客户或其所在地的交通环境对送货时间、车型等方面的特殊要求，如有些客户不在中午或晚上收货，有些道路在高峰期实行特别的交通管制等。

6. 确定最终的配送顺序

做好车辆安排及选择最好的配送线路后，依据各车负责配送的具体客户的先后，即可将客户的最终派送顺序加以确定。

7. 完成车辆积载

明确了客户的配送顺序后，接下来就是如何将货物装车，以什么次序装车的问题，即车辆的积载问题。原则上,知道了客户的配送顺序先后,只要将货物依“后送先装”的顺序装车即可。但有时为了有效利用空间,可能根据货物的性质(怕震、怕压、怕撞、怕湿)、形状、体积及重量等作出弹性调整。此外,对于货物的装卸方法也必须依照货物的性质、形状、重量、体积等来作具体决定。

6.2.3 车辆运行调度

车辆运行调度是配送运输管理的一项重要职能,是指挥监控配送车辆正常运行、协调配送生产过程以实现车辆运行作业计划的重要手段。

1. 车辆运行调度工作的内容

(1) 编制配送车辆运行作业计划

包括编制配送方案、配送计划、车辆运行计划总表、分日配送计划表、单车运行作业计划等。

(2) 现场调度

根据货物分为日配送计划、车辆运行作业计划和车辆动态分派配送任务。即按计划调派车辆,签发行车路单;勘察配载作业现场,作好装卸车准备;督促驾驶员按时出车;督促车辆按计划送修进保。

(3) 随时掌握车辆运行信息,进行有效监督

如发现问题,应采取积极措施及时解决问题。尽量减少配送生产中断时间,使车辆按计划正常运行。

(4) 检查计划执行情况

检查配送计划和车辆运行作业计划的执行情况。

2. 车辆运行调度工作的原则

车辆运行计划在组织执行过程中常会遇到一些难以预料的问题,如客户需求发生变化,装卸机械发生故障,车辆运行途中发生技术障碍,临时性路桥阻塞等。针对以上情况,需要调度部门有针对性地加以分析和解决,随时掌握货物状况、车况、路况、气候变化、驾驶员状况、行车安全等,确保运行作业计划顺利进行。车辆运行调度工作应贯彻以下原则。

(1) 坚持从全局出发,局部服从全局的原则

在编制运行作业计划和实施运行作业计划过程中,要从全局出发,保证重点、统筹兼顾,运力安排应贯彻“先重点、后一般”的原则。

(2) 安全第一、质量第一原则

在配送运输生产过程中,要始终把安全工作和质量管理放在首要位置。

(3) 计划性原则

调度工作要根据客户订单要求认真编制车辆运行作业计划,并以运行计划为依据,监督和检查运行作业计划的执行情况,按计划配送货物,按计划送修送保车辆。

(4) 合理性原则

要根据货物性能、体积、重量、车辆技术状况、道路桥梁通行条件、气候变化、驾驶员技术水平等因素合理调派车辆。在编制运行作业计划时,应科学合理地安排车辆的运行路线,有效地降低运输成本。

3. 车辆调度方法

车辆调度的方法有多种，可根据客户所需货物、配送中心站点及交通线路的布局不同而选用不同的方法。简单的运输可采用定向专车运行调度法、循环调度法、交叉调度法等。当配送运输任务量大，交通网络复杂时，为合理调度车辆，可运用运筹学中线性规划的方法，如最短路径法、表上作业法、图上作业法等。

这里以图上作业法为例说明。

图上作业法是将配送业务量反映在交通图上，通过对交通图初始调运方案的调整，求出最优配送车辆运行调度方法。运用这种方法时，要求交通图上没有货物对流现象，以运行路线最短、运费最低或行程利用率最高为优化目标。其基本步骤如下。

(1) 绘制交通图

根据客户所需货物汇总情况、交通线路、配送点与客户点的布局，绘制出交通示意图。

[**难点例释 1**]设有 A_1、A_2、A_3 3 个配送点分别有化肥 40 t、30 t、30 t，需送往 4 个客户点 B_1、B_2、B_3、B_4，而且已知各配送点和客户点的地理位置及它们之间的道路通阻情况，可据此制出相应的交通图，如图 6-10 所示。

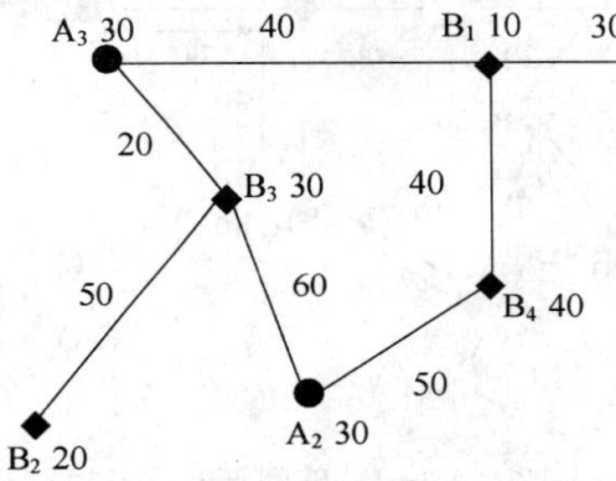

图 6-10　运距运量交通图

(2) 将初始调运方案反映在交通图上

任何一张交通图上的线路分布形态无非为成圈与不成圈两类。对于不成圈的，$A_1 \to B_2$ 的运输，可按"就近调运"的原则即可，很容易得出调运方案。其中($A_1 \to B_4$ 70 km)＜($A_3 \to B_4$ 80 km)，($A_3 \to B_2$ 70 km)＜($A_2 \to B_2$ 110 km)，先假定($A_1 \to B_4$)，($A_3 \to B_2$)运输。对于成圈的，A_2、A_3、B_1、B_4 所组成的圈，可采用破圈法处理，即先假定某两点(A_2 与 B_4)不通(即破圈，如图 6-11 所示)，再对货物就近调运，($A_2 \to B_3$)($A_2 \to B_4$)，数量不够的再从第二点调运，即可得出初始调运方案，如图 6-11 所示。在绘制初始方案交通图时，凡是按顺时针方向调运的货物调运线路(如 $A_3 \to B_1$、$B_1 \to B_4$、$A_2 \to B_3$)，其调运箭头线都画在圈外，称为外圈；否则，其调运箭头线($A_3 \to B_3$)都画在圈内，称为内圈。两种箭头相反方向标注也可。

(3) 检查与调整

面对交通图上的初始调运方案，首先分别计算线路的全圈长、内圈长和外圈长(圈长即指里程数)，如果内圈长和外圈长都分别小于全圈长的一半，则该方案即为最优方案；否则，即为非最优方案，需要对其进行调整。如图 11-3 所示，全圈长($A_2 \to A_3 \to B_1 \to B_4$)为 210 km，外圈($A_3 \to B_1$ 40 km、$B_1 \to B_4$ 40 km、$A_2 \to B_3$ 60 km)长为 140 km，大于全圈长的一半，显然，需要缩短外圈长度。调整方法是在外圈(若内圈等于全圈长的一半，则在内圈)上先假定运

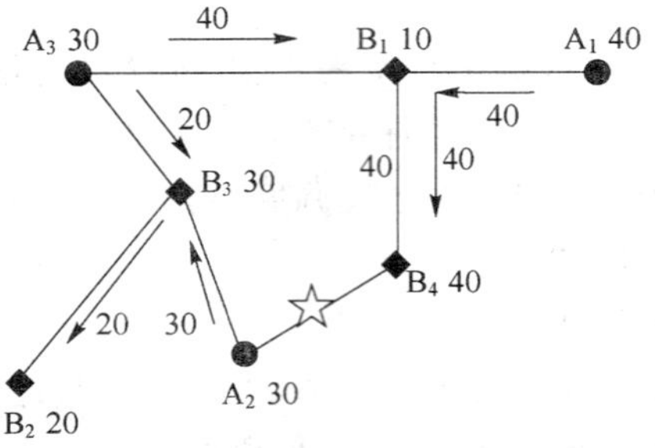

图 6-11　$A_2 \rightarrow B_4$ 破圈调运图

量最小的线路两端点(A_3 与 B_1)之间不通，再对货物就近调运，可得到调整方案如图 6-12 所示。然后，再检查调整方案的内圈长与外圈长是否都分别小于全圈长的一半。如此反复直至得出最优调运方案为止。计算可得内圈长为 70 km，外圈长为 100 km，均小于全圈长的一半，可见，该方案已为最优方案。

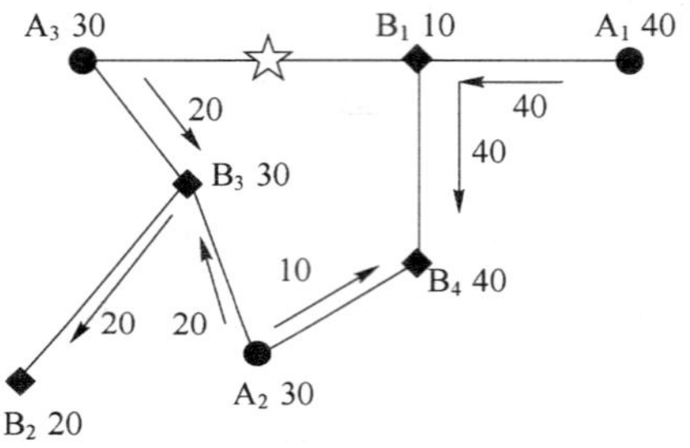

图 6-12　$A_3 \rightarrow B_1$ 破圈调运图

4. 经验调度法和运输定额比法

在有多种车辆时，车辆使用的经验原则为尽可能使用能满载运输的车辆进行运输。如运输 5 t 的货物，安排一辆 5 t 载重的车辆运输。在能够保证满载的情况下，优先使用大型车辆，且先载运大批量的货物。一般而言，大型车辆能够保证较高的运输效率和较低的运输成本。

[**难点例释 2**]某建材配送中心，某日需运送水泥 580 t、盘条 400 t 和不定量的平板玻璃。该中心有大型车 20 辆、中型车 20 辆、小型车 30 辆。各种车每日只运送一种货物，运输定额如表 6-2 所示。

表 6-2　车辆运输定额表　　**t/日・辆**

车辆种类	运送水泥	运送盘条	运送玻璃
大型车	20	17	14
中型车	18	15	12
小型车	16	13	10

根据经验派车法确定，车辆安排的顺序为大型车、中型车、小型车。货载安排的顺序为水泥、盘条、玻璃。得出派车方案如表 6-3 所示，共完成货运量 1 080 t。

表 6-3　经验派车法派车方案

车辆种类	运送水泥/t	运送盘条/t	运送玻璃/t	车辆总数
大型车	20		14	20
中型车	10	10	12	20
小型车		20	10	30
货运量/t	580	400		

对于以上车辆的运送能力可以按表 6-3 计算每种车运送不同的定额比。

表 6-4　车辆运输定额比

车辆种类	运水泥/运盘条	运盘条/运玻璃	运水泥/运玻璃	备注
大型车	1∶18	1∶21	1∶43	
中型车	1∶2	1∶25	1∶5	
小型车	1∶23	1∶3	1∶6	定额比最高

其他种类的定额比都小于 1，不予考虑。在表 6-4 中小型车运送水泥的定额比最高，因而要先安排小型车运送水泥；其次由中型车运送盘条；剩余的由大型车完成。得出表 6-5 的派车方案，共完成运量 1 106 t。

表 6-5　定额比优化派车法

车辆种类	运送水泥车/辆	运送盘条车/辆	运送玻璃车/辆	车辆总数/辆
大型车	5	6	9	20
中型车		20		20
小型车	30			30
货运量/t	580	400	126	

6.2.4　影响配送运输合理化的因素

影响配送运输合理化的因素包括外部因素和内部因素两个方面。

1. 外部因素

影响配送运输合理化的外部因素主要来自以下两个方面。

(1) 交通运输网络布局及交通流状况。配送运输主要发生在城市内部及城市间经济里程半径 50～350 km 范围内的运输活动，服务区域内的道路交通布局及交通流状况决定了配送运输的成本、速度及服务的一致性。

(2) 配送中心规划布点。配送中心在区域内的规划布点在一定程度上决定了配送运输的距离、时间、服务的客户范围，布点不合理可能产生迂回运输和过远运输等不合理运输，会影响配送运输的成本和服务水平。

2. 内部因素

影响配送运输合理化的内部因素包括以下 5 个方面。

(1) 运输距离。在配送过程中，运输时间、货损、运费、车辆或船舶周转等运输的若干技术经济指标，都与运输距离有一定的比例关系。因此，运距长短是配送运输是否合理的一个最基本因素，缩短运距既具有宏观的社会效益，又具有微观的企业效益。

(2) 运输环节。每增加一次运输环节，不但会增加起运的运费和总运费，而且必然要增加运输的附属活动，如装卸、包装等，各项技术经济指标也会因此下降。所以，减少运输环节，尤其是同类运输工具的环节，对合理运输有促进作用。

(3) 运输工具。各种运输工具都有其使用的优势领域，对运输工具进行优化选择，按运输工具特点进行装卸运输作业，最大限度地发挥所用运输工具的作用，是运输合理化的重要一环。

(4) 运输时间。在全部配送时间中，运输时间占较大部分，因而运输时间的缩短对整个流通时间的缩短有决定性作用。此外，运输时间短，有利于运输工具的加速周转，充分发挥运力的作用；有利于运输线路通过能力的提高，对运输合理化有很大贡献。

(5) 运输费用。运费在全部配送成本中占很大比例，运输费用的降低，无论对客户来讲还是对配送中心来讲，都是运输合理化的一个重要指标。运费的判断，也是各种合理化配送是否行之有效的最终判断依据之一。

6.2.5 配送运输合理化

1. 不合理配送运输的表现形式

(1) 迂回运输

由于道路交通网络的纵横交错及车辆的机动性、灵活性，在配送中心与送货地点之间，往往有不同的运输路径可供选择。凡不经过最短路径的绕道运输，均称为迂回运输。

(2) 过远运输

这是一种舍近求远的配送运输，多发生在多点配送中。在配送作业规划时，当有多个配送据点时，不就地或就近获取某种物资，却舍近求远，拉长运输距离，造成运力浪费。造成过远运输这一不合理现象的原因可能很复杂，其中配送中心规划布点是影响因素之一；另外，配送中心对供应商的选择及商品采购计划的不合理也可能会造成过远运输。

(3) 重复运输

同一批货物运抵目的地后没有经任何加工和必要的作业，又重新装运到别处的现象。多发生在配送过程中多余的中转、倒装，虚耗装卸费用，造成非生产性停留，增加了货物作业量；延缓了送货速度，增加了货损，也增加了费用。

(4) 无效运输

无效运输是指对被运输的货物没有进行合理的配送加工作业，造成货物杂质较多，或包装过度、物流容器等辅助工具的不合理，使运输能力浪费在不必要物资的运输上，造成运能的浪费。

(5) 运输方式及运输工具选择不当

未考虑各种运输工具的优缺点，而进行不适当的选择，就会造成不合理运输。常见有以下几种形式。

1) 违反水陆分工使用，弃水走陆的运输。弃水走陆是指从甲地到乙地的货物运输，有铁路、水路、公路等多种运输方式可供选择，但是将适合水路或水陆联运的货物改为用铁路或公路运输，从而使水运的优势得不到充分发挥。

2）铁路短途运输。不足铁路的经济运行里程却选择铁路进行运输。

3）水运的过近运输。不足船舶的经济运行里程却选择水运进行运输。

4）载运工具选择不当，实载率过低造成运力的浪费。

2. 合理配送运输措施

（1）推行一定综合程度的专业化配送

通过采用专业设备、设施和操作程序，取得较好的配送效果，并降低配送综合化的复杂程度及难度，从而追求配送合理化。

（2）推行加工配送

通过将加工与配送相结合，充分利用本来应有的中转，而不增加新的中转来求得配送合理化。同时，加工借助于配送，目的更明确，而且与客户的联系更紧密，避免了盲目性。这两者的有机结合，投入增加不太多，却可追求两个优势、两个效益，是配送合理化的重要经验。

（3）推行共同配送

共同配送其实质就是在同一个地区，许多企业在物流运作中互相配合，联合运作，共同进行理货、送货等活动的一种组织形式。通过共同配送，可以最近的路程、最低的配送成本来完成配送，从而追求配送合理化。

（4）实行送取结合

配送企业与用户建立稳定的协作关系。配送企业不仅是用户的供应代理人，而且还是用户的储存据点，甚至是其产品的代销人。在配送时，将用户所需的物资送到，再将该用户生产的产品用同一车运回，这种产品也成了配送中心的配送产品之一，或者为生产企业代存代储，免去了其库存包袱。这种送取结合，使运力充分利用，也使配送企业功能有更大的发挥，从而追求配送合理化。

（5）推行准时配送系统

准时配送是配送合理化的重要内容。配送做到了准时，用户才有资源把握，才可以放心地实施低库存或零库存，才可以有效地安排接货的人力、物力，以追求最高效率的工作。另外，保证供应能力，也取决于准时供应。

（6）推行即时配送

即时配送是最终解决用户企业所担心的供应间断问题，大幅度提高供应保证能力的重要手段。即时配送是配送企业快速反应能力的具体化，是企业配送能力的体现。即时配送成本较高，但它是整个配送合理化的重要保证手段。此外，即时配送也是用户实现零库存的重要保证。

（7）推行产地直接配送

配送产地直送化将有效缩短流通渠道，优化物流过程，大幅度降低物流成本。特别是对于大批量、需求量稳定的货物，产地直送的优势将更加明显。

（8）实现区域配送

配送的区域扩大化趋势突破了一个城市的范围，发展为区间、省间，甚至是跨国的更大范围的配送，即配送范围向周边地区、全国乃至全世界辐射。配送区域扩大化趋势将进一步带动国际物流，使配送业务向国际化方向发展。

（9）实现配送的信息化、自动化

配送信息化就是直接利用计算机网络技术重新构筑配送系统。信息化是其他先进物流技术在配送领域应用的基础。配送作业的自动化突破了体力劳动和手工劳动的传统模式，出现了大量自动化程度相当高的自动化立体仓库，大大提高了配送效率。

（10）提倡多种配送方式最优组合

每一种配送方式都有其优点，多种配送方式和手段的最优化组合，将有效解决配送过程、配送对象、配送手段等复杂问题，以求得配送效益最大化。

有一对农民工夫妻来到北京打工，他们俩逛街时发现了一条财路——给北京市的摩托车修理店配送零部件。他们先是和几家修理店谈了一下，然后再去联系了摩托车配件经销商（选择了离自己租的房子最近的一家，以便进货方便），回家后他们盘算了一下，由于资金不是很充裕，买不起现代化的交通工具，只能用自行车或三轮车组织配送，而且每个维修店距离不是很近，因此也不可能一下就给太多的维修店配货。他们于是决定按照以下步骤开始配送工作。

第一，划定离地铁车站相对较近的十多个修理店作为首批服务对象。

第二，购买一部三轮车去配件经销商进货。

第三，每天下午坐地铁去统计每个维修店所需的零部件，然后回家用三轮车去组织进货。

第四，接着的第二天男农民工就用三轮车把所需配送的零部件拉到地铁站，放在车厢中。然后和妻子按照自己预计好的地铁站进行播种式的配货（按照地铁站站台的先后顺序把货物配送到离地铁站近的指定摩托车维修店）。

利用这种先圈定配送对象，再利用地铁进行配送的方式进行配送活动体现了配送组织的灵活性，也符合他们的实际情况。后来，他们的业务越来越大，开始把以每个地铁站为中心的配送半径扩大，并增加了不少旧自行车以提高配送速度，最后他们终于注册了自己的物流公司，并在汽车、摩托车零部件配送领域站稳了脚跟。

故事折射出了配送合理化的高明手段。实际上，选择合理化的、适合实际的运输配送组织形式是降低单位运输配送成本，提高车辆利用率，缩短运输配送时间的关键。

（11）提高运输工具实载率

实载率有两个含义：一是单车实际载重与运距之乘积和核定载重与行驶里程之乘积的比率。这是在安排单车、单船运输时，判断装载合理与否的重要指标；二是车船的统计指标，即一定时期内车船实际完成的物品周转量（以吨公里计）占车船载重吨位与行驶公里乘积的百分比。在计算车船行驶的公里数时，不但包括载货行驶路程，还包括空驶行程。

提高实载率的意义在于，充分利用运输工具的额定能力，减少车船空驶和不满载行驶的时间，减少浪费，从而求得运输的合理化。配送的优势之一就是将多个客户需要的物品和一家需要的多种物品实行配装，以达到容积和载重的充分合理运用。与以往自家提货或一家送货车辆的回程空驶的状况相比，这是运输合理化的一个进展。在铁路运输中，采用整车运输、整车拼装、整车分卸及整车零卸等具体措施，都是提高实载率的有效途径。

(12) 减少动力投入,增加运输能力

这种合理化的要点是少投入,多产出,走高效益之路。配送运输的投入主要是能耗和载运工具的初始投资,在现有的运输能力基础上,大力发展节能型车辆、使用低成本能源,可以在一定程度上降低单位运输成本,达到配送运输合理化的目的。

(13) 充分合理地利用社会运力,发展合作化配送运输

配送中心使用自有车辆,自我服务,其规模有限,难以形成规模经济效益,经常会出现空驶、亏载等浪费。以合同经营或合作经营方式充分合理地利用社会运输资源,可以在一定程度上降低配送中心设备投入,提高载运工具的利用率,从而达到降低配送运输成本的目的。

(14) 合理规划配送运输线路,运用科学的方法进行运力调度

配送是在合理的区域内进行的短距离运输,配送线路规划是配送运输业务管理的重要内容,合理的线路规划可以减少空驶,缩短运输总里程,提高配送运输的送达速度,提高配送的服务水平。

6.3 配送车辆积载技术

6.3.1 影响配送车辆积载因素

1. 货物特性因素

如轻泡货物,由于车辆容积的限制和运行限制(主要是超高),而无法满足吨位,造成吨位利用率降低。

2. 货物包装情况

如车厢尺寸不与货物包装容器的尺寸成整倍数关系,则无法装满车厢。如货物宽度 80 cm,车厢宽度 220 cm,将会剩余 60 cm。

3. 不能拼装运输

应尽量选派核定吨位与所配送的货物数量接近的车辆进行运输。按有关规定,有些危险品必须减载运送,不同的危险品是不能拼装运送的,而且运输时必须减载运送才能保证安全。

4. 由于装载技术的原因,造成不能装足吨位

6.3.2 车辆积载的原则

1. 轻重搭配的原则

车辆装货时,必须将重货置于底部,轻货置于上部,避免重货压坏轻货,并使货物重心下移,从而保证运输安全。

2. 大小搭配的原则

货物包装的尺寸有大有小,为了充分利用车厢的内容积,可在同一层或上下层合理搭配不同尺寸的货物,以减少箱内的空隙。

3. 货物性质搭配原则

拼装在一个车厢内的货物，其化学性质、物理属性不能互相抵触。如不能将散发臭味的货物与具有吸臭性的食品混装；不将散发粉尘的货物与清洁货物混装。

4. 合理化原则

(1) 到达同一地点的适合配装的货物应尽可能一次积载。

(2) 可根据车厢的尺寸、容积，货物外包装的尺寸来确定合理的堆码层次及方法。

(3) 装载时不允许超过车辆所允许的最大载重量。

(4) 装载易滚动的卷状、桶状货物，要垂直摆放。

(5) 货与货之间，货与车辆之间应留有空隙并适当衬垫，防止货损。

(6) 装货完毕，应在门端处采取适当的稳固措施，以防开门卸货时，货物倾倒造成货损。

(7) 尽量做到"后送先装"。

6.3.3 提高车辆装载效率的具体办法

合理安排装载顺序

(1) 研究各类车厢的装载标准，根据不同货物和不同包装体积的要求，合理安排装载顺序，努力提高装载技术和操作水平，力求装足车辆核定吨位。

(2) 根据客户所需要的货物品种和数量，调派适宜的车型承运，这就要求配送中心根据经营商品的特性，配备合适的车型结构。

(3) 凡是可以拼装运输的，尽可能拼装运输，但要注意防止差错。

箱式货车有确定的车厢容积，车辆的载货容积为确定值。设车厢容积为 V，车辆载重量为 W。现要装载体积为 R_a、R_b 的两种货物，使得车辆的载重量和车厢容积均被充分利用。

设：两种货物的配装重量为 W_a、W_b

$$\begin{cases} W_a + W_b = W \\ W_a R_a W_b R_b = V \end{cases}$$

$$W_a = \frac{V - WR_b}{R_a - R_b}$$

$$W_b = \frac{V - WR_a}{R_b - R_a}$$

其中：W 为车辆载重量，W_a 为 a 货物装重量，W_b 为 b 货物装重量，V 为车厢容积，R_a 为 a 货物体积，R_b 为 b 货物体积。

[难点例释 3]某仓库某次需运送水泥和玻璃两种货物，水泥质量体积为 0.9 m^3/t，玻璃是 1.6 m^3/t，计划使用的车辆的载重量为 11 t，车厢容积为 15 m^3。试问如何装载使车辆的载重量能力和车厢容积都被充分利用？

解：

设：水泥的装载量为 W_a，玻璃的装载量为 W_b。

其中 $V=15\ m^3$，$W=11\ t$，$R_a=0.9\ m^3/t$，$R_b=1.6\ m^3/t$

$$W_a = \frac{V - WR_b}{R_a - R_b} = \frac{15 - 11 \times 1.6}{0.9 - 1.6} \approx 3.71\ t$$

$$W_b = \frac{V - WR_a}{R_b - R_a} = \frac{15 - 11 \times 0.9}{1.6 - 0.9} = 7.29\ t$$

该车装载水泥 3.71 t,玻璃 7.29 t 时车辆达到满载。

以上计算可以看出,通过两种货物的搭配,可以使车辆的载重能力和车厢容积都得到充分的利用。但是其前提条件需是车厢的容积系数介于所要配载货物的容重比之间。如所需要装载的货物的质量体积都大于或小于车厢容积系数,则只能是车厢容积不满或者不能满足载重量。当存在多种货物时,可以将货物比重与车辆容积系数相近的货物先配装,剩下两种最重和最轻的货物进行搭配配装;或者对需要保证数量的货物先足量配装,再对不定量配送的货物进行配装。

6.3.4 配送车辆装载与卸载

1. 装卸的基本要求

装载卸载总的要求是"省力、节能、减少损失、快速、低成本"。

(1) 装车前应对车厢进行检查和清扫

因货物性质不同,装车前需对车辆进行清洗、消毒,使其必须达到规定要求。

(2) 确定最恰当的装卸方式

在装卸过程中,应尽量减少或不消耗装卸的动力,利用货物本身的重量进行装卸,如利用滑板、滑槽等。同时应考虑货物的性质及包装,选择最适当的装卸方法,以保证货物的完好。

(3) 合理配置和使用装卸机具

根据工艺方案科学地选择并将装卸机具按一定的流程合理地布局,以达到搬运装卸的路径最短。

(4) 力求减少装卸次数

物流过程中,发生货损货差的主要环节是装卸,而在整个物流过程中,装卸作业又是反复进行的,从发生的频数来看,超过其他环节。装卸作业环节不仅不增加货物的价值和使用价值,反而有可能增加货物破损的几率和延缓整个物流作业速度,从而增加物流成本。

(5) 防止货物装卸时的混杂、散落、漏损、砸撞

特别要注意有毒货物不得与食用类货物混装,性质相抵触的货物不能混装。

(6) 防止货损货差

装车的货物应数量准确,捆扎牢靠,做好防丢措施;卸货时应清点准确,码放、堆放整齐,标志向外,箭头向上。

(7) 提高货物集装化或散装化作业水平

成件货物集装化,粉粒状货物散装化是提高作业效率的重要手段。所以,成件货物应尽可能集装成托盘系列、集装箱、货捆、货架、网袋等货物单元再进行装卸作业。各种粉粒状货物尽可能采用散装化作业,直接装入专用车、船、库。不宜大量化的粉粒状也可装入专用托盘、集装箱、集装袋内,提高货物活性指数,便于采用机械设备进行装卸作业。

(8) 做好装卸现场组织工作

装卸现场的作业场地、进出口通道、作业流程、人机配置等布局设计应合理,使现有的和潜在的装卸能力充分发挥或发掘出来。避免由于组织管理工作不当造成装卸现场拥挤、紊乱现象,以确保装卸工作安全顺利完成。

2. 装卸的工作组织

货物配送运输工作的目的在于不断提高装卸工作质量及效率、加速车辆周转、确保物流效率。因此,除了强化硬件之外,在装卸工作组织方面也要给予充分重视,做好装卸组织工作。

(1) 制定合理的装卸工艺方案

用“就近装卸”方法或用“作业量最小”法。在进行装卸工艺方案设计时应该综合考虑,尽量减少“二次搬运”和“临时放置”,使搬运装卸工作更合理。

(2) 提高装卸作业的连续性

装卸作业应按流水作业原则进行,工序间应合理衔接,必须进行换装作业的,应尽可能采用直接换装方式。

(3) 装卸地点相对集中或固定

装载、卸载地点相对集中,便于装卸作业的机械化、自动化,可以提高装卸效率。

(4) 力求装卸设施、工艺的标准化

为了促进物流各环节的协调,就要求装卸作业各工艺阶段间的工艺装备、设施与组织管理工作相互配合,尽可能减少因装卸环节造成的货损货差。

3. 装车堆积

装车堆积是在具体装车时,为充分利用车厢载重量、容积而采用的方法。一般是根据所配送货物的性质和包装来确定堆积的行、列、层数及码放的规律。

(1) 堆积的方式有行列式堆码方式和直立式堆码方式。

(2) 堆积应注意的事项

1) 堆码方式要有规律、整齐。

2) 堆码高度不能太高。车辆堆装高度一是受限于道路高度限制;二是道路运输法规规定,如大型货车的高度从地面起不得超过 4 m;载重量 1 000 kg 以上的小型货车不得超过 2.5 m;载重量 1 000 kg 以下的小型货车不得超过 2 m。

3) 货物在横向上不得超出车厢宽度,前端不得超出车身,后端不得超出车厢的长度为:大货车不超过 2 m;载重量 1 000 kg 以上的小型货车不得超过 1 m;载重量 1 000 kg 以下的小型货车不得超过 50 cm。

4) 堆码时应重货在下,轻货在上;包装强度差的货物应放在包装强度好的货物上面。

5) 货物应大小搭配,以利于充分利用车厢的载容积及核定载重量。

6) 按顺序堆码,先卸车的货物后码放。

4. 绑扎

绑扎是配送发车前的最后一个环节,也是非常重要的环节。绑扎是在配送货物按客户订单全部装车完毕后,为了保证货物在配送运输过程中的完好,以及为避免车辆达到各客户点卸货开箱时发生货物倾倒,而必须进行的一道工序。

(1) 绑扎时的主要考虑因素

1) 绑扎端点要易于固定而且牢靠。

2) 可根据具体情况选择绑扎形式。

3) 应注意绑扎的松紧度,避免货物或其外包装损坏。

(2) 绑扎的形式

1) 单件捆绑。

2) 单元化、成组化捆绑。

3) 分层捆绑。

4) 分行捆绑。

5) 分列捆绑。

(3) 绑扎的方法

1) 平行绑扎。

2) 垂直绑扎。

3) 相互交错绑扎。

6.4　配送车辆优化技术

线路优化设计的内容包括以下几个方面。

1. 配送线路设计

配送线路设计就是整合影响配送运输的各种因素,适时适当地利用现有的运输工具和道路状况,及时、安全、方便、经济地将客户所需的商品准确地送达客户手中。在配送运输线路设计中,需根据不同客户群的特点和要求,选择不同的线路设计方法,最终达到节省时间、运距和降低配送运输成本的目的。

配送运输由于配送方法的不同,其运输过程也不尽相同,影响配送运输的因素很多,如车流量的变化、道路状况、客户的分布状况和配送中心的选址、道路交通网、车辆定额载重量以及车辆运行限制等。

2. 直送式配送运输

直送式配送运输,是指由一个供应点对一个客户的专门送货。从物流优化的角度看,直送式客户的基本条件是其需求量接近于或大于可用车辆的额定重量,需专门派一辆或多辆车一次或多次送货。因此,直送情况下,货物的配送追求的是多装快跑,选择最短配送线路,以节约时间、费用,提高配送效率。即直送问题的物流优化,主要是寻找物流网络中的最短线路问题。

目前解决最短线路问题的方法有很多,现以位势法为例,介绍如何解决物流网络中的最短线路问题。已知物流网络如图 6-13 所示,各结点分别表示为 A、B、C、D、E、F、G、H、I、J、K,各结点之间的距离如图所示,试确定各结点间的最短线路。

寻找最短线路的方法步骤如下。

第 1 步:选择货物供应点为初始结点,并取其位势值为“0”,即 $V_i=0$

第 2 步:考虑与 i 点直接相连的所有线路结点。设其初始结点的位势值为 V_i,则其终止

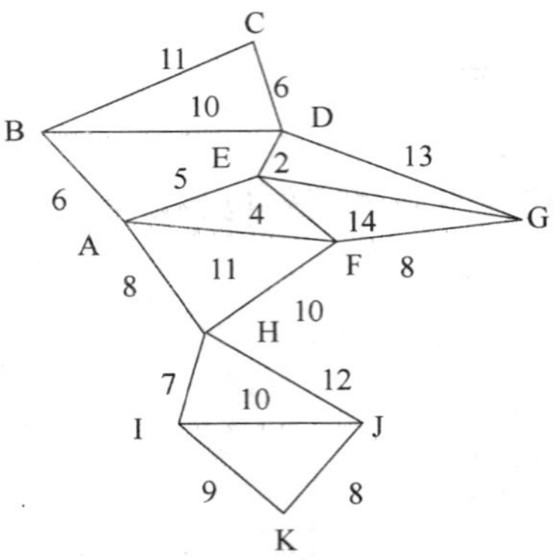

图 6-13　物流网络示意图

结点 j 的位势值可按下式确定

$$V_i=V_i+L_{ij}$$

其中：L_{ij} 为 i 点与 j 点之间的距离。

第 3 步：从所得到的所有位势值中选出最小者，此值即为从初始结点到该点的最短距离，将其标在该结点旁的方框内，并用箭头标出该连线 $i—j$，以此表示从 i 点到 j 点的最短线路走法。

第 4 步：重复以上步骤，直到物流网络中所有的结点的位势值均达到最小为止。

最终，各结点的位势值表示从初始结点到该点的最短距离。带箭头的各条联线则组成了从初始结点到其余结点的最短线路。分别以各点为初始结点，重复上述步骤，即可得各结点之间的最短距离。

[难点例释 4]在物流网络图 6-13 中，试寻找从供应点 A 到客户 K 的最短线路。

解：根据以上步骤，计算如下

(1) 取 $V_A=0$。

(2) 确定与 A 点直接相连的所有结点的位势值。

$$V_B=V_A+L_{AB}=0+6=6$$

$$V_E=V_A+L_{AE}=0+5=5$$

$$V_F=V_A+L_{AF}=0+11=11$$

$$V_H=V_A+L_{AH}=0+8=8$$

(3) 从所得的所有位势值中选择最小值 $V_B=5$，标注在对应结点 E 旁边的方框内，并用箭头标出联线 AE。即

$$\min\{V_B, V_E, V_F, V_H\}=\min\{6, 5, 11, 8\}=V_E=5$$

(4) 以 E 为初始结点，计算与之直接相连的 D、G、F 点的位势值（如果同一结点有多个位势值，则只保留最小者）

$$V_D=V_E+L_{ED}=5+2=7$$

$$V_G=V_E+L_{EG}=5+14=19$$

$$V_F=V_E+L_{EF}=5+4=9$$

(5) 从所得的所有剩余位势值中选出最小者 6，并标注在对应的结点 F 旁，同时用箭头标出联线 AB，即

$$\min\{V_B, V_H, V_D, V_G, V_F\} = \min\{6, 8, 7, 19, 9\} = V_B = 6$$

(6) 以 B 点为初始结点，与之直接相连的结点有 C 和 D，它们的位势值分别为 17 和 16。从所得的所有剩余位势值中取最小，即

$$\min\{V_H, V_D, V_E, V_F, V_G\} = \min\{8, 7, 19, 9, 17\} = V_D = 7$$

将最小位势值 7 标注在与之相应的 D 旁边的方框内，并用箭头标出其联线 ED。如此继续计算，可得最优路线如图 6-14 所示，由供应点 A 到客户 K 的最短距离为 24。

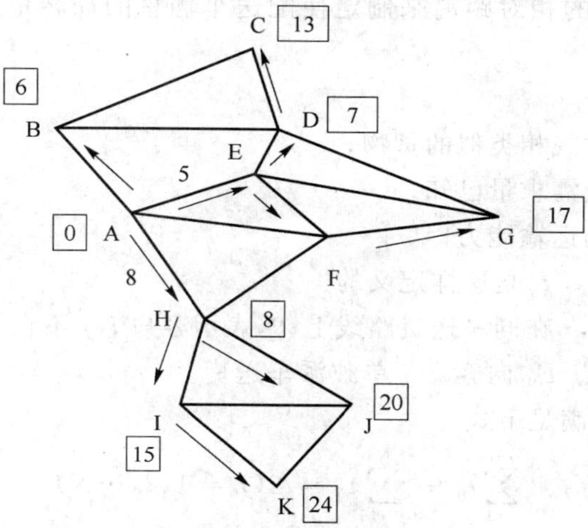

图 6-14　最优线路图

依照上述方法，将物流网络中的每一结点当做初始结点，并使其位势值等于"0"，然后进行计算，可得所有结点之间的最短距离，如表 6-6 所示。

表 6-6　结点之间的最短距离

物流网结点	A	B	C	D	E	F	G	H	I	J	K
A	0	6	13	7	5	9	17	8	15	20	24
B	6	0	11	10	11	15	23	14	21	26	30
C	13	11	0	6	8	12	19	21	28	33	37
D	7	10	6	0	2	6	13	15	22	27	31
E	5	11	8	2	0	4	12	13	20	25	29
F	9	15	12	6	4	0	8	10	17	22	26
G	17	23	19	13	12	8	0	15	22	27	31
H	8	14	21	15	13	10	15	0	7	12	16
I	15	21	28	22	20	17	22	7	0	10	9
J	20	16	33	27	25	22	27	12	10	0	8
K	24	30	37	31	29	26	31	16	9	8	0

3. 分送式配送运输

分送式配送是指由一个供应点对多个客户的共同送货。其基本条件是同一条线路上所

有客户的需求量总和不大于一辆车的额定载重量。送货时，由这一辆车装着所有客户的货物，沿着一条精心挑选的最佳路线依次将货物送到各个客户手中，这样既保证按时按量将用户需要的货物及时送到，又节约了车辆，节省了费用，缓解了交通紧张的压力，并减少了运输对环境造成的污染。

（1）节约法的基本规定

利用里程节约法确定配送路线的主要出发点是，根据配送方的运输能力及其到客户之间的距离和各客户之间的相对距离来制定使配送车辆总的周转量达到或接近最小的配送方案。

假设条件

1）配送的是同一种或相类似的货物；

2）各用户的位置及需求量已知；

3）配送方有足够的运输能力；

4）设状态参数为 t_{ij}，t_{ij} 是这样定义的

t_{ij}＝{1，表示客户 i，j 在同一送货路线上；0，表示客户 i，j 不在同一送货路线上}

$t_{0j}=2$ 表示由送货点 P_0 向客户 j 单独派车送货。

且所有状态参数应满足下式

$$\sum_{i=1}^{j-1} t_{ij} + \sum_{i=j+1}^{N} t_{ij} = 2(j = 1,2,\cdots N)$$

其中：N 为客户数。

利用节约法制定出的配送方案除了使总的周转量最小外，还应满足

1）方案能满足所有客户的到货时间要求；

2）不使车辆超载；

3）每辆车每天的总运行时间及里程满足规定的要求。

（2）节约法的基本思想

如图 6-15 所示，设 P_0 为配送中心，分别向用户 P_i 和 P_j 送货。P_0 到 P_i 和 P_j 的距离分别为 d_{0i} 和 d_{0j}，两个用户 P_i 和 P_j 之间的距离为 d_{ij}。送货方案只有两种，即配送中心 P_0 向用户 P_i，P_j 分别送货和配送中心 P_0 向用户 P_i，P_j 同时送货，如图 6-15(a)和 6-15(b)所示。比较两种配送方案：

方案 a)配送路线为 $P_0 \to P_i \to P_0 \to P_j \to P_0$，配送距离为 $d_a = d_{0i} + d_{0j}$

方案 b)配送路线 $P_0 \to P_i \to P_j \to P_0$，配送距离为 $d_b = d_{0i} + d_{0j} + d_{ij}$

显然，d_a 不等于 d_b，我们用 s_{ij} 表示里程节约量，即方案 b)比方案 a)节约的配送里程

$$s_{ij} = d_{0i} + d_{0j} - d_{ij}$$

根据节约法的基本思想，如果一个配送中心 P_0 分别向 N 个客户 $P_j(j=1,2\cdots n)$配送货物，在汽车载重能力允许的前提下，每辆汽车的配送线路上经过的客户个数越多，里程节约量越大，配送线路越合理。下面举例说明里程节约法的求解过程。

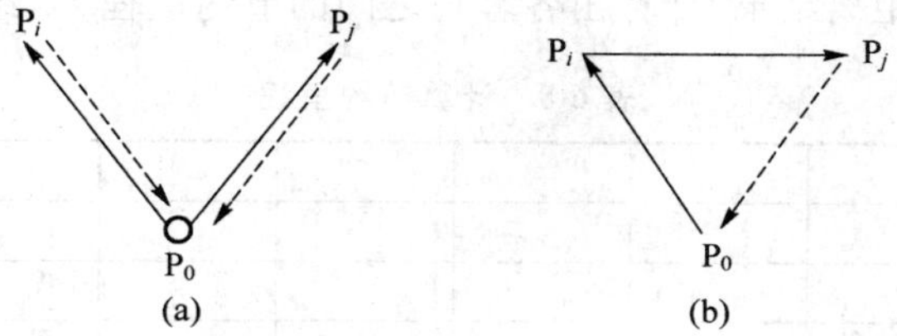

图 6-15　节约法

[难点例释 5]某一配送中心 P_0 向 10 个客户 P_j($j=1,2,\cdots,10$)配送货物,其配送网络如图 6-16 所示。图中括号内的数字表示客户的需求量(T),线路上的数字表示两节点之间的距离。配送中心有 2 t 和 4 t 两种车辆可供使用,试制定最优的配送方案。

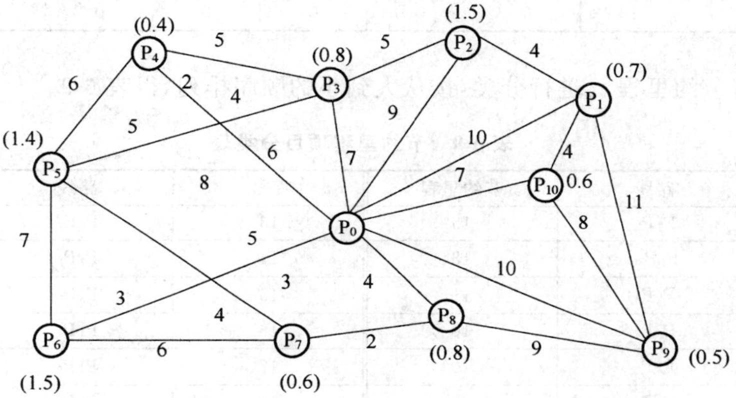

图 6-16　10 个客户配送网络

解:

第 1 步:计算最短距离。根据配送网络中的已知条件,计算配送中心与客户及客户之间的最短距离,结果如表 6-7 所示。

表 6-7　计算最短距离

P0										
10	P_1									
9	4	P_2								
7	9	5	P_3							
8	14	10	5	P_4						
8	18	14	9	6	P_5					
8	18	17	15	13	7	P_6				
3	13	12	10	11	10	6	P_7			
4	14	13	11	12	12	8	2	P_8		
10	11	15	17	18	18	17	11	9	P_9	
7	4	8	13	15	15	15	10	11	8	P_{10}

第 2 步：根据最短距离结果，计算出各客户之间的节约里程 s_{ij}，结果如表 6-8 所示。

表 6-8　计算节约里程

P_1									
15	P_2								
8	11	P_3							
4	7	10	P_4						
0	3	6	10	P_5					
0	0	0	3	9	P_6				
0	0	0	0	1	5	P_7			
0	0	0	0	0	4	5	P_8		
9	4	0	0	0	1	2	5	P_9	
13	8	1	0	0	0	0	0	9	P_{10}

第 3 步：将节约里程 s_{ij} 进行分类，按从大到小的顺序排列，得表 6-9。

表 6-9　节约里程项目分类表

序号	路线	节约里程	序号	路线	节约里程
1	P_1P_2	15	13	P_6P_7	5
2	P_1P_{10}	13	14	P_7P_8	5
3	P_2P_3	11	15	P_8P_9	5
4	P_3P_4	10	16	P_1P_4	4
5	P_4P_5	10	17	P_2P_9	4
6	P_1P_9	9	18	P_6P_8	4
7	P_5P_6	9	19	P_2P_5	3
8	P_9P_{10}	9	20	P_4P_6	3
9	P_1P_3	8	21	P_7P_9	2
10	P_2P_{10}	8	22	P_3P_{10}	1
11	P_2P_4	7	23	P_5P_7	1
12	P_3P_6	6	24	P_6P_9	1

第 4 步：确定配送线路。从分类表中，按节约里程大小顺序，组成线路图。

（1）初始方案：对每一客户分别单独派车送货，结果如图 6-17 所示。

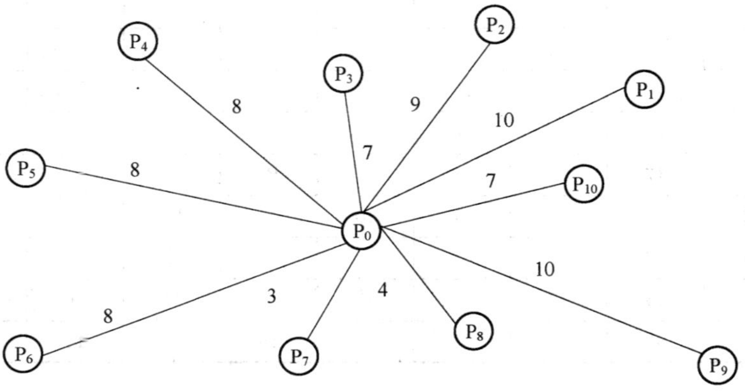

图 6-17　初始方案

初始方案

配送线路：10 条

配送距离：$s_0=148$ km

配送车辆：10 辆 2 t 车

(2) 修正方案 1：按节约里程 s_{ij} 由大到小的顺序，连接 P_1 和 P_2，P_1 和 P_{10}，P_2 和 P_3，得修正方案 1，如图 6-18 所示。

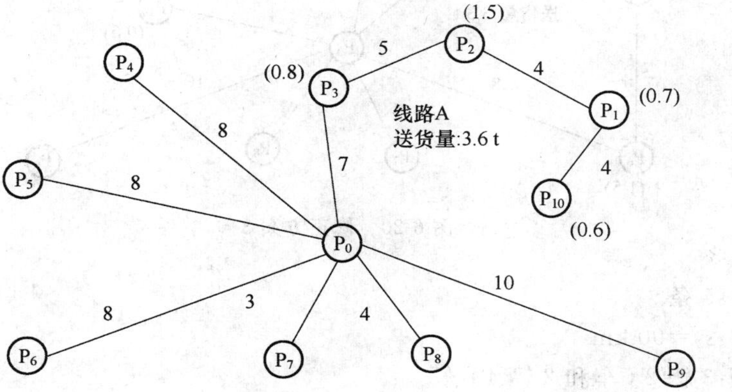

图 6-18　修正方案 1

修正方案 1

配送线路：7 条

配送距离：$s_1=109$ km

配送车辆：6 辆 2 t 车和 1 辆 4 t 车

(3) 修正方案 2：在剩余的 s_{ij} 中，最大的是 $s_{3,4}$ 和 $s_{4,5}$，此时 P_4 和 P_5 都有可能并入线路 A 中，但考虑到车辆的载重量及线路均衡问题，连接 P_4 和 P_5 形成一个新的线路 B，得修正方案 2，如图 6-19 所示。

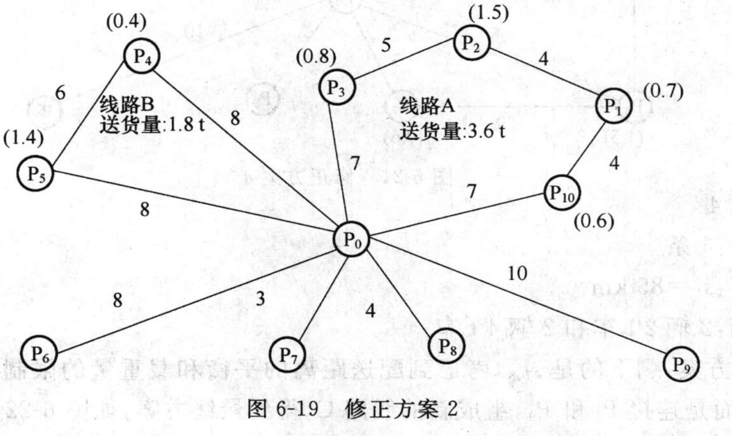

图 6-19　修正方案 2

修正方案 2

配送线路：6 条

配送距离：$s_2=99$ km

配送车辆：5 辆 2 t 车和 1 辆 4 t 车

(4) 修正方案 3:接下来最大的 s_{ij} 是 $s_{1,9}$ 和 $s_{5,6}$,由于此时 P_1 已属于线路 A,若将 P_9 并入线路 A,车辆会超载,故只将 P_6 点并入线路 B,得修正方案 3,如图 6-20 所示。

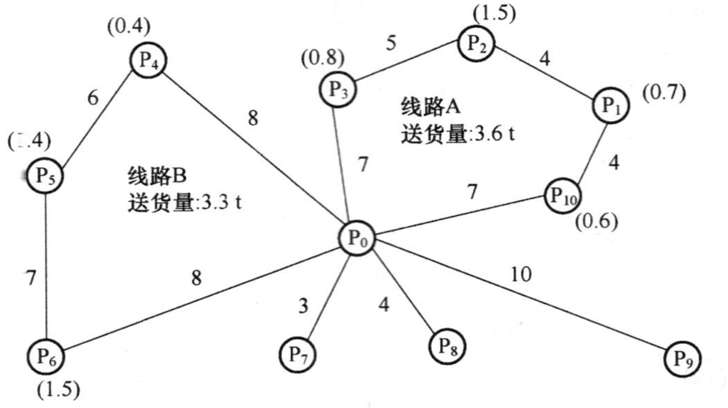

图 6-20 修正方案 3

修正方案 3

配送线路:5 条

配送距离:$s_3=90$ km

配送车辆:3 辆 2 t 车和 2 辆 4 t 车

(5) 修正方案 4:再继续按 s_{ij} 由大到小排出 $s_{9,10}$、$s_{1,3}$、$s_{2,10}$、$s_{2,4}$、$s_{3,6}$,由于与其相应的用户均已包含在已完成的线路里,故不予考虑。把 $s_{6,7}$ 对应 P_7 点并入线路 B 中,得修正方案 4,如图 6-21 所示。

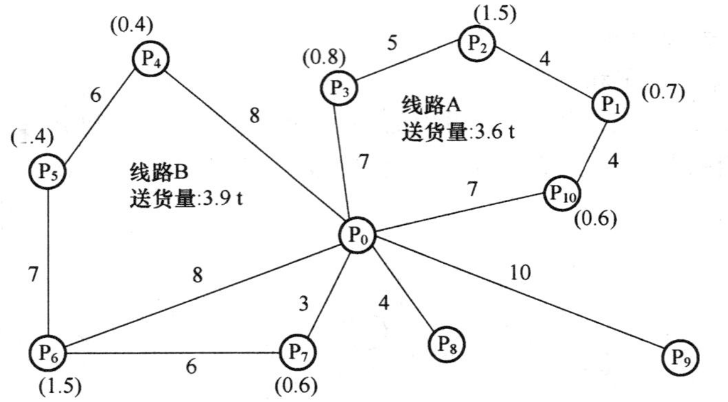

图 6-21 修正方案 4

修正方案 4

配送线路:4 条

配送距离:$s_4=85$ km

配送车辆:2 辆 2 t 车和 2 辆 4 t 车

(6) 最终方案:剩下的是 $s_{7,8}$,考虑到配送距离的平衡和载重量的限制,不将 P_8 点并入到线路 B 中,而是连接 P_8 和 P_9,组成新的线路 C,得到最终方案,如图 6-22 所示。这样配送方案已确定:共存在 3 条配送线路,总的配送距离为 80 km,需要的配送车辆为 2 t 车 1 辆,4 t车 2 辆。3 条配送线路分别为:

第 1 条配送线路 A:$P_0 \rightarrow P_3 \rightarrow P_2 \rightarrow P_1 \rightarrow P_{10} \rightarrow P_0$ 使用 1 辆 4 t 车。

第 2 条配送线路 B：$P_0 \to P_4 \to P_5 \to P_6 \to P_7 \to P_0$，使用 1 辆 4 t 车。

第 3 条配送线路 C：$P_0 \to P_8 \to P_9 \to P_0$，使用 1 辆 2 t 车。

最终方案

配送线路：3 条

配送距离：$s_4 = 80$ km

配送车辆：1 辆 2 t 车和 2 辆 4 t 车

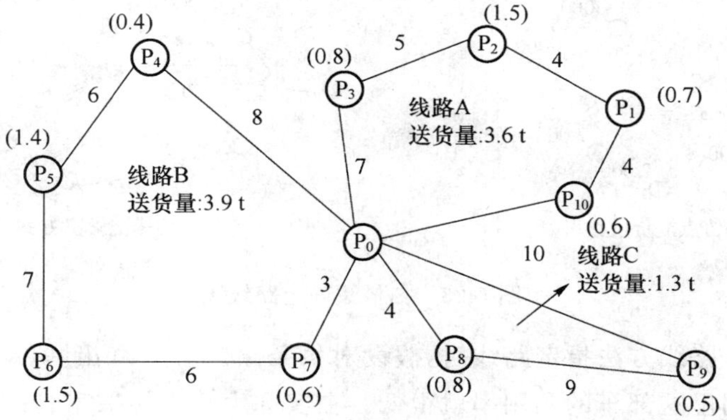

图 6-22　最终方案

4. 扫描法配送

（1）基本原理

配送路线设计中的扫描法很简单，即使问题规模很大，也可以通过手工计算得出结果。如果利用计算机程序计算，能够很快求出结果，所需的计算机内存也不大。对于各类问题，该方法的平均误差率预计约在 10%。如果需要很快得出结果，且只要求结果是合理的（而不是最优的），那么该误差水平还是可以接受的。实际上，调度员常常要在接到有关站点和各站点货运量最新数据后一小时内设计出路线。该方法的缺陷与路线构成方式有关。求解过程分为两步：第 1 步是分派车辆服务的站点；第 2 步是决定行车路线。因为整个过程分成两步，所以对诸如在途总运行时间和时间窗口等时间问题处理得不好。

（2）基本步骤

1）在地图或方格图中确定所有站点（含仓库）的位置。

2）自仓库始沿任一方向向外划一条直线。沿顺时针或逆时针方向旋转该直线直到与某站点相交。同时要考虑：如果在某线路上增加该站点，是否会超过车辆的载货能力？如果没有，继续旋转直线，直到与下一个站点相交。再次计算累计货运量是否超过车辆的运载能力（先使用最大的车辆）。如果超过，就剔除最后的那个站点，并确定路线。随后，从不包含在上一条路线中的站点开始，继续旋转直线以寻找新路线。继续该过程直到所有的站点都被安排到路线中。

3）排定各路线上每个站点的顺序使行车距离最短。排序时可以使用“水滴”法或求解“流动推销员”问题的算法。

如果①每个经停点的货量只占车辆运力的很小比重；②所有车同样大；③路上没有时间限制，那么“扫描”法可以得到很好的解。

[**难点例释 6**]某公司从其所属仓库用货车到各客户点提货，然后将客户的货物运回仓

库，以便集成大批量进行远程运输，全天的提货量如图 6-23(a)所示，给出了所有提货点和仓库。送货车每次可以运送 10 000 件货物。完成一次运行路线一般要一天时间。请确定：需要多少条路线；每条路线上有哪几个客户点；送货车辆服务有关客户点的顺序。按上面介绍的扫描法确定的路线图如图 6-23(b)所示。

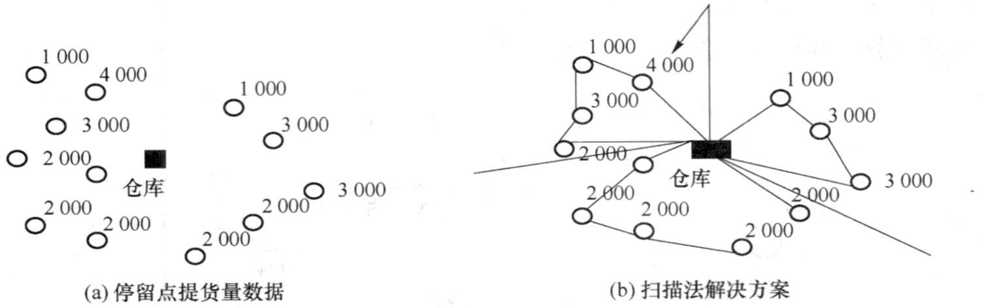

图 6-23　扫描法确定路线图

利用上述行车路线方法指定路线时，假设对每条路线都只派出一部车，如果路线较短，那么在剩余的时间里这部车的利用率就很低。在实际生活中如果完成一条路线后开始另一条路线，那么就可以派一辆车负责两条路线。因此，可以将所有运输路线按首尾相连顺序排列，使车辆的空闲时间最短，就可以决定车辆数，并排出配车计划。

假如某车有表 6-10 中的 10 条路线的发车时间和到达时间。如果每条线路安排 1 辆车，则需要 10 辆车；但我们发现，有些路线比较短，根本用不了 1 天，所以根本不用 10 辆车。那么，如何来制定合理的运输计划，使车辆最少呢？

表 6-10　配车计划表

路线	发车时间	返回时间
1	8：00AM	10：25AM
2	9：30AM	11：45AM
3	2：00PM	4：53PM
4	11：31AM	3：21PM
5	8：12AM	9：52AM
6	3：03PM	5：13PM
7	12：24PM	2：24PM
8	1：33PM	4：33PM
9	8：00AM	10：34AM
10	10：56AM	2：56PM

可以按下面的步骤来进行，这样就可以节约大量成本。

1）将这些路线在一天内按时间进行排序：1、10、6 号线占了一天；9、4 号线占了一天；5、8 号线占了一天；2、7 号线占了一天：只有 3 号线占了半天。

2）然后采用图 6-24 的样子画出来，这样就可以分配车了。从图 6-24 中可以看出，只要

5 辆车就可以解决问题。最终就少用了 5 辆车，节约了一半的成本。

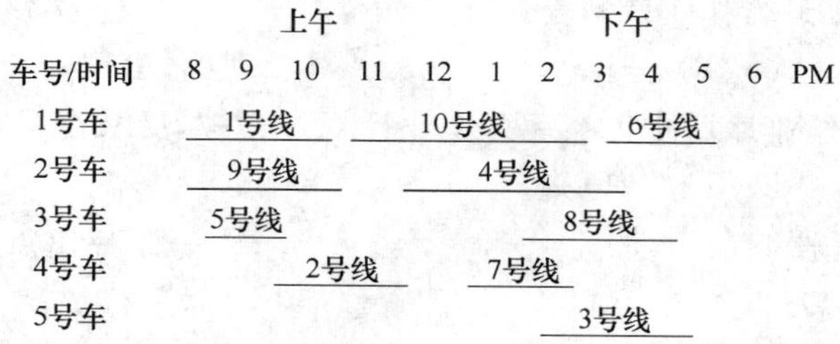

图 6-24 最优运输计划安排

本章小结

配送运输基本作业程序包括划分配送区域、车辆配载、车辆安排等作业环节。合理划分配送区域是其他作业程序的基础工作；车辆运输调度包括车辆调度内容、原则及调度方法，其中车辆调度方法是车辆调度工作重点，包括表上作业法、经验调度法和运输定额比法；配送车辆积载技术包括配送车辆积载原则、提高车辆装载效率的具体办法；配送线路优化技术包括直送式配送运输线路优化和分送式配送运输线路优化，重点是分送式配送运输线路优化。

在运输配送的组织过程中，一旦组织不当，会造成重复运输、迂回运输、对流运输、过远运输，车辆利用率低下等问题。

思考与练习

1. 填空题

(1) 统一采购、集中配送、分散销售是__________的基本特点。

(2) ________是指专门针对某一类或几类货物的配送方式，如图书配送、鲜奶配送等。

(3) 配送运输特点为________、________、________、________、________。

(4) 配送线路设计就是整合影响配送运输的各种因素，适时适当地利用现有的运输工具和道路状况，________、________、________、________地将客户所需的商品准确地送达客户手中。

2. 选择题

(1) (　　)配送运输的宗旨是将货物完好无损地送到目的地。

A) 安全性　　B) 方便性　　C) 经济性　　D) 沟通性

(2) (　　)是指配送以服务为目标，以最大限度地满足客户要求为前提。因此，应尽可能地让顾客享受到便捷的服务。

A) 时效性　　B) 方便性　　C) 经济性　　D) 沟通性

(3) 以什么次序装车的问题，即车辆的积载问题。原则上，知道了客户的配送顺序先后，只要将货物依"(　　)"的顺序装车即可。

A) 先送后装　　B) 先送先装　　C) 后送先装　　D) 后送后装

(4) 编制配送车辆运行作业计划，包括编制配送方案、(　　)计划、车辆运行计划总表、分日配送计划表、单车运行作业计划等。

A) 配送　　B) 分拣　　C) 理单　　D) 理货

(5) 在编制运行作业计划和实施运行作业计划过程中，要从全局出发，保证重点、统筹兼顾，运力安排应贯彻“(　　)”的原则。

A) 先重点、后一般　　B) 先一般、后重点

C) 不分重点、一般　　D) 同时进行

(6) 合理性原则就是根据货物性能、(　　)、重量、车辆技术状况、道路桥梁通行条件、气候变化、驾驶员技术水平等因素合理调派车辆。

A) 体积　　B) 面积　　C) 质量　　D) 颜色

(7) 图上作业法是将配送业务量反映在(　　)图上，通过对交通图初始调运方案的调整，求出最优配送车辆运行调度方法。

A) 地图　　B) 交通　　C) 货物　　D) 分门别类

(8) 交通图是根据客户所需货物汇总情况、交通线路、(　　)与客户点的布局而绘制。

A) 仓库　　B) 物流中心　　C) 码头　　D) 配送点

(9) 任何一张交通图上的线路分布形态无非为成(　　)与不成圈两类。

A) 圈　　B) 点　　C) 面　　D) 三角

(10) 排定各路线上每个站点的顺序使行车距离最短。排序时可以使用“(　　)”法或求解“流动推销员”问题的算法。

A) 圆柱　　B) 半径　　C) 破圈　　D) 水滴

3. 简答题

(1) 配送运输具有哪些特点？

(2) 配送运输基本作业程序包括哪些环节？

(3) 车辆积载原则是什么？

(4) 如何提高车辆装载效率？

(5) 车辆运行调度原则是什么？

4. 论述题

(1) 简述表上作业法原理。

(2) 简述节约里程法基本原理。

(3) 简述扫描法原理。

5. 案例分析

家乐福配送中心选址

根据经典的零售学理论，一个卖场的选址需要经过几个方面的测算：第一，商圈里的人口消费能力。需要对这些地区进行进一步的细化，计算这片区域内各个小区的详尽的人口规模和特征，计算不同区域内人口的数量和密度、年龄分布、文化水平、职业分布以及人均可支配收入等指标。家乐福的做法还会更细致一些，根据这些小区的远近程度和居民可支配的收入，再划定重要的销售区域和普通的销售区域。第二，需要研究这片区域内的城市交通和周边商圈的竞争情况。例如，家乐福古北店(上海)周围的公交线路不多，家乐福就干脆自

已租用公交车辆在一些固定的小区穿行，方便这些距离较远的小区居民上门一次性购齐一周的生活用品。当然，未来潜在的销售区域会受到很多竞争对手的挤压，所以家乐福也会将未来所有的竞争对手计算进去。

思考与讨论

（1）配送中心选址需要注意什么问题？

（2）对于配送合理化你有何好建议？

6. 实训

最短路线确定运输线路

实训内容

如图 6-25 所示是一张公路网络示意图，其中 A 是始发点，J 是终点，B、C、D、E、F、G、H、I 是网络中的节点，节点和节点之间以线路连接，线路上标明了两个节点之间的距离，以运行时间(min)表示。要求确定一条从起点 A 到终点 J 最短的运输路线。

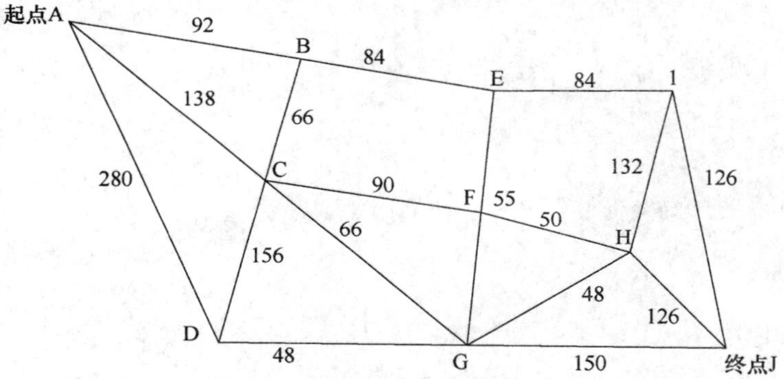

图 6-25　公路网络示意图

实训要求

5 人一小组，首先分析路线选择的类型，找到合适的求解方法，注意最短路线的应用范围。该问题是属于起讫点不同的单一问题。

实训课时

2 课时。

实训步骤

（1）分析题意，确定采用位势法求解。

（2）以起始点为初始结点，并取其位势值为“0”，即 $V_i=0$。

（3）考虑与 i 点直接相连的所有线路结点。

设其初始结点的位势值 V_i，则其终止点 j 的位势可按下式确定

$$V_j=V_i+L_{ij}$$

（4）从所得的所有位势值中选出最小者，此值即为从始点到该点最短距离，将其标在该结点旁，并用箭头标出该连线 i—j，以此表示从 i 点到 j 点的最短线路走法。

（5）重复以上步骤，直到物流网络中所有的结点的位势值均达到最小为止。

检查标准

考核内容	考核标准	分值	实际得分
最短路线确定运输线路实训	1. 小组合作参与程度	10	
	2. 分工合作程度	10	
	3. 沟通协调能力	10	
	4. 方案的可行性与合理性	50	
	5. 专业知识的掌握程度、实际动手能力	20	
合　计		100	

第7章　物流信息系统

【学习目标】

通过本章的学习,要求掌握物流信息的概念、特征,了解物流信息的功能,认识物流信息的分类,掌握物流信息系统的构成,了解物流信息平台的构成、功能和作用。熟悉物流信息管理系统功能和作用,熟悉常用的物流信息的种类。

【能力目标】能独立收集物流信息并录入系统,在物流工程管理中能合理应用信息技术解决实际问题。

【知识框架】

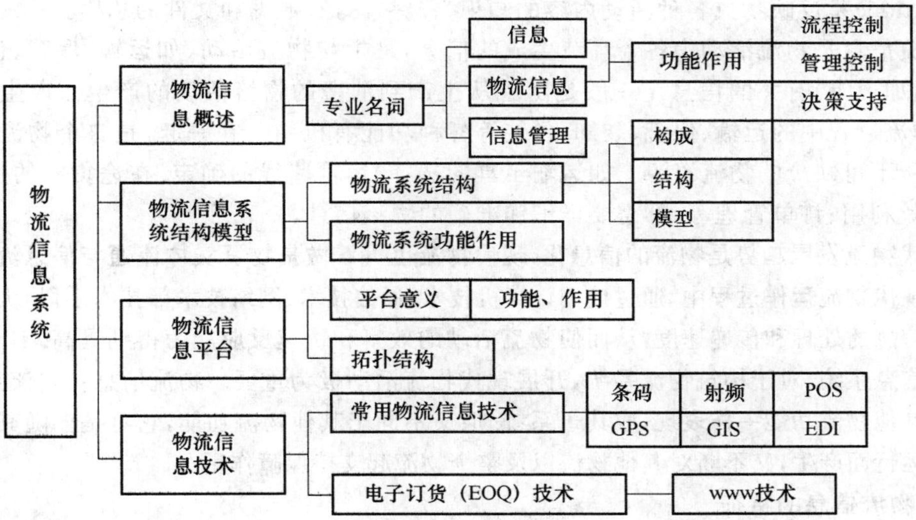

引导案例

海尔物流信息化建设

建立高效、迅速的现代物流系统,才能建立企业核心的竞争力。海尔需要这样的一套信息系统,使其能够在物流方面一只手抓住用户的需求,另一只手抓住可以满足用户需求的全球供应链。海尔实施信息化管理的目的主要有以下两个方面。

(1) 现代物流区别于传统物流的主要特征是速度,而海尔物流信息化建设需要以订单信息流为中心,使供应链上的信息同步传递,能够实现以速度取胜。

(2) 海尔物流需要以信息技术为基础,能够向客户提供竞争对手所不能给予的增值服务,使海尔顺利从企业物流向物流企业转变。

解决方案

海尔采用了EOS、EDI、GPS、GIS等技术,组建自己的物流管理系统(LMIS)。

LMIS实施后，打破了原有的“信息孤岛”，使信息同步而集成，提高了信息的实时性与准确性，加快了对供应链的响应速度。如原来订单由客户下达传递到供应商需要10天以上的时间，而且准确率低，实施EOS后订单不但1天内完成“客户—商流—工厂计划—仓库—采购—供应商”的过程，而且准确率极高。

思考

你认为信息化对企业意味着什么？

7.1 物流信息概述

7.1.1 物流信息

1. 概念

我国实施的国家标准“物流术语”中，对物流信息进行了如下定义：物流信息（Logistics Information）是反映物流各种活动内容的知识、资料、图像、数据和文件的总称。

物流信息是物流活动中各个环节生成的信息，是指与物流活动（如运输、保管、包装、装卸、流通加工等）有关的信息。一般是随着从生产到消费的物流活动的产生而产生的信息流，与物流过程中的运输、保管、装卸、包装等各种功能有机结合在一起，是整个物流活动顺利进行所不可缺少的物流资源。如运输工具的选择、运输路线的确定、在途货物的追踪、仓库的有效利用、订单管理等，都需要详细和准确的物流信息。

现代物流发展趋势是物流的信息化，现代物流也可看做是物资实体流通与信息流通的结合。在现代物流运作过程中，通过使用计算机技术、通信技术、网络技术等技术手段，大大加快了物流信息的处理和传递速度，从而使物流活动的效率和快速反应能力得到提高。建立和完善物流信息系统，对于构筑物流系统，开展现代物流活动极为重要。物流信息在物流系统中，既如同其他物流功能一样表现，成其子系统，但又不同于其他物流功能，它总是伴随其他物流功能的运行而产生，又不断对其他物流以及整个物流起支持保障作用。

2. 物流信息的特征

物理管理信息除具有信息的一般特性外，还具有以下特征，如图7-1所示。

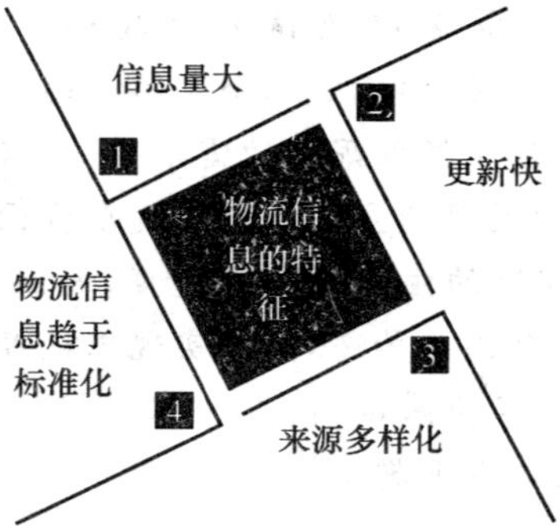

图7-1　物流信息的特征

(1) 信息量大

物流信息随着物流活动以及商品交易活动展开而大量发生，多品种少批量生产和多频度小数量配送使库存、运输等物流活动的信息大量增加。零售商广泛应用销售时点信息系统（POS，Point of Sale System）读取销售时点的商品价格、品种、数量等即时销售信息，并对这些销售信息加工整理，通过电子数据交换（EDI，Electronic Data Interchange）向相关企业传送。同时，为了使库存补充作业合理化，许多企业采用电子订货系统（EOS，Electronic Ordering System）。随着企业间合作倾向的增强和信息技术的发展，物流信息的信息量在今后将越来越大。

(2) 时效性

多品种少量生产、多频度小数量配送、利用 POS 系统的及时销售使得各种作业活动频繁发生，从而要求物流信息不断更新，而且更新的速度越来越快。此外，物流信息动态性强，实时性高，信息价值衰减速度快，时效性强。因而对信息管理的及时性和灵活性提出了很高的要求。

(3) 来源多样化

物流信息不仅包括企业内部的物流信息（如生产信息、库存信息等），而且包括企业间的物流信息和与物流活动有关的基础设施的信息。物流信息的产生缘于物质实体的"位移"，与整个物流活动密切相关，涉及原材料供应商、企业生产制造商、中间环节的批发商和零售商，以及最终消费者市场（客户）流通的全过程。物流信息种类多、来源广，使得物流信息的搜集、分类、筛选、统计、研究等工作的难度增加。

(4) 物流信息趋于标准化

由于物流信息种类多，不仅本系统内部各个环节有不同种类的信息，而且与其他系统（如生产系统、供应系统）密切相关，企业竞争优势的获得需要供应链各参与企业之间相互协调合作。协调合作的手段之一是信息及时交换和共享。随着信息处理手段电子化，要求物流信息标准化。

现在，越来越多的企业力图使物流信息标准化和格式化，并利用 EDI 在相关企业间进行传送，实现信息共享。

广角镜

可扩展标记语言（XML，Extensible Markup Language）

XML 是 Web 上表示结构化信息的一种标准文本格式，是一个用来定义其他语言的源语言，它没有复杂的语法和包罗万象的数据定义。虽然目前 HTML 语言仍然是建立网页最常用的程序语言，但它存储信息的能力却有很大的限制。比较而言，XML 就具有比较大的弹性，它允许程序员使用任何虚拟形态的信息，从简单的单笔数据到复杂的数据库。

3. 物流信息的功能

(1) 流程控制功能

物流信息的流程控制作用就是记录、控制物流活动的基本内容。例如，当收到订单，就记录了第一笔交易的信息，意味着流程的开始。随后按记录的信息安排存货，指导材料管理人员选择作业程序，指挥搬运、装货及按订单交货，都在物流信息的控制下完成。流程物流信息的主要特征是：程序化、规范化，作用上强调效率。

(2) 管理控制功能

物流服务的水平和质量以及现有管理个体和资源的管理，要由信息系统作相关的控制。应该建立完善的考核指标体系来对作业计划和绩效进行评价和鉴别，这里强调了信息对加强控制力度的作用。通过移动通信、计算机信息网、电子数据交换、全球定位系统等技术能够实现物流信息处理网络化，如货物实时跟踪、车辆实时跟踪，以提高管理力度；又如通过每磅的运输和仓储成本、存货周转、供应比率等信息可以进行成本衡量、资产衡量、顾客服务衡量等功能衡量和报告。畅通的信息通道是物流运行控制、服务质量控制、成本控制的基本前提。

(3) 协调功能

沟通货主、用户、物流服务提供者之间的联系，满足各类货主、用户、中介服务人员的需要，满足不同物流环节协同运作的需要。在物流运作中，加强信息的集成与流通，有利于工作的时效性，提高工作的质量与效率，减少劳动强度系数。例如，零售商与物流企业之间共享商品销售信息，物流企业可据此预测库存情况并及时补货，使库存保持在最佳水平。

(4) 支持决策和战略功能

物流网络规划决策，运营线路设计与选择，仓库作业计划，库存管理，利用外部资源补充内部瓶颈资源，物流系统运行中的短期决策等管理工作都需要大量经过处理的信息支持，包括评估信息、成本-收益信息等。这一层次的物流信息的特征是范围广，时间跨度大，非结构化程度高，作用上强调有效性而不是强调效率。

广角镜

流通增值网

流通增值网(VAN，Value Added Network)是 VAN 公司所经营的各种信息通信服务网络。利用 VAN，企业间可以实现在线联络，不同的计算机可以实现数据交换。各行业、各地区有各种 VAN，流通企业利用的网络称为流通 VAN。在流通 VAN 中，EOS 的数据传输方法被经常使用。

7.1.2 物流信息的内容

物流信息包括物流系统内信息和物流系统外信息两部分。

1. 物流系统内信息

物流系统内信息是指与物流活动(如运输、保管、包装、装卸、配送、流通加工等)有关的信息，如图 7-2 所示。它是伴随物流活动而发生的。

在物流活动的管理与决策中，如运输工具的选择、运输线路的确定、在途货物的追踪、仓库的有效利用、订单管理等，都需要详细和准确的物流信息，因为物流信息对运输管理、库存管理、订单管理等物流活动具有支持保证的功能。

2. 物流系统外信息

物流系统外信息是在物流活动以外发生的，提供给物流使用的信息，包括供货人信息、顾客信息、订货合同信息、交通运输信息、市场信息、政策信息，还有来自企业内生产、财务等部门与物流有关的信息。

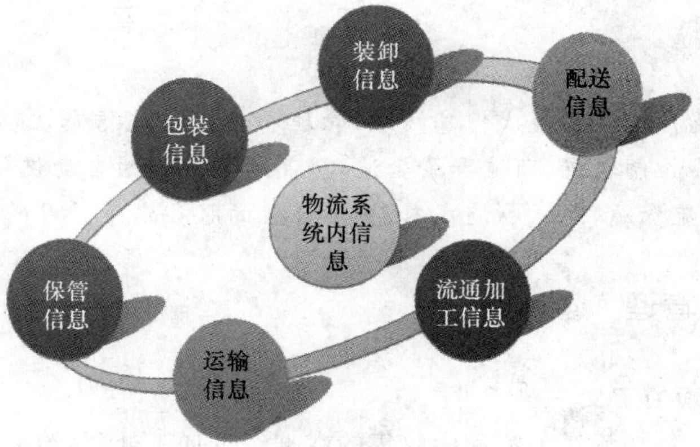

图 7-2　物流系统内信息

7.1.3　物流信息的分类

1. 按信息沟通联络方式分类

(1) 口头信息。通过面对面交谈所进行交流的信息。它迅速、直接传播,但也容易失真,与其他传播方式相比速度较慢。物流活动的各种现场调查和研究,是获得口头信息最简单的方式。

(2) 书面信息。物流信息表示的书面形式,可以重复说明和进行检查。各种物流环节中的报表、文字说明、技术资料等都属该类信息。

2. 按信息来源分类

(1) 外部信息。在物流活动以外发生但提供给物流活动使用的信息,包括供货人信息、客户信息、订货合同信息、交通运输信息、市场信息、政策信息,还有来自企业内生产、财务等部门的与物流有关的信息。

(2) 内部信息。来自物流系统内部的各种信息的总称,包括物流流转信息、物流作业层信息、物流控制层信息和物流管理层信息。

3. 按照物流信息变动度分类

(1) 固定信息。有如下 3 种形式:一是物流生产标准信息,这是以指标定额为主体的信息,如各种物流活动的劳动定额、物资消耗定额、固定资产折旧等;二是物流计划信息,物流活动中在计划期内已定任务所反映的各项指标,如物资年计划吞吐量、计划运输量等;三是物流查询信息,在一个较长的时期内很少发生变更的信息。物流企业内的职工人事制度、工资制度、财务制度等。

(2) 流动信息。与固定信息相反,流动信息是物流系统中经常发生变动的信息。这种信息以物流各作业统计信息为基础,如某一时刻物流任务的实际进度、计划完成情况、各项指标的对比关系等。

小知识

物流信息化

物流信息化是指广泛使用现代信息技术，管理和集成物流信息，通过分析、控制物流信息和信息流来管理和控制物流、商流和资金流，提高物流运作的自动化程度和物流决策的水平，达到合理配置物流资源，降低物流成本，提高物流的服务水平的目的。

7.1.4 物流信息管理

1. 物流信息管理的定义

物流信息管理是对物流经营活动中收集的数据经过加工处理、给以分析解释、明确意义后，对物流经营管理活动产生影响的数据资料。

从控制论的观点来看，物流管理过程就是物流作业信息的收集、传递、加工、判断和决策的过程。物流管理信息可以通过实物指标、劳动指标、价值指标和文字图表等形式表现，反映企业所进行的物流活动以及与之相关的外部环境状况，它是现代物流管理工作的依据。

小知识

数据

数据(Data，又称资料)是用来对客观事物的性质、状态以及相互关系等进行记录，并且可以鉴别的物理符号。也就是说，数据就是可以识别的、抽象的符号。

计算机信息系统中所说的数据，不同于数学上的数值，其符号形式不仅指数字，而且还包括字符、文字、图形、声音等。

例如，一个制造业企业物流的过程如图 7-3 所示。原材料的购进(供应商与供应科)—产品的生产(生产部门)—产品推向市场(销售科与客户)，这个物质实体“位移”过程是单向的。伴随物流产生了众多的信息流，而其中许多信息流发生在不与物流直接相关的部门，如财务科和管理部门。信息流反映的是物流的状态，要求有反馈，即信息流是双向的，用来控制和调节物流。又如，外部供应商通过企业的供应科向该企业供应“原材料”(物流)，伴随物质实体这一“位移”产生的信息流是供应科—供应商—采购单；信息流向为生产部门—管理部门—生产计划—供应科—领料单(信息)以得到供应科提供的“原材料”(物质实体)，并生产出“产品”(物质实体)交付销售科，而销售科通过市场销售了解客户的需求变化，并将客户的订货单—用户要求—生产部门，生产部门再将生产报表—管理部门—生产计划(信息)物流信息管理，就是要对物流的数量、方向、速度进行控制和调节，使信息流按一定的目的和规则运动。

2. 物流信息管理的作用

一般认为信息流是伴随物流的产生而产生的，但是随着信息技术的发展和应用，信息以及信息流的作用由过去单一的、被动的作用转变为多方的、主动的作用。一类信息流先于物流的产生，它控制着物流产生的时间、流动的大小和方向，引发、控制、调整物流，主要是各种决策、计划、用户的配送加工和分拣及配货要求等；另一类信息流则与物流同步产生，例如，运输信息、库存信息、加工信息、货源信息、设备信息等，它们反映物流的状态。前者为计划信息流或协调信息流，后者为作业信息流。如图 7-4 所示。

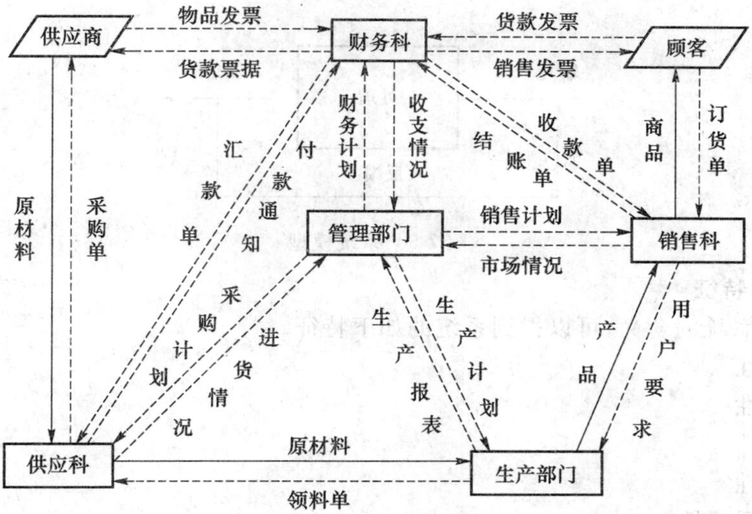

图 7-3　制造业中的物流与信息流

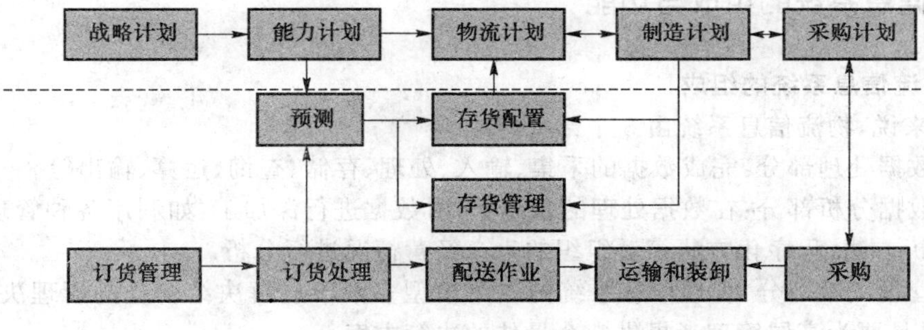

图 7-4　物流管理信息作用

图 7-4 说明管理信息是企业的宝贵资源也是科学决策的依据。

7.2　物流系统结构模型

7.2.1　信息系统定义和特征

1. 系统的定义

系统指在一定环境中，为了达到某一特定功能而相互联系、相互作用的若干个要素所组成的一个有机整体。

例如，物流公司就是一个系统，它是由员工、场地、物流设施设备、资金、部门、商品、信息等组成的，为了有效地实现商品物资流通，以最好的方式组织和运输产品，在满足消费者商品需求的同时，从中获取最大利润。

2. 系统的模型表示

输入、处理、输出是组成系统的 3 个基本要素，加上反馈功能就构成一个完整的系统，如

图 7-5 所示。

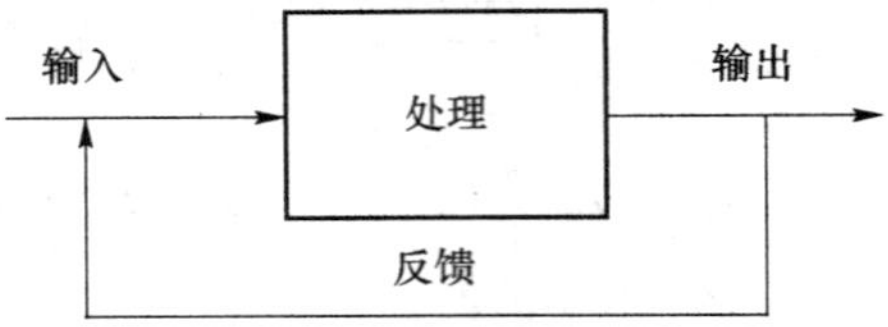

图 7-5　系统模型

3. 系统的特征

根据上述系统的含义,可以得到系统的如下特征。

(1) 整体性

(2) 目的性

(3) 层次性

(4) 关联性

(5) 环境适应性

7.2.2　信息系统的组成与功能

1. 物流信息系统的组成

一般来说,物流信息系统由 3 个部分组成。

(1) 数据处理部分:完成数据的采集、输入、处理、存储、查询、运算、输出等。

(2) 数据分析部分:在数据处理的基础上,对数据进行深加工,如利用各种管理模型、定量定性分析方法、程序化方法等对组织的生产经营情况进行分析。

(3) 管理决策部分:管理信息系统的决策模型多限于以解决结构化的管理决策问题为主,其结果是要为高层管理者提供一个最佳的决策方案。

供应链管理

企业从原材料和零部件采购、运输、加工制造、分销直至最终送到顾客手中的这一过程被看成是一个环环相扣的链条,这就是供应链。

因此,供应链管理就是指对整个供应链系统进行计划、协调、操作、控制和优化的各种活动和过程,目标是要将顾客需要的正确的产品(Right Product)能够在正确的时间(Right Time)、按照正确的数量(Right Quantity)、正确的质量(Right Quality)和正确的状态(Right Status)送到正确的地点(Right Place)——实现"6R",并使总成本最小。

供应链对上游的供应者(供应活动)、中间的生产者(制造活动)和运输商(储存运输活动),以及下游的消费者(分销活动)同样重视。

2. 信息系统的功能

一个完整的管理信息系统应该具有以下功能。

(1) 数据处理:完成数据的收集、输入、传输、存储、加工处理和输出。

(2) 事务处理:将管理人员从繁重的事务处理中解脱出来,以从事创造性劳动。

(3) 预测功能:运用数学、统计或模拟等方法,根据过去的数据预测未来的情况。

(4) 计划功能:安排各部门的计划,并按照不同的管理层提供相应的计划报告。

（5）控制功能：对计划的执行情况进行监测、检查，辅助管理人员及时加以控制。

（6）辅助决策功能：运用数学模型，及时推导问题的最优解，辅助管理人员决策。

7.2.3 物流信息系统结构

1. 结构

物流信息系统是一个以人为主导，利用计算机硬件、软件、网络通信设备以及其他办公设备，进行物流信息的收集、存储、传输、加工、更新和维护，以支持物流管理人员、行业中高层决策、中层控制、基层运作的领导者控制物流运作的人机系统。物流信息系统结构如图 7-6 所示。

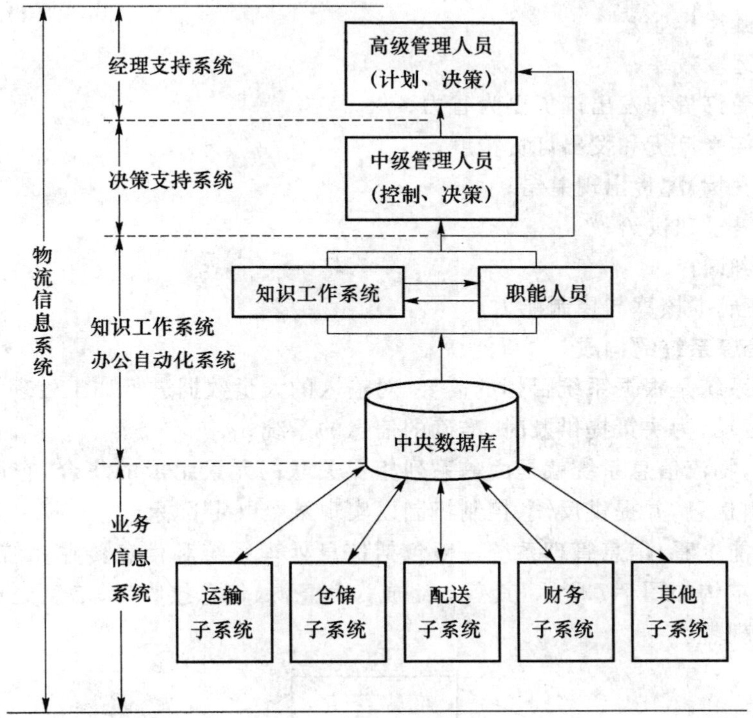

图 7-6　物流信息系统结构

2. 建立物流信息系统的意义

现代物流管理以信息为基础，因而建立物流信息系统越来越具有战略意义。

（1）在企业日益重视经营战略的情况下，建立物流信息管理系统是必要的、不可缺少的。具体来说，为确保物流竞争优势，建立将企业内部的销售信息管理系统、物流信息管理系统、生产供应信息综合起来的信息管理系统势在必行。

（2）随着信息化的发展，各企业之间的关系日益密切。如何与企业外部销售渠道的信息管理系统、采购系统中的信息管理系统以及运输信息管理系统连接起来，将成为今后重点研究解决的课题。

（3）企业物流已经不只是一个企业的问题，进入社会系统的部分将日益增多。在这种形势下，物流信息系统将日益成为社会信息管理系统的一个重要组成部分。

（4）物流信息管理可以缩短物流管道，物流管道缩短是指物流周转时间和存货的减少。一般来讲，物流备货时间大于顾客订单周期，要克服备货时间差距的唯一办法就是保持存货。存货量根据预测确定，预测误差会导致存货的过剩或不足。为缩短管道长度，必须尽可能地减少或消除存货，同时使物流备货时间与订单周期一致。物流信息化管理可以提高物流作业速度，优化物流流程，减少物流备货时间。

（5）实现物流系统化管理。现代物流的核心理念在于系统化，主要是通过整合各种物流功能和物流资源来实现系统化管理，达到整体效益最优，创造出整体竞争优势。

3. 物流信息系统所要解决的问题

（1）缩短从接受订货到发货的时间间隔；

（2）库存适量化（压缩库存并防止脱销）；

（3）提高搬运作业效率；

（4）提高运输效率；

（5）使接受订货和发出订货更为省力；

（6）提高接受订货和发出订货精度；

（7）防止发货、配货出现差错；

（8）调整需求和供给；

（9）信息咨询；

（10）提高成本核算与控制能力。

4. 物流信息系统的构成

物流信息系统是根据系统目标的需要，对输入的大量数据进行加工处理，代替人工处理的烦琐、重复劳动，为决策提供及时、准确的信息的系统。

可以认为，物流信息系统就是由一系列相互关联的元素组成的集合，它可以输入数据、经过处理、输出信息，并提供反馈、控制机制以实现某个既定目标。

从结构功能上看，信息管理系统一般包括信息处理系统和信息传输系统两个方面。信息系统的基本结构如图 7-7 所示，其基本组成为信息源、信息接收者、信息处理器、信息传输通道和信息管理者。

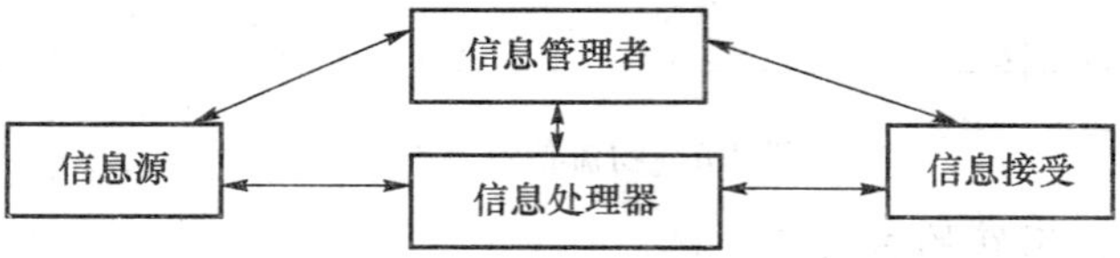

图 7-7　物流信息管理系统结构基本示意图

小贴士

物流管理组织

很久以前，当物流活动还包含在生产、销售活动中时，其管理部门也作为生产等部门的附属部门而存在，其地位低，物流岗位也得不到承认。但是，随着物流一体化思想的发展，人们认识到物流的重要性，成立了独立的物流管理组织。现在，这些部门除了承担物流管理外，还承担与信息部门、政府部门的联络职能。

7.2.4 物流信息系统模型

1. 物流信息系统模型

物流信息系统模型结构如图 7-8 所示。

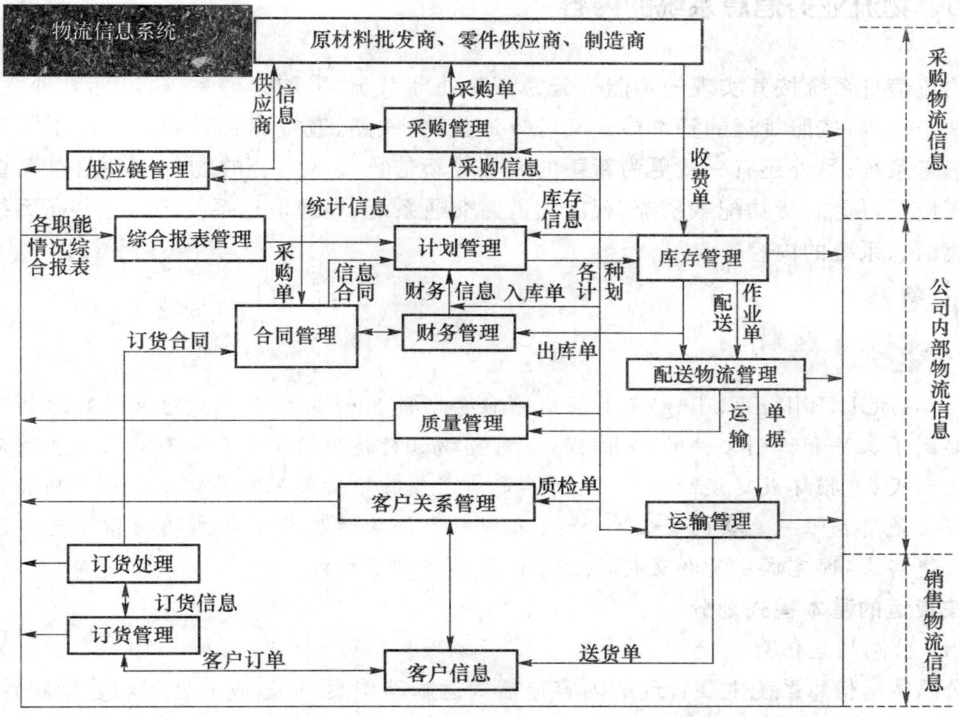

图 7-8 物流信息系统模型结构

2. 物流信息系统模型的功能

物流信息系统模型的功能模块分为以下几种。

(1) 订单作业信息管理

客户订单是引发物流过程运转的信息，订单处理系统是物流系统的中枢。信息流的速度与质量直接影响整个运作过程的成本与效率。低速、缺乏稳定性的信息传输不但会导致客户流失，而且还会增加运输、库存和仓储成本。订单处理系统能够为提高物流绩效水平提供巨大潜力。

(2) 采购业务信息管理

在物流供应链中，采购过程本身已经从单纯的交易导向过渡到依靠良好的管理信息系统实现与更少的供应商保持更加密切的关系。目的在于能够通过管理信息系统，具体包括采购计划管理、采购订单管理、采购收货管理等，从全球供应商中选择原材料供应源。

(3) 库存业务信息管理

库存管理系统以物的管理为基础，重点管理实际物品的入库、出库、库存以及所产生的信息。

(4) 运输与配送信息管理

配送中心管理最低存货水平的高需求物品，主要在接收和运输两个环节处理产品。因而配送中心收集和控制的数据信息是实时的，配送中心建立的目标是在达到客户交货要求时，实现利润最大化。其管理系统对信息的管理主要在配车计划和单据操作两方面。

7.2.5 物流业务信息系统的内容

物流信息系统按其实现的功能可分为订单处理系统、采购管理系统、库存管理系统、配送管理系统等；按照货运的基本模式又可分为公路、铁路、航空、船舶、管道 5 种不同的货运管理信息系统；另外还有一些更为新颖的或与最新信息技术结合的物流管理信息系统问世并投入使用，例如，货物配载系统、智能化道路交通系统、地理信息系统等。这些子系统构成了物流信息系统的内容。

广角镜

提单

提单(BOL，Bill of Lading)是购买运输服务所使用的基本单证。它对所装运的商品和数量起到了收据和证明文件的作用，因此，对货物进行精确的描述和点数是至关重要的。在货物发生灭失、损坏或延误的情况下，提单是请求损害赔偿最基本的证明。提单所指定的个人或买主是货物唯一真实的受领人，承运人则有责任按照提单上所载明的指示适当地交付货物。事实上，因完成了货物交付才使货物实际转移了物权。

按货运的基本模式划分

(1) 公路货运信息系统

公路货运信息系统主要管理的内容包括货运基础档案、货运业务处理和货运跟踪查询。货运基础档案包括车辆基础档案、驾驶员基础档案、配送中心(仓库)的基础档案，以及企业对码头、火车站、机场等信息建立的档案的管理。货运业务处理包括接收托运人订单、送货单确认、车辆预定、车辆配载、货运线路优化、发车管理、途中监控、到站管理、货运异常信息处理、货运签收单维护等。货运跟踪查询是将托运人信息、承运人信息和客户信息都通过管理信息系统进行管理，对货运作业、可用车辆、车辆行驶路线、货物移动情况和运费等进行查询和跟踪。

(2) 铁路货运信息系统

铁路货运按照一批货物的重量、体积、性质、形状，可以分为整车运输、零担运输和集装箱运输 3 种。以整车运输为例说明铁路货运管理的信息内容。如果一批货物的重量、体积、性质或形状需要一辆或一辆以上铁路货车装运(除集装箱货运)，就属于整车运输。

(3) 航空货运信息系统

航空货运的基本作业包括发送作业、途中作业和到达作业。其管理的主要内容是航空货运单上需要填写的内容，包括托运人名称和地址、托运人账号、收货人名称和地址、收货人账号、始发站、路线和目的站、运费、托运人向承运人声明的货物价值、目的站、保险金额、件数、毛重、货物品名及体积等。

广角镜

HAWB 与 MAWB

HAWB 是 HOUSE AIR WAYBILL 的简称，即航空分运单，由运输行签发（该运输行本身没有飞机）。运输行将揽收后拼装的货物交予航空运输公司，由航空运输公司签发的运输单据是 MASTER AIR WAYBILL，简称 MAWB，即空运主提单。

(4) 船舶货运信息系统

船舶货运信息主要是货物运单上的各项目数据。管理信息系统录入船舶货运日常业务数据，将数据资料转化成有用的信息，供决策者参考。承运人所作的决策有战术层的，也有战略层的。例如，承运人的战术层的运输决策可能是如何分配驾驶员和运输工具，从而使空载路程最短、收入最多；承运人的战略层的运输决策可能是根据对未来 5 年内货运流量的预测来决定运输车队的规模大小。战术决策受到战略决策的影响，反之亦然。托运人和收货人也作这样的决策。

小知识

提前装船通知

提前装船通知（ASN，Advanced Shipment Notice）里面包含船名、航次、提单号等内容，它是发送给客户的一份描述货物相关信息的通知文件。

运输过程所需信息可以分为交易前、交易中、交易后 3 种。信息的管理关键在于信息系统的集成，信息对于托运人和收货人之间的运输过程是非常必要的，它是连接所有供应链伙伴所必需的。

交易前的信息包括计划运输所需的信息，交易中的信息包括货物到达承运人处时所需的信息，交易后的信息包括交货后所需的信息。表 7-1 说明了托运人、承运人和收货人对 3 种信息的需求，以及三方之间的信息流必须合成才能确保货物如期如约到达。在交易前，托运人需要采购订单信息、进行可能的预测，以便他们选择有能力的承运人并作出决策；托运人还需要从承运人处获知可用设备情况和计划提货时间的信息。从战略上，承运人需要从托运人处获知预测的数量，以便适当地计划运载量。从战术上，承运人需要从托运人处获知他所期望的 BOL 信息以及期望交货和取货的时间。收货人需要从托运人处获知 ASN 以及从承运人处（或在 ASN 上的托运人处）获知计划交货时间。

表 7-1　管理运输过程所需信息

运输活动	信息使用者		
	托运人	承运人	收货人
交易前	采购订单信息 预测 可用设备	提单信息 预测 取货/交货时间	提前装船通知 交货时间
交易中	货物情况	货物情况	货物情况
交易后	运费清单 承运人业绩 交货证明 索赔信息	付款 索赔信息	承运人业绩 交货证明 索赔信息

在交易中，三方都需要得知货物情况，例如，货物是否按计划到达。许多承运人都通过信息技术，如卫星跟踪、车载计算机、条形码来监控货物情况。一般来说，货物信息是由承运人掌握和提供的。通常，这些信息都是另外处理的，只有在交货时间或货物需求发生变化时才通知托运人和(或)收货人。

交易后，如果货物是船上交货，即按离岸价格(FOB)交货的话，需要从承运人处取得运费清单以及交货证明(POD)和承运人业绩的其他证明，如货损或索赔信息。承运人需要从托运人处获知承运人业绩情况，如是否按时、无货损等，以及从托运人或承运人处得到交货证明(POD)，以便开始对托运人就产品进行付款。这些不同类型的信息以及它们的流动如图 7-9 所示。所以，运输过程中一个严密的操作环节是承运人、托运人和收货人之间信息流的合成。

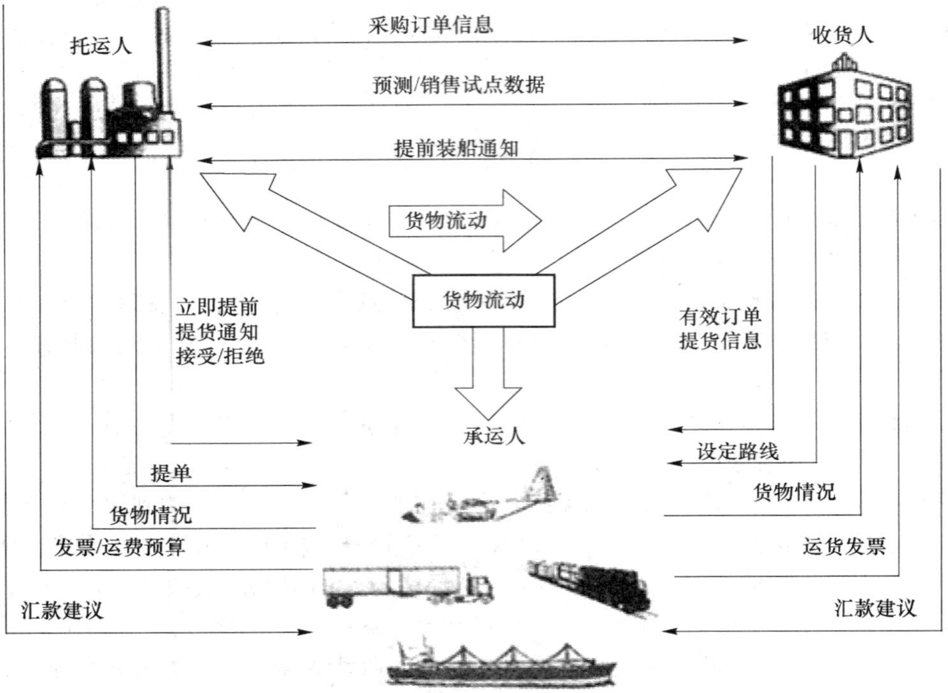

图 7-9　运输活动交易前、交易中、交易后信息流图示

小知识

离岸价格

离岸价格(FOB，Free on Board)涉及装船问题，装船是 FOB 合同划分风险的界线，国际上不同惯例对装船的解释不尽一致。按国际商会《INCOTERMS》规定：卖方负担货物在装运港越过船舷为止的一切风险，即当货物在装运港越过船舷时，卖方即履行了交货任务。卖方的交货点(Poin of Delivery)是船舷(Ship's Rail)，买方自该交货点起，负担货物灭失或损坏风险。但《1990 年通则》规定是可以被买卖合同的具体规定或买卖双方确立的习惯做法所超越或改变的。因此，在实际业务中，FOB 合同的卖方，往往根据合同规定或双方确立的习惯做法，负责将货物在装运港实际装到船上，并提供给卖方已装船收据或提单。

7.3 物流信息平台

7.3.1 物流信息平台的含义

1. 物流信息平台的含义

物流信息平台是现代物流业的重要组成部分，对物流供应链上基于信息交换与共享的企业间协作运营起着基础性的支撑作用。物流信息平台的含义可分为广义和狭义。广义的物流信息平台是指全球定位系统(GPS，Global Positioning System)、地理信息系统(GIS，Geographical Information System)、电子商务等多种技术在仓储、货运代理、联运、集装箱运输以及政府管理等物流相关领域的集成应用。例如，2004 年 9 月浙江杭州中药饮片物流信息平台通过了省经贸厅组织的专家鉴定。目前已有多家产品供应厂家进入系统，20 余家医疗机构接入系统。该平台推动了现代化的物流配送和定量小包装的中药饮片，减少了医院的中药库存，增加了中药饮片的新鲜度。狭义的物流信息平台是指具体提供各类物流信息的特定软硬件基础设施，软硬件基础设施的建设、管理和维护，以及信息的发布依托区域综合物流信息服务中心的一种重要基础系统。

资料

汽车网络交易市场(ANX)是由美国汽车制造商及其供应商共同发起的一项行动，计划开发一个安全、高性能和高度可靠的外部商务网络平台，成员企业可以利用该商务网络平台交换计算机辅助设计和制造系统产生的大量设计数据。他们认为，汽车及其零部件的合作设计将会减少汽车供应链中的时间和成本。

7.3.2 物流信息平台的功能

物流信息平台的功能包括基本功能和扩展功能两大部分。基本功能对应于狭义物流信息平台的业务处理；扩展功能涵盖了广义物流信息平台在先进的信息技术与设备支撑下的业务领域。

小知识

仓储管理信息系统(WMS)的主要功能

1. 物品跟踪

用终端扫描器扫描物品条形码，并在物品包装时，打印并粘贴物品的客户信息条码，实现物品跟踪。

2. 标签管理

将物品标签打印并粘贴在物品包装的明显位置，成为跟踪产品流转的重要标志。若物品制造商未提供条形码标签或标签损坏，可利用系统提供的物品标签管理模块，重新生成所需的标签。

3. 入库管理

入库时识读物品上的条形码标签，同时录入物品的存放信息，将物品的特性信息以及存放信息一同存入数据库，储存时进行检查，看是否是重复录入，实现数据的无损传递和快速录入。

4. 出库管理

根据配送中心产生的提货单或配送单，选择相应的物品出库。为出库备货方便，可根据物品的特征进行组合查询，可打印查询结果或生成可用于移动终端的数据文件。产品出库时，要扫描物品上的二维条形码，对出库商品的信息进行确认，同时更改其库存状态。

5. 盘点管理

在库存管理中，通过手持无线终端收集盘点物品信息，然后将收集到的信息由计算机进行集中处理，从而形成盘点报告。

6. 配送管理

配送前将配送物品资料和客户订单资料下载到移动终端中，送达配送客户后，打开移动终端，调出客户相应的订单；然后根据订单情况挑选货物并验证其条形码标签，确认配送完一个客户的物品后，移动终端会自动校验配送情况，并作出相应的提示。

1. 基本功能

(1) 数据交换功能。主要指电子单证的翻译、转换和通信，如网上报关、报检、结算、缴(退)税、许可证申请、客户与商家的业务往来等与信息平台连接的用户交换信息。这是信息平台的核心功能。

资料

罗塞塔网络(Rosettanet)是美国高技术和电子行业的一项行动，该行动的重点在于建立业务流程集成的标准和工具，通过标准化的界面流程，使供应链成员企业之间实现更加复杂的知识交换。其中一项功能是自动更新分销商的在线目录中的制造商的产品信息。这一自动化更新过程，提高了速度和准确性，使整个行业都获益。

(2) 信息发布功能。企业通过 Internet 连接到 Web 货运信息网上，如中国货运信息网、传化物流网等，就可获得站点提供的物流信息。这些物流信息包括专业物流信息平台提供的水陆运价格、新闻和公告、政务指南、航班船期、货源和运力、空车配载、铁路车次、适箱货源、联盟会员、政策法规、职业培训等信息。

(3) 会员服务功能。主要包括会员单证管理、会员的货物状态和位置跟踪、交易统计、交易跟踪、会员资信评估等。该功能可为注册会员提供个性化服务。

(4) 在线交易功能。物流信息平台的交易系统为供需双方提供一个虚拟交易市场，供方和需方均可发布和查询信息，对自己感兴趣的信息可与发布者进行洽谈，交易系统可为双方进行交易。

2. 扩展功能

(1) 智能配送功能。即利用物流中心的运输资源、消费者的购物信息和商家的供货信息，寻求最优化的配送方案，尽可能地降低配送成本。信息平台提供的信息用以有效解决路线的选择、配送的车辆类型、配送的发送顺序、客户限制的发送时间等问题。

(2) 货物跟踪功能。指采用全球定位系统(GPS)、地理信息系统(GIS)跟踪货物的状态和位置。用户可通过呼叫中心或 Web 站点获得跟踪信息。

(3) 库存管理功能。充分利用物流信息平台提供的信息，对整个供应链进行有效的整合，使库存量在满足客户需求的条件下达到最低。

(4) 决策分析功能。通过对已有数据的分析，如设施选址、客户服务分析等，协助企业管理层鉴别、评估和比较在物流战略层面制定的可选方案。

(5) 金融服务功能。利用物流信息平台实现银行、保险、税务、外汇等金融服务。物流信息平台对金融服务只起信息传递作用，具体业务需在相关部门内部处理，处理结果通过信息平台返回客户。

资料

Transora 是美国消费品行业的一项行动。Transora 建立了一个企业之间的全球化电子市场，该电子市场使制造商能够利用互联网商务平台来简化与其全球的供应商、客户和分销商之间的业务交易过程。Transora 是一家独立的公司，由行业内的公司所有并进行投资。在 2000 年 6 月，49 家消费品公司已经投入了将近 25 000 万美元的资金来资助 Transora。Transora 支持跨越公司的普遍的合作，提供一批基于互联网的服务和交换的连接，从而达到提高效率、改进与客户和消费者之间交互作用的目的。电子化市场有望引导整个消费品行业的改革，它在许多方面为整个供应链提供了突破性的收益，最终将收益传递到消费者，所涉及的方面包括消费者促销、合作型计划、预测和补货、供应商管理库存、行业能力管理、端点到端点的物流等。

在未来，供应链将采用网络化的技术和业务流程来对消费者和客户需求作出反应，在更高的效率和反应能力的水平上优化结构和绩效。在供应链成员企业之间、供应商网络中以及整个行业市场上，新的电子商务信息交换方法正在不断地被开发出来。公司的成功需要对组织未来电子商务角色进行规划。

7.4　物流信息技术

7.4.1　信息技术概述

1. 概念

信息技术(IT，Information Technology)泛指凡是能拓展人的信息处理能力的技术。从目前来看信息技术主要包括传感技术、计算机技术、通信技术、控制技术等，它替代或辅助人们完成了对信息的检测、识别、变换、存储、传递、计算、提取、控制和利用。

传感技术扩展了人的感觉器官能力，主要完成对信息的识别、收集等。例如，在企业物资管理中，物资入库时，将入库的物资搬到磅秤上，保管员抄磅秤数，然后将数据输入计算机中已经成为历史。现在有了汽车磅，当装载入库物资的汽车上了汽车磅后，入库数量一次被采集、输入进计算机，从而既提高数据的准确性、及时性，又减轻了工人的劳动强度。

计算机技术以高速的计算能力以及“海量”的存储能力扩展了人的大脑能力，包括计算、记忆能力，可以完成信息的加工、存储、检索、分析等。由于计算机的特点，使以前难以甚至无法解决的问题得以解决。如在库存信息处理方面，对时常需要的库存数据、图表，计算机很快给出结果，使仓管人员能及时补充库存、调整库存商品种类、减少冗余库存、合理安排运输路线和装运量、节约资源。

通信技术则通过扩展人的神经系统能力来实现信息的传递。过去人们传递信息主要依靠口头、书信、电话电报等方式。以资金周转为例，在使用传统方法进行资金流通结算时，国内一般需要一个星期，国际一般需要半个月左右。实现网络化后，国内国际的资金流通结算均可在 24 小时甚至更短时间内完成。

2. 信息技术对企业的影响

信息技术的应用随着企业生产及其管理的要求向广度和深度发展。新信息技术的使用将对企业产生很大影响，信息技术不但可以改变企业的价值链，而且还可以改变企业与其竞争者之间的竞争对比，从而为企业创造竞争优势带来了新的可能性。这种影响分为 4 个方面。

(1) 创造成本优势

信息技术主要从以下方面来构建企业的成本优势。首先，信息技术减少企业与消费者、原材料供应商之间的环节，缩短路径距离而降低企业交易成本，从而提高企业成本优势。其次，良好的信息技术系统可以减少企业成品、半成品及其原材料的库存量，降低管理成本，从而提高企业成本优势。最后，信息技术的应用尤其是电子商务的迅速发展，使每个用户能非常方便、快捷、低廉地在网上完成交易全过程，从而大大降低了企业的交易成本，形成成本优势。

(2) 创造差异化优势

信息技术为企业创造的差异化优势主要体现在以下几个方面。

1) 提高买方价值，满足个性化需求。信息技术的应用，能够使消费者与企业之间建立良好的沟通渠道，从而使经营者迅速了解、分析顾客的个性化需求成为可能。例如，DELL 就是能够让客户通过自动订货系统选择自己喜爱的计算机配置，然后由公司进行组装、调配、送货，从而更好地满足顾客个性化需求，达到提高买方价值的目的。

2) 提高服务质量，形成服务差异化优势。例如，中国的海尔，在产品不断创新，质量不断提高，品牌国际化的前提下，积极提高售后服务质量，主动上门提供规范化、专业化的海尔星级服务，从而赢得了消费者的好评，维持了老顾客，创造了新顾客。

(3) 改变竞争方式

信息技术几乎彻底改变了企业传统的竞争方式。这种改变主要表现在以下 3 个方面。首先，信息技术使企业与企业之间直接面对中间商的竞争逐步改变为直接面向消费者的竞争。其次，信息技术使企业从以往的以产品管理为中心的竞争模式，转变为以产品或服务销售为中心的竞争模式。最后，由以往的产品或服务成本与质量的有形竞争转变为争取消费者信心的虚拟竞争。

(4) 信息技术极大地扩展竞争领域

信息技术不仅改变企业竞争方式，而且极大地扩展了企业竞争领域。

一方面，信息技术(尤其是互联网技术)的“时空压缩”效应，使企业信息交流变得直接和简单，网上竞争日趋激烈。企业竞争由有形向无形转化，竞争模式变得日趋隐蔽和变化多端。

另一方面,互联网的迅速发展使整个世界越来越小,形成了所谓的"地球村"。"时空放大"效应是企业可以选择的供应商、销售商、制造商、目标市场等范围扩大了,这意味着企业的竞争环境由区域化向全球化发展,即竞争范围的扩大。而企业本身在地理位置上的分布也越来越广,跨国企业在越来越多的国家建立了子公司。

7.4.2 常用的物流信息技术

物流信息技术是指运用在物流领域的信息技术。在物流领域中,广泛采用的信息技术主要包括条形码技术、射频技术(RF,Radio Frequency)、无线射频识别(RFID,Radio Frequency Identification)、地理信息系统(GIS,Geographic Information System)、全球定位系统(GPS,Global Positioning System)、电子数据交换(EDI,Electronic Data Interchange)、万维网(WWW,World Wide Web)技术等。信息技术的出现与普及运用,为现代物流在更大范围的信息共享与交互提供了基础平台。

1. 数据自动识别与数据采集技术

数据自动识别和数据采集是收集物流信息的技术。通过数据的自动识别和采集,可保证物流各环节进行高速准确的数据获取,实现实时控制。

从20世纪90年代中期开始,随着零售业在我国的勃然兴起,自动识别与数据采集技术(AIDC,Automatic Identification and Data Capture)作为提升零售业自动化水平的强有力工具,也得到广泛的应用。自动识别与数据采集技术的核心内容在于能够快速、准确地将现场的庞大数据有效地登录到计算机系统的数据库中,从而加快物流、信息流、资金流的速度,明显地提高了商家的经济效益和客户的服务水平。如图7-10所示。

图7-10 配送中心自动识别技术应用

AIDC包括许多技术,可以提供处理不同的信息收集、传递问题的方法。这些技术包括条码技术、电子标签(无线射频识别和数据传递技术)、磁条磁卡技术、声音图像识别系统、光学字符识别技术、生物统计识别方法等。

(1) 条形码

条形码是最早的也是最著名和最成功的自动识别技术。在超市购买的各种商品上都有条形码,常用的条形码有UPC(Universal Product Code)、EAN-128(European Article Number)码、Code39码、Code93码和交叉二五码,其标准由国际标准组织(ISO)制定。线性条形码可用于将数字或者数字字母作为数据库关键字的许多领域。最主要的限制在于条形码储存的数据量有限;另外,打印对比度不够或缺墨时,会降低对条形码的识别能力。

(2) 二维条形码

二维条形码是新型的条形码，可在很小的地方存储大量的数据。二维条形码有 3 种类型，即堆叠式符号(线性条形码彼此堆叠)、矩阵式符号(明暗点、圆点、方点或者六边形组成的矩阵)和层式符号(线性符号随机排列)，如 PDF417、Code49 码、Code16K 码(堆叠式)、CodeOne 码、MaxiCode 码、DataMatrix 码、Aztec 码(矩阵式)和 SuperCode 码(包式)。这些标准大多已提交 ISO 批准。

与线性条形码相比，二维条形码的主要优势是能储存大量的数据：每个符号可储存 7 000个数字或者 4 200 个字母数字；还可以利用“结构化附加”的功能用多重符号表示信息，从而提供几乎无限制的储存空间。二维条形码的缺点是需要特殊的扫描器，堆叠式符号可用栅格激光扫描器识别，而矩阵式符号则需要用图形扫描器阅读。

小贴士

RSS 码和 CS 码

RSS 码(Reduced Spaced Symbology)和 CS 码(Composite Symbology)由 UCC 和 EAN 国际条码组织创造性开发，是为了满足日益增长的对较小商品进行识别的商务需要而应运而生的两种新的条码符号。

RSS 条码家族包括 7 种线性条码符号，非常适用于对条码空间有限制的应用场合。这些新的条码符号作为对现有条码符号和技术以及 EAN、UCC 条码体系的相关应用的补充，被认为是支撑全球商业活动运转的首要条码符号体系。今天，这些条码符号正被广泛应用于全球 23 个主要行业中，每日的扫描频率多达 50 亿次。

UCC 的高层这样评价 RSS 码的市场前景：“随着各主要行业对较小物品和产品更有效识别需求的不断增强 RSS 码的市场应用空间将会迅速延伸。我们将继续推广并增强这种条码技术，来满足全球经济发展的需要。”

CS 码是一个一维条码(RSS 码、UPC/EAN 码或 UPC/EAN-128 码)和一个二维条码(是 PDF417 码，或者是 EAN、UCC 所规定的 MicroPDF417 码的不同形式)的组合。其主要识别信息被编码至一维线性条码中，部分信息可以被低端扫描器轻松识读。次要信息则被压缩编码至二维条码部分，尽量少占空间。这样，CS 码可以实现对一维条码的向下兼容，可以方便那些暂时尚不具备购置二维条码识读设备能力的用户。除了基本的物品识别功能外，RSS 码和 CS 码的一个明显特点是，RSS 码和 CS 码的出现增强了 EAN、UCC 体系的功能，让使用者能够更有效地采集更多信息，并大大降低了成本。

(3) 磁卡

20 世纪 60 年代初交通部门开始使用磁卡，70 年代银行业开始使用，之后磁卡的使用率不断增长，现在已经非常普及。磁卡的主要问题是储存的信息量有限及数据的安全性，目前许多厂商都提供了各种解决方案。虽然许多人士预测磁卡会被其他技术取代，但目前对它的投资还在不断增加。磁卡是非常理想的技术，成本非常低且有许多种用途。随着新的安全技术的出现，磁条技术还会得到更广泛的应用。磁条技术的国际标准由 ISO 制定。

(4) 智能卡

最早的智能卡专利是 1974 年在法国申报的，智能卡最早在 1982 年由法国开始使用。它提供了安全、廉价的离线确认机制，由于欧洲进行交易的在线确认的通信成本很高，这种技术在欧洲被迅速接受。智能卡有两类：一类是仅有记忆功能的“哑卡”，仅用于储存信息，如零售和售货机用的储值卡；另一类是真正的“智能卡”，嵌入的微处理器可以处理所储存的数据，如智能钱包或者多用卡。因为卡上有微处理器，能够用多种方法来防止对卡上信息的非法访问，从而提供了安全的环境，这是智能卡能替代其他卡的主要原因。微处理器类的智能卡有接触型和非接触型两种。非接触型智能卡没有镀金接触点磨损及接触点遭电击而破坏集成电路的问题，缺点是卡片和阅读器复杂而加大了成本。虽然今天智能卡的成本有大幅度的下降，但仍然高于磁卡。智能卡的最大优点是能够储存大量数据和具有很好的安全性。智能卡的国际标准也是由 ISO 制定的。

(5) 光卡

光卡技术与音乐 CD 和 CD-ROM 相似，用卡上镀有的金色光感材料来储存信息。激光在其上烧出小孔，阅读时低能激光可探测出这些小孔，有无小孔即表示出 1 或 0。光卡是一次写入多次读出的介质，数据可永久保存。目前容量达到 4～6.6 MB，可储存如照片、指纹等图像。ISO 制定了光卡的标准。光卡的主要缺点在于，由于其一次写入的技术特点，写入新数据会用尽可用的储存空间。但在某些应用上这也是优点，因为这样可以记录下完整的变化历史。

(6) 射频标识

射频识别技术(RFID，Radio Frequency Identification)是 20 世纪 90 年代开始兴起的一种自动识别技术，射频识别技术是一项利用射频信号通过空间耦合(交变磁场或电磁场)实现无接触信息传递并通过所传递的信息达到识别目的的技术。

RFID 是一种非接触式自动识别技术，它通过射频信号自动识别目标，并获取相关数据，识别工作无须人工干预。作为条形码的无线版本，RFID 技术具有条形码所不具备的防水、防磁、耐高温、使用寿命长、读取距离大、标签上数据可以加密、存储数据容量更大、存储信息更改自如等优点。

(7) POS 系统

销售时点信息系统(POS，Point of Sale)是指利用光学式自动读取设备搜集销售商品时，按照单品类别读取商品销售、进货、配送等阶段发生的各种信息，通过通信网络送入计算机系统，按照各个部门的使用目的对上述信息进行处理、加工和传送的系统。

POS 最早应用于零售业，以后逐渐扩展至企业物流、金融、旅馆等服务性行业，从企业内部扩展到整个供应链。

小知识

电子订货系统

EOS 系统是电子订货系统(Electronic Ordering System)的简称，是指将批发、零售商场所发生的订货数据输入计算机，即通过计算机通信网络连接的方式将资料传送至总公司、批发商、商品供货商或制造商处。因此，EOS 能处理从新商品资料的说明直到会计结算等所有商品交易过程中的作业，可以说 EOS 涵盖了整个物流。在寸土寸金的情况下，零售业已没有许多空间用于存放货物，在要求供货商及时补足售出商品的数量且不能有缺货的前提下，采用 EOS 系统更是必需之举。EOS 内含许多先进的管理手段，因此在国际上使用非常广泛，并且越来越受到商界的青睐。

(8) 便携式数据终端

近年来,便提式数据终端(PDT)的应用越来越广泛。PDT 可把采集到的有用数据存储起来或传送至一个管理信息系统。把 PDT 与适当的扫描器相连,可有效地应用于许多自动识别工作中。PDT(图 7-11)一般包括一个扫描器、一个体积小但功能很强并带有储存器的计算机、一个显示器和供人工输入的键盘。在只读储存器中装有常驻内存的操作系统,用于控制数据的采集和传送。

图 7-11　PDT

PDT 允许编入一些应用软件,其储存器中的数据可随时通过无线电数据采集技术传送到主计算机中。操作时只需扫描位置标签,货架号码、产品数量就都输入到 PDT,再通过无线电数据采集技术把这些数据传送到计算机管理系统中,可以得到客户产品清单、发票、发运标签、该地所存产品代码和数量等。

2. 地理信息系统与全球定位技术

地理信息系统(GIS,Geographical Information System)是多种学科交叉的产物。它以地理空间数据为基础,采用地理模型分析方法,适时地提供多种空间的和动态的地理信息,其基本功能是将表格型数据(无论来自数据库、电子表格文件或直接在程序中输入)转换为地理图形显示,然后对显示结果进行浏览、操作和分析。GIS 的显示范围可以从洲际地图到非常详细的街区地图,显示对象包括人口、销售情况、运输线路以及其他内容。

GIS 应用物流领域主要是利用其强大的地理数据功能,完善物流分析,如车辆路线选择。GIS 具有在海、陆、空进行全方位实时三维导航与定位能力。

GPS 是英文 Global Positioning System 的缩写,意即全球定位系统,它是利用卫星星座(通信卫星)、地面控制部分和信号接收机对对象进行动态定位的系统。GPS 能对静态、动态对象进行动态空间信息的获取,快速、精度均匀、不受天气和时间的限制反馈空间信息。

GPS 的主要应用领域有①车辆自定位、跟踪调度及所运货物跟踪。车载导航将成为 GPS 系统应用的主要领域之一;②用于内河及远洋船队最佳航程和安全航线的测量、航向的实时调度、监测及所运货物跟踪;③用于空中交通管理、精密进场着陆、航路导航和监视;④用于铁路列车、机车车辆、集装箱及所运货物跟踪。

3. 电子数据交换技术

EDI 是 Electronic Data Interchange 的缩写,即电子数据交换,它是一种利用计算机进行商务处理的新方法。EDI 将贸易、运输、保险、银行和海关等行业的信息，用一种国际公认的标准格式，通过计算机通信网络，使各有关部门、公司与企业之间进行数据交换与处理，并完成以贸易为中心的全部业务过程。

联合国标准化组织将 EDI 描述成按照统一标准，将商业或行政事务处理转换成结构化的事务处理或报文数据格式，并借助计算机网络实现的一种数据电子传输方法。

EDI 技术可以使不同的企业之间为了提高经营活动的效率，在标准化的基础上，通过计算机网络进行数据传输和交换的技术。其主要功能表现在电子数据传输和交换、传输数据的存证、文书数据标准格式的转换、安全保密、信息查询提供、技术咨询服务提供、信息增值服务提供等。随着因特网的迅速发展，电子数据交换不再是单一的模式，一种新的以因特网为基础，使用可扩展标识语言 XML 的 EDI 模式即 Web-EDI 模式，正在中小型公司中得到应用。基于 XML 的 EDI 有很好的发展前景，因为它可以使用网络，运营费用低廉，即使是中小企业也可以加入到电子商务中。

4. WWW 技术

WWW 技术是一种网络技术，主要内容是在因特网上使用“超链接”方式来浏览网络资源。WWW 技术的蓬勃发展为物流参与者的信息共享和交流提供了相对方便、快捷和廉价的方式，物流参与者可以不受空间限制地从事与物流相关的信息活动和商业活动。

利用 WWW 技术可以实现企业之间以及消费者与企业之间的物流信息交换。通过因特网，企业可以完成对在不同地域的供应商、分支机构和合作伙伴的物流信息交换和控制，实现对重要客户的及时访问和信息收集；消费者可以利用 WWW 技术随时查询、选择和安排物流活动，实现对物品的全程跟踪。利用 WWW 技术还可以实现物流信息系统的集成，使企业内部、外部信息环境形成一个统一的平台和整体，实现物流信息低成本、更方便地汇集和共享。

本章小结

本章通过实例介绍了物流信息、物流信息管理系统的概念。物流信息流有两类，一类是伴随物质实体的“位移”而产生的，另一类是先于物质实体的“位移”而产生的。由于在物流管理中，信息流的速度和质量对总成本和效率产生着直接影响，因而，现代物流企业都大量应用计算机信息系统进行订单录入，订单处理，产成品库存控制，绩效衡量，货物审核、付款和仓储管理以支持基于时间的竞争，物流企业越来越多的运用信息技术，并把信息技术作为竞争优势的来源。其次，介绍了物流信息平台，有助于理解现实物流作业中运用信息技术进行物流管理重要性。最后介绍物流信息技术，物流信息技术替代或辅助人们完成了对信息的检测、识别、变换、存储、传递、计算、提取、控制和利用，使物流管理登上新的台阶。

思考与练习

1. 填空题

(1) 物流信息的特征是________、________、________、________。

(2) 物流系统外信息是在物流活动以外发生的，但提供给物流使用的信息，包括________、________、________、________、________、________，还有来自企业内生产、财务等部门的与物流有关的信息。

(3) 可以认为，物流信息系统就是由一系列相互关联的元素组成的集合，它可以________、________、________，并提供反馈、控制机制以实现某个既定目标。

(4) 物流信息系统模型的功能模块有________、________、________、________。

2. 选择题

(1) 一般来说，管理信息系统由3个部分组成：数据处理部分、数据分析部分、(　　)。

A) 管理决策部分　　B) 数据库部分　　C) 分析系统　　D) 接口部分

(2) 物流系统外信息是在物流活动以外发生的，但提供给物流使用的信息，包括(　　)信息、顾客信息、订货合同信息、交通运输信息、市场信息、政策信息，还有来自企业内生产、财务等部门的与物流有关的信息。

A) 库存　　B) 运输　　C) 配送　　D) 供货人

(3) 物流信息按信息沟通联络方式分为口头信息、(　　)。

A) 书面信息　　B) 流动信息　　C) 固定信息　　D) 媒体信息

(4) (　　)是多种学科交叉的产物。它以地理空间数据为基础，采用地理模型分析方法，适时地提供多种空间的和动态的地理信息。

A) POS　　B) GPS　　C) GIS　　D) EDI

(5) (　　)描述或按照统一标准，将商业或行政事务处理转换成结构化的事务处理或报文数据格式，并借助计算机网络实现的一种数据电子传输方法。

A) EOQ　　B) POS　　C) GPS　　D) EDI

3. 简答

(1) 什么是物流信息？

(2) 物流信息的特点有哪些？

(3) 物流信息的作用有哪些？

(4) 什么是GPS、GIS？

(5) 什么是EDI？

4. 论述题

(1) 简述物流信息系统内容。

(2) 简述物流信息系统的功能。

(3) 简述物流信息平台的作用。

5. 案例分析

案例1　沃尔玛如何使用电子信息

管理信息系统可以连接各种信息技术。例如，沃尔玛使用EDI技术与供应商沟通，从供应商那里接收有关发运状况、送货时间表、数量至账单/发票等信息。沃尔玛还在零售商店的付款通道使用条形码读码器来捕获实时销售信息，并随即下载给厂商。厂商使用此信息决定要发运什么产品给沃尔玛，订单会自动生成。该系统将销售情况迅速反馈给厂商，厂商因此能够依据准确、及时的销售数据预测生产需求。他们也能更早地收到付款，这对其现金流很有帮助。沃尔玛得到的好处是它再也不用向众多的厂商直接下订单，并且可以将库存水平保持在最低水平。这两项策略都降低了沃尔玛的成本，提高了客户服务水平。

思考与讨论

结合案例谈谈信息技术的重要性。

案例 2　厦门物流公共信息平台①

厦门市高度重视物流信息平台的建设，于 2002 年出台了《厦门市物流信息平台建设规划》，成立了"物流信息平台建设协调小组"，市领导任组长，口岸办领导及海关领导任副组长。成员包括口岸办、信息产业局、贸发局、财政局、物流办、海关、国检局、海事局等，另安排一名人员负责日常联络工作。

在已有的"海港电子订舱一期工程"、"空运无纸化出口工程"等基础上，通过整合现有网络资源，搭建口岸物流信息平台主体框架，重点建设了"一个平台，三个系统"，就是将港航 EDI 中心、空港 EDI 中心、电子商务中心 EDI 平台统一整合构建为一个物流信息平台（电子商务中心 EDI 平台和港航 EDI 平台已完成整合），并在该平台上建设运行"运输作业数据交换联动系统"、"通关数据支持系统"、"物流公共信息服务系统"三大应用系统。其中，"运输作业数据交换联动系统"主要实现船代、货代、码头、堆场等运输单位和中介单位的作业数据如托运单、码头作业动态电子数据交换，进行联动作业；"通关数据支持系统"构架海关、检验检疫等口岸监管单位外围数据处理中心，为口岸监管单位收集处理通关所需的如舱单、货物进出场信息参考数据，以提高通关效率；"物流公共信息服务系统"为企业提供物流公共信息发布、作业动态查询、企业黄页等信息增值服务。过去，一家航空港货运站与海关的信息只是单向的传输，货物通关速度慢。而现在，通过物流信息平台，把海关、国检、办检等口岸部门"串联"起来，实现信息共享和联网电子化作业，使得物流企业的通关速度大大加快。

厦门物流信息平台在科技部主办的"2003 北京国际现代物流技术大会及展览会"上荣获"现代物流优秀典型模式奖"称号。

思考与讨论

（1）信息化为企业带来哪些好处。

（2）厦门物流信息平台具有哪些功能。

6. 实训

通过信息系统建立客户档案

实训目的

将客户的详细信息录入，建立主档，以便对客户进行管理。

① 申金生. 现代物流信息化及其实施. 北京：电子工业出版社，2008.

实训内容

录入客户主档的信息包括订单处理时需要的信息以及配送中心进行相关配送作业时需要的信息。

实训要求

5人一组,分工收集物流信息。录入以下内容:客户个人信息、客户信用度、客户销售付款及折扣率的条件、配送物品信息、配送区域、配送路线、配送车辆、配送要求、过期订单处理指示、客户联系人。

实训课时

2课时。

实训步骤

(1)收集客户资料。

(2)熟悉配送管理信息系统。

(3)熟悉客户管理子系统的结构组成。

(4)按实训要求录入客户信息。

检查标准

考核内容	考核标准	分值	实际得分
通过信息系统建立客户档案	1. 小组合作参与程度	10	
	2. 分工合作程度	10	
	3. 客户资料收集是否齐全	10	
	4. 录入的信息是否准确	50	
	5. 专业知识的掌握程度、实际动手能力	20	
合计		100	

第8章 配送中心规划与设计

【学习目标】

通过本章的学习，了解和熟悉配送中心规划与设计原则、选址、功能规划、设施装备规划、内部布局。

【能力目标】掌握配送中心规划与设计原则、选址、功能规划、设施装备规划、内部布局等基本方法。

【知识框架】

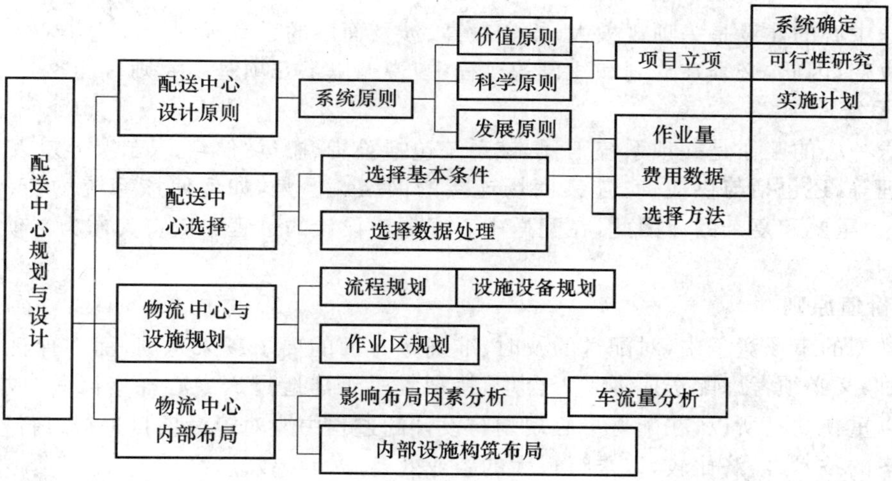

引导案例

影响配送中心规划的要素

在进行配送中心规划时，应考虑以下影响其基础数据和背景资料的要素。

(1) E要素。E要素是指配送的对象或客户(Entry)，一般根据所获得的订单形态和出货形态确定。配送中心的服务对象或客户不同，配送中心的订单形态和出货形态就会有很大不同。

(2) I要素。I要素是指配送的货品种类(Item)。配送中心所处理的货品品项数差异性非常大，多则上万种以上，少则数百种、数十种。品项数不同，则其复杂性与困难性也有所不同。

(3) Q要素。Q要素是指货品的配送数量或库存量(Quantity)。货品的出货数量的多少和随时间的变化趋势会直接影响到配送中心的作业能力和设备的配置。

(4) R要素。R要素是指配送通路(Route)。规划配送中心之前首先必须了解配送通路的类型，然后根据配送中心在配送通路中的位置和上下游客户的特点进行规划。

(5) S要素。S要素是指配送服务水平(Service)。服务水平的主要指标包括订货交货时间、货品缺货率、增值服务能力等。应该针对客户的需求，制定一个合理的服务水准。

(6) T要素。T要素是指配送交货时间(Time)。交货时间是指从客户下订单开始，到订单处理、库存检查、理货、流通加工、装车及卡车配送到达客户手中的这一段时间。

(7) C要素。C要素是指配送货品的价值和建造预算(Cost)。

思考

你认为在配送中心规划时需要考虑什么因素？

8.1 配送中心规划与设计原则

8.1.1 配送中心规划与设计需要遵循的原则

配送中心的建设是一项规模大、投资额高、涉及面广的系统工程。配送中心一旦建成就很难再改变，因此，必须在规划和建设的过程中，遵循以下几项基本原则。

1. 系统原则

配送中心的工作是一项系统工程，该系统包括验货、搬运、储存、装卸、分拣、配货、送货、信息处理等，还包括与供应商、连锁商场连接的网络。但是，如何使该系统均衡、协调地运转，是极为重要和复杂的。因此，在配送中心规划与设计的过程中应将其作为一项系统工程来进行。

2. 价值原则

在激烈的市场竞争中，对配送的及时、准确等方面的要求越来越高，而在保证高质量服务的同时，又必须考虑配送成本是否合理，特别是由于建造配送中心耗资巨大，成本问题是必须加以重视的。所以，在配送中心规划与设计的过程中应对建设项目进行可行性研究，并作多方案的技术、经济比较，以求得最大的企业效益和社会效益。

3. 科学原则

配送中心的建设，尤其是采用自动化系统的配送中心的建设均广泛采用计算机进行流程管理和信息管理，大大加速了商品的流转，提高了经济效益和现代化管理水平。因此，在配送中心规划与设计的过程中要合理地选择、组织，使用各种先进的物流机械化、自动化设备，以充分发挥配送中心多功能、高效率的特点。

4. 发展原则

规划配送中心时，无论是建筑物、信息处理系统的设计，还是机械设备的选择，都要考虑到应具备较强的应变能力，以适应物流量的扩大和经营范围的拓展。在规划设计第一期工程时，应将第二期工程纳入总体规划，并充分考虑到扩建时业务工作的需要。

8.1.2 配送中心建设的项目立项

在建设配送中心的决策过程中，项目立项是十分重要的工作。配送中心建设在进行项目立项时应考虑以下内容。

1. 配送中心建设要解决的问题

新建配送中心要解决以下几个问题。

(1) 容量不足问题。当企业经营规模不断拓展时，其所经营的商品数量、品种就会随之增加，这就会导致配送中心现有的人员、设备及设施能力不足，而造成处理能力差，无法迅速、及时地完成每天的配送作业；或因土地、建筑物面积不足，没有发展余地。

(2) 配送据点分散问题。需要集中分散的配送设施以提高作业效率，或建立区域性的配送中心。

(3) 设备老化、陈旧问题。如果建筑物陈旧，维护费用高，或配送系统陈旧落后，就无法适应流通活动的发展和变化。

(4) 环境变化问题。如交通量增大，运输效率不高；又如城市规划改变，原配送中心地点需要迁移；再如，出货单元由整托盘向整箱、由整箱向零散的盒变化，小批量、拆零的倾向日趋明显，迫切要求配送设施得到改善。

2. 配送中心系统的确定

配送中心在项目立项时，必须将其组成的各个子系统加以综合考虑，根据现有配送中心存在的问题，确定切合实际的配送中心系统构成。

配送中心系统规划需要研究以下问题。

(1) 经营规模与发展。如何根据企业经营规模发展的近期、中期规划，建立企业的配送系统和网络体系，确定建造具备哪些功能的配送中心。

(2) 选址。选址在何处，其优点和缺点有哪些。

(3) 作业系统。如何改善作业环境、减轻装卸作业劳动强度，实现机械化。

(4) 质量。如何实现 100% 的质量保证；如何实现误配送达到零；如何减少单据实现无纸化；如何提高结算能力；如何使配送中心的配送流程更合理、更科学。

(5) 成本。如何降低配送成本；如何增强配送中心的适应能力和应变能力；如何满足配送中心规模进一步拓展的需要。

3. 可行性研究

配送中心规划工作的定量化是保证配送中心规划设计目标实现的关键。可行性研究的目的，就是将各项目按照“务必达到”、“最好能达到”等不同的需求程度排列起来；同时也将那些可能是相互矛盾的目标以及不可能全部满足的条件排列起来，进行目标优化，选定最佳方案。

4. 编制项目

应从配送成本的角度来确定配送中心的投资规模是否合理。例如，要根据企业经营的销售额发展指标，研究与之相适应的建设投资规模。同时，还要测算配送中心启动后的维持费究竟需要多少，这个费用占整个配送成本的百分比是多少，对企业经营和效益带来的影响如何，企业是否能够长期承受等。

5. 实施计划

在经过对方案的比选后，按照最佳方案进行项目实施，如图 8-1 所示。

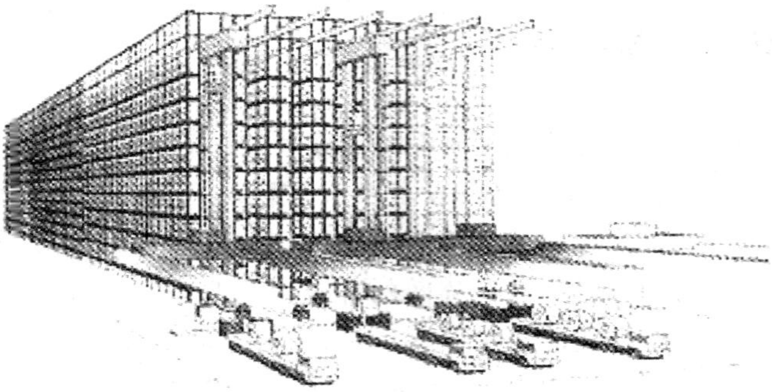

图 8-1　配送中心规划示意图

8.2　配送中心的选址

8.2.1　配送中心选址的基本条件

配送中心是连接工厂与客户的中间桥梁，其选址往往决定配送中心的配送距离和配送模式，进而影响配送系统的运作效率。因此，研究配送中心的选址具有重要的意义。

配送中心选址时，必须根据已确认的目的、方针，明确以下条件，逐步筛选配送中心的备选地。

（1）必要条件。例如，配送中心应充分考虑顾客分布现状并对未来的客流、业务量的增长率、辐射范围等进行预测。

（2）运输条件。例如，配送中心应尽量靠近铁路货运站、港口码头、机场、汽车货运站等运输据点。另外，必须能够很方便地利用运输公司。

（3）配送服务条件。例如，配送中心应能够及时通知客户货物到达时间、配送率、订发货周期、配送距离及范围等。

（4）用地条件。例如，配送中心是利用现有的设施和土地、还是需要新征土地以及新建配送中心。必须征地时，地价及地价许可范围内用地分布状况等。

（5）法律法规条件。例如，现行的法律法规中土地使用规定是否允许在指定的用地区域内建仓库等。

（6）管理与信息条件。例如，是否要求配送中心靠近总部及营业、管理、计算机等部门。

（7）流通功能条件。例如，在配送中心内是否有流通加工功能，商流、物流功能是否分离；根据业务种类是否需要冷冻、保温设施，防止公害设施或危险品处理设施等。选址区内是否限制这些特殊条件，是否符合这些条件等。

（8）其他条件。例如，能否方便职工上下班等。

总之，配送中心设计者必须仔细考虑上述条件，根据这些条件来决定设施规模和选址。最佳选址是由所希望的条件来决定的，因此最好将所希望的条件按优先次序标记在地图上，反复研讨，在理想的区域内选定候选地。

8.2.2 配送中心选址的数据处理

配送中心建在什么地方、选用哪些设备、成本如何，一般通过大量的数据分析后确定。下面两个数据是必需的。

1. 作业量

配送中心作业量主要有以下几项。

(1) 工厂到配送中心的运输量；

(2) 配送给顾客的货物数量；

(3) 配送中心的库存量；

(4) 不同配送路线的作业量。

作业量的数据在不同季节、月份等会有波动，必须研讨选址时采用什么样的水平数量。值得注意的是，除现有数据外，还必须设定设施运营后的预测值。

2. 费用数据

同配送中心选址相关的费用有以下几项。

(1) 工厂到配送中心的运费；

(2) 将货物配送给顾客的配送费；

(3) 设施、用地及相关的人工费、业务费等。

3. 配送中心选址方法

配送中心选址方法主要有单选址方法和多选址方法。

(1) 单一配送中心选址方法

单一配送中心选址方法使用的假设条件是：具有一定的需求量，忽略了不同地点选址可能产生的成本差异，运输费率为线性假设，直线运输假设，往往不考虑未来的收益与成本变化。

单一配送中心选址方法多采用重心法。重心法是一种静态的选址模型，它将运输成本作为唯一的选址决策因素，因而这种方法对于用地的现实性和候选位置点均缺乏全面考虑。例如，该配送中心是否接近主要公路，交通网络能否四通八达，商品从火车站、码头运至商店是否方便，白天能否通过大型货车以及该配送中心的配送路线是否可以覆盖整个配送区域。

(2) 多个配送中心选址方法

多个配送中心选址比单一配送中心选址更具现实意义，也更为复杂。其需要解决的问题是需要设置多少个配送中心、每个配送中心的容量大小、配送中心的位置、每个配送中心的服务对象、每个配送中心的产品供给源、每种产品的库存配置以及运输等。

多个配送中心的选址方法很多，通过对选址的各种可能的选择进行考察以及各种方案的比选，最终选出其中成本最小的方案。多个配送中心的选址可按图 8-2 所示的选址程序进行选址作业。

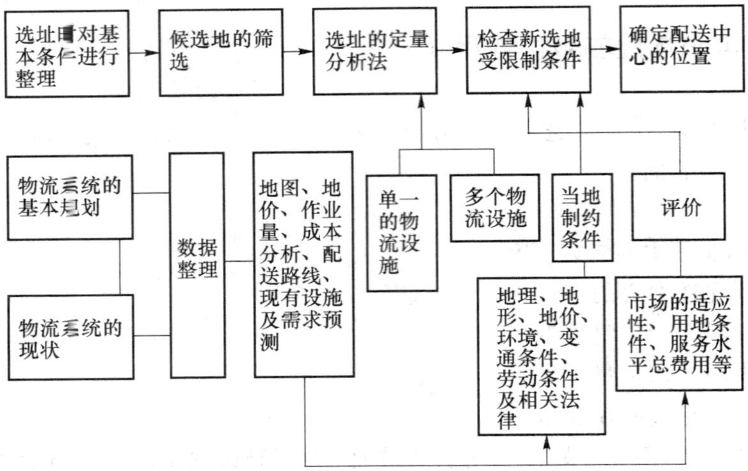

图 8-2　配送中心选址程序

8.3　配送中心功能与设施规划

8.3.1　配送中心作业流程的规划

1. 配送中心的主要活动

配送中心的主要活动是订货、进货、发货、仓储、订单拣货和配送作业。首先确定配送中心的主要活动及其程序，之后才能规划设计。有的配送中心还要进行流通加工、贴标和包装等作业。当有退货作业时，还要进行退货品的分类、保管和退回等作业。

在经过基本资料分析和基本条件设定之后，便可针对配送中心特性进一步分析，并制定合理的作业程序，以便选用设备和规划设计空间。通过对各项作业流程的基本分析，便可进行作业流程合理化分析，从而找出作业中不合理和不必要的作业，力求简化配送中心里可能出现的不必要的计算和处理单位。这样规划出的配送中心可减少重复堆放的搬运、翻堆和暂存等工作，提高整个配送中心的效率。如果储运单位过多，可将各作业单位予以分类合并，避免内部作业过程中储运单位过多地转换。应尽量简化储运单位，以托盘或储运箱为容器；把体积、外形差别大的物品归类成相同标准的储运单位。这样，可以简化配送中心的储运单位。

2. 作业区域的功能规划

在作业流程规划后，可根据配送中心运营特性进行作业区域的规划，包括配送作业区及周边辅助活动区的规划。例如，冷冻食品配送中心可以设计成两层，一层为办公区、货物接收区及作业区；二层为立体仓库冷藏储存区，如图 8-3 所示。配送作业区包括装卸货、入库、订单拣取、出库、发货等作业区。此外，周边辅助活动区包括办公室、计算机室和维修间等。

通过归类整理，可把配送中心作业区分类如下。

(1) 一般性配送作业区；
(2) 退货配送作业区；
(3) 换货补货作业区；
(4) 流通加工作业区；
(5) 仓储管理作业区；
(6) 办公事务区；
(7) 信息中心；
(8) 劳务性活动区等。

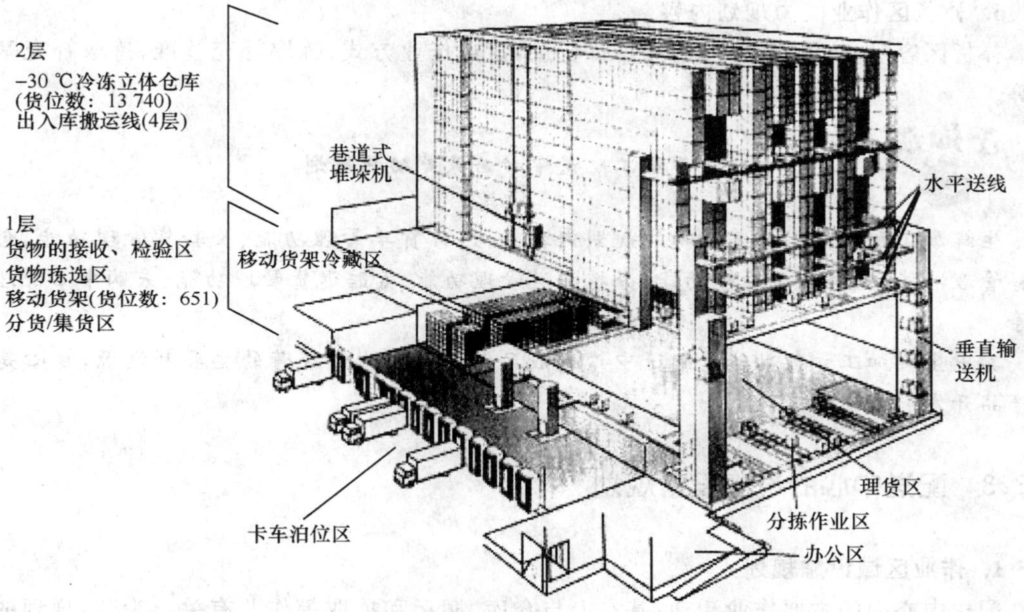

图 8-3　配送中心功能规划

8.3.2　作业区的能力规划

在确定作业区之后，进一步应确定各作业区的具体内容。配送中心作业区能力规划内容涉及的范围有以下几方面。

1. 装卸区作业能力规划内容

进发货口是否共用，进发货口是否相邻，装卸货车辆进出频率，装卸货车辆形式，有无装卸货物配合设施口，物品装载特性，装卸货车辆回车空间，每车装卸货所需时间，供货厂商数量，配送客户数量，进货时段，配送时段等。

2. 进货区作业能力规划内容

每日进货数量，托盘使用规格，容器流通程度，进货点收作业内容，进货等待入库时间等。

3. 理货区作业能力规划内容

理货作业时间，进货品检作业内容，品检作业时间，容器流通程度，有无叠卸托盘配合设施等。

4. 库存区作业能力规划内容

最大库存量需求，物品特性基本资料，产品项目，储区划分原则，储位指派原则，存货管制方法，自动化程度需求，产品使用期限，储存环境需求，盘点作业方式，物品周转效率，未来需求变动趋势等。

5. 拣货区作业能力规划内容

物品特性基本资料，每日拣出量，订单分割条件，客户订单数量资料，配送品项，订单处理原则，订单汇总条件，订单拣取方式，有无流通加工作业需求等。

6. 补货区作业能力规划内容

补货区容量，补货作业方式，每日拣货量，盘点作业方式，拣取补充基准，拣取补充基本量等。

生鲜加工配送中心的基本功能规划

生鲜加工配送中心的基本功能规划内容包括：订货单管理功能、收验货管理功能、仓储库存管理功能、生鲜加工管理功能、分拣配送管理功能、索赔退货管理功能、采购中心管理功能等。

其中生鲜加工管理功能是配送中心制成品加工——生鲜经营的主要利润源，核心是生鲜产品开发和创新经营。

8.3.3 配送中心的设施设备规划

1. 作业区域设施规划

配送中心内的主要作业活动，基本上与仓库、搬运和拣取等作业有关。为此，规划的重点是对配送设备的规划设计和选用。

配送作业区的主要配送设备的配备应考虑以下组成部分。

(1) 容器设施

容器设施包括搬运、储存、拣取和配送用的容器，如纸箱、托盘、铁箱、塑料箱等。在各项作业流程及储运单位规划结束后，则可进行容器的规划。部分以单品发货为主的发货类型，如品种多，体积、长度和外形等差异较大的货物，可利用储运箱等容器把储运单位统一化，达到单元负载的原则，从而简化储运作业。

(2) 储存设备

储存设备包括自动仓储设备（如单元负载式、水平旋转式、垂直旋转式、轻负载式等自动仓库），重型货架（如普通重型货架、直入式钢架、重型流动棚架等）和多品种少量储存设备（如轻型货架、轻型流动货架和移动式储柜等）。

(3) 订单拣取设备

订单拣取设备包括一般型订单拣取设备（如计算机辅助拣货台车）和自动化订单拣取设备等。

不同的拣货要求条件下，所需要的拣货设备有一定的差异，为此应加以分析后确定。

当拣货区和仓储区分区规划时，作业方式为由仓储区补货到拣货区，拣货量为中等水平，进出货频率较高。这种情况适用于零散发货和拆箱拣货。

当拣货区和仓储区在同一区而分层规划时，作业方式为由上层仓储区补货到下层拣货区，这种方式拣货量大，发货频率为中等，这种情况适用于整箱发货。

当拣货区和仓储区在同一区，没有另设仓储区时，直接在储位上拣货，拣货量较小，发货频率较低。这种情况适用于少量的零星发货。

(4) 物料搬运设备

物料搬运设备包括自动化的搬运设备(如无人搬运车、驱动式搬运台车)，机械化搬运设备(如堆垛机、液压拖板车)，输送带设备，分类输送设备，堆卸托盘设备和垂直搬运设备等。规划时配合仓储和拣取设备，估计每天进发货的搬运、拣货和补货次数，从而选择适用的搬运设备。

(5) 流通加工设备

流通加工设备包括裹包集包设备、外包装配合设备、印贴条码标签设备、拆箱设备和称重设备等。随着配送中心服务项目多元化的开展和用户要求日益严格，配送中心进行二次包装裹包和贴标签等加工作业也日益增加。随着国际物流的发展，由国际物流转运后再分装和简易加工的业务越来越多，从而使配送作业的附加值大为增加。

(6) 周边配合设备

周边配合设备包括楼层流通设备、装卸货平台、装卸载设施、容器暂存设施和废料处理设施等。通常根据配送中心实际需要来选定。

有关配送作业区域的功能和需求规划之后，可以根据各区域特性，规划设计所需设备型号、功能和数量。

2. 配送中心的公用设施建设

在进行配送中心规划建设的时候，除了要规划配送中心的作业设施与设备外，也需要对配送中心的公用设施进行规划。一般来讲，配送中心的公用设施包括给排水设施、电力设施、供热与燃气设施以及绿化设施等。

(1) 给水与排水设施

1) 给水设施。给水设施负责对配送中心生产、生活、消防等所需用水进行供给，包括原水的取集、处理以及成品水输配等各项工程设施。配送中心给水设施的规划，应根据配送中心的用水需求和给水工程设计规范，对给水水源的位置、水量、水质及给水工程设施建设的技术经济条件等进行综合评价，并对不同水源方案进行比较，作出方案选择。同时，给水设施规划要考虑所在区域的给水系统整体规划，应尽量合理利用城市已建成的给水工程设施。配送中心输配管线在道路中的埋设位置应符合现行国家标准《城市工程管线综合规划规范》。

2) 排水设施。排水设施负责收集、输送、处理和排放配送中心的污水(生活污水、生产废水)和雨水。污水和雨水的收集、输送、处理和排放等工程设施以一定方式组成，用不同管渠分别收集和输送污水和雨水。为使污水排入某一水体或达到再次使用的水质要求，要对其进行净化。根据水资源的供需平衡分析，应提出保持平衡的对策，包括合理确定产业规模和结构，并提出水资源保护的措施。而对于配送中心，更应注重水污染的防治，避免其建设对所在地的环境造成不必要的污染。

实施排水管道工程时，应严格遵守中华人民共和国国家标准(GB 50268—97)《给水排水管道工程施工及验收规范》。排水管道工程的管材、管道附件等应符合国家现行的有关产品标准的规定，并应具有出厂合格证。具体施工时，应遵守国家和地方有关安全、劳动保护、防火、防爆、环境和文物保护等方面的规定。

排水管道工程经过竣工验收合格后，方可投入使用，竣工验收后，建设单位应将有关设计、施工及验收的文件和技术资料立卷归档。

(2) 电力设施

设施符合所在城市和地区的电力系统规划：应充分考虑电力设施的运行噪声、电磁干扰机废水废气废渣排放时对周围环境的干扰和影响，按国家环保方面的法律、法规，提出切实可行的防治措施；应遵循中华人民共和国国家标准(GB 50293—1999)《城市电力规划规范》进行规划建设。

(3) 供热与燃气设施

1) 供热设施。集中供热设施利用集中热源，通过供热管网等设施，向热能用户供应生产或生活用热能，包括集中热源、供热管网等设施和热能用户使用设施。供热设施在建设时应符合中华人民共和国行业标准(CJJ/T 88—2000/325—2000)《城镇供热系统安全运行技术规程》，同时还应符合国家有关强制性标准的规定。

2) 燃气设施。燃气供应是公用事业中一项重要设施，燃气化是我国实现现代化不可缺少的一个方面。燃气系统供应配送中心作燃料使用的天然气、人工煤气和液化石油气等气体能源，由燃气供应源、燃气输配设施和用户使用设施组成。

配送中心应按供气单位的运行方案、调节方案、事故处理方案、停运方案及管辖范围，进行管理和局部调节；未经燃气供应单位及公安消防部门的同意，未经这些相关部门的施工监督和验收，配送中心不得私接供气管道，私自扩大供气负荷和擅自启用未经批准的燃气输配设施。

装卸货平台设计

1. 装卸货平台位置的选择

为减少物料搬运成本，平台的位置应考虑尽量缩短搬运工具/车辆的行驶距离。平台位置的选择应充分考虑生产流程及操作的需要。平台布置有两种模式：合并式(装货与卸货在同一平台)和分离式(装货与卸货在不同平台)。

2. 平台外围区域的设计

平台外围区域指的是装卸平台至围栏区(或障碍物区)之间可供货车使用的区域。它应包括装卸货时用于泊车的装卸区及调动货车进出装卸区所必须经过的调动区。

3. 装卸货平台高度的确定

平台的高度是平台设计中最重要的要素，必须与使用平台的货车匹配。通常货车所需平台高度在 120～140 cm 之间。

8.4　配送中心的内部布局

配送中心的设计，首先要求具有与装卸、搬运、保管等与产品活动完全适应的作业性质和功能，还必须能够方便管理，提高经济效益，能灵活适应作业量的变化和商品形状的变化。

8.4.1　配送中心内部布局涉及因素的分析

1. 商品数量分析

首先要对不同品种商品数量进行分析。制定配送中心设计规划时，“以何种产品，多大的作业量为对象”是确定实施计划的前提条件。

(1) 对商品的类别，按照商品出、入库的顺序进行整理，同时还按照类似的货物流加以分组。

(2) 确定不同种类商品的作业量。

(3) 以作业量的大小规划顺序制作坐标图，图中横轴为种类，纵轴为数量。根据曲线图分析：曲线斜度大的区间商品品种少、数量大，是流通快的商品群；曲线倾斜缓慢的区间商品品种多、数量少，是流通慢的商品群。

2. 流程分析

按照全面分析的作业量和出、入库次数等资料分析，编制产品流程的基本计划。

3. 设施的关联性分析

在制定设计计划时，把作为设计对象的设施及评价项目总称为业务活动。所以，业务活动除了建筑物内的收货场所、保管场所、流通加工场所及配送场所等设施外，还包括事务所、土地利用情况及道路等。这些设施中，关联密切的设施应相互靠近进行配置。

关于上述业务活动分析的顺序如下。

(1) 列举必要的设施。除了正门、事务所、绿化地、杂品仓库、退货处理场所、福利保健场所等外，配送中心的建筑物及其具体的各项内部设施也要列举出来。

(2) 业务活动相互关系表。对上述业务活动应作靠近性分析。所谓靠近性分析，是指不仅要研究产品的流程，还要研究作业人员的管理范围，以及卡车的出入和货物装卸系统等，要从不同角度进行合理性的判断。

(3) 业务活动线路图。关于各个业务活动相互位置的关系，根据前项评价的结果进行设计。

4. 设施面积的确定

按照上述方法确定设施关联方案后，再计算这些设施需要的面积。

例如，每日处理货物 50 t 的小规模配送中心，其面积及作业量的计算如表 8-1 所示。

表 8-1　小规模配送中心面积确定

编号	设施名称	每日作业量/t	单位面积作业量/($t \cdot m^{-2}$)	设施面积/m^2
1	收货场所	25	0.2	125
2	验收场所	(25)	收货兼验收	
3	分类场所	15	0.2	75
4	保管场所	35	1.0	35
5	流通加工场所	2.5	0.2	12.5
6	特殊商品存放场所	2.5	0.2	12.5
7	配送场所	25	0.2	125
8	办公场所			30
合计				415

说明：本表所列日处理货物量定义入库量为 25 t，出库量为 25 t，仓库经常储备定义为 7 天的需要量(5 t/日)。

在设计计算设施面积时，还应考虑作业面积之间相互位置的组合，以及与装卸路线、保管场所等的相互关系。

另外，配送中心的作业不可能像在工厂的作业过程那样划分，一些设施往往是兼用的，只用理论方法无法解决所有问题。所以，在采用科学方法确定设计方案的同时，还要听取现场工作人员的意见，根据实际情况研究、修正后，才能确定出最优的设计方案。

8.4.2　配送中心内部车流的布置

配送中心的车流量很大。一个日处理量达 10 万箱商品的配送中心，每天的车流量达 250 辆次；而实际上送货、发货的车辆，大多集中在几个时间带(即高峰时间)。因此，道路、停车场地及车辆运行线路的设计显得尤为重要。可以说，配送中心总体设计的成败，很大程度上取决于车流规划的合理与否，如图 8-4 所示。

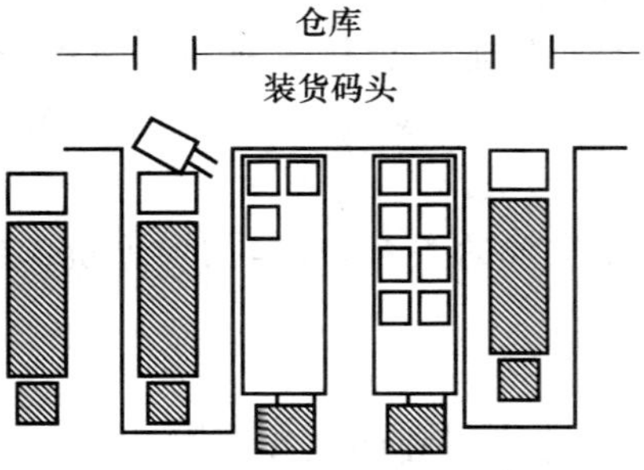

(a) 直线式车流示意图

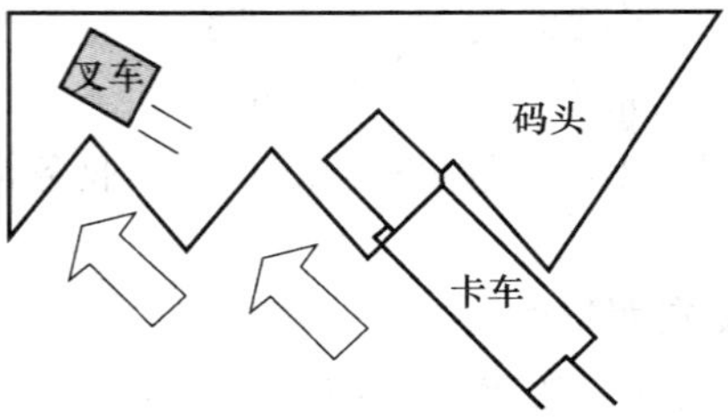

(b) 锯齿式车流示意图

图 8-4　配送中心装货码头车流示意图

为了保证配送中心内车辆行驶秩序井然，一般采用“单向行使、分门出入”的原则。不少配送中心还规定了大型卡车、中型卡车、乘用小车的出入口以及车辆行驶线路。

配送中心的主要道路宽度较大，通常为 4 车道，甚至 6 车道；考虑到大型卡车、集装箱车进出，最小转弯半径不小于 15 m；车道均为高级沥青路面，并标有白色界线、方向、速度等标记。

8.4.3　配送中心内部的设施构造

1. 建筑物

从装卸货物的效率看，建筑物最好是平房建筑；而在城市，由于土地紧张和受地价的限制，采用多层建筑的情况较多。

2. 地面负荷强度

地面负荷强度是由保管货物的种类、比重、货物码垛高度和使用的装卸机械等决定的。一般地面负荷强度规定如下。

(1) 平房建筑物，平均负荷 2.5～3.0 t/m^2。

(2) 多层建筑物：一层，平均负荷 2.5～3.0 t/m^2；

二至三层，平均负荷 1.5～2.0 t/m^2；

三层以上，平均负荷 2.0～2.5 t/m^2。

多层建筑物，二层以上的地面负荷是指通过建筑物墙体而由地面总支撑的负荷。因而，随着建筑物层次的增多，各层地面所承载的能力是逐渐减小的。当然，在确定地面承受能力时，不仅要考虑地面上货物的重量，还要考虑所用机器工具的重量。例如，用叉车装卸作业时，也必须考虑叉车的重量。这时，在钢筋混凝土地面作业时，地面上平均每平方米的承载能力，应按下式计算的车轮荷重。

$$叉车的最大车轮荷重=(货叉自重+装载货物重量)AB$$

其中：A 指装载货物时，平衡重型或伸长型叉车前面两个轮子所承受货物重量的比例，其差别不大，以货叉自重加载货物重量的 0.85～0.88 为宜；B 指另外加上 1.3～1.5 倍货物的短时间冲击力。

3. 天花板高度

天花板高度指在全部装满货物时，货物的计划堆放高度；或者说，是在考虑最下层货物至少能承受的压力时，堆放货物的高度加上剩余空间的总高度。在有托盘作业时，还要考虑叉车的扬程高度及装卸货物的剩余高度。一般情况下，托盘货物的高度为 1 200～1 700 mm，其中 1 300～1 400 mm 的高度最多。总之，天花板高度不能一概而论。通常平房建筑的天花板高度为 5.5～7 m；多层建筑物的天花板高度多数情况是一层 5.5～6.5 m，二层 5～6 m，三层 5～5.5 m。

天花板高度对于建筑费用的影响很大。因此，事先要充分研究作业的种类和内容，确定好合理的天花板高度。

4. 立柱间隔距离

柱子间隔不当，会使作业效率和保管能力下降。因而要充分研究建筑物的构造及经济性，以求出适宜的柱子间隔距离。一般来说，柱子间隔距离为 7～10 m(在建筑物前面可停放大型卡车 2 辆、小型卡车 3 辆)。

5. 建筑物的通道

配送中心的通道可分为库区外通道及库内通道。库外通道将影响车辆、人员的进出，车辆的回转，装卸货物等动线；库内通道主要影响配送中心的作业能力和效率。

通道是根据搬运方法、车辆出入频度和作业路线等确定的。建筑物内部通道的设置与内部设施的功能、效率、空间使用费等因素有关，所以，应根据货物的品种和批量的大小，以及所选定机器的出入频度和时间间隔等因素，来决定通道的宽度和条数(有单向通道和往返通道两种)。

通道配置的方案应在充分比较研究的基础上确定。

另外，日常装卸货物时，所占用的停车空间与上述车辆处于静止状态时不同。为了确保卡车装卸作业，应留有必要的侧面通道，或者在卡车前方留有一定宽度的通道，使卡车作业时可以前进和后退。图 8-5 为配送中心通道布置示意图。

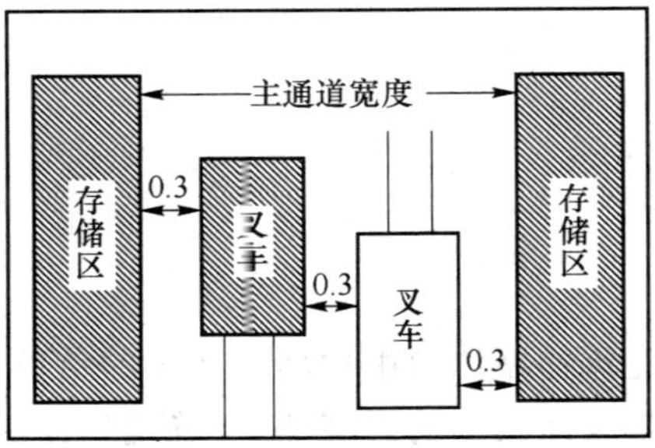

(a) 主通道示意图

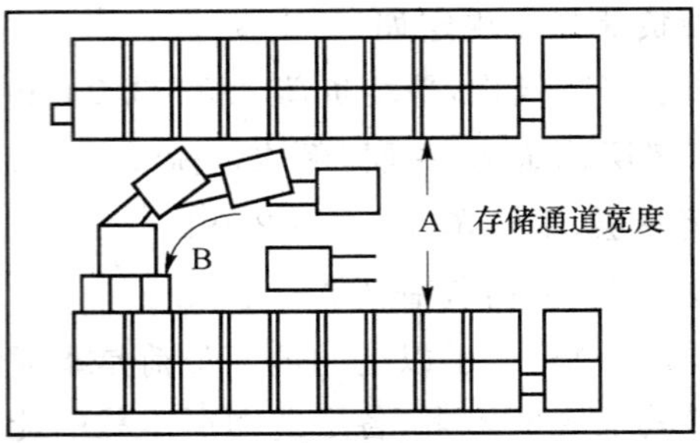

(b) 存储通道示意图

图 8-5 配送中心通道布置示意图

6. 卡车停车场

通常，各种车辆都必须有停车场。车辆停止时占用的面积如下。

15 t 重拖挂车	60 m^2
10～11.5 t 卡车	45 m^2
6～8 t 卡车	35 m^2
3～4 t 卡车	25 m^2

图 8-6 为 90 m^2 停车场布置图。

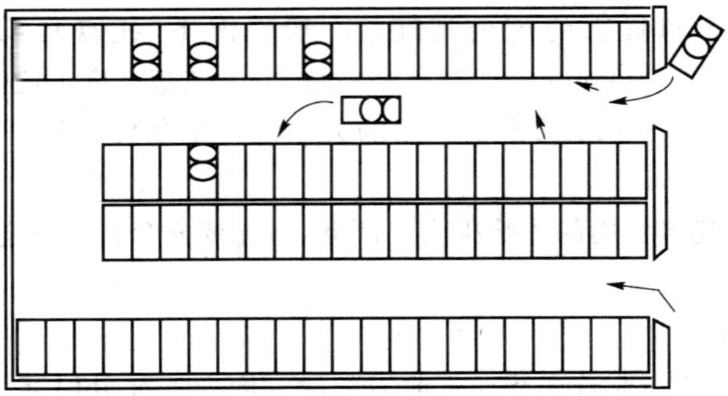

图 8-6 停车场布置图

本章小结

物流配送中心的建设是一项规模大、投资高、涉及面非常广的系统工程。要建造设施完整、功能齐全、服务优良的现代物流配送中心，物流系统规划设计乃是成败的关键因素。因此，在对物流配送中心进行规划与设计时，应当遵循系统原则、价值原则、科学原则、发展原则、经济合理性原则，在进行物流配送的网络布局决策中通常要全面考虑众多影响因素，需要将定性与定量技术结合起来以制定最适合的解决方案。

思考与练习

1. 判断题

(1) 配送中心各项工作之间均衡、协调地运转是极为重要的，其关键是作好物流量的分析和预测，把握住物流的最合理流程。（　）

(2) 堆放货物的高度，要经过对货物种类和作业内容充分研究后才可确定。（　）

(3) 配送中心的作业流程是规划设计后确定的，配送中心的作业是根据设计后的流程进行的。（　）

(4) 在规划物流配送中心时，必须考虑到交通、水电、动力、土建、空调、安全和消防等与厂房建筑相关的周边设施条件。（　）

(5) 为保证配送中心内车辆行驶秩序井然，配送中心内的车流设计一般采用“单向行使、分门出入”的原则。（　）

2. 选择题

(1) 通常，15 t 重拖挂车的停车场车辆占用面积是（　）。

A) 45 m^2　　B) 60 m^2　　C) 35 m^2　　D) 25 m^2

(2) 一般情况下，托盘货物的高度为（　）。

A) 1 000～1 200 mm　　B) 2 000～2 200 mm

C) 1 200～1 700 mm　　D) 1 200～1 500 mm

(3) 下列设备中不属于物流周边配合设备的是（　）。

A) 装卸货平台　　B) 装卸载设施　　C) 立体仓库　　D) 废料处理设施

(4) 单一配送中心选址方法多采用（　）。

A) 当量法　　B) 函数法　　C) 分析法　　D) 重心法

(5) 在考虑停放大型卡车 2 辆、小型卡车 3 辆的情况下，一般配送中心建筑物(仓库)柱子的间隔距离为（　）。

A) 5～7 m　　B) 7～10 m　　C) 11～14 m　　D) 15～18 m

3. 简答题

(1) 配送中心规划与设计应掌握哪些原则？

(2) 配送中心选址应考虑哪些基本条件？

(3) 配送中心选址过程中涉及哪些费用？

(4) 配送中心功能规划应考虑哪些内容？

(5) 配送中心内部布局涉及哪些因素？

4. 论述题

(1) 简述单一配送中心选址方法。

(2) 简述配送中心作业区能力规划内容。

(3) 简述配送中心内部布局涉及因素的分析。

5. 案例分析

配送中心货场及道路设计

道路宜采用水泥混凝土面层或沥青混凝土面层。水泥混凝土路面设计年限应采用30年基准值,其抗折强度设计值不应小于4.5 Mh。水泥混凝土路面板体分块一般采用矩形,横向尺寸应与道路行车道宽度(3.00 m、3.50 m、3.75 m、4.00 m)相一致;纵向尺寸不宜大于4 m。混凝土板体的面积不宜大于16 m^2。

货场的宽度不宜小于30 m,当长度超过200 m时,中间应布置横向主干道。

装卸货场的横坡不应小于0.4%。

有门式起重机的储存货场的纵坡不应大于0.2%,横坡宜为0.6%~0.8%,主要考虑起重机的行车和作业的安全。无门式起重机的储存货场坡度,当采用纵坡排水时,纵坡不宜小于0.8%,横坡不宜大于0.5%;采用横坡排水时,纵坡不宜大于0.2%,横坡不宜小于0.8%。

思考与讨论

(1) 结合案例谈谈在规划配送中心时应考虑哪些因素。

(2) 计算配送中心仓库面积。

6. 实训

计算配送中心仓库面积

实训内容

配送中心拟新建一仓库,最高库存量 Q 设为1 550 t,仓库单位面积堆存定额 N/V 为3 t/m^2,库面积利用率 σ 为0.5。计算该新建仓库的面积 S。

实训要求

5人一小组,用定额法 $S=Q/(N\sigma)$ 计算仓库面积。

实训课时

2课时。

实训步骤

(1) 熟悉配送中心规划设计要求。

(2) 运用定额法计算仓库面积。

检查标准

考核内容	考核标准	分值	实际得分
计算配送中心仓库面积	1. 小组合作参与程度	10	
	2. 分工合作程度	10	
	3. 沟通协调能力	10	
	4. 方案的可行性与合理性	50	
	5. 专业知识的掌握程度、实际动手能力	20	
合计		100	

第 9 章　物流系统精益管理

【学习目标】

通过本章的学习，了解和熟悉精益物流系统、逆向物流和闭环供应链概念和管理，电子商务物流系统模式与管理，供应链物流管理的内涵和施行，精益物流原则和工程实施，逆向物流的物资及处理方法，闭环供应链的运作模式，企业电子商务物流模式，供应链物流管理方法及对策。

【能力目标】掌握精益物流原则和工程实施；能用所学知识对物流系统进行精益管理。

【知识框架】

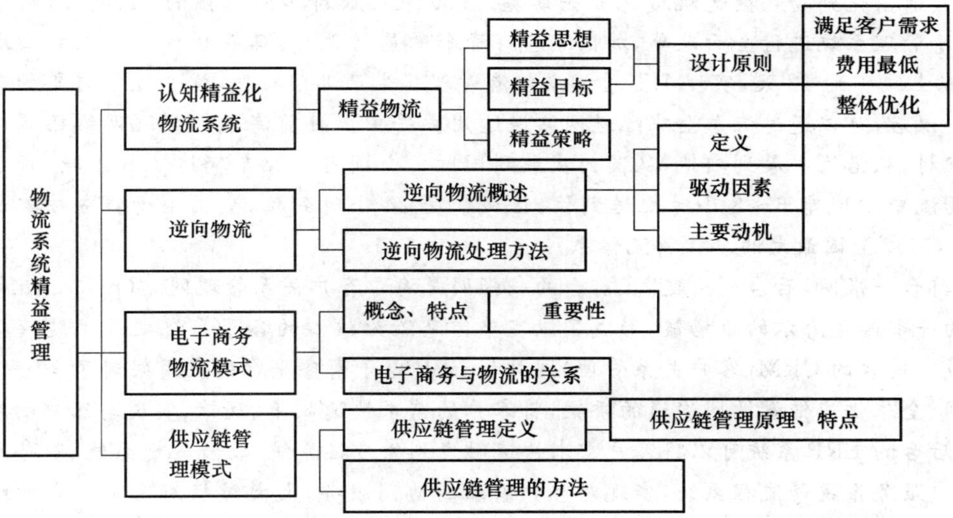

引导案例

海尔的一流三网物流模式

海尔物流管理的“一流三网”充分体现了现代物流的特征：“一流”是以订单信息流为中心；“三网”分别是全球供应链资源网络、全球配送资源网络和计算机信息网络，“三网”同步流动，为订单信息流的增值提供支持。

在海尔，仓库已不再是储存物资的水库，而是一条流动的河。河中流动的是按单采购来生产必需的物资，也就是按订单来进行采购、制造等活动。这样，从根本上消除了呆滞物资，消灭了库存。

目前，海尔集团每个月平均接到 6 000 多个销售订单，这些订单的品种达 7 000 多个，需要采购的物料品种达 26 万余种。在这种复杂的情况下，海尔物流自整合以来，呆滞物资降低了 73.8%，仓库面积减少 50%，库存资金减少 67%。海尔国际物流中心货区面积为 7 200 m^2，但它的吞吐量却相当于普通平面仓库的30万m^2。同样的工作,海尔物流中心只有10个叉车司机,而一般仓库完成这样的工作量至少需要上百人。全球供应链资源网的整合,使海尔获得了快速满足用户需求的能力。

海尔通过整合内部资源,优化外部资源,使供应商由原来的2 336家优化至840家,国际化供应商的比例达到74%,从而建立起强大的全球供应链网络。通用电器、爱默生、巴斯夫、陶氏化学等世界500强企业都已成为海尔的供应商,有力地保障了海尔产品的质量和交货期。不仅如此,海尔通过实施并行工程,更有一批国际化大公司已经以其高科技和新技术参与到海尔产品的前端设计中,不但保证了海尔产品技术的领先性,增加了产品的技术含量,还使开发的速度大大加快。

由于物流技术和计算机信息管理的支持,海尔物流通过3个JIT,即JIT采购、JIT配送和JIT分拨物流来实现同步流程。目前通过海尔的BBP采购平台,所有的供应商均在网上接收订单,使下达订单的周期从原来的7天以上缩短为1小时以内,而且准确率达100%。除下达订单外,供应商还能通过网上查询库存、配额、价格等信息,实现及时补货,实现JIT采购。

为实现"以时间消灭空间"的物流管理目的,海尔从最基本的物流容器单元化、集装化、标准化、通用化到物料搬运机械化开始实施,逐步深入到对车间工位的"五定"送料管理系统、日清管理系统进行全面改革,加快了库存资金的周转速度,库存资金周转天数由原来的30天以上减少到12天,实现JIT过站式物流管理。生产部门按照B2B、B2C订单的需求完成生产以后,可以通过海尔全球配送网络送达用户手中。目前海尔的配送网络已从城市扩展到农村,从沿海扩展到内地,从国内扩展到国际。全国可调配车辆达1.6万辆,目前可以做到物流中心城市6～8小时配送到位,区域配送24小时到位,全国主干线分拨配送平均4.5天,形成全国最大的分拨物流体系。

"前台一张网,后台一条链"。前台的一张网是海尔客户关系管理网站(haiercrm.com);后台的一条链是海尔的市场链,形成了以定单信息流为核心的各子系统之间无缝连接的系统集成。前台的CRM(客户关系管理)网站和BBP电子商务平台的应用架起了与全球用户资源网、全球供应链资源网沟通的桥梁,将客户的需求快速收集、反馈,实现与客户的零距离接触;后台的ERP系统可以将客户需求快速触发到供应链系统、物流配送系统、财务结算系统、客户服务系统等流程系统,实现对客户需求的协同服务,大大缩短对客户需求的响应时间。计算机管理系统搭建了海尔集团内部的信息高速公路,能将电子商务平台上获得的信息迅速转化为企业内部的信息,以信息代替库存,达到零营运资本的目的。

海尔物流运用已有的配送网络与资源,并借助信息系统,积极拓展社会化分拨物流业务,目前已经成为日本美宝集团、AFP集团、乐百氏集团的物流代理;与ABB公司、雀巢公司的业务也在顺利开展。同时海尔物流充分借力,与中国邮政强强联合,使配送网络更加健全,为新经济时代快速满足用户的需求提供了保障,实现了零距离服务。海尔物流通过积极开展第三方配送,使物流成为新经济时代下集团发展的新的核心竞争力。

海尔的物流革命是建立在以"市场链"为基础上的业务流程再造。以海尔文化和OEC管理模式为基础,以订单信息流为中心,带动物流和资金流的运行,实施三个"零"目标(质量零距离、服务零缺陷、零营运资本)的业务流程再造。

物流带给海尔的是"三个零"。但最重要的是,可以使海尔一只手抓住用户的需求,另一只手抓住可以满足用户需求的全球供应链，把这两种能力结合在一起，从而在市场上可以获得用户忠诚度，这就是企业的核心竞争力。这种核心竞争力，正加速海尔向世界500强的国际化企业挺进。

思考

海尔现代物流系统的核心竞争力是什么？

9.1　认知精益化物流系统

9.1.1　精益物流系统

1. 精益物流系统概述

(1) 精益思想

精益思想深植于丰田生产系统（TPS，Toyota Production System），是一种关于消除浪费、加快速度并增强流动性的思想。精益物流起源于日本丰田汽车公司的一种物流管理思想，其核心是追求消灭包括库存在内的一切浪费，并围绕此目标发展起来一系列的具体方法。它是从精益生产的理念中衍生而来，是精益思想在物流管理中的应用。

(2) 精益思想核心

精益思想核心是①精确地确定特定产品的价值；②识别出每种产品的价值；③使价值不间断地流动；④让用户从生产者方面拉动价值；⑤永远追求尽善尽美。

2. 精益物流系统

物流系统是指在一定的空间内，所有需位移的物资与包装设备、装运搬运机械、运输工具、仓储设备、人员和通信联系设施等若干相互制约的动态要素所构成的具有特定功能的有机整体。

精益物流系统是运用精益思想对整个物流系统进行规划，通过消除生产和供应过程中的浪费，以减少备货时间，提高客户满意度的一种系统。

3. 精益物流的前提

正确认识价值流。价值流是企业产生价值的所有活动过程，这些活动主要体现在 3 项关键的流向上。从概念设想、产品设计、工艺设计到投产的产品流；从顾客订单到制定详细进度到送货的全过程信息流；从原材料到制成最终产品到送到用户手中的物流。因此，认识价值流必须超出企业这个公认的划分单位标准，去观察创造和生产一个特定产品所必需的全部活动，搞清每一步骤和环节，并对它们进行描述和分析。

4. 精益物流的目标

根据顾客需求，提供顾客满意的物流服务，同时追求把提供物流服务过程中的浪费和延迟降至最低程度，不断提高物流服务过程的增值效益，即企业在提供满意的顾客服务水平的同时，把浪费降低到最低程度。

企业物流活动中的浪费现象很多。常见的有，令人不满的顾客服务、无需求造成的积压和多余的库存、实际不需要的流通程序、不必要的物料移动、因供应链上游不能按时交货或提供服务而等待、提供顾客不需要的服务等，努力消除这些浪费现象是精益物流最重要的内容。

5. 精益物流的策略

要实现精益物流，需要①从顾客的角度而不是从企业或职能部门的角度来研究什么可以产生价值；②按整个价值确定供应、生产和配送产品中所有必须的步骤和活动；③创造无中断、无绕道、无等待、无回流的增值活动流；④及时创造由顾客拉动的价值；⑤不断地消除浪费，追求完美。

9.1.2 精益物流的设计原则

精益物流是对JIT技术、多目标最优化方法等理论的提高和升华，是利用高度发展的现代信息技术手段来严格设计规划货品在每一个流通环节的状态、时间、成本，同时在实际运作过程中设立各种考评和跟踪办法，使管理者能快速发现问题并及时解决问题的物流管理理念。

精益物流设计的原则包括满足顾客需求原则，减少浪费原则，逐步完善原则，整体优化原则。

1. 满足顾客需求原则

精益物流作为一种拉动型的物流系统，顾客需求是驱动生产的原动力，是价值流的出发点。当然，对于一些需求稳定、可比较准确地预测顾客需求数量和规格的功能型产品，可以根据预测进行生产，以备为顾客更好地提供服务；如果是需求波动较大、可预测性不强的创新型产品，则必须精确反应，缩短反应时间，提高顾客服务水平。

2. 减少浪费原则

精益物流在为顾客提供满意的物流服务的同时，追求把提供物流服务过程中的浪费降至最低程度。

(1) 让完成某一项工作所需步骤以最优的方式连接起来，形成不间断、不迂回、不倒流、不等待的连续流动，让价值流顺畅流动起来。具体实施时要明确流动过程的目标，使价值流活动朝向明确。

(2) 要对价值链中产品设计、生产制造和订货发货等每一个环节进行分析，找出不能提供增值的浪费，如设施设备空耗、人员冗余、操作浪费等。

3. 逐步完善原则

精益物流是一个动态的管理过程。从概念设想、产品设计、工艺设计到投产，从顾客订单到制定详细生产进度再到送货，从原材料制成产成品到送到用户手中，这其中每一个步骤，一旦发现有造成浪费的环节就应及时消除，不断改进和完善。而对物流活动的这种改进和完善是不断循环的，每一次改进，消除一批浪费，但同时有可能带来新的浪费而需要再次改进。这种改进使物流逐渐趋向于无中断、无绕流和无等候的总成本持续降低的精益物流。

4. 整体优化原则

(1) 把系统中上游、下游的所有参与企业和部门集成起来，摒弃传统的各自追求利润最大化相互对立的观点，以最终顾客的需求为共同目标，共同探讨最优物流路径，消除一切不生价值的行为。

(2) 物品在流动中的各个环节,包括交货、运输、中转、分拣、配送都按计划按时完成,以保证物流系统前后合理衔接,整体优化方案能得以实现。

(3) 精益物流实现的关键是物品在流通中能够顺畅流动,货物停留的结点最少,流通所经路径最短,仓储时间最合理,以达到整体物流的最优化配置。

9.1.3　精益物流系统的基本框架

精益物流系统的基本框架包括以客户需求为中心、准时、准确、快速、降低成本、系统集成、信息化 7 个方面。

1. 以客户需求为中心

在精益物流系统中,顾客需求是驱动生产的原动力,是价值流的出发点。价值流的流动要靠下游顾客来拉动,而不是依靠上游的推动。当顾客没有发出需求指令时,上游的任何部分不提供服务;而当顾客需求指令发出后,则快速提供服务。系统的生产是通过顾客需求拉动的。

2. 准时

在精益物流系统中,货品在流通中能够顺畅、有节奏地流动是物流系统的目标。而保证货品的顺畅流动最关键的是准时。

准时的概念包括物品在流动中的各个环节按计划按时完成,包括交货、运输、中转、分拣、配送等各个环节。准时是保证物流系统整体优化方案能得以实现的必要条件。

3. 准确

准确包括准确的信息传递、准确的库存、准确的客户需求预测、准确的送货数量等,准确是保证物流精益化的重要条件之一。

4. 快速

精益物流系统的快速包括两方面含义:一是物流系统对客户需求反应速度;二是货品在流通过程中的速度。

物流系统对客户个性需求的反应速度取决于系统的功能和流程。当客户提出需求时,系统应能对客户的需求进行快速识别、分类,并制定出与客户要求相适应的物流方案。客户历史信息的统计、积累会帮助制定快速的物流服务方案。

货品在物流链中的快速性包括货物停留的结点最少,流通所经路径最短,仓储时间最合理;并实现整体物流的快速性。速度体现在产品和服务上是影响成本和价值的重要因素,特别是市场竞争日趋激烈的今天,速度也是竞争的强有力手段。快速的物流系统是实现货品在流通中增加价值的重要保证。

5. 降低成本

精益物流系统通过合理配置基本资源,以需定产,充分合理地运用优势和实力;通过电子化的信息流,进行快速反应、准时化生产,从而消除诸如设施设备空耗、人员冗余、操作延迟和资源浪费,保证其物流服务的低成本。

6. 系统集成

精益系统是由资源、信息流和能够使企业实现“精益”效益的决策规则组成的系统。精益物流系统则是由提供物流服务的基本资源、电子化信息和使物流系统实现“精益”效益的决策规则所组成的系统。

具有能够提供物流服务的基本资源是建立精益物流系统的基本前提。在此基础上，需要对这些资源进行最佳配置，资源配置的范围包括设施设备共享、信息共享、利益共享等。只有这样才可以最充分地调动优势和实力，合理运用这些资源，消除浪费，最经济合理地提供满足客户要求的优质服务。

7. 信息化

高质量的物流服务有赖于信息的电子化。物流服务是一个复杂的系统项目，涉及大量繁杂的信息。电子化的信息流保证了信息流动的迅速、准确无误，还可有效减少冗余信息传递，减少作业环节，消除操作延迟，这使得物流服务具有准时、准确、快速和高质量的特性。

9.2 逆向物流

9.2.1 逆向物流概述

“逆向物流”的概念最早是由 Stock 在 1992 年提出的，他指出，逆向物流为一种包含了产品退回、物料替代、物品再利用、废弃处理、再处理、维修与再制造等流程的物流活动。

1. 逆向物流的含义

正向物流是货物从供应、生产到消费的所谓“供、产、销”方向上的物流，也是企业中投入产出方向上的物流，它是从原材料的采集、加工、存储、运输到产品的采购、生产、加工和装配，产品的存储、运输、配送、销售和售后服务的整个过程。而逆向物流是与正向物流所产生的产品生产与消费物流方向相反的物流活动。一般地，逆向物流包括回收物流（Returned Logistics）与废弃物物流（Waste Material Logistics）两大类。

（1）回收物流

我国在 2001 年 8 月 1 日起正式实施的《中华人民共和国国家质量标准物流术语》定义：回收物流是指不合格物品的返修、退货以及周转使用的包装容器从需方返回到供方所形成的物品实体流动。例如，消费者对不满意产品的退货，不合格材料和残次品的退货，容器、包装品的回收再利用，原材料边角料、零部件加工中的缺陷，在制品等的销售方面物品实体的反向流动过程。

（2）废弃物流

废弃物流是指将经济活动中失去原有使用价值的物品，根据实际需要进行收集、分类、加工、包装、搬运、储存等，并分送到专门处理场所时形成的物品实体流动；还包括由于某些强制性的原因或其他原因，如产品的有效期、法律禁止的具有某些危害的产品，形成的产品回收等。

逆向物流包括产品回收、替代、检验（分类）、再加工，以及处置（清理与填埋）等环节的业务活动。逆向物流运作的好坏直接影响到企业的信誉、客户服务水平、质量评价、现金流和经营成本。图 9-1 为逆向物流的基本活动示意图。

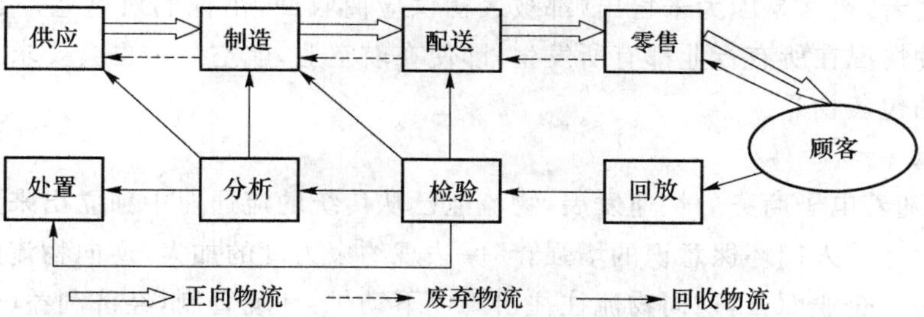

图 9-1　逆向物流的基本活动

2. 驱动因素

有许多有利的因素迫使企业将逆向物流的管理提高到战略层面，提上了高级管理日程。带来这些变化的主要驱动因素有以下几种。

(1) 政府立法

在工业化世界中，政府的环境立法有效地推动了企业对他们所制造的产品整个生命周期的负责。顾客对全球气候变暖、温室效应和环境污染的关注推动了这种趋势的发展。

在美国，议会在过去的几年中通过了超过 2 000 个固体废品的处理法案；1997 年，日本国会通过了强制回收某些物资的法案。

在欧洲，为了减少垃圾掩埋法的废品处理方式，欧盟制定了包装和包装废品的指导性意见，并在欧盟成员中形成法律。意见中规定了减少、再利用和回收包装材料的方法，并根据供应链环节中不同成员的地位和相应的年营业额，提出了企业每年进行垃圾回收和产品再生的数量要求。

在英国，对于年产包装材料 50 t，每年营业额 500 万英镑的企业，政府强制要求他们登记并证实在一定时间内完成了物资的再生和回收工作。

(2) 日益缩短的产品生命周期

产品生命周期正在变得越来越短，这种现象在许多行业都变得非常明显，计算机行业尤为突出。新产品和升级换代产品以前所未有的速度推向市场，推动消费者更加频繁地购买。当消费者从更多的选择和功能中受益时，这种趋势也不可避免地导致了消费者使用更多的不被需要的产品，同时也带来了更多的包装、更多的退货和更多的浪费问题。缩短产品生命周期增加了进入逆向物流的浪费物资及管理成本。

(3) 新的分销渠道

消费者可以更加便捷地通过新的分销渠道购买商品。直销电视购物网络和互联网的出现使商品直销成为可能。但是直销产品也增加了退货的可能性，要么是因为产品在运输过程中损坏，要么是由于实际物品与在电视或网上看到的商品不同。直销渠道给逆向物流带来了压力，一般零售商的退货率是 5%～10%，而通过产品目录和销售网络销售的产品的退货比例则高达 35%。由于直销渠道面对的顾客是全球范围的，而不仅局限于本地、国内或者某一区域，退货物品管理的复杂性就会增加，管理成本也将上升。

(4) 供应链中的力量转移

竞争的加剧和产品供应量的增加意味着买家在供应链中的地位提升。零售商可以拒绝承担未售出商品和过度包装品的处理责任。在美国，大多数返还给最上层供应商的商品(要么来源于消费者，要么是因为未售出）都被最初供应商收回，由他们对这些产品进行再加工和处理。这种情况在所有行业都有所发生，即使在航空业，航空公司也会要求供应商收回并处理不需要的包装物品。

3. 主要动机

近年来，随着电子商务的快速发展，物流业已从传统的流通业中独立出来并日益受到人们的关注。而随着人们环保意识的增强，环保法规约束力度的加大，逆向物流的经济价值也逐步显现。对于企业而言，逆向物流往往出于以下动机：环境管制，经济利益（体现在废弃物处理费用的减少、产品寿命的延长、原材料零部件的节省等方面）和商业考虑。因而，管理者首先应认识到逆向物流的重要性和价值，其次要在实际运作中如何给予逆向物流资源和支援，才是发挥竞争优势的关键。

新的资源再生利用技术的研究与推广大大降低了处理回收物品的成本，使逆向物流不仅意味着成本的减少，而且因其能带来资源的节约便意味着经济效益、社会效益和环境效益的共同增加。具体而言，企业引入逆向物流系统的原因如表 9-1 所示。

表 9-1 企业引入逆向物流系统的原因

引入逆向物流系统的主要原因	使用逆向物流系统的典型例子
为获得补偿或退款而退还产品	不能满足客户期望的 VCR（变动成本率）被退回，以得到退款
归还短期或长期租赁物	当天租赁的场地装备的返还
返回制造商以便修理、再制造或返还产品的核心部分	返还用过的汽车发电机给制造商以被再制造和再销售
保修期返回	电视机在保修期内功能失灵而被退还
可再利用的包装容器	返回的汽水瓶、酸奶瓶、饮料瓶被清洗和再使用
寄卖物返还	寄存在商店的音箱没有变卖又返还给物主
卖给顾客新东西时折价回收旧货	出售新家电、回收包装箱、回收旧家电准备再卖
产品发往特定组织进行升级	旧计算机被送往制造商以安装光盘驱动器
送还	不必要的产品包装或托盘在不需要时被送还
普遍的产品召回	由于安全带失效汽车被返还给代理商
产品返还给制造商进行检查或校准	医学设备被返还以检查和调校仪表
产品没有实现制造商对客户的承诺	电视性能与承诺的不一致而退还

4. 逆向物流的特点

逆向物流作为企业价值链中特殊的一环，与正向物流相比，既有共同点，也有各自不同的特点。二者的共同点在于都具有包装、装卸、运输、储存、加工等物流功能；但是，逆向物流与正向物流相比又具有其鲜明的特殊性。

（1）分散性。逆向物流产生的地点、时间、质量和数量是难以预见的。废旧物资流可能产生于生产领域、流通领域或生活消费领域，涉及任何领域、任何部门、任何个人，在社会的每个角落都在日夜不停地发生。正是这种多元性使其具有分散性。而正向物流则不然，按量、准时和指定发货点是其基本要求。这是由于逆向物流发生的原因通常与产品的质量或数量的异常有关。

(2) 缓慢性。不难发现,开始的时候逆向物流数量少、种类多,只有在不断汇集的情况下才能形成较大的流动规模。废旧物资的产生也往往不能立即满足人们的某些需要,它需要经过加工、改制等环节,甚至只能作为原料回收使用,这一系列过程的时间是较长的。同时,废旧物资的收集和整理也是一个较复杂的过程。这一切都决定了废旧物资回收缓慢性这一特点。

(3) 混杂性。回收的产品在进入逆向物流系统时往往难以划分为产品,因为不同种类、不同状况的废旧物资常常是混杂在一起的。当回收产品经过检查、分类后,逆向物流的混杂性随着废旧物资的产生而逐渐衰退。

(4) 多变性。由于逆向物流的分散性及消费者对退货、产品召回等回收政策的滥用,有的企业很难控制产品的回收时间与空间,这就导致了多变性。主要表现在以下 4 个方面。

1) 逆向物流具有极大的不确定性;

2) 逆向物流的处理系统与方式复杂多样;

3) 逆向物流技术具有一定的特殊性;

4) 相对高昂的成本。

目前,逆向物流在现阶段的显著特征,主要表现为高度不确定性(即为分散性),运作的复杂性,实施的困难性 3 个方面。其中,运作的复杂性为,逆向物流的恢复过程和方式按产品的生命周期、产品特点、所需资源、设备等条件不同而复杂多样,因此它比正向物流中的新产品生产过程存在更多的不确定性和复杂性。根据 RoZers 等在 2001 年对美国公司的一项调查,逆向物流的主要活动和功能包括再制造、修整、再循环、填埋、再包装和再处理等内容。Cader 等指出,一个公司的逆向物流实施直接被至少 4 种环境因素影响,即消费者、供应商、竞争对手以及政府机构,所以公司很难做出有关恢复方式的战略决策来高效且经济地运作逆向物流系统。

实施的困难性表现为:逆向物流普遍存在于企业的各项经营活动中,从采购、配送、仓储、生产、营销到财务,需要大量的协调和管理。尽管在一些行业,逆向物流已经成为在激烈竞争中找到竞争优势从而独树一帜的关键因素,但是许多管理者仍然认为逆向物流在成本、资产价值和潜在收益方面没有正向物流那么重要,因此分配给逆向物流的各种资源往往不足。另外,相关领域专业技术和管理人员的匮乏,缺少相应逆向物流网络和强大的信息系统及运营管理系统的支持,都成为有效逆向物流实施的障碍。

5. 逆向物流分类

(1) 按照回收物品的渠道分类

按照回收物品的渠道可分为退货逆向物流和回收逆向物流两部分。退货逆向物流是指下游顾客将不符合订单要求的产品退回给上游供应商,其流程与常规产品流向正好相反。回收逆向物流是指将最终顾客所持有的废旧物品回收到供应链上各结点企业。

(2) 按照逆向物流材料的物理属性分类

按照逆向物流材料的物理属性可分为钢铁和有色金属制品逆向物流、橡胶制品逆向物流、木制品逆向物流、玻璃制品逆向物流等。

(3) 按成因、途径和处置方式及其产业形态分类

按成因、途径和处置方式及其产业形态的不同,逆向物流被学者们区分为投诉退货、终端使用退回、商业退回、维修退回、生产报废与副品以及包装 6 大类别。

9.2.2 逆向物流的物资及处理方法

1. 物资分类

一般来说,逆向物流中回流的物资包括产品加工过程中的边角料、库存或运输中被损坏的产品、产品的包装材料、顾客的退货、完成寿命的产品、返修品、由于生产造成的瑕疵导致企业大批回收的出厂品等。

基于这些物资不同的回流原因,可将它们大致分为投诉退货、维修返回、商业返回、包装返回、终端使用返回、生产报废与副产品6种类型(表9-2)。它们普遍存在于企业和供应链的经营活动中,其涉及的部门包括设计、采购、生产、仓储、包装、运输、配送、装卸、搬运、流通加工、分销销售以及维修服务等部门。

表 9-2 逆向物流的物资类型

类 别	周 期	涉及领域	处理方式	例 证
投诉退货(运输短少、偷盗、质量问题、重复运输等)	短期	市场营销客户满意服务	确认检查、退换货补货	电子消费品,如手机、录音笔等
终端使用返回(经完全使用后需处理的产品)	长期	经济市场营销	再生产、再循环	电子设备的再生产、地毯清洁循环使用、轮胎修复
		法规条例	再循环	白色和黑色家用电器
		资产恢复	再生产、再循环、再处理	计算机元件及打印机硒鼓
商业返回(未使用商品退回还款)	短期中期	市场营销	再使用、再生产、再循环、再处理	零售商品积压库存、时装、化妆品
维修返回(缺陷或损坏产品)	中期	市场营销法规条例	维修处理	有缺陷的家用电器、零部件、手机
生产报废与副产品(生产过程的废品和副产品)	较短期	经济法规条例	再循环、再生产	药品行业、钢铁业
包装返回(包装材料和产品载体)	短期	经济法规条例	再使用、再循环	托盘、条板箱、器皿、包装袋

2. 处理方法

针对不同类型的逆向物流物资,有不同的处理方法。在收到返回的物资和产品之后,企业通常可以按照下面可能的6种方法之一对其进行处理整修、维修、再利用、再销售或者进行回收(将产品拆散再进行销售)。

(1) 重新整修和再次制造

对产品进行重新整修和再次制造已经不是一个新的概念,现在越来越引起人们的注意。缺乏最新功能,但是仍处于可用状态并且可以实现功能恢复的设备,可以重新制造并放到仓库中以备再次使用。通常再生的生产制造成本应低于制造新产品的制造成本。企业运用有效的整修过程，可以在最大限度上降低整修成本，并且将整修后的成品返回仓库。在诸如航空、铁路等资产密集型的行业中，这种方法正在被广泛地使用。再生制造成本远远低于重建成本。目前，越来越多的公司开始应用这种方法。这些公司不但拥有大量的机械设备，而且频繁使用，其中的设备包括自动售货机和复印机等。

(2) 维修

如果产品无法按照设计要求工作，企业就需要对其回收并维修。返回的物品有两种类型：保修的和非保修的。客户需要自行付费解决非保修产品的维修问题；所以对企业来说，真正的问题在于保修期物品的回收。维修的目标是减少维修成本，节约产品维修时间和延长产品使用寿命。企业需要认真考虑和平衡维修成本和新建成本。

(3) 再使用

产品的再使用主要针对零部件。到达使用寿命的设备可以分解为部件和最终的零件。其中的部分零部件状态良好，无需重新制造和维修就可以再次使用，它们会被放置在零件仓库中供维修使用。

(4) 再循环

有些返还产品状态良好，可以进行再次销售。它们很可能是那些没有售出的商品，有些顾客买了之后就把它退回(例如通过邮购目录购买后退回)，有些则是使用后退回。另外，一些包装也可以重复利用，再次循环。一些在逆向物流方面领先的高科技企业，正在积极地再次利用自己的售出返还产品以及可重复使用的包装。

(5) 回收分拆

无法进行整修、整理或者再循环的返还商品将被分解成零件，然后再进行回收。直到现在，人们仍把回收看做一件费时费力、不值得做的事情。然而当企业面对通过物资回收方面的努力所带来的客观的经济效益时，回收就备受关注。为了从回收活动中获得最大效益，企业必须对逆向物流系统进行良好的管理，其中包括减少运输、流程和处理成本，使废弃物价值最大化。

(6) 报废处理

对那些没有经济价值或严重危害环境的回收品或零部件，通过机械处理、地下掩埋或焚烧等方式进行处理。西方国家对环保要求越来越高，而后两种方式会对环境带来一些不利影响，如占用土地、污染空气等。因此，目前西方国家主要采取机械处理方式。在大多数工业化国家里，被认为是危险品的产品必须与其他物品区别开来，并进行负责任的处理。如果不这样做会导致高额的成本，因为处置者仍然要对这些废品负责，即便是经过了处理。

9.2.3 逆向物流渠道

逆向物流日益受到重视，逆向物流渠道(Reverse Logistics Channels)的选择是实施逆向物流中最重要的一环。

1. 逆向物流渠道含义

企业逆向物流渠道有广义和狭义之分。狭义的逆向物流渠道是指形成逆向物流的物品从供应链的下游(顾客)一端流向上游的起始端所经过的路线、途径或流转通道；广义的企业逆向物流渠道是指形成逆向物流的物品从供应链的下游(顾客)一端流向上游所经过的路线、途径或流转通道，以及之间所经过的各种处理等。

2. 逆向物流渠道的模式

从不同的角度、按不同的标准来划分，企业逆向物流渠道有不同的模式。传统的划分方法主要有：根据企业的逆向物流活动中是否经过中间商将企业逆向物流渠道分为直接渠道和间接渠道；根据返回来的物品是否由生产企业来处理可将企业逆向物流渠道分为开环渠道和闭环渠道。

(1) 直接渠道

直接渠道是指物品从消费领域转移到生产领域的过程中，不经过任何中间环节由顾客直接将物品转运给企业。

其优点是，顾客和生产企业直接接触，生产企业能及时、全面地了解顾客的需求，了解造成逆向物流的真正原因，有利于企业及时加强企业管理，改进生产方式，提高产品质量。同时，由于没有中间环节，可以大大缩短流通时间。有利于企业及时把握市场脉搏，提高市场占有率。

其主要缺点是，因为单个顾客所形成的逆向物流的流量较小，频率高，所以生产企业必须增加专门人员、设施等进行处理，这会导致生产企业费用的增加。

(2) 间接渠道

间接渠道是指物品从消费领域转移到生产领域的过程中，经过至少一个中间环节，而不是由顾客直接将物品转运给企业。

其优点是生产企业不必花费大量的人力、物力、财力去直接面对大量的单个顾客，只需要选择合适数量的中间环节进行交易，由他们来面对各种各样的单个顾客的诉求，借助于中间环节的力量完成企业逆向物流。

其缺点是由于逆向物流中加入了中间环节，回购物品的价格会有所上升，对一些技术性要求较高的产品，中间环节难以提供较好的服务，会造成不必要的逆向物流。同时，由于生产企业面对的是中间环节，不能很好地了解顾客需求，由中间环节传递而来的信息又存在着"牛鞭效应"，不利于企业对市场的把握等。

(3) 闭环渠道

闭环渠道是指将已用物品返还并交由生产企业来处理的渠道。生产企业对返回的产品、其中任意一个部件和任何可以再次使用的产品零件进行再利用。已用物品的返还可以沿分销渠道逆向流动而回到生产企业手中，也可以通过回收商等的参与而将已用物品返还给生产企业。

其优点是生产企业直接面对自己的已经用过的产品，能够及时准确地了解本企业产品的弱点及容易损耗的部分。生产企业可以在可能的情况下，通过分拆、再制造、再利用等可以最大限度地利用回收来的已用物品，减少原生资源使用量，降低生产成本，提高企业社会形象。对于技术含量较高的产品，由企业来处理已用过的物品，便于企业对技术的保密等，由于企业对全部逆向物流来说是最终消费者，因此相对具有较大的主动性，对逆向物流过程具有一定的控制权，可以减少逆向物流流通时间。

其缺点是为了使逆向物流有效地实施，企业必须投入大量的人力、物力、财力，去配备必要的设备、专门人员等。由于逆向物流的不确定性，导致企业无法准确预测回收物品的数量，给企业的产品及其零部件的库存管理带来较大困难。由于逆向物流的复杂性的存在，会导致人力资源成本上升。

(4) 开环渠道

开环渠道是指物资和产品由生产企业回收，但由其他公司来进行处理的渠道。最终的产品和物资不再由生产者使用。与闭环渠道一样，已用物品的返还可以沿分销渠道逆向流动而回到生产企业手中，也可以通过回收商等的参与而将已用物品返还给生产企业。但生产企业将这些物品转送给其他企业进行分拆、再制造、拆卸、再利用、填埋或焚烧等处理，而不像闭环渠道那样由生产企业自身来处理。

其优点是生产企业既直接面对自己已经用过的产品，能够及时准确地了解本企业产品的弱点及容易损耗的部分，又不必为了使逆向物流有效的实施，投入大量的人力、物力、财力，配备必要的设备、专门人员等，去执行分拆、再制造、拆卸、再利用、填埋或焚烧等处理。企业不必担心环保法规的制裁，由于在使用过程中及使用后，都不对环境造成污染，因此有利于提高企业社会形象。

其缺点是生产企业必须不断使用原生资源，不利于企业降低生产成本。由于逆向物流的缓慢性和价值递减性的存在，导致企业的间接成本上升。生产企业在这个过程中扮演的是类似回收商的角色，可能面对多个顾客(消费者)或中间环节。

3. 逆向物流渠道选择的影响因素

(1) 回收品因素

在选择逆向物流渠道时首先要考虑回收品自身的特点。如果回收品是体积较大或过重、技术含量较高需要技术保密的物品，应尽量采用直接、闭环渠道，但对体积较大或过重、技术含量较低不需要技术保密的物品可采用直接、开环渠道；而对于小而轻、技术含量较高需要技术保密的物品可采用间接、闭环渠道；对于小而轻、技术含量较低不需要技术保密的物品可采用间接、开环渠道。

(2) 市场因素

消费面较大、容易处理的回收品，可采用间接、闭环渠道；消费面较大、较难处理的回收品，可采用间接、开环渠道；而如果回收品的消费范围较小、容易处理，可采用直接、闭环渠道；消费范围较小、较难处理的回收品，可采用直接、开环渠道。零星日用消费品方面的逆向物流，一般选择间接、开环渠道。

(3) 企业因素

如果企业管理水平较高，资源充足，声誉良好，有能力对回收品进行处理，可以采用直接、闭环渠道；而如果企业管理水平较高，虽然资源充足，声誉良好，但却不愿意对回收品进行处理，则可以采用直接、开环渠道；如果企业管理水平一般，资源不足，声誉良好，愿意对回收品进行处理，可以采用间接、闭环渠道；而如果企业管理水平一般，资源充足，声誉良好，但却不愿意对回收品进行处理，则可以采用间接、开环渠道。

(4) 环境因素

国家的政治、经济、自然、地理等因素是企业不可控制的外部环境因素，它们的不同对企业逆向物流渠道的选择将产生重大影响。例如，受国家管制、法规要求必须由生产企业来做最终处理的产品，其逆向物流就只能选择直接、闭环渠道。

4. 逆向物流渠道选择的原则

(1) 经济性原则

企业逆向物流选择的经济性原则是指企业在选择逆向物流渠道时，必须符合企业追求经济效益的需要，必须将逆向物流渠道决策可能带来的经济效益同实施这一方案所需要花费的成本进行对比以作决策。

(2) 可控性原则

除了要考虑经济效益外，企业还要考虑对渠道的有效控制问题，这样可以保证企业有一套稳定的回收系统，可靠的再利用资源，有利于企业的系统管理。直接、闭环渠道是最容易控制的，但成本可能较高，而且对整个逆向物流市场来说，覆盖面可能较小。间接、开环渠道因覆盖面较大，因此较难控制。从总体来讲，企业对逆向物流渠道的控制要遵循适度的原则，要将控制的必要性和控制成本以及效益综合起来进行考虑。

(3) 适应性原则

可以说逆向物流渠道也是企业重要的资源来源，因此企业在选择逆向物流渠道时，要从长远利益出发进行全局考虑，要考虑不同地区的消费偏好、人口数量、年龄分布、生活习惯等，要考虑所使用的渠道对所辖区域的适用性，以使企业所选择渠道能够最有效地实现企业的目标。

(4) 渠道的增值性原则

渠道的增值性原则是指企业逆向物流渠道的选择应以实现回收品对企业价值最大化为重要目标。但在实际操作中，要兼顾环境保护效应。企业通过各种途径和方法，提高企业整体渠道的服务增值能力和差异化能力。通过为顾客提供有针对性的差异性的服务，提高顾客满意度和顾客忠诚度，提高企业的市场竞争力。

(5) 分工协同原则

由于企业的产品往往不止一种，它们的特点可能有所不同，有时可能完全相反，再加上该产品所面临的市场等的不同，因此选择的逆向物流渠道也可能是不同的。企业在选择逆向物流渠道时，要考虑各种渠道的相互协同性，以获得整个逆向物流系统的协同效率，提高渠道整体的回流能力，降低渠道整体的运营费用。

(6) 针对竞争原则

随着市场竞争的加剧，逆向物流成了企业增强其竞争力的有效途径之一。因此企业的逆向物流渠道也必然应该带有竞争导向。为了提高顾客忠诚度，企业必须根据竞争对手所采用的逆向物流渠道，选择既适合自己又有利于吸引顾客、提升企业社会形象的逆向物流渠道。

(7) 滚动发展原则

对于一个正处在增长期的企业来说，要其一开始就采用直接、闭环渠道，必然要投入大量的人力、物力、财力，大部分企业都难以承受。另外，在最初的阶段，也不可能有很好的回报，这很有可能影响到企业的长期发展。因此在条件允许的情况下，企业可先采用投入较小的逆向物流渠道，在条件成熟时，再采用更适合自己、投入较大的逆向物流渠道，坚持滚动向前发展的原则。

9.3　电子商务物流模式

9.3.1　电子商务物流概述

1. 电子商务物流的概念

电子商务是 20 世纪信息化、网络化的产物，它正改变着人们传统的生活方式和商务活动，成为 21 世纪经济全球化、竞争国际化的焦点。

电子商务物流实际上就是在电子商务环境下的现代物流。具体来说，是指基于电子化、网络化的信息流、商流、资金流下的物资或服务的配送活动，包括软体商品(或服务)的网络传送和实体商品(或服务)的物理传送。

2. 电子商务物流的特点

在电子商务时代，物流具有了一系列新的特点，具体体现在以下几个方面。

(1) 信息化

电子商务的时代，物流信息化是电子商务的必然要求。物流信息化表现为物流信息收集的数字化和代码化、物流信息处理的电子化和计算机化、物流信息传递的标准化和实时化、物流信息存储的数字化等。因此，条码技术、数据库技术等已经被人们公认是物流管理的重要信息技术。

(2) 自动化

自动化的基础是信息化。靠信息化实现的自动控制可以进一步节省人力和物力，如自动化立体仓库中可以实现无人化、自动化操作，从而达到提高物流作业效率，减少物流作业差错等要求。靠信息控制的物流自动化实用设备和工具非常多，如条码、语音、射频自动识别系统、自动分拣系统、自动存取系统、自动导向车、货物自动跟踪系统等。

(3) 智能化

电子商务促使物流信息化、自动化的高层次应用，使之达到智能化的水平。物流过程中大量的运筹和决策，如库存水平的确定、运输(搬运)路径的选择、自动导向式的运行轨迹和作业控制、自动分拣机的运行、物流配送中心经营管理的决策支持等问题都需要借助大量的知识才能解决。物流自动化的进一步发展要借助专家系统、机器人等相关技术。电子商务下物流的智能化已成为一个新趋势。

(4) 网络化

电子商务这种虚拟交易方式也造就了物流领域的网络化。这个网络能超越时空将有关方面综合在一起，形成一个四通八达的系统。物流领域的网络化有两层含义：一是物流配送系统通信网络化；二是组织的网络化。与现代企业的发展相适应的组织内部网也借助了电子商务网络的思路和方法。例如，一个计算机生产企业，可以在世界各地生产或采购计算机的各类零部件、元器件和芯片等，再将它们全部发往同一个物流配送基地进行组装，然后由该物流配送中心将组装成的计算机迅速发给客户，这一过程就是由高效的物流网络支持的。物流的网络化已成为现代发展趋势。

(5) 柔性化

柔性化本来是为实现“以顾客为中心”的市场观念而在生产领域提出的，即真正地能根据消费者需求变化来灵活调节生产和工艺。到20世纪90年代，弹性制造系统、计算机集成制造系统、制造资源系统以及供应链管理的概念和技术应用于生产领域，推动了物流管理的发展。在电子商务时代把市场和生产密切联系起来，必然要求物流集成化和柔性化，即必须根据用户需求组织生产，安排物流活动，建立配套的物流系统，而柔性化的物流正是适应生产、流通与消费的需求而发展起来的一种新型物流模式。物流配送中心要根据消费需求“多品种、小批量、多批次、短周期”的特色，灵活地组织和实施物流作业。

3. 发展电子商务物流的重要性

(1) 物流是生产过程的保障

在商品生产的过程中，现代化的物流活动可以降低生产成本，优化库存结构，减少资金占压和缩短生产周期，最终保障了生产的高效进行。

(2) 商流的结果由物流完成

商流活动的最终结果是将商品所有权由供方转移到需方，但是实际上在交易合同签订后，商品实体并没有立即移动，必须通过物流的过程将商品和服务真正转移到消费者手中，电子商务的交易活动才得以终结。

9.3.2 电子商务与物流的关系

电子商务作为一种新兴的商务形式，在其发展过程中还面临着许多制约，其中物流就是一个重要因素。同时，电子商务也正改变着传统的物流方式。物流与电子商务之间有着相互影响、相互制约的密切关系。

1. 物流对电子商务的影响

(1) 物流是电子商务的重要组成部分

物流活动是电子商务活动中不可或缺的部分，服务于商流，是电子商务实现“以顾客为中心”理念的根本保证。电子商务中的任何一笔交易，都包含着4种基本的“流”，即信息流、商流、资金流、物流。

信息流既包括商品信息的提供、促销行销、技术支持、售后服务等内容，又包括诸如询价单、报价单、付款通知单、转账通知单等商业贸易单证，还包括交易方的支付能力、支付信誉等。

商流是指商品在购、销之间进行交易和商品所有权转移的运动过程，具体是指商品交易的一系列活动。

资金流主要是指资金的转移过程，包括付款、转账等过程。在电子商务下，以上的3种流的处理都可以通过计算机和网络通信设备实现。

物流，作为“四流”中最为特殊的一种，是指物质实体(商品或服务)的流动过程，具体指运输、储存、配送、装卸、保管、物流信息管理等各种活动。

对于少数商品和服务来说，可以直接通过网络传输的方式进行配送，如电子出版物、CD等。而对于大多数商品和服务来说，仍要经由物理方式传输。在商流活动中虽然商品所有权在购销合同签订的那一刻起，便由供方转移到需方，但商品实体并没有因此而移动。

在传统的交易过程中，一般的商流都必须伴随相应的物流活动，即按照需方的要求将商品实体由供方以适当的方式、途径向需方转移。在电子商务下，消费者只需要通过上网点击购物就可以轻松地完成商品所有权的交割过程，即商流过程。但电子商务活动并未结束，只有商品和服务真正转移到消费者手中，商务活动才得以终结。而没有现代化的物流，再轻松的商流活动都会成为一纸空文。试想，通过电子商务，消费者网上浏览后，完成了网上购物，但所购货物却迟迟不能送到，消费者势必会放弃电子商务，选择更为安全可靠的传统购物方式。

(2) 便捷的物流是实现电子商务优势的关键

电子商务的优势之一就是能大大简化业务流程，降低企业运作成本。而电子商务下企业成本优势的建立和保持必须以可靠和高效的物流运作为保证。

电子商务在中国刚刚兴起时，有关组织进行了一次 72 小时的网上生存测验活动。测验中发现，测试者通过网络订购的产品，费尽周折填好订单后还要经历漫长的等待，其中一位测试者甚至由于 20 多个小时无法获得需要的食品而几乎晕厥，不得不提前退出。测验反映出的一个突出问题就是物流问题。测试者订购的商品迟迟无法送达，电子商务的优势丧失殆尽。

可见，在电子商务的发展中，如果没有物流网络、物流设备和物流技术的支持，电子商务将大受阻碍。电子商务如果仅仅降低企业的交易成本，而无法降低企业的物流成本，则电子商务为企业带来的效益将大打折扣。电子商务要盈利，要取得实质性突破，物流是一个很重要的牵制因素。现代化的物流是实现电子商务优势的重要保证。

2. 电子商务对物流的影响

(1) 电子商务为物流行业提供更广阔的发展空间

从电子商务模式的整个过程来看，物流是完成整个交易的必要环节，电子商务要求“物流先行”，这给物流行业提供了一个发展的契机。电子商务的蓬勃发展必将导致物流业逐渐强化。这是因为，在电子商务的环境里，消费者在网上的虚拟商店购物，并在网上支付，配送的功能就由物流公司承担。也就是说，即使实际的商店、银行没有了，但是物流公司非但不能省略，反而任务加重了。

(2) 电子商务为物流功能集成创造了有利条件

在电子商务活动中，需要的物流服务不再仅仅是传统的运输和仓储，而是要求更加完备的增值性的物流服务。

1) 增加便利性的服务功能

在电子商务环境下，可以借助计算机技术和网络平台，让消费者可以更简单、更便利地获得商品或服务。例如，在电子商务环境下，消费者可以在网上实现自动订货，在线向物流公司下单，追踪物流的全过程等，都是有效的增值性服务。

2) 加快反应速度的服务功能。快速反应不仅可以通过兴建高速公路，铁路提速，改善交通管理办法等来实现，也可以通过快速的运输调度、合理的物流网络等来实现，而这在电子商务环境下借助电子商务平台将更容易达成。

3) 降低成本的服务功能。电子商务的物流具有多品种、小批量、多批次的特点，物流规模经济效益低。因此，电子商务企业对物流企业和物流活动就有了更高的要求。物流企业能否为电子商务客户提供低成本的物流服务是在同等服务质量前提下客户选择的重要标准之一，因此，物流企业将积极寻求这种方法和措施以降低其服务质量。

4）延伸服务功能。物流企业根据客户需要，为客户提供超出常规服务范围的服务。这其中包括为按客户要求对产品进行重新包装、贴标签、打印条形码等；为客户提供冷藏、流通加工等服务；根据客户实际需要向客户提供具体的供应链解决方案；为客户提供物流咨询服务等。

(3) 电子商务促进物流技术水平的提高

所谓物流技术，是指与物流要素活动有关的、实现物流目标的所有专业技术的总称。传统的物流技术主要是指物资运输技术或者物资流通技术，即实现各种流通形态的停顿与流动功能所需要的材料、机械、设施等硬件环境和计划、运作、评价等软件技术。现代的物流技术既包括各种操作方法、管理技能等，如流通加工技术、包装技术、商品标识技术等，也包括物流规划、物流评价、物流设计等。在计算机网络技术的应用普及后，尤其是电子商务的飞速发展，物流技术中又综合了许多现代技术，如地理信息系统、全球卫星定位、电子数据交换技术等。

9.3.3 传统物流模式所面临的问题

随着社会、经济、技术的高速发展，各种基础设施的不断完善，现代科技、管理和信息技术在物流系统中的广泛应用，物流行业已成为适合市场经济发展的基础产业之一。随着社会主义市场经济体制的建立，这种模式已经发生变化，相互之间的界限开始逐渐被打破。传统物流模式不能适应现代化管理需要，存在如下问题。

1. 物流质量低、效率不高

物流质量主要由物流时间、物流费用和物流效率来衡量。中国物流业由于受多方面因素的影响，物流质量总体水平比较低。

(1) 物流时间

据调查，目前我国一般工业品从产品出厂经过装卸、储存、运输等各个环节到消费者手中的流通费用约占商品价格的50%左右。而易变质食品的流通费用有时更是高达商品销售价格的70%。据专家测算，工业生产中物流所占用时间几乎为整个生产过程的90%。

(2) 物流费用

中国仓储协会2010年3月委托某咨询机构对家电、电子、日化、食品等行业的450家大中型工业企业的调查（其中80%的企业产品行销全国或世界）显示出物流费用占产品销售费用的比例如表9-3所示。

表9-3 物流费用占产品销售费用的比例

物流费用占产品销售费用的比例	<15%	15%～30%	30%～60%	>60%
企业构成比例	51.5%	38.2%	8.8%	1.5%

中国仓储协会的另一项调查结果显示出生产企业原料供应物流费用占采购成本的平均比例为5.4%，生产企业成品销售物流费用占销售额的比例为7.74%，商业企业物流费用占

销售额比例为 19.6%。具体数据如表 9-4 所示。

表 9-4　企业物流费用占用比例

费用支出比例	生产企业原料供应物流费用占采购成本比例	生产企业产品销售物流费用占销售额的比例	商业企业物流费用占销售额的比例
＜5%	60.3%	72.2%	58.3%
5%～10%	25.4%	18.1%	25.0%
10%～15%	11.1%	8.3%	8.5%
＞20%	3.2%	1.4%	8.2%
总计	100%	100%	100%

(3) 物流效率

从总体上分析计算物流效率是一个十分困难的问题。社会经济活动中的物流过程非常复杂，由于物流活动存在不同内容和形式，必须采用不同的方法去分析物流效率。可以用物流相关行业的成本费用总和与 GDP 的比值来评价物流总体效率。

在我国，根据 2010 年全国第三产业普查资料显示，把交通运输、仓储、代理和批发等行业的成本费用之和与 2011 年国民生产总值进行比较，大约占 15.47%。如果考虑其他相关流通环节的费用和流通过程中的物流损失，全社会物流费用支出约占当年国民生产总值的 20%以上。

物流效率低下也可以从中国仓储协会的一项对汽车空驶率调查的数据中看出，如表 9-5 所示。

表 9-5　空驶率在不同行业所占的比例

空驶率	生产企业	商业企业	物流企业
＜30%	34.2%	14.3%	31.0%
30%～50%	57.9%	78.6%	51.8%
＞50%	7.9%	7.1%	17.2%
平均空驶率	34.7%	38.5%	39.8%

从表中可以看出，生产企业累计平均空驶率为 34.7%，商业企业为 38.5%，物流企业为 39.8%。整体来看，我国汽车空驶率为 37%左右，空驶现象严重。物流企业的汽车资源严重闲置，一方面说明目前货源不足，货运汽车相对过剩；另一方面说明储运及物流企业汽车运输经营水平较低，导致物流效率低下。

2. 物流业的发展与其他产业不协调

物流业的发展与其他产业，特别是第二产业仍不协调，按照社会化大生产分工协作规律要求的物流社会化服务体系亟待加强。主要表现在以下几个方面。

(1) 基础设施能力不足

交通运输能力仍不能满足运输需求，主要运输通道供需矛盾依然突出。仓储设施落后，大量的仓库是 20 世纪五六十年代的老旧建筑。中国仓储协会的调查显示出在拥有库房和搬运设施的物流企业中，普通平房库、简易仓库和普通楼房库为主要库种，比例为 68%。而且库房的老化程度高达17%。仓库的数量不足比例为31%,仓库技术装置落后的程度高达22%。

(2) 技术装备落后

现代化的集装箱、散装运输发展不快;高效专用运输车辆少;汽车以中型汽油车为主,能耗大、效率低;装卸搬运的机械化水平低。通过中国仓储协会的调查,运输设施不能满足作业需求的原因中,数量不足的占27%,设施接近使用寿命的占18%,技术装置落后的占6%,不符合客户特定需求的占27%。

(3) 管理分散,社会化服务水平低

条块分割的物流管理和流通体制制约着物流业的发展。现代物流的专业化分工特点虽然日益明显,但是物流的组织和管理也出现了综合性发展的趋势。各种物流方式和物流载体之间的联系越来越紧密。但是,我国目前的物流行政管理仍沿袭着计划经济时期的体制。

由于条块分割、部门分割,缺乏统一规划、重复建设加剧,加上市场发育滞后,全国物流企业一般都处于小、多、散、弱的状况,难以形成有效的社会服务网络。

(4) 物流行业人才缺乏

物流人才和信息化是实现物流现代化的根本条件。现代物流业是与信息技术的发展和现代物流技术的创新相伴而行的。传统上对物资管理和流通的理解和操作已跟不上现代物流发展的步伐和管理的要求。我国物流产业的发展急需物流管理和经营的专门人才,而这方面的人才是最缺乏的,这是制约物流产业发展的最大因素。对这类人才的培养固然应从大学基础教育入手,但更应在物流实践中培养。

3. 物流领域管理相对滞后

目前我国大多数物流企业是在传统体制下的物资流通企业的基础上发展起来的,其业务多数仍是代理仓储、库存管理、搬运和运输,很少有物流企业能够提供综合性的物流服务,第三方物流服务的功能尚不能很好的发挥。从国外发达国家来看,第三方物流企业的功能是设计、执行以及管理客户供应链中的物流需要,其特点是依据信息和专业物流知识,以最低的成本提供客户需要的物流管理和服务。从我国目前的物流企业看,无论是物流服务的硬件还是软件,与提供高效率、低成本的第三方物流服务的要求还有较大的差距,信息的收集、加工、处理、运用能力、物流业的专门知识,物流的统筹策划、精细化组织和管理等能力都显不足。

4. 缺乏对物流系统发展的统一规划

我国过去主要以铁路运输为主,汽车运输主要是区域内的短途运输。近年来,汽车在全国范围内长途运输方面所占的比例越来越大,而支撑汽车运输发展的关键措施是解决回空货源问题,由于地区利益方面的原因,这个问题解决起来有很多困难,直接影响到全国范围内网络化运输的发展。

我国的物流行业一直由多个交通部门与多个流通主管部门分别管理,许多政策缺乏统一与衔接。城市建设没有考虑物流规划。

9.3.4 建立电子商务物流模式

1. 电子商务中物流体系的建立模式

电子商务的具体实施有多种模式可供选择。由于从事的专业不同,互联网服务提供商

(ISP,Internet Service Provider)、互联网内容提供商(ICP,Internet Content Provider)及其他信息服务提供商更多地是从如何建立电子商务信息服务网络,如何提供更多的信息内容,如何保证网络的安全性,如何方便客户端口接入,如何提高信息传输速度等方面考虑问题。至于电子商务在线服务背后的物流体系的建立问题则因为涉及另一个完全不同的领域,信息产业界对此疑问较多。

实际上,在商流、信息流、资金流都可以在网上进行的情况下,我国的电子商务物流体系可以有以下几种组建模式。

(1) 电子商务与普通商务活动共用一套物流系统

对于已经开展普通商务的公司,可以建立基于互联网的电子商务销售系统,同时可以利用原有的物流资源,承担电子商务的物流业务。拥有完善流通渠道包括物流渠道的制造商或经销商开展电子商务业务,比 ISP、ICP 或互联网网站经营者为从事电子商务而建立销售渠道和物流系统更加方便。

(2) ISP、ICP 自己建立物流系统或利用社会化的物流、配送服务

自从中美达成就中国加入世界贸易组织的双边贸易协定以来,中美两国都有许多 ISP、ICP 想进入中国电子商务市场从事具体的电子商务销售活动。国内一些企业与国外的信息企业合资组建电子商务公司时解决物流和配送系统问题的办法主要有以下两种。

1) 自己组建物流公司。因为国内的物流公司大多是由传统的储运公司转变而来,还不能真正满足电子商务的物流需求。因此,国外企业借助于他们在国外开展电子商务的先进经验,在中国也开展物流业务。对于国内的企业来说,如果采取这种方式投资应十分慎重,因为电子商务的信息业务与物流业务是截然不同的两种业务,企业必须对跨行业经营产生的风险进行严格的评估,新组建的物流公司必须按照物流的要求运作才有可能成功。

2) 外包给专业物流公司。将物流外包给第三方物流公司是跨国公司管理物流的通行做法。按照供应链的理论,将不是自己核心业务的业务外包给从事该业务的专业公司去做,这样从原材料供应到生产,再到产品的销售等各个环节的各种职能,都是由在某一领域具有专长或核心竞争力的专业公司互相协调和配合来完成,这样所形成的供应链具有最大的竞争力。

(3) 第三方物流企业建立电子商务系统

区域性或全球性的第三方物流企业具有物流网络上的优势,正如上面讨论的问题一样,它们大到一定规模后,也想将其业务沿着主营业务向供应链的上游或下游延伸,向上延伸到制造业,向下延伸到销售业。例如,1999 年世界最大的快递公司美国联邦快递公司(FedEx)决定与一家专门提供 B2B 和 B2C 解决方案的 Intersh 通信公司合作开展电子商务业务,利用现有的物流和信息网络资源,使两个领域的业务经营都做到专业化,实现公司资源的最大利用。

2. 商务中物流服务内容设计

电子商务与非电子商务就实现商品销售的本质来讲并无区别,物流是实现销售过程的最终环节,因此电子商务中的物流服务内容设计要考虑如下内容。

(1) 运输功能。无论是由网站经营者还是由第三方提供物流服务,都必须将消费者的订货送到消费者指定的地点。ISP、ICP 可以简单地购买或租用车辆送货,但这样做物流成本肯定很高,比较理想的方案是将物流业务外包给第三方物流经营者。

(2) 储存功能。电子商务既需要建立互联网网站,同时又需要具备物流中心,而物流中

心的主要设施之一就是仓库及附属设备。需要注意的是,电子商务服务提供商的目的不是要在物流中心的仓库中储存商品,而是要通过仓储保证市场分销活动的开展,同时尽可能降低库存占压的资金,减少储存成本,如果一个物流系统设计和运作良好,能够使仓库成为系统多余的东西,那肯定会大受欢迎,而且对各方都有好处。

(3) 装卸搬运功能。这是为了加快商品的流通速度必须具备的功能,无论是传统的商务活动还是电子商务活动,都必须具备一定的装卸搬运能力。第三方物流服务提供商应该提供更加专业化的装载、卸载、提升、运送、码垛等装卸搬运机械,以提高装卸搬运作业效率,降低订货周期,减少作业对商品造成的破损。

(4) 包装功能。物流包装作业的目的不是要改变商品的销售包装,而在于通过对销售包装进行组合、拼配、加固,形成适于物流和配送的组合包装单元。

(5) 流通加工功能。主要目的是方便生产或销售,专业化的物流中心常常与固定的制造商或分销商进行长期合作,为制造商或分销商完成一定的加工作业,如贴标签、制作并粘贴条形码等。

(6) 物流信息处理功能。由于现代物流系统的运作已经离不开计算机,因此将各个物流环节的各种物流作业的信息进行实时采集、分析、传递,并向货主提供各种作业明细信息及咨询信息,都是相当重要的。

以上是电子商务的物流应该具备的功能。需要决策的方案是,究竟是由自己(ISP 或 ICP)投资建立一套物流系统;还是租用别人的设施、设备并聘用专业人员来建立一套系统;或者干脆将自己的物流业务完全外包给第三方物流经营者,与之建立供应链关系。这不能一概而论,关键是看企业自身的情况,只要是有利于发挥专业化经营、提高效率和效益的方案就是好方案。

9.3.5 电子商务物流系统

1. 电子商务物流系统的概念

电子商务物流系统是指在实现电子商务特定过程的时间和空间范围内,由所需位移的商品或物资、包装设备、装卸搬运机械、运输工具、仓储设施、人员和通信联系设施等若干相互制约的动态要素所构成的具有特定功能的有机整体。电子商务物流系统的目的是实现电子商务过程中商品或物资的空间效益和时间效益,在保证商品满足供给需求的前提下,实现各种物流环节的合理衔接,并取得最佳经济效益。电子商务物流系统既是电子商务系统中的一个子系统或组成部分,又是社会经济大系统的一个子系统。

2. 电子商务物流系统功能

电子商务物流系统与一般系统一样,具有输入、转换和输出 3 大功能。通过输入和输出使物流系统与电子商务系统及社会环境进行交换,并相互制约、相互依存。输入功能包括人、财、物和信息录入等,其中,订单和货物信息跟踪功能较为重要;输出功能包括效益、服务、环境的影响及信息等;而实现输入到输出转换的则是电子商务物流的各项管理活动、技术措施、设备设施和信息处理等,其中,物流运输工具的合理调配以及敏捷的快递服务尤为重要。

结合电子商务自身特点及行业发展趋势,电子商务下的物流系统是信息化、现代化、社会化和多层次的物流系统。该系统主要是指针对电子商务企业的需要，采用网络化的计算机技术和现代化的硬件设备、软件系统及先进的管理手段，严格地、守信用地进行一系列分类、整理、配货等理货工作，定时、定点、定量地交给各类用户，满足其对商品的需求。它与传统的物流系统并无本质的区别，不同之处就在于电子商务物流系统突出强调一系列电子化、机械化、自动化工具的应用，以及准确及时的物流信息对物流过程的监督，它更加强调物流的速度、物流系统信息的通畅和整个物流系统的合理化。图 9-2 所示的是一个简单的电子商务物流系统，其中大方框中的内容即为电子商务物流系统的主要结构模块。

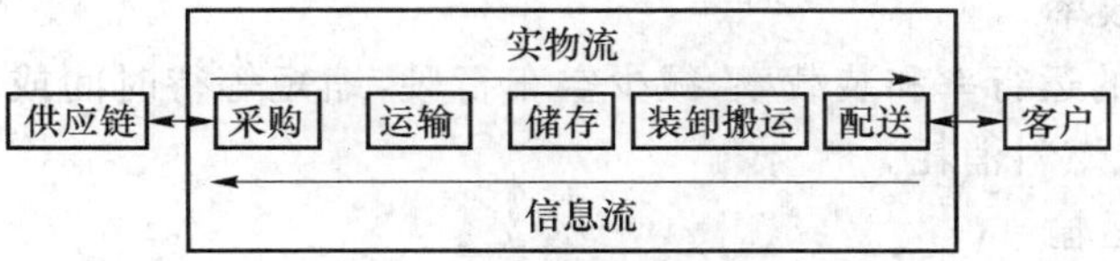

图 9-2　电子商务物流系统示意图

9.3.6　电子商务物流系统合理化

对电子商务企业来说，要实现物流系统的合理化，必须注意以下几个方面。

1. 仓储合理化

电子商务企业的流动资金大部分是被库存商品所占用，降低库存可以减少占用的流动资金，加快资金周转速度。但是，库存降低是有约束条件的，它要以满足客户需求为前提。实现仓储合理化要考虑以下几方面的内容。

(1) 实行 ABC 管理。一般来说，企业的库存物资种类繁多。每个品种的价格不同，且库存数量也不等。有的物资的品种不多但价值很大，而有的物资恰恰相反，所以，均给予相同程度的重视和管理是不切实际的。为了使有限的时间、资金、人力、物力等企业资源能得到更有效的利用，应将管理的重点放在重要的库存物资上，对库存物资进行分类管理和控制。ABC 分类管理方法就是把企业的物资按其金额大小分为 A、B、C 3 类，然后根据其重要程度分别进行管理和控制。

(2) 应用预测技术。销售额的估计和出货量的估计需要正确的预测，这是库存管理的关键。由于库存量和缺货率是相互制约的因素，所以要在预测的基础上，制定正确的库存方针，使库存量和缺货率协调，取得最好的效果。

(3) 科学的库存管理控制。库存管理控制是指使用相关方法、手段、技术、管理及操作方法进行库存控制，通过建立完善的管理机制，严格控制物资的选择、规划、订货、进货、入库、储存直至最后出库。这些过程的作用结果是最终实现了人们在满足销售情况下合理控制库存的目的。库存控制应综合考虑各种因素，满足以下 3 方面要求：一是降低采购费和购入价格等综合成本；二是减少流动资金，降低盘点资产；三是提高服务水平，建立完善的反馈机制，防止缺货。

2. 运输合理化

对于电子商务企业来说，运输是其物流系统的重要组成部分，这是由电子商务自身跨区域的特点所决定的。因此，电子商务企业的运输合理化具有重要的意义，合理化的途径主要有以下几个方面。

(1) 运输网络的合理配置

应该区别储存型仓库和流通型仓库，合理配置配送中心，中心的设置应该有利于货物直送比率的提高。

(2) 选择最佳的运输方式

首先要决定使用哪一种运输方式，即水运、铁路、汽车或航空。如果使用汽车，还需要考虑车型，以及使用自有车辆还是委托运输公司。

(3) 提高运送效率

努力提高车辆的运行率和装载率，减少空车行驶，缩短等待时间或者装载时间，提高有效的工作时间，降低燃料消耗。

(4) 推进共同运输

提倡部门、集团、行业间的合作及批发、零售、配送中心之间的配合，提高运输工作的效率，降低运输成本。

当然，运输的合理化还必须考虑包装、装卸等有关环节的配合及其制约机制，必须依赖有效的信息系统，才能实现其改善的目标。

3. 配送合理化

对于电子商务物流系统来说，配送是物流系统中的重要环节之一。国内外推行配送合理化，有一些可供借鉴的办法。

(1) 推行具有一定综合程度的专业化配送

通过采用专业设备、设施及操作程序，取得较好的配送效果并降低配送过分综合化的复杂程度及难度，从而追求配送合理化。

(2) 推行共同配送

通过共同配送，可以以最近的路程、最低的配送成本完成配送，从而追求合理化。

(3) 推行准时配送系统

准时配送是配送合理化的重要内容。做到了配送准时，用户才有资源把握，可以放心地实施低库存或零库存，可以有效地安排接货的人力和物力，以追求最高效率的工作。另外，保证供应能力也取决于准时供应。

(4) 推行即时配送

即时配送可以体现电子商务企业的竞争优势。即时配送是电子商务企业快速反应能力的具体化，是物流系统能力的体现。即时配送成本较高，但它是整个配送合理化的重要环节。此外，在 B2B 业务中，即时配送也是用户实现零库存的重要手段。

4. 物流成本合理化

物流成本合理化管理主要包括以下内容。

(1) 通过对商品流通的全过程实现供应链管理，提高顾客的物流服务来削减成本。降低物流成本不仅是物流部门或生产部门所关心的，同时也是销售部门和采购部门的责任，应该将降低物流成本的目标贯彻到企业所有部门当中，以提高顾客的物流服务达到降低物流成本的目标。

(2) 通过效率化的配送来降低物流成本。利用现代化技术，提高系统响应能力，实行准时制配送来降低物流成本。

(3) 利用物流外包降低企业物流成本，降低投资成本。企业把物流外包给专业化的第三方物流公司，可以缩短商品在途时间，减少商品周转过程的费用和损失。

(4) 借助现代化的信息管理系统控制和降低物流成本。企业采用信息系统一方面可使各种物流作业或业务处理能准确、迅速地进行；另一方面，通过信息系统的数据汇总，进行预测分析，可控制物流成本发生的可能性。

(5) 建立健全物流信息系统

为了有效地对物流系统进行管理和控制，必须建立完善的信息系统，信息系统的水平是物流现代化的标志。电子商务时代最大的特征就是以信息为主，所以，物流信息系统建设要求有更高的起点。电子商务物流信息系统建设一般要包括以下几方面内容。

1) 企业信息系统。通常分为一般的高效处理日常业务的经营管理信息系统和有效地利用情报，使自己在市场竞争汇总谋求优势的战略信息系统。这两个系统相互关联，战略信息系统所需的资料很多是在日常的业务处理中得到的。

2) 经营信息系统。计算机与通信技术迅速结合，发展成为支持整个物流活动即支持从订货、库存、发货到配送等实际事务和作业的信息系统，实现了支持整个生产和销售的信息化。

由电子商务物流作业系统和电子商务物流信息情报系统构成的电子商务信息系统应同时运行，只有这两个系统很好地结合成一个总体系统，才能实现一个真正的电子商务物流系统。要建立电子商务企业内部的销售、物流信息、生产、供应等综合信息系统，将电子商务物流信息情报系统编组进入社会情报系统，才能建立科学的物流信息网络系统。需要强调的是，物流系统的合理化追求的并不只是各个单一环节的合理化，而是应从整体效益出发，力求在确保实现整体目标的前提下，对各个物流环节进行优化。

9.4 供应链管理模式

9.4.1 供应链物流概述

1. 供应链物流含义

供应链物流(Supply Chain Logistics)是为了顺利实现与经济活动有关的物流，协调运作生产、供应活动、销售活动和物流活动，进行综合性管理的战略机能。供应链物流是以物流活动为核心，协调供应领域的生产和进货计划、销售领域的客户服务和订货处理业务，以及财务领域的库存控制等活动形成的网链。

2. 供应链物流的模式

根据协调运作生产、供应活动、销售活动和物流活动的机能的差异性，可以把生产企业供应链物流归纳成 3 类模式：批量物流、订单物流和准时物流。

(1) 批量物流

批量物流的协调基础是客户需求的预测，生产企业的一切经济活动都是基于对客户需求预测而产生的。在预测前提下，生产企业的经济活动都是批量运营的，批量采购、批量生产和批量销售，这也必然伴随着批量物流。

（2）订单物流

订单物流的协调基础是客户的订单，生产企业的经济活动是基于客户订单而产生的。订单物流主要表现为两种模式，一是以最终消费者的订单为前提的最终消费者的订单驱动模式，如戴尔模式；二是以渠道顾客的订单为前提的渠道顾客订单驱动模式。

（3）准时物流

准时物流是订单物流的一种特殊形式，是建立在准时制管理理念基础上的现代物流方式。准时物流能够达到在精确测定生产线各工艺环节效率的前提下，按订单准确的计划，消除一切无效作业与浪费，如基于均衡生产和看板管理的丰田模式。

3. 供应链物流的竞争优势

供应链有两种类型的竞争优势：一是反应优势，二是成本优势。影响供应链反应能力和盈利能力的因素包括库存、运输、设施和信息。

供应链的反应能力主要体现在对以下几个指标的反应能力：大幅度变动的需求量，满足较短供货期的需求，提供多品种的产品，生产具有高度创新性的产品，满足特别高的服务水平要求，提高竞争能力，降低成本。

4. 供应链物流模式的匹配

不同生产企业的供应链模式具有不同的竞争优势特征。而每一种模式的成功，都是跟企业和产品的特征相匹配，以充分发挥企业供应链优势。

批量物流应该发挥其批量成本和投资成本低，供货需求反应能力强的优势；避免需求变化反应能力弱，过剩成本高的劣势。所以批量物流对受市场需求波动小，预测正确度高，市场需求量大，顾客希望能够即刻获得的产品比较合适。生产企业为了提高预测的准确性，可以同零售商合作，从零售商那里获得最终消费者的需求信息，而不是以直接渠道客户的需求信息作为预测的依据。

5. 供应链物流能力

供应链物流的能力由物流要素能力以及物流运作能力构成。供应链物流能力是物流主体以顾客价值最大化和物流成本最小化为目的，围绕核心企业，从采购原材料到制成中间产品以及最终产品，最后由销售网络把产品送到用户手中这一供应链物流活动中顺利完成相应物流服务的能力。

9.4.2 供应链物流管理

1. 供应链物流管理的概念

供应链物流的管理是指以供应链核心产品或者核心业务为中心的物流管理体系。供应链物流管理的方法主要有联合库存管理、供应商掌握库存（VMI）、供应链运输管理、连续补充货物（CRP，Capacity Requirement Planning）、分销需求计划（DRP，Distribution Requirement Planning）、准时化技术（JIT）、快速响应系统（QR，Quick Response）、有效率的客户响应系统（ECR，Efficient Consumer Response）。

2. 供应链物流管理的原理

供应链物流管理的原理就是要结合供应链的特点，综合采用各种物流手段，实现物资实体的有效移动，既保障供应链正常运行所需的物资需要，又保障整个供应链的总物流费用最低、整体效益最高。

3. 供应链物流管理的特点

供应链物流管理区别于一般物流管理，其主要特点如下。

(1) 供应链大系统物流。供应链这个大系统包括企业之间的物流，但是也可能要包括企业内部的物流，直接和企业生产系统相联系。

(2) 供应链物流是以核心企业为核心。供应链物流是要站在核心企业的立场上、以为核心企业服务的观点来统一组织整个供应链的物流活动，要更紧密地配合核心企业运作，满足核心企业的需要。

(3) 供应链物流管理应当在更广泛的范围内进行资源配置，包括充分利用供应链各个企业的各种资源，这样可以实现供应链物流更加优化。

(4) 企业间关系，供应链的企业之间区别于一般企业的特点，就是供应链企业之间是一种相互信任、相互支持、共享利益、共担风险的紧密伙伴关系。

(5) 信息共享，供应链本身具有信息共享的特点，供应链企业之间通常都建立起计算机信息网络，相互之间进行信息传输，实现销售信息、库存信息等的共享，以达到减少整个供应链库存，最大限度地提高供应链管理的运作效率的作用。

9.4.3 供应链物流管理的方法

1. 联合库存管理

供应链物流管理(JMI，Jointly Managed Inventory)一个最重要的方面，就是联合库存管理。所谓联合库存管理，就是建立起整个供应链以核心企业为核心的库存系统。具体来说，一是要建立起一个合理分布的库存点体系，二是要建立起一个联合库存控制系统。

这里强调以核心企业为核心，是因为在供应链中很容易形成多中心。如果搞多中心，必然分散精力，分散资源，还可能互相干扰，影响供应链的正常有效运行。所以一个供应链系统必须只有一个中心，所有其他的企业都必须服从这个中心，自觉地为这个中心服务。

2. 供应商掌握库存

供应商掌握库存(VMI，Vendor Managed Inventory)，是供应链管理理论出现以后提出来的一种新的库存管理方式。它是供应商掌握核心企业库存的一种库存管理模式，是对传统的由核心企业自己从供应商购进物资、自己管理、自己消耗、自负盈亏的模式的一种革命性变动。

3. 供应链运输管理

除库存管理之外，供应链物流管理的另一个重要方面就是运输管理。运输管理的任务重点一是设计规划运输任务，二是找合适的运输承包商，三是运输组织和控制。

4. 连续补充货物

连续补充货物(CRP，Continuous Replenishment Process)，就是供应点连续地多频次小批量地向需求点补充货物。它基本上是与生产节拍相适应的运输蓝图模式。主要包括配送和准时化供货方式。配送供货一般用汽车将供应商下了线的产品按核心企业所需要的批量(日需要量、或者半天需要量)进行频次批量送货(一天一次、二次)。准时化供货，一般用汽车、叉车或传输线进行更短距离、更高频次的小批量多频次供货(按生产线的节拍，一个小时一次、二次)或者用传输线进行连续同步供应。

5. 分销需求计划

DRP是分销需求计划(Distribution Requirement Planning)的简称,它是MRP原理和技术在流通领域中的应用。该技术主要解决分销物资的供应和调度问题。基本目标是合理进行分销物资和资源配置,以达到既有效地满足市场需要又使得配置费用最省的目的。

6. 准时化技术

准时化技术(JIT,Just in Time),包括准时化生产、准时化运输、准时化采购、准时化供货等一整套JIT技术。这些在供应链中基本上可以全部用上。它们的原理都是4个"合适(Right)":在合适的时间、将合适的货物、按合适的数量、送到合适的地点。它们的管理控制系统一般采用看板系统。基本模式都是多频次小批量连续送货。

7. 快速、有效的响应系统

快速响应系统(QR,Quick Response)是20世纪80年代,由于美国纺织品行业出现的危机,由美国塞尔蒙(Kurt Salmon)公司提出并流行开来的一种供应链管理系统,主要的思想就是依靠供应链系统、而不是只依靠企业自身来提高市场响应速度和效率。一个有效率的供应链系统通过加强企业间沟通和信息共享,供应商掌握库存,连续补充货物等多种手段进行运作能够达到更高效率;能够以更高速度灵敏地响应市场需求的变动。

8. 协同式供应链库存管理

协同式供应链库存管理(CPFR,Collaborative Planning Forecasting and Replenishment)合作、计划、预测与补货模型是近年来供应链研究与实践的热点。它的形成始于沃尔玛所推动的连续补货系统(CFAR,Collaborative Forecast and Replenishment),CFAR是通过零售企业与生产企业的合作,共同作出商品预测,并在此基础上实行连续补货的系统。后来在沃尔玛的不断推动之下,基于信息共享的CFAR系统又向CPFR系统发展。

9.4.4 零售业供应链物流管理的策略

1. 零售业供应链物流管理的特征

(1) 建立在战略高度上的彼此合作。这是供应链战略管理的重点。供应链管理的关键就在于供应链各结点企业之间的联结和合作,以及相互之间在设计、生产、竞争策略等方面良好的协调。对零售业而言,就是要通过信息交易平台,把"以产品为核心"转向"以集成和合作为核心",实现供应链网络各节点的共赢。

(2) 基于交易成本最低的分工。买方市场的形成,加上科技的进步,网络技术的发展,零售企业凭借自己在市场上的特殊地位,依靠连锁经营的运作模式,逐渐成为了供应链的核心。各结点企业必须保证交易成本低、产品传送快,且网链上的企业都有被其他企业认可的核心技术,通过协作分工,能最大限度地降低因信息不对称所造成的交易成本,提高整条供应链的竞争力。

(3) 具有彼此信息共享的交易平台。建立共享信息平台,零售商把销售信息和库存信息与上游企业共享,使他们能够实时地把握产品的销售情况,最大限度地使生产与市场保持同步,提高整个供应链的反应速度,最终满足消费者期望。

(4) 满足顾客期望为核心。当整条供应链上所有与作业有关的活动都致力于满足顾客期望时，才能使企业获得最大的成功。

2. 零售业的供应链物流管理存在的问题

(1) 供应链管理观念落后

有关调查显示，在我国家电零售企业中，有半数以上的企业将采购获取和销售支持等物流作业(如产品的采购、仓储、运输和销售等)理解为供应链管理，这只是狭义上的、不是统一协调整个企业的货物流、信息流和资金流的供应链管理。

(2) 与供应商的合作欠缺战略高度

大部分企业对供货商的供货准时情况反映良好，近一半的零售企业与供应商的合作时间基本稳定。供应链结构趋于稳定，但是零售商和供应商之间尚未建立合作的战略伙伴关系，甚至双方处于利益对立状态。零售企业在零售市场竞争日益激烈、销售毛利率趋于下降的情况下，不断地向供应商进行压价，把供应商的让利作为公司利润来源之一。供应商则隐瞒自身的真实成本，以各种理由和手段变相提价，作为对零售商的反击。双方在价格上进行博弈，把渠道伙伴作为产生利润的来源，导致双方无法建立互相信赖的协作关系。

(3) 第三方物流失宠、物流系统重置、效率低下。许多生产企业和零售企业，为了外部联系不陷入被动，都尽量完善自己的物流系统，自备运输工具与仓库，第三方物流缺失宠爱，导致物流系统重置或利用率不甚理想，产品缺货现象频繁。调查发现，产品出现缺货的主要原因并非生产企业自身生产能力问题，而是由于供应链上各结点企业的信息不畅造成。而且，有时甚至出现生产结点产品库存积压，而链条末端的顾客却从零售商那里找不到货物的情况。

(4) EDI 支撑技术及应用不足

许多零售企业建有企业内部局域网，但没能实现真正意义的 EDI。只有不到一半的企业在网上公布商品信息，17.9%的零售企业提供网上购物方式。多数企业仅限于用电子邮件的形式传送业务相关信息。也有零售企业在零售终端对全部商品都采用条码标志，但在储运和货运单元条码技术几乎闲置，依然实行人工点货，极大地降低了仓库管理的效率，增加了出现差错的概率。

3. 零售业加强供应链管理的对策

(1) 更新观念

观念转变是整个供应链建设中最基础也是最重要的一环。传统的管理模式和供应链管理模式有着根本的差别，前者强调劳动分工与专业化；后者则重视系统的集成，不仅关注内部的资源，而且关注企业外部资源，突出一体化的整合思想。企业也可以通过聘请专业的管理咨询公司，借助于他们的丰富经验和专业知识技能，完成供应链系统设计。

(2) 与供应商建立战略联盟

传统的观点认为供应链渠道成员之间是一种此消彼长的零和博弈，每一方都想尽量从其他方身上多拿些好处，以提高自己的经济效益，从而导致价格不稳定、彼此信息封闭、设施重复浪费，损害了双方共同利益。零售企业不应该把渠道伙伴作为竞争对象，而应该借助于自身“最接近终端消费”的优势在供应链中占据主导地位，选择合适的供应商伙伴，建立利益共享的战略联盟，使得交易各方通过相互协调合作，实现以低成本向消费者提供更高价值服务的目标，在此基础上实现双方的利益最大化。

(3) 科学重组业务流程。供应链管理要求各企业在组织结构上进行创新，消除各部门、各职能以及各企业之间的隔阂，进行跨部门、跨职能、跨企业的管理及协调，即进行业务流程重组。这种重组包括3个方面。

1）企业部门内部的BPR。企业手工业务处理流程中，存在很多重复或无效的业务处理环节，如一些非创造性的统计、汇总、填表等工作，计算机完全可以取代这些业务而将中间层取消，使每项职能从头到尾只有一个职能管理机构，做到机构不重叠，业务不重复。

2）部门之间的BPR。企业应该根据供应链中的角色重新设计和构造企业的业务流程，对原来的垂直型组织结构进行改变，建立扁平化的管理组织。目前比较盛行的方法是按照商品品类来设计部门，从而有利于零售企业对单品实行全面控制，使得商品经营和管理活动更具有针对性和灵活性。

3）企业与企业之间的BPR。供应链上各企业之间的信息交流大大增加，要求企业之间必须保持业务过程的一致性，这就要求企业与企业之间进行BPR，以实现对整个供应链的有效管理。

（4）优化物流配送系统，加强库存管理实现有效的商品配送。在特定的服务水平要求下降低库存成本是每个零售企业都必须考虑的重要问题。具体对策如下。

1）建立“配送中心”式的中央管理运送模式。配送中心是零售业统购分销这一竞争优势实现的中心环节。配送中心的根本作用在于实现理想的经济效益。从布局、规模、功能、时机、批量等进行全盘考虑，实现高效、经济的集中物流配送。而集中库存与分散库存相比，可以通过减少安全库存以及联合调剂来降低库存水平，减少缺货情况，对于大型的连锁集团而言优势极为明显。

2）供应商管理库存。供应商管理库存实际上就是零售商的补货系统由供应商执行，零售商商品数据的任何变化随时传递给供应商，供应商根据这些数据决定未来的货物需求数量并向零售商补货。这样可以降低补货成本，提高供货速度和准确性，降低库存水平，提高产品的可获得性，从而为客户提供最佳的服务。

3）最大限度利用第三方物流。零售企业也可以将库存外包给专业的第三方物流公司，从而将精力主要集中在核心业务，而不必建造新的仓储设施或者由于库存过高而花费过多资金，降低企业运营成本。

（5）科学建立、利用信息平台，实现信息化管理。信息共享是实现供应链管理的基础，因此，有效的供应链管理离不开信息技术的可靠支持。零售企业与供应商要共享需求信息、存货状况、生产能力计划、生产进度、促销计划、需求预测和装运进度等信息并且在各企业间实现信息的快速传递。生产商可以实现“即时生产”，完全根据市场需求来准确地安排生产，零售企业则可以在最短的时间内得到市场所需的商品。

（6）多渠道、宽范围、深层次开展电子商务。电子商务内容包含两个方面，一是电子方式，二是商贸活动。电子商务指的是利用简单、快捷、低成本的电子通信方式，买卖双方不谋面地进行各种商贸活动。电子商务可以通过多种电子通信方式来完成。网上银行、在线电子支付等条件和数据加密、电子签名等技术在电子商务中发挥着重要的作用。

本章小结

本章介绍了精益物流系统模式，逆向物流系统模式，电子商务物流和供应链物流模式；

介绍了精益物流系统的基本框架与工程实施，以及我国发展精益物流的实施步骤。让学习者更加深入地了解精益思想在物流系统中的应用，从而使物流系统在业务流程上、组织结构上、成本控制上更加精益并满足用户需求。本章还介绍了供应链物流的模式特点和供应链物流的管理策略，深入分析了生产企业在供应链物流中所表现的典型模式，通过对比分析确立了不同供应链物流模式的适用范围，为供应链物流的有效管理方法的实施提供了保障。

现代供应链物流系统的探索性应用与成功的模式实施，为全球经济市场在信息化、网络化、精益化、客户化以及可持续发展等方面提供了可靠的保证。

思考与练习

1. 判断题

(1) 建立起整个供应链以核心企业为核心的库存系统。　(　)

(2) 中国企业发展精益物流，应分为两步实施，第一步为企业系统的精益化，第二步提供精益物流服务。　(　)

(3) 从供应链物流管理(SCLM)中信息交互的实现情况来看，信息交互的实现模式不外乎 4 种：点对线信息交互、文件级间接信息交互、公共数据库级信息交互、综合信息交互。　(　)

(4) 电子商务时代，物流的网络化是电子商务的必然要求。　(　)

(5) 每一家企业都应关注逆向物流的实施。　(　)

2. 选择题

(1) 以下不属于精益思想原则的是(　　)。

A) 精确地确定特定产品的价值　B) 使价值不间断地流动

C) 永远追求尽善尽美　D) 逐步完善

(2) 不属于精益物流设计原则的是(　　)。

A) 满足顾客需求原则　B) 减少浪费原则

C) 逐渐完善原则　D) 局部优化原则

(3) (　　)是精益物流系统框架的中心。

A) 快速　B) 降低成本　C) 以客户需求为中心　D) 系统集成

(4) 以下哪一个不属于决定精益物流工程有效实施的关键(　　)。

A) 分析和确定用户的需求　B) 分析和确定精益物流对象

C) 精益物流系统目标的确定　D) 建立物流管理组织

(5) 以下哪一个不属于逆向物流业务活动(　　)。

A) 产品回收　B) 检验　C) 生产　D) 再加工

3. 简答

(1) 什么是精益物流、供应链物流？

(2) 什么是回收物流、逆向物流渠道？

(3) 逆向物流的物资处理方法有哪几种？

(4) 逆向物流管理的意义是什么？

(5) 如何实现电子商务物流系统的合理化？

4. 论述题

(1) 简述精益物流产生背景、目标和基本原则。

(2) 试描述电子商务物流系统的主要结构模型。

(3) 简述现代供应链物流管理的方法。

5. 案例分析

成都市再生资源市场废旧物流分析

人类社会发展至今,经济高度发达,特别是经济全球化的趋势使经济发展与资源短缺和生态环境恶化的矛盾越来越突出。伴随着资源的大量开发利用和工业废弃物的增多,生活废旧品的数量已经达到令人触目惊心的地步。

据统计,仅我国垃圾累计堆放量就已达60多亿吨,占用土地5亿平方米。另外,我国再生资源回收利用的发展也十分滞后。据有关单位调查,我国可回收利用而没有利用的再生资源价值300多亿元,每年有500万吨废钢铁、20多万吨废有色金属、1 400万吨废纸及大量的废塑料、废玻璃、废电池没有再利用。大量废旧品的闲置,不仅对资源利用是极大的浪费,而且还对土壤、地下水、大气造成了严重的污染。然而,经济的发展是否必然带来资源的短缺和环境的恶化?显然,答案是否定的。只要积极推进再生资源回收利用,将大量社会生产和消费后废弃的资源回收再利用,就可以减少对原生资源的开采;加快再生资源回收利用,变废为宝,化害为利,又可有效减少废弃物排放,不仅可以治理污染、改善环境,而且可以为人们创造优美环境,促进人与自然和谐统一。

就成都市的情况来看,目前,虽然在城市范围内自发形成了一些废旧品收购站,使社会生产和人民生活产生的废旧品在一定程度上得到了一些利用。但是,仔细研究现有废旧品回收利用情况,在很多方面仍然存在着不少问题。其中,废旧品收购站环境的"脏、乱、差"问题就十分突出。据调查,大多数废旧物资回收站点是沿街为市或沿路为市。废旧品基本是露天堆放,堆放废旧品的地面没有进行硬化处理,没有排水系统,使得地面污水横溢,苍蝇、害虫到处可见,异味熏人,这种状况严重地影响了市容市貌。此外,目前的废品收购站的购销渠道也与成都环保模范城市的新形象极其不匹配。现在,大多是废品收购者走街串巷进行收购,还有一些拾荒者在垃圾集中点、果屑箱中拣出生活废品卖给废品收购站。这种原始的回收渠道很难满足城市再生资源再利用的需要。由此看来,现有废旧品回收利用仅仅是"治标不治本"。

为了改变成都市废旧品回收利用的现状,真正实现废旧物资归市经营、回收利用,"四川省再生资源市场"应运而生。据了解,这个市场是成都市率先以废旧金属和闲置二手设备为主的废旧品统一收购、集散综合处理的大型专业市场。据四川省再生资源市场负责人介绍,该专业市场建成后将成为西南地区乃至全国最具规模的大型综合性专业的省级再生资源市场之一。按规划,市场总占地面积83 019 m^2,总建筑面积21 790 m^2,堆场面积39 513 m^2。市场内交通顺畅、道路宽敞、主干道纵横交错,可容240家经营户。市场同时具有储存、集散和初级加工的功能。市场建成后,将改变现有废旧物品回收利用的传统模式,逐步实现3个有效的转变,即:从单一回收经营向回收、加工利用和综合处理多层次综合开发方向的转变;从传统的单个企业经营模式向联合经营的集团化经营模式的转变;从单纯的流通体制向流通、生产、科研以及服务、科工贸一体化方向转变,创建再生资源物流体系。尤其值得一提的是,四川省再生资源市场十分重视废旧物流的增值服务。

成都的废旧物流目前还是一个空白地，四川省再生资源市场将抓住这个机遇，实现废旧物流的产业化，最终形成一个以回收利用为基础、以加工为手段、以废旧物流增值为目的的废旧物流产业化发展格局。只有这样，才能真正实现废旧品专业市场在回收利用、衔接产需、规范交易、保护环境、节约资源、搞活流通、促进繁荣等方面的重要作用。地处新都区的四川省再生资源专业市场正在加紧建设中。该市场建成使用后，成都及周边地区现有再生资源市场那种“规模小、分布散、管理乱、档次低”的状况也将得到彻底整治。

思考与讨论

(1) 通过上述案例，说说你对废旧物流的认识。

(2) 你对我国废旧物流行业发展有哪些建议？

6. 实训

逆向物流选址设计

实训内容

一家处理垃圾的公司打算降低其垃圾从 5 个接收站运至处理中心所耗的运输费用，已知接收站的地点及日装运量如下表所示。

地点及日装运量

	A	B	C	D	E
接收站(x,y)	(10.5)	(4.1)	(4.7)	(2.6)	(8.7)
日运输量/t	26	9	25	30	40

实训要求

求处理中心的坐标位置。

实训课时

2 课时。

实训步骤

(1) 熟悉逆向物流规划设计要求。

(2) 运用直线距离法计算两点间距离，然后计算运输总负荷：$S=LD$。其中：S 为总负荷，即新选位置与各个目的地之间的负荷距离乘积的和。l_i 和 d_i 分别表示目的地 i 距新选位置的距离和移动负荷的大小。其中，l_i 可以是几何距离也可以是直线距离。总负荷数值越小，方案越优。

检查标准

考核内容	考核标准	分值	实际得分
逆向物流选址设计	1. 小组合作参与程度	10	
	2. 分工合作程度	10	
	3. 沟通协调能力	10	
	4. 分析方法、计算过程正确合理	50	
	5. 专业知识的掌握程度、实际动手能力	20	
合 计		100	

参考文献

[1] 高举红. 物流工程与管理. 北京：北京大学出版社，2011.
[2] 侯玉梅，许良. 物流工程. 北京：清华大学出版社，2011.
[3] 付平德. 供应链管理. 北京：机械工业出版社，2010.
[4] 邵作仁. 国际物流. 大连：东北财经大学出版社，2010.
[5] 刘廷新. 物流设施与设备. 北京：高等教育出版社，2009.
[6] 李蔚田. 物流管理基础. 北京：北京大学出版社，2010.
[7] 张旭辉，杨勇攀. 第三方物流. 北京：北京大学出版社，2010.
[8] 李联卫. 物流案例与实训. 北京：化学工业出版社，2009.
[9] 董宏达. 生产企业物流. 北京：清华大学出版社，2009.
[10] 惠献波. 企业物流管理. 上海：上海交通大学出版社，2009.
[11] 齐二石. 物流工程与管理概论. 北京：清华大学出版社，2009.
[12] 沈美莉，陈孟建. 现代物流基础. 北京：清华大学出版社，2008.
[13] 高春津，杨从亚. 物流信息技术. 天津：天津大学出版社，2008.
[14] 张海华. 第三方物流. 北京：中国轻工业出版社，2008.
[15] 王忠伟，庞燕. 供应链管理教程. 北京：中国物资出版社，2009.
[16] 曾剑. 物流管理基础. 北京：机械工业出版社，2008.
[17] 洪志杰. 物流设施设备. 广州：广东经济出版社，2008.
[18] 张晓青. 物流管理基础. 广州：华南理工大学出版社，2006.
[19] 刘德武. 企业物流. 北京：电子工业出版社，2006.
[20] 张理. 现代企业物流管理. 北京：中国水利水电出版社，2005.
[21] 赵启兰. 企业物流管理. 北京：机械工业出版社，2006.
[22] 杨振科，冯国苓. 现代物流与配送. 北京：对外经济贸易大学出版社，2007.
[23] 刘亚峰. 电子商务概论. 北京：机械工业出版社，2006.
[24] 黄中鼎. 现代物流管理. 北京：人民交通出版社，2007.
[25] 迈克尔·波特. 竞争优势. 陈小悦，译. 北京：华夏出版社，2005.
[26] 沈默. 现代物流管理. 北京：北京大学出版社，2007.